novum pro

AF108362

RUDOLF ZURKIRCHEN

Ein erfüllter Traum

**Mit der Segelyacht SAMANTHA in
4 1/2 Jahren um die Welt**

Teil 1
vom Mittelmeer bis Guatemala
Chile und Peru

novum pro

Bibliografische Information
der Deutschen Nationalbibliothek:

Die Deutsche Nationalbibliothek
verzeichnet diese Publikation in
der Deutschen Nationalbibliografie.
Detaillierte bibliografische Daten
sind im Internet über
http://www.d-nb.de abrufbar.

Alle Rechte der Verbreitung,
auch durch Film, Funk und Fernsehen,
fotomechanische Wiedergabe,
Tonträger, elektronische Datenträger
und auszugsweisen Nachdruck,
sind vorbehalten.

Gedruckt in der Europäischen Union
auf umweltfreundlichem, chlor- und
säurefrei gebleichtem Papier.

© 2023 novum Verlag

ISBN 978-3-99146-035-0
Lektorat: Solaire Hauser
Umschlagfoto:
Cameramannz | Dreamstime.com
Umschlaggestaltung, Layout & Satz:
novum Verlag
Innenabbildungen:
Rudolf Zurkirchen; AMEL

Die vom Autor zur Verfügung gestellten Abbildungen wurden in der bestmöglichen Qualität gedruckt.

www.novumverlag.com

Inhaltsverzeichnis

Hinweis des Autors 15
Januar 2014 16
Februar 2014 45
März 2014 79
April 2014 108
Mai 2014 133
Juni 2014 155
Juli 2014 186
August 2014 214
September 2014 229
Oktober 2014 260
November 2014 300
Dezember 2014 316
Januar 2015 335
Februar 2015 359
März 2015 383
April 2015 397
Mai 2015 419
Juni 2015 454
Juli 2015 485
August 2015 521

Nachdem ich endgültig entschieden habe, die Arbeit auf Eis zu legen und endlich meinen Traum zu leben, den ich schon seit 1972 habe, die Welt zu bereisen.

In Düsseldorf an der Bootsmesse habe ich die AMEL SM 2000 gesehen und sofort gewusst, das ist mein Boot. Die Ausstattung ist großartig und das Preis-Leistungs-Verhältnis absolut in Ordnung.

- 16 m lang, 4,6 m breit und 2,05 Tiefgang
- 2 Masten, 20 m hoch, mit einer Gesamt-Segelfläche von 119 m², elektrisch betrieben
- Dieselmotor, 110 HP
- Generator, 7 KW
- Warmwasserboiler, 50 Liter
- Dieseltank, 600 Liter
- Frischwassertank, 1.000 Liter
- Wasserentsalzungsanlage, 50 l/Std.
- Ankerwaschanlage
- Kartenplotter
- Autopilot
- Fernseher
- Radio mit CD-Player
- AIS
- Funkstation
- Kochherd mit 4 Gasflammen
- Kühlschrank
- Tiefkühler
- Waschmaschine
- Geschirrspüler
- Mikrowelle mit Grillfunktion
- 3 Klimaanlagen (Heizen/Kühlen)

- 2 Nasszellen mit elektrischem WC, Lavabo und Dusche
- Decksdusche
- Elektrische Winschen
- und vieles mehr.

Nach zwei Jahren Wartezeit wurde mir die „SAMANTHA" am 26. Mai 2003 in La Rochelle, Frankreich, übergeben.

Von dort aus habe ich während vieler Monate das Mittelmeer befahren und die schönen Plätze von den Balearen bis in die Süd-Türkei erkundet.

Dann entschied ich mich für die Weltumsegelung.

Angefangen habe ich diese Reise am 3. Januar 2014 und seitdem schipperte ich im Mittelmeer herum, bis ich dann vom 20. November an mit meinem Sohn Patrick von Teneriffa aus über den Atlantik in die Karibik gesegelt bin. Von hier geht die Reise weiter mit Zwischenziel Kuba.

Auf der Insel Dominica feiere ich mit Rita Silvester 2014/2015.

Im Jahr 2014 bin ich etwa 12.000 Seemeilen gefahren und habe viel gesehen, viele neue Leute kennengelernt und auch Freundschaften geschlossen.

Ab 2014 geht es rund. Karibik – Kuba – Belize – Guatemala – San Blas – Panamakanal – Galapagos – Südseeinseln – Neuseeland – Australien – Indonesien – Malaysia – Thailand – Sri Lanka – Madagaskar – La Réunion – Südafrika – Namibia – St. Helena – Brasilien – Karibik – Bermuda – Florida – New York – Azoren – Portugal – Balearen – Spanien – Port Napoleon, Endziel in der Camargue.

75.000 SM habe ich mit der SAMANTHA zurückgelegt. 8 SM vor dem Endziel, Port Napoleon, hat uns (Sohn Philippe und Enkel Louis sind dabei) ein Gewitter erwischt und mit einem Blitzeinschlag wird alles, was elektrisch oder elektronisch ist, kaputt gemacht.

Am 13. August 2019 ist die SAMANTHA am Ziel angekommen, wird aus dem Wasser gehoben, repariert und zum Verkauf vorbereitet.

Für mich hat hiermit ein Lebenstraum und Lebensabschnitt sein Ende gefunden.

Was bleibt, sind die Erinnerungen und der Stolz, diese Herausforderung gemeistert zu haben.

Ich werde immer wieder gefragt, ob es nicht langweilig sei, alleine zu segeln. „Nein", denn ich bin nur wenig alleine. Freunde kommen Teilstrecken mit, überall trifft man Leute und man sieht und erlebt so viel, dass zur Langeweile gar keine Zeit ist.

Die SAMANTHA mit voller Besegelung.

** Im Cockpit.

** Mit Ballooner vor dem Wind.

*** Im Salon.*

*** Küche.*

** Navigationstisch.

** Eignerkabine.

** Skipperkabine.

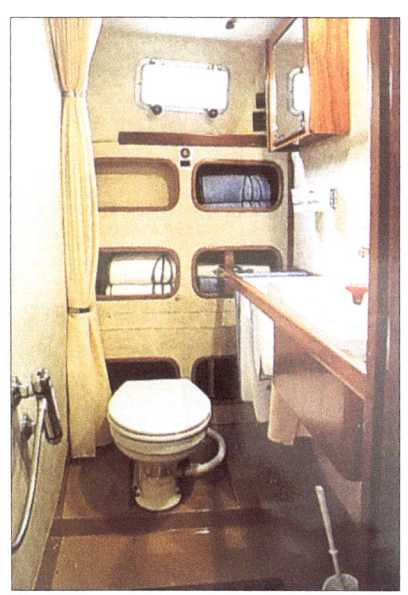

** Toiletten/Duschen hinten und vorne.

*** Vordere Kabine.*

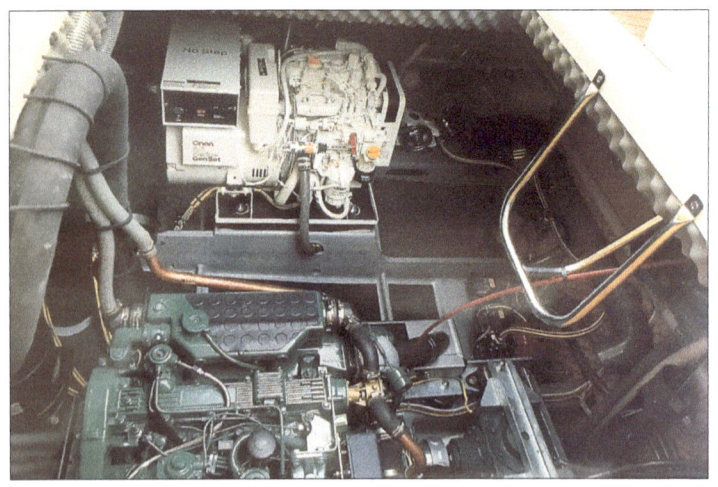

*** Motorraum.*

*** Fotos von Chantiers AMEL.*

Hinweis des Autors

Die in diesem Buch benutzten geografischen Koordinaten dienen lediglich dazu, die Orte auf einer Karte oder auf Google Earth zu finden. Da sich der Meeresgrund ständig ändern kann (Vulkantätigkeiten, Korallenbildungen, Auffüllungen, versenkte Objekte), gilt es, bei einer Anfahrt mit einem Boot seemännische Sorgfalt walten zu lassen.

Januar 2014

Ob ich meine elektrische Zahnbürste vermisse?

Nein. Wenn man um die Welt segeln will, sind andere Sachen wichtiger und man verzichtet auch gerne auf einige unnötige Luxusgüter und Bequemlichkeiten, um dafür neue Erlebnisse und Eindrücke zu bekommen. Trotz allem, der neuesten Elektronik, elektronischen Seekarten, Handy, Skype, E-Mails etc., bleibt es immer noch ein wenig Abenteuer, wenn auch wesentlich weniger als noch zu Kolumbus' Zeiten.

Ich freue mich auf diesen neuen Lebensabschnitt. Wie lange er dauern wird, das wissen nur die Götter. Ich weiß lediglich, wann ich starte, und zwar „JETZT".

Schon 1968 hatte ich den Wunsch, mit einem Segelboot um die Welt zu reisen, doch dann kam mein Sohn Patrick zur Welt und das änderte die Pläne rasch. Dann 1972 flüsterte mir der Wind wieder zu, dass ich nun die Reise antreten soll, aber dann kam ein Jobangebot, das ich nicht ausschlagen konnte, und wieder schlugen die Wurzeln in den Boden.

2003 hörte ich mit der Arbeit in Deutschland auf, kaufte die AMEL SM 2000, taufte sie nach dem ersten Enkelkind auf den Namen SAMANTHA und startete im Mittelmeer, wo ich nach sechs Monaten die SAMANTHA festzurrte und wieder nach Hause fuhr und erneut zu arbeiten begann. Ich war noch nicht reif für den Ruhestand.

Dann aber, 2013, in einem Jahr voller Hektik, mit teilweise bis zu sechs Projekten gleichzeitig zwischen Genf und Zürich, kam ich manchmal an die physischen und psychischen Grenzen, und als Krönung des Jahres 2013 beschlossen wir im September, die letzten sechs Lofts in Wohlen fertig auszubauen. Mein Entschluss ist dann gereift, diese Lofts und alle Projekte bis zum 20.12.2013 komplett abzuschließen und mich dann an diesem Freitag um 1600 in den Ruhestand zu versetzen.

Genau so habe ich es gemacht. Am 21. Dezember bin ich morgens aufgestanden und habe mich gefragt, was ich nun tun soll.

Mit PC-Aufräumen, Files sichern und Neujahrskarten verschicken habe ich die Zeit bis Neujahr verbracht. Nun war es an der Zeit, die Koffer zu packen.

Am Freitag, den 3. Januar, holte Brigitte uns (Rita und mich) ab. Die beiden Frauen haben sich angeboten, mich mit meinem Gepäck (ein großer Rucksack, ein Rollköfferchen, eine große Reisetasche mit Rollen, und ein kleiner Rucksack) nach Genua zu chauffieren, wo ich um 1800 die Fähre besteigen sollte.

Meine große Sorge war, wie ich wohl vom Kai in die etwa zwei bis drei Stockwerke höher gelegene Kabine kommen werde, denn mit all dem Gepäck glich ich eher einem Packesel als einem Segler.

In Genua angekommen, machen wir in der noch weihnachtlich geschmückten Altstadt einen Spaziergang, dann kommt die Stunde des Abschiedes vor dem Fährterminal. Es ist schwer, von Rita Abschied zu nehmen, denn es soll eine lange Zeit sein, bis sie mich dann irgendwo besuchen kommt.

Schade ist, dass sie das Segeln nicht verträgt und mich somit nicht begleiten kann.

Leider hat auch Julia, die Tochter unserer Freunde aus Norddeutschland, mit denen wir mehrmals gesegelt sind, ihre Absicht, mich zu begleiten, absagen müssen, denn sie hat in Australien einen Studienplatz ergattern können, und die freudige Mitteilung am 20. Dezember erhalten. Nun starte ich meine Reise eben allein. Wie es wird, so ganz ohne Begleitung unterwegs zu sein, werden wir sehen, und ihr könnt das in den folgenden Berichten miterleben.

Noch ein letztes Küsschen, ein sanftes Streicheln über die Wange, dann eine Drehung um 180° und vorwärts Marsch zur Fähre.

Dank einer Rolltreppe und eines Lifts erreiche ich ohne Mühe die Kabine. Noch ein Nickerchen, dann ein kleines Bierchen an der Bar und schließlich bediene ich mich im Restaurant (Selfservice). Ich verstehe nicht, dass man scheinbar auf diesen Fähren nur irgendwelche (sicherlich ungelernten) Köche beschäftigt. Das, was ich da auf den Teller geschmissen bekomme, dürfte in einem schweizerischen Knast nicht aufgetischt werden, die würden sonst wegen Verbrechen an der Menschlichkeit verurteilt. Was ich gegessen habe, kann ich euch nicht sagen, es war auf Italienisch angeschrieben, und beim Essen habe ich es auch nicht herausgefunden. Bis auf die öltriefenden Kartoffelstängel, die nennt man bei uns so ... wie Pommes.

Die Nacht geht relativ schnell vorbei und um 0800 landet die Fähre plangemäß in Olbia. Mit einem Taxi lasse ich mich zum Bahnhof bringen, wo ich den Zug um 0830 nach Cagliari erwische. Dreieinhalb Stunden Bahnfahrt, durch wolkenverhangenes Gebirge und neblige Landschaften, dann hält der Zug genau nach Fahrplan um 1151 in Cagliari. Zur Bushaltestelle muss ich mein Gepäck nur über die Straße schleppen. Nach Fahrplan geht der Bus um 1230. Ich bin der einzige Passagier, bis dann einige Stationen später noch drei Leute zusteigen. Für 5 Euro kann man in der Schweiz nicht eineinhalb Stunden Bus fahren! In Muravera lasse ich mich in der Nähe des Supermarktes absetzen. Hier kaufe ich noch einiges ein, damit ich die ersten Tage nicht ganz ohne Proviant bin. Nun kommt zum Gepäck noch eine volle Tragtasche dazu. Das geht mit einem Body, zwei Armen und zwei Beinen überhaupt nicht mehr. Ich rufe Giancarlo an, er soll mich mit seinem Taxi abholen und direkt in den etwa vier Kilometer entfernten Hafen zum Schiff bringen.

Alles klappt bestens. Das Boot haben die Angestellten in der Marina, wie per E-Mail gebeten, nahe genug an den Steg verlegt, sodass ich ohne Probleme die SAMANTHA bereits um 1500 entern kann.

Nachdem alles auf dem Boot ist, verstaue ich die Nahrung, die Klamotten und alle anderen Mitbringsel. Bereits um 1700 ist alles soweit bereit, dass ich aufatmen und die Anreise als beendet melden kann. Wasser und Strom sind vorhanden, leider aber funktioniert das WLAN schon wieder nicht. (Ich habe hier höchstens einmal erlebt, dass das WLAN funktioniert hat.)

Abends koche ich eine Portion Teigwaren (Müscheli), die noch als eiserne Reserve in einem Schapp liegen.

Um 1900 ist es bereits dunkel, die Temperatur liegt draußen bei 12°, dank der gut funktionierenden Heizung habe ich im Boot angenehme 20 °C.

Ich wollte noch einige Zeilen lesen, schlafe aber sofort ein. Scheinbar ist der Stress bereits von meinem Körper und Geist abgefallen.

Gute Nacht.

Porto Corallo 39°26,46 N 9°38,42 E

5.1.14

So ganz gut habe ich noch nicht geschlafen. Ungewohnt sind die Geräusche noch. Knirschende Leinen, klappernde Teile usw., sodass ich nicht ganz ausgeruht aufwache. Die erste warme Dusche weckt die Lebensgeister jedoch auf.

Zuerst baue ich das Winterdach über dem Cockpit auf. Damit habe ich über dem Cockpit ein großes Zelt, das mich vor dem draußen tobenden stürmischen Regenwetter angenehm schützt.

Das Frühstück genieße ich, obwohl der Kaffee aus der Espressomaschine noch etwas schal schmeckt. Die Bohnen sind noch vom August und haben trotz Tupperware scheinbar etwas von ihrem Geschmack verloren. Mit Rumdösen, Umräumen und Aussortieren von altem Kram verbringe ich den Sonntag. Als die Wolkendecke am Nachmittag aufreißt, wage ich einen Spaziergang in der Nähe, werde aber böse verregnet. Genüsslich mache ich mich danach im warmen Schiff breit.

So eine Heizung weiß man bei Außentemperaturen von 12 bis 13° zu schätzen.

Zum Abendessen koche ich einen Eintopf von Reis und Erbsen, dazu gibt es Fischstäbchen, bei denen man nicht weiß, aus was sie sind und nach was sie schmecken sollten. Das Paket ist auf Italienisch beschriftet und somit weiß ich nicht, was genau die Erzeuger damit bewerkstelligen wollten.

6.1.14
Heute ist (wäre) eigentlich der erste Arbeitstag im neuen Jahr, nach all den Festtagen, endlich wieder Zeit, etwas zu tun. Nicht so aber in Italien. Heute wird noch nicht gearbeitet, man geht das Jahr langsam an. Ich kann heute auch nichts tun, denn die Werft ist geschlossen. Abwarten.

Abends marschiere ich ins nächste Dorf, zwei Kilometer, um dort einen Fisch zu essen. Nichts ist. Auch diese Pizzeria ist geschlossen. Zurück und selbst kochen. Es gibt Spaghetti und Hamburger. Nicht schlecht.

7.1.14
Es ist bereits 0900, als ich eine sich langsam abzeichnende Aktivität in der Werft feststelle.

Ich finde dann auch Giuseppe, den Werftmeister, mit dem ich das weitere Vorgehen bespreche. Die Marina-Leitung hatte den Kran für heute reserviert, und so kommt Luca ins Spiel. Er ist der Kranführer. Zusammen holen wir die SAMANTHA unter den Kran und dann wird sie herausgehoben. In den Seilen hängend wird geputzt und geschrubbt. Unglaublich, was sich da wieder an Müschelchen und Bewuchs festgekrallt hat.

Ich fange an mit dem Ausbau des Bugstrahlruders (ein Propeller an der Spitze des Schiffs, mit dem man das Boot seitlich bewegen kann). Statt circa zwanzig Minuten brauche ich ganze zwei Stunden für diese Arbeit, denn alles ist total eingerostet und verrottet. Zusammen mit Giuseppe bauen wir das Teil auseinander, um festzustellen, dass die Innereien komplett kaputt sind. Die Kugellager sind gebrochen und die Kügelchen fallen heraus wie Erbsen aus einer Konservendose. Das sieht gar nicht gut aus. Giuseppe will morgen nach Cagliari fahren und die notwendigen Ersatzteile holen.

Diese Nacht bleibe ich auf der SAMANTHA, die in den Kranseilen hängt.

Abends, nach einer Platte Spaghetti Pomodoro, einem Whisky und einer Birne zum Dessert, schaue ich erstmal einen Film auf DVD an.

Marilyn Monroe, nicht schlecht.

Die Nacht ist ruhig. Keine Leinen, die knirschen.

8.1.14

Aufgestanden mit dem erwachenden Tag. Genüssliches Frühstück. Mein erster Kaffee hat die Lebensgeister geweckt. Ich bin eben daran, den zweiten Kaffee in meine Tasse zu füllen, da stellt die Maschine ab. Ein Arbeiter hat das Kabel herausgezogen, um seine Maschine anzustellen. Pech, wäre ich früher aufgestanden!

Nun beginnt das Warten. Guiseppe kommt irgendwann von Cagliari mit den benötigten Teilen. In Italien kann das dauern, auch wenn Cagliari nur eine Stunde entfernt ist. Nachmittags um 1500 kommt Guiseppe. Er hat alle Teile und beginnt auch gleich mit dem Zusammensetzen. Als er fertig ist und das Bugstrahlruder wieder ins Boot eingebaut werden könnte, ist Luca, der Kranführer, bereits nach Hause gefahren.

Also wird es morgen. Nochmals eine Nacht in den Seilen.

9.1.14

Für heute habe ich mit dem Arbeiter ausgemacht, dass er den Stecker erst zieht, wenn ich mit meinem Kaffee fertig bin. So bekomme ich ein gutes und komplettes Frühstück zwischen die Zähne.

Gleich danach beginne ich mit dem Einbau des Bugstrahlruders, ich sagte beginne! Ich werde halb verrückt, das Teil will einfach nicht mehr an seinen Platz, und wie beim Ausbau muss ich mit sanfter Gewalt ran, bis dann endlich die Schraubenlöcher aufeinanderpassen und dann nach circa zwei Stunden der Testlauf beginnen kann. Es funktioniert!

Halleluja!!!!

Nun aber schnell zurück ins Wasser. Vorher habe ich mit Guiseppe noch die Halterung für einen neuen Geschwindigkeitsmesser im Schiffsboden eingebaut. Das war allerdings kein Akt.

Wieder im Wasser und am Steg, am gewohnten Platz festgemacht, baue ich das neue Beiboot (Dingi) hinten auf das Sonnendeck. Das alte Dingi ist für acht Personen und viel zu groß, als dass ich es an Deck platzieren könnte, und nachschleppen ist so eine Sache, wenn Sturm aufkommt, dann kann das Dingi schon mal zu einem Drachen werden und vom Wasser abheben, eine nicht ungefährliche Situation. Das neue kleinere Dingi für vier Personen kann ich leicht handhaben und eben an Deck verzurren.

Ich spanne zwei Rettungsleinen (das sind Leinen, die zu beiden Seiten des Bootes an Deck vom Bug bis zum Heck gespannt werden), wo ich meinen Haken einhängen kann, wenn ich aus dem Cockpit heraus muss. Alleine auf dem Boot kommt einem niemand zu Hilfe, wenn man über Bord geht, deshalb ist alles an Sicherheit zu beachten, um nicht von Haien gefressen zu werden.

Um 1700 habe ich Giancarlo bestellt. Er soll mich zum Supermarkt fahren, damit ich meinen Großeinkauf machen kann. Es ist das erste Mal in meinem Leben, dass ich mit einem Taxi zum Einkaufen fahre.

(Es gibt bei uns in Wohlen Sozialhilfe-Bezieher, die regelmäßig mit dem Taxi vom Einkaufen kommen, warum soll ich nicht auch mal so einkaufen gehen?)

Es ist unglaublich, was dieser neue Supermarkt (EuroSpin) alles zu bieten hat. Ich fülle einen ganzen Trolley, sodass ich für die nächsten sechs Wochen keinen Mangel haben werde, und das kostet mich alles zusammen lediglich 143 Euro. Unglaublich. Sogar der Whisky hat nur 3,75 Euro gekostet.

Ich verstaue alles im Boot und mache mir ein herrliches Abendessen.

Mit einem Konzert von David Garret beende ich einen gemütlichen Abend. An Musik fehlt es mir nicht, ich habe auf einer Harddisk etwa 1.300 Musikstücke dabei.

10.1.14
Freitag ist es. Ich habe nichts Weiteres zu tun, als zu warten, bis ich die Kettenverlängerung bekomme. Die soll am Montag geliefert werden. Ich will zu den 60 Meter Ankerkette noch 30 Meter anhängen, denn es gibt viele Orte, wie in der Karibik, wo der

Strand steil abfällt und man bei relativ großer Wassertiefe den Anker setzen muss, da sind die 60 Meter einfach zu wenig. Zudem ist es ein Sicherheitsaspekt, wenn mal der Wind auf Sturm aufdreht, dann sind lange Ketten von großem Vorteil.

Gegen 1030 lege ich vom Steg los, um aufs Meer hinauszufahren. Obwohl fast kein Wind weht und ich herumdümple, bekomme ich das gute Gefühl vom Segeln.

Ich bin gerade unten in der Kabine und am Bericht schreiben, als ich ein dumpfes Motorengeräusch höre. Ich schaue hinaus und da kommt die Guardia di Finanza angerauscht. Sie umkreisen mich erst, wie es auch die Haie um ihr Opfer tun, dann kommen sie näher und verlangen, alle Papiere zu sehen. Wie üblich gebe ich diese ins hingehaltene Netz und dann beginnt das Warten. Was die mit meinen Papieren eine halbe Stunde gemacht haben, ist mir schleierhaft, aber danach bekomme ich alles zurück, mit den kurzen Worten „Tutto OK" und „Arrivederci".

Und schon ist der Akt vorbei.

Zurück im Hafen kommt Guiseppe und meldet, dass die Kette bereits heute geliefert wurde und das sei ungewöhnlich. Scheinbar haben sich die Italiener nun doch vorgenommen, sich 2014 zu bessern und wieder zu schaffen, um sich aus der Krise zu boxen.

Zum Abendessen gibt es panierte Fischfilets, Bratkartoffeln, Fenchel an Buttersauce und zum Dessert zwei Pralinen ...

Danach genieße ich ein Elvis-Konzert, das fast zwei Stunden dauert.

Morgen, obwohl Samstag, will Guiseppe die Kette montieren.

11.1.14

Heute, Samstag, gleich nach dem Frühstück hole ich die SAMANTHA in die Werft, wo Giuseppe die 30 zusätzlichen Meter Kette montiert. Dank eines neuen, den Maßen der Kette angepassten Mitnehmerrads an der Ankerwinde werde ich in Zukunft kein Problem mehr damit haben, den Anker hochzuziehen.

Nachmittags ist große Besprechung wegen der Elektronik. Pierre Carlo ist aus Cagliari gekommen und wir erörtern die verschiedenen Möglichkeiten der Aufrüstung. Meine Anlage ist nun elf Jahre alt, und das ist in der Elektronik eine lange Zeitspanne.

Sicher will ich eine TV-Antenne, die es erlaubt, auch dann fernzusehen, wenn ich in einer Bucht vor Anker liege.

Dann wird überlegt, ob ich einen neuen Kartenplotter brauche, denn die Disketten, die ich im Moment habe, gibt es nicht mehr. Des Weiteren brauche ich eine neue VHF-Funkanlage, denn meine jetzige ist am Ende ihres Lebens angekommen. Wenn ich dann noch AIS habe, das mit der Funkanlage gekoppelt ist, kann ich am Radar die Informationen über die Schiffe abrufen, die ich auf dem Bildschirm sehe. Über jedes Schiff kann ich dann erfahren, wie groß es ist, was für ein Typ Schiff es ist, wohin es fährt, wie schnell es fährt und dessen Fahrtrichtung. Das ist ein wesentlicher Sicherheitsfaktor, und gehört mittlerweile zu einer modernen Ausrüstung dazu. Montag werde ich wissen, was die einzelnen Komponenten kosten und werde dann entscheiden, wie die SAMANTHA aufgerüstet wird.

Da ich nun weiß, dass ich sicher noch zehn bis vierzehn Tage hier im Hafen bleiben muss, bis alles installiert sein wird, hole ich meine Parabol-TV-Antenne heraus und montiere diese am Steg. Alleine die Einrichtung der Antenne vorzunehmen ist eine Challenge. Raus aus dem Schiff, um fünf Millimeter drehen, rein ins Schiff, gucken, ob das Bild erschienen ist, raus aus dem Schiff ... und das einhundert Mal.

Schließlich sehe ich einen Mann daherspazieren, der sieht wie ein Segler aus. Ich spreche ihn an, er spricht gut Französisch. Er kennt sich mit solchen Antennen aus, hatte selbst eine, und ist bereit, mir zu helfen.

Er dreht außen an der Antenne und ich glotze auf den Bildschirm. Nur Ameisen. Schließlich schraube ich den Fernseher aus der Halterung und stelle fest, dass der Stecker der Antenne hinten gar nicht eingesteckt ist. Ich muss jedes Mal den Stecker wechseln, wenn ich von DVD auf Antenne umschalte. Hatte ich vergessen. Nun, da der Stecker sitzt, bekomme ich auch sehr schnell das Bild und kann mich auf gemütliche Fernsehabende freuen.

Nachmittags nutze ich die Zeit, um die erste Wäsche zu machen. Abends ist alles gewaschen, getrocknet und säuberlich eingeräumt. An mir hätte jede Hausfrau ihre Freude.

Es ist bereits 1830, als all dies funktioniert, und nun ist es an der Zeit, zu kochen.

Es gibt eine Spargel-Cremesuppe, danach Reis und gebratene Garnelen, dazu Erbsen. Die Garnelen sind irgendwie komisch. Die riechen stark nach Fisch und gar nicht nach den gewohnten Crevetten.

Auch dieses Paket ist auf Italienisch beschriftet und somit bleibt es ein Mysterium, was ich hier gerade esse.

Nun. Alles, fertig, den Abwasch gemacht, schaue ich mir einen amüsanten Film an: „Sommer in Rom" auf ARD. Insgesamt habe ich die Wahl zwischen ungefähr dreißig Kanälen, aber einer ist schlimmer als der andere. Also bleibe ich bei den bekannten, deutschen Programmen.

Zum ersten Mal gehe ich heute vor dem Einschlafen nochmals raus und schütte etwas Geschirrspülmittel über die Festmacherleinen, so wie Rita das immer gemacht hat, und siehe da, es knirscht und knarrt nichts mehr, ein ruhiger Schlaf ist garantiert.

12.1.14

Es scheint nicht der richtige Tag zu sein. Es ist zwar Sonntag, aber der beginnt nicht so, wie man es gerne hätte. Mein Aftershave-Flakon fällt mir aus der Hand, knallt in die WC-Schüssel und zerbricht dabei natürlich in tausend Scherben. Das heißt heute wirst du das WC auseinanderbauen und die Scherben herausholen.

Dann wird Frühstück gemacht. Natürlich geht das Gas aus, bevor das Frischbackbrot knusprig ist. Gas wechseln. Aus dem Kühlschrank kommt ein komischer Duft. Die Prüfung des Eisfaches ergibt, dass es dort kein Eis gibt. Kühlschrank ausgestiegen? Ich schraube auf eine höhere Stufe und werde es später prüfen.

Draußen ist es katzgrau, windstill und bewölkt, ich werde heute das Fahrrad herausholen und auf eine Tour gehen.

Natürlich hat das Fahrrad zwei platte Reifen. Die Pumpe, die ich dafür gelagert habe, bricht gleich beim ersten Versuch auseinander. Aber … es gab da eine Zeit, da hat Rudolf gebastelt und eine Pumpe gebaut, die ich an der Tauchflasche anschrauben kann, und somit kann ich, ohne Schwitzen (wäre bei 13° keine Gefahr) die Reifen auf Betriebsdruck bringen. Genial. Strampelnd und hechelnd erreiche ich Villaputzu, das einem Totendorf gleichkommt. Kein Mensch zu sehen (ich will ja gar keinen sehen) und das Café ist geschlossen. Umdrehen und zurückfahren. Den Abend versüße ich mir mit einem Film (Rosamunde Pilcher, ha ha …).

13.1.14

Heute warte ich auf das Angebot für die neuen Installationen, das mir Pierre Carlo für heute versprochen hat. Natürlich vergeblich, wie wäre das in Italien auch anders möglich? Ich lese im Buch „Mafia AG" weiter. Es ist erschreckend, zu verstehen, wie unterwandert und verrottet das ganze System in diesem so schönen Land ist. Die werden nie wieder auf einen grünen Zweig kommen, das kann man auch hier im Hafen feststellen. Da gibt es eine große Halle, die ist eigentlich für die Werft gebaut worden. Da sich aber einige lokale Beamte nicht über die Zuständigkeit einig sind, steht die Halle leer und die Werft arbeitet draußen im Freien. Dann ist da das neue Hafengebäude, das wurde vor drei Jahren begonnen, ist eigentlich fertig, steht aber leer. Dort gäbe es alles, was eine gute Marina braucht. Aufenthaltsräume, Wäscherei, Büros, Sanitäranlagen etc., wird aber nicht genutzt. Es stinkt nach Mafia, obwohl das hier verneint wird. Jemand hat Geld verdient, um die Anlage zu bauen (sie gehört der Kommune), nun liegt sie brach und bringt kein Geld. Das ist in Italien leider überall so, deshalb werden die sich nie erholen, wenn so weitergewirtschaftet wird. Und es wird so weitergewirtschaftet. Es lebe die Staatsverschuldung, die Milchbrust der Mafia.

14.1.14

Ich warte immer noch. Um mir die Zeit zu vertreiben, mache ich die Leinen los und gehe vor dem Hafen etwas segeln. Abends esse ich zur Vorspeise eine Avocado, danach feine Spaghetti Bolognese. Mit einem netten Film beschließe ich den Abend.

15.1.14
Immer noch kein Angebot aus Cagliari. Wenn das so weitergeht, verzichte ich und starte endlich meine Reise. Da bekomme ich eine SMS mit der Mitteilung, dass ich heute das Angebot bekommen werde. Ich laufe aus und genieße den herrlichen Wind. Endlich, das erste Mal so richtig segeln. Die SAMANTHA läuft mit 7-8 Knoten (13-14 Kilometer) nach Villasimius und zurück.

Um 1600 bin ich zurück an meinem Platz, hole das Angebot im Büro ab und regle die Rechnung von Giuseppe. All die Arbeit, die Kettenverlängerung, die neue Winde, die Teile fürs Bugstrahlruder, das neue Dingi etc. kosten gerade mal 1.500 Euro. Alleine die Arbeit berechnete er nur mit 180 Euro, das kostet bei uns ein Anwalt in dreißig Minuten.

Zum Abendessen koche ich Lauchreis und dazu gibt's gebratene Hähnchenschenkel. Den ganzen Abend bin ich vertieft in ein neues Buch, „Die Analphabetin, die rechnen konnte". Interessant.

16.1.14
Wieder neun Stunden geschlafen. Die Sonne scheint, aber es weht ein kühler Wind. Kaum ist das Frühstück fertig, ruft mich Antonio, der Hafenchef an und meldet, dass Giuseppe bereits die Detailpläne für die TV-Antenne bekommen habe. Ich schlendere zur Werft, wo mir Giuseppe die technische Zeichnung zeigt, die er bekommen hat. Ich traue meinen Augen nicht. Da zeigt der Bildschirm einen Mast von 8 cm Durchmesser und die Antenne soll etwas über 70 cm im Durchmesser sein. Was hat sich Pierre Carlo da wohl dabei gedacht? Ich habe doch keine Riesen-Hochseejacht, geschweige denn ein Kreuzfahrtschiff!

Sofort rufe ich an und sage ihm, er soll ja nicht dieses Teil bringen. Eine übliche Größe für meine SAMANTHA liegt so bei 25 bis 30 cm Durchmesser.

Alleine für den Betrieb dieser Großantenne müsste ich dauernd den Generator laufen lassen. Das kann doch nicht wahr sein. Irgendwo ticken diese Italiener doch nicht ganz richtig. Pierre Carlo nimmt meine Anrufe nicht entgegen und hat immer die Ausrede, dass er beschäftigt sei. Komisch, nicht? Die Anrufe von Antonio beantwortet er.

Ich bekomme eine SMS, die besagt, dass er eine kleinere Lösung suche.

Frustriert gehe ich zurück ins Boot. Draußen ist es saukalt, wegen des Windes. Ich baue den Kartenplotter auseinander und suche den Piepser, den ich anzapfen möchte, um die Alarme über einen Außenpiepser in meine Kabine zu leiten. Das Problem ist, dass ich die Ankeralarme nicht höre, wenn ich in meiner Kabine schlafe.

Mit dem Außenpiepser könnte ich das Problem beheben. Das entsprechende Kabel habe ich bereits vor Tagen verlegt, nun müsste ich nur noch den Piepser installieren. Im geöffneten Kartenplotter höre ich zwar den Alarm, aber von welchem Teil der generiert wird, bleibt mir schleierhaft. Nichts sieht so aus wie ein Piepser, nur lauter kleine Teile sind auf der Platine aufgelötet. Mist. Ich war doch so sicher, dass ich das auch kann, denn gestern habe ich den Speedometer mithilfe des Buchs auch selbst angeschlossen und kalibriert. Er funktioniert wunderbar und gleichzeitig bekomme ich noch gemeldet, wie warm das Wasser unter dem Schiff ist. (Das Thermometerentlein hatte sich ja letztes Jahr davongemacht und bei Patrick ist dann auch der Wasserthermometer in die Brüche gegangen.) Nun weiß ich, dass das Wasser 15,3 °C hat, zu kalt zum Baden. (Letzteres hätte ich auch ohne diese Installation gewusst, aber die Information ist nun mal Bestandteil des Speedometers und ganz praktisch.)

Das Demontieren des Plotters war gar nicht schwer, auch die Wiedermontage. Nur als der Plotter wieder an seinem Platz sitzt, bleibt der Bildschirm schwarz. Mist. Erneut nehme ich das Teil auseinander (es hat sehr viele Schrauben) und ich finde auch eine Verbindung, die nicht sauber gesteckt ist. Nun aber müsste es klappen. Nein, tut es nicht. Immer noch bleibt der Bildschirm schwarz. Alles nochmals von vorne, und diesmal finde ich den kleinen fiesen Stecker, der sich nicht selbst wieder eingesteckt hatte. Jetzt klappt es. Die Maschine läuft wieder wie zuvor.

Jetzt hab ich den ganzen Tag lang gearbeitet und was damit erreicht? NICHTS. Das können sich wirklich nur Rentner leisten! Dabei habe ich sogar vergessen, dass es eine Zeit am Tag gibt, die man Mittag nennt, und der begüterte Mensch sich dann etwas zwischen die Zähne schiebt. Bis auf drei Datteln gab's eben heute nichts, ich hatte keine Zeit!

Abends koche ich mir ein Filet aus dem Tiefkühler, es steht „Suino" drauf, aber da ich kein Internet habe, kann ich auch nicht nachschauen, was ich mir hier für ein Tier koche. Macht nichts, es wird gegessen, was auf den Tisch kommt, wie früher bei Mama. Die Ofenpommes erkenne ich an deren Form, zu backen sind die nicht, auch nach 15 Minuten im Backofen sind sie noch nicht knusprig. Die selbst gemachte Pilzsauce hingegen ist eine Wucht. Ich habe lediglich die Vermutung, dass ich anfänglich ganz feines Paniermehl statt Mehl erwischt habe, um die Béchamelsauce zu machen, denn die Sauce ist ganz leicht körnig (so wie feiner Sand), aber der Geschmack ist lecker. Zum Nachtisch gibt es Caramelköpfli, die aber erst etwas später, denn ich habe auf der Packung gelesen, dass man diese nach dem Kochen zwei bis drei Stunden im Kühlschrank auskühlen müsse.

Es ist ja sowieso nicht gesund, alles so schnell herunterzuschlucken, da lege ich eine kleine Pause zwischen den Hauptgang und dem Dessert ein.

Während des Kochens höre ich Geräusche von draußen. Es ist ein Segelboot mit Norwegern, die sich neben die SAMANTHA legen.

Die schauen komisch aus der Wäsche, als sie vernehmen, dass das nächste Restaurant vier Kilometer weit weg ist und die nächste Einkaufsgelegenheit fünf Kilometer. Ob die wirklich bis Samstag bleiben?

17.1.14

Heute sind es genau zwei Wochen, seit ich von zu Hause aufgebrochen bin und es wird ein ereignisreicher Tag. Ich bekomme Informationen über die TV-Antenne, die klar zeigen, dass es für mich nicht die gewünschte Lösung gibt. Entweder ich nehme eine Antenne, die mindestens 55 cm im Durchmesser ist und den Gebrauch des Generators oder Motors voraussetzt, oder ich nehme eine kleine Antenne, von 30 cm, die ich mit den Batterien betreiben könnte, aber mit der ich im Mittelmeer nur ganz beschränkt Satellitenempfang habe. Die Satelliten sind scheinbar so ausgerichtet, dass sie dorthin strahlen, wo Menschen leben, nämlich auf das Festland.

Somit ist für mich nun die Idee einer TV-Antenne, nach über einer Woche Warten, gestorben. Es ist doch erstaunlich, dass man mit Warten gescheiter werden kann. Es bleiben nun noch der Ersatz des Kartenplotters und der Funkanlage. Dafür warte ich noch einmal bestimmt eine weitere Woche. Wenn ich mich selbst so analysiere, erstaunt es mich, wie geduldig ich geworden bin. Drei Wochen hier warten, bis diese Kleinigkeiten erledigt sind, das gab's in meinem Leben noch nie. Um 1630 sattle ich das Fahrrad und radle ins Dorf, um noch einige Kleinigkeiten einzukaufen. Unter anderem brauche ich Regeneriersalz, damit ich den Geschirrspüler in Betrieb nehmen kann.

Eigentlich hatte ich vor, diesen auszubauen und an seiner Stelle eine Vorratskammer zu erstellen, aber solange das Ding tut, soll man es auch würdigen und gebrauchen, und genau das mache ich nun.

18.1.14

Draußen ist es nicht sonderlich kalt, als ich nach über zehn Stunden Schlaf endlich die Rübe aus der Luke stecke. Warum ich so viel schlafe? Vermutlich muss ich immer noch meine Batterien aufladen. Oder ist es deshalb, weil ich die ganze Nacht sanft hin- und hergeschaukelt werde? Endlich hört auch meine Nase auf, zu triefen. Brauchte ich anfänglich noch eine ganze Küchenpapierrolle pro Tag, so hat sich das nun auf eine pro Woche reduziert. Um die Wartezeit zu verkürzen, mache ich die Leinen los und fahre hinaus aufs Meer. Leider weht dort kein Wind und es gibt nur größere Wellen, sodass ich einfach einige Stunden dahindümple und richtig durchgeschüttelt werde. Auch das ist Warten, nur eine andere Art.

Ich habe mir eine Liste von kleinen Arbeiten angelegt und von Zeit zu Zeit erledige ich die eine oder andere. Das erinnert mich an die Mängellisten auf den Baustellen, nur dass hier keine Hetze ist, um diese abzuarbeiten. Was nicht heute gemacht wird, wird ein andermal erledigt.

Heute koche ich „Penne Frutti di Mare" und den restlichen Blumenkohl, denn der wird schon leicht braun außenrum. Dessert gibt es keines.

19.1.14
Draußen herrscht ein Sauwetter, es stürmt und dazwischen prasselt Regen auf das Deck. Ich verbringe die Zeit mit Lesen, eine meiner Lieblingsbeschäftigungen. Eigentlich hätte ich noch so einige Punkte auf dem Zettel, die ich abarbeiten sollte, aber eben in diesem Moment habe ich keine Lust dazu. Neu ist, dass ich die kleinen Arbeiten nur dann erledige, wenn ich Lust dazu habe. Früher habe ich das immer gleich getan, wenn ich etwas entdeckte. So kann man sich scheinbar im Rentenalter verändern! Irgendwann einmal komme ich auf die Idee, den Fernseher einzuschalten, aber oh, da ist kein Signal. Bei dem stürmischen Wind wurde die SAMANTHA etwas vom Steg weggedrückt und das Kabel hat an der Antenne gezurrt, sodass diese nun verstellt ist. Erst versuche ich, die Antenne neu zu orientieren. Nach dem 50. Mal rein ins Boot, raus aus dem Boot, Antenne um fünf Millimeter verschieben, rein ins Boot, raus aus dem Boot ... komme ich doch zu der Einsicht, dass es alleine so nicht zu schaffen ist. Ich rufe Luca, den ich in der Nähe sehe. Er hilft mir. Zu zweit müsste es eigentlich gehen. Einer schaut auf den Fernseher, der andere fummelt an der Antenne herum. Aber auch das bringt nicht den gewünschten Erfolg. Schließlich baue ich die ganze TV-Anlage draußen im Cockpit auf, um direkten Blickkontakt zum Bildschirm zu haben. Schon nach kurzer Zeit ist die Mühe durch Erfolg gekrönt. Nun könnte ich fernsehen, habe aber keine Lust. Ich ziehe die Ausgangsschuhe an und unternehme einen Spaziergang in der Umgebung. Das Wetter hat aufgeklart und die Sonne blinzelt durch Wolkenlücken. Ich habe schon vor

einiger Zeit eine Ruine auf einem nahegelegenen Hügel ausgemacht. Von dort müsste man einen schönen Rundblick haben. Als ich mich aber dem Ort nähere, höre ich überall Schüsse. Es scheint, dass man hier auf der Jagd ist. Nun durch die Pampa und die Büsche zu schleichen, scheint mir doch etwas gefährlich. Es könnte ja ein überfleißiger Jäger in mir einen alten Bock erkennen und sein Jagdglück ausprobieren. Da ich glaube, keine Hörner zu haben, aber eine schwarze Jacke trage, wäre es möglich, mich mit einem Schwarzwild (Wildschwein im Jägerlatein) zu verwechseln. Ich bleibe auf der Landstraße und marschiere gute drei bis vier Stunden in einem Bogen zum Hafen zurück. Der Himmel hat sich nun in ein wolkenloses blaues Firmament verwandelt. Ich genieße noch den Sonnenuntergang im Cockpit mit meinem E-Book, einem Campari Orange und einer Cohiba-Zigarillo.

20.1.14
Nach zehn Stunden Schlaf erwache ich endlich. Wie üblich ein kleines Frühstück, dann will ich ins Dorf, um mir eine Prepaid-Karte zu kaufen, damit ich endlich ins Internet komme. Die Aussage von Antonio, dem Hafenchef, dass letzte Woche das Internet repariert worden sei, war wieder so eine Luftblase. Ich hole das Fahrrad ins Cockpit und suche das kleine Loch, das die Luft innerhalb von einem Tag aus dem Hinterreifen entlässt. Schnell werde ich fündig und verklebe dieses und baue das Rad wieder an seinen gewohnten Platz zurück. Dann sattle ich das Pferd und strample dem Dorf entgegen. Der Wind bläst mir voll ins Gesicht und ich muss im ersten Gang dagegen ankämpfen. Ganz schön anstrengend.

In Villaputzu suche ich den Vodafone-Laden auf, um mir da ganz freundlich erklären zu lassen, dass man hier die gewünschte Karte nicht im Sortiment habe. Schweißgebadet begebe ich mich mutig auf den Weg zum nächsten Dorf. Das ist ja nur vier Kilometer weiter. Auf der Brücke, wo kein Windschatten mehr ist, pustet es mich fast vom Rad und ich lande mit einem ungewollten Schwenker mitten auf der Fahrbahn. Was dann ein Italiener im Auto dahinter tut, ist klar, er hupt wie ein Wilder. Soll er doch froh sein, dass sein Gefährt nicht so bösartig auf Wind reagiert. In Muravera werde ich dann auch fündig. Ich verstehe zwar nicht, warum mir die junge, nette Verkäuferin ein Abo mit unbeschränktem Zugang zum Internet anbietet, das 20 Euro kostet, aber mit einem Rabatt auf 12 Euro heruntergesetzt ist, ich dann aber doch 32 Euro zahlen muss. Scheinbar sind in Italien nicht nur in Regierungskreisen die Berechnungsarten etwas unverständlich für Europäer nördlich der Alpen. Wie dem auch sei, ohne zu verstehen, gehe ich mit 10 Gigabytes aus dem Laden und nutze die Gelegenheit noch, um in der Apotheke und im Supermarkt meinem Rucksack etwa fünf Kilogramm Gewicht dazuzugeben.

Nun kommt wohl der schönere Teil der Fahrt, denn logischerweise habe ich ja jetzt den Wind im Rücken, wenn ich den vorher im Gesicht hatte. Denkste, der Wind hat zwischenzeitlich abgestellt! Trotzdem bin ich nach zwei Stunden zurück beim Schiff, mit dem Gefühl, zwei Stunden harte Fitness gemacht zu haben.

21.1.14

Draußen weht ein kalter, stürmischer Wind und man würde keinen Hund vor die Hütte jagen. Ich lese und lese und plötzlich ist es wieder Abend. Es ist unglaublich, wie die Tage nur so dahinflitzen, wenn man morgens erst um 0900 aufsteht und es am Abend bereits um 1800 dunkel wird.

22.1.14

Heller Sonnenschein. Wolkenloser Himmel. Kein Lüftchen. Heute wird etwas unternommen. Zuerst stelle ich mittels Skype eine Verbindung zu Rita her. Es klappt, und das erste Mal können wir uns lange und ausgiebig unterhalten und dabei bemerke ich auch auf dem Video, dass sie eine neue Frisur hat. Gut sieht sie aus und wir planen schon, wo sie mich demnächst besuchen kann.

Dann ziehe ich los. Mein Ziel ist ein naher Hügel, von dem aus man sicher eine tolle Rundsicht hat. Der Weg dorthin führt über das Dorf Porto Corallo, aber dann endet der Weg an einem

Zaun und ich komme erst nicht weiter. Über eine steile Böschung, die ich erklimme, erreiche ich den Hang unter dem Aussichtspunkt. Es ist wie im Dschungel. Ich kämpfe mich durch dieses ekelhafte Gebüsch. Die zum Teil mit Dornen bewehrten Sträucher reißen mir nicht nur die Schuhbänder auf, sondern auch die Haut. Nun stehe ich vor einer Schlucht, es geht nichts mehr, weder nach vorne noch zurück und neben mir ist ein zwei Meter hoher Zaun. Wie komme ich da weiter? Hinter dem Zaun ist das Gelände wesentlich lichter und es gibt nicht so viele kleine Büsche. Ich muss da rüber, um weiterzukommen. Als ich mich umdrehe, sehe ich – man kann es nicht glauben – ein riesiges Loch im Zaun, durch das ich ohne Mühe durchschlüpfen kann. Ich bin überzeugt, vorher war das Loch noch nicht da. Solche Wunder soll es doch geben? In den Märchen war es früher auch immer so.

Auf der anderen Seite des Zauns komme ich wesentlich besser vorwärts, und wären diese blöden Dornenbüsche nicht, wären meine Hose und meine Haut jetzt noch ganz.

Nach großer Anstrengung stehe ich dann doch plötzlich oben auf dem Gipfel. Eine wunderschöne Aussicht rundum ist der Lohn der Mühe. Den ersten Gipfel habe ich erreicht, nun will ich noch auf den nächsten etwas höheren. Auch den erreiche ich und finde dort einen Aussichtsturm. Dies muss ein geplantes Ziel für Touristen sein, nur im Januar gibt es die nicht.

Der Rückweg gestaltet sich sehr beschaulich, denn ich finde den Weg, der vom Dorf zu diesem Aussichtsturm führt. Nach drei Stunden Wanderung bin ich zurück auf der SAMANTHA, kaputt und durstig. Was könnte da schöner sein als der Genuss eines kühlen Biers?

23.1.14

Es regnet, es regnet, lesen, lesen. Irgendwann werde ich so viel Neues wissen, dass ich noch einen Doktortitel bekomme. Das Buch über die Profiler (polizeiliche Ermittler) ist schon sehr spannend und erinnert mich daran, dass ich als Bub immer gerne Detektiv geworden wäre.

Heute würde mir das nichts nutzen, denn auch als bester Detektiv würde ich nicht wissen, wann die Firma mir endlich die neuen Geräte installieren wird. Per E-Mail wurde mir angekündigt, dass es am Freitag geschehen soll.

24.1.14
Heute ist Freitag. Draußen stürmt es wie verrückt und der Windmesser schwankt ständig zwischen 15 und 35 Knoten Wind. Im Hafen ist das unangenehm, denn das Boot kann nicht weichen und verhält sich wie ein scheuendes Pferd. Ich erwarte, dass heute die Installationen gemacht werden. Ha ha ha ... Stattdessen bekomme ich von der Sekretärin des Hafens die Mitteilung, dass der Techniker wegen des schlechten Wetters nicht hierherfahren würde. Er käme dann am Montag. Das sind Italiener!!!!!
Der Frust ist groß. Da ich aber nichts, ja gar nichts gegen diese Schei...kerle machen kann, beginne ich mich mit Kleinarbeiten abzuregen. Schließlich funktioniert der Schalter im Kühlschrank wieder, alle Chromteile im Boot sind vom Grünspan befreit und glänzen wieder, und die alte Funkanlage ist abgebaut. Lediglich die Handbilgepumpe, die kann mich mal. Um die kümmere ich mich dann, wenn einer meiner Söhne, Patrick oder Philippe, bei mir ist, denn alleine ist das unmöglich, weil man sowohl vom Motorraum aus als auch vom Cockpit aus schrauben muss. Das kann warten. Abends kann ich den Fernseher nicht benutzen, denn der stürmische Wind verdreht ständig die Antenne und lässt das Bild verschwinden. Ich schalte um und schaue eine DVD an, solche habe ich ja in größerer Zahl auf dem Flohmarkt gekauft und mitgenommen.

25.1.14
Strahlender Sonnenschein. Jetzt will ich einmal das neue Dingi ausprobieren und sehen, ob das mit dem relativ großen Motor auch funktioniert. Es klappt bestens und ganz stolz kurve ich im Hafen umher, um danach alles wieder an seinem Platz zu verstauen.
Mittags schaue ich das Abfahrtsrennen von Kitzbühel. Leider kann sih Didier Défago nur ganz knapp unter die ersten Zehn

schmuggeln. Wir haben wirklich keine Rennmannschaft mehr. Aber was soll's, ich muss warten und kann nur hoffen, dass das Wetter am Montag dem Herrn Techniker genehm ist. Morgen bin ich nämlich bereits seit drei Wochen hier „gefangen".

Eine Stunde marschiere ich den Sandstrand entlang, bis es nicht mehr weitergeht, ohne dass ich einen Bach durchschwimmen müsste, und dazu habe ich keine Lust. Eine Stunde im Sand ist wie zwei Stunden auf normalen Wegen. Zurück auf der SAMANTHA bin ich schweißgebadet, schließlich ist es draußen frühlingshaft und hat 18 °C.

Mit Antonios Hilfe profitiere ich von einer Flaute, um die SAMANTHA zur Dieselstation zu verlegen und dort den Tank aufzufüllen. Es passen 240 Liter ins Reservoir und die Kosten dafür betragen 420 Euro. Schön war es noch, als der Liter nur 70 Cent kostete.

Heute Abend werde ich nach Porto Corallo (zwei Kilometer) radeln und zur Abwechslung im Restaurant essen. Am Wochenende soll es offen sein. Es ist offen, aber ich bin um 2000 immer noch der erste Gast. Andere kommen erst eine halbe Stunde später. Das Essen ist richtig gut. Zuerst ein Insalata di Polpo (Tintenfischsalat), dann ein Filetto di Manzo con Pepe verde (Rindsfilet mit grüner Pfeffersauce) und Pommes, die jedem McDonald's den Rang ablaufen könnten. Das Ganze mit einem Glas Rotwein (ein halber Liter) begossen und zum Schluss alles mit einem Grappa hinuntergespült. Das war lecker.

Im Fernseher, der in einem südlichen Restaurant ein Muss ist, zeigen sie meinen alten Freund und Chef-Mafia-Boss Silvio Berlusconi. Gepudert und mit Botox vollgespritzt scheint der tatsächlich wieder aufzutauchen, wie ein alter Krake aus den Tiefen der Meere. Nanu, Italien wird sich eben nie ändern.

Die Rückfahrt mit dem Fahrrad dauerte dann auch nur wenige Minuten und der Schlaf glich einem Tiefschlaf, wie schon länger nicht mehr erlebt. Es war auch das erste Mal, dass ich ein Essen mit einem alkoholischen Getränk begossen habe. Bis jetzt gab es höchstens mal einen kleinen Aperitif in Form eines kleinen Whiskys oder eines Campari Orange. Selig ist der tiefe Schlaf und somit der Wein zur Medizin deklariert.

26.1.14
Als ich den Vorhang in meiner Koje beiseite ziehe, sehe ich Grau, das heißt Schwarz. Draußen kämpfen graue Wolken und blauer Himmel in einem unbändigen Kampf. Windböen bis zu 40 Knoten schütteln das Boot und legen es auf die Seite, dass selbst die Pfanne den Herd verlässt und durch die Kombüse segelt. Erst gegen 1500 legt sich der Wind etwas, sodass ich endlich einen Spaziergang wagen kann. Mit 20 °C ist es schön warm und nun hat auch die Sonne gesiegt, sodass ich im T-Shirt draußen hocke. Natürlich hat der Wind wieder die TV-Antenne verstellt, sodass ich ungewollt wieder meine Fitnessübung starte, damit ich mir heute Abend den „Tatort" reinziehen kann. Auf dem Speiseplan stehen heute Abend eine Minestrone, dann Avocados, gefolgt von einem Risotto ai Funghi (Pilzrisotto) und Endiviensalat.

Morgen muss ich das erste Mal früh aufstehen, denn Pierre Carlo will mit den Geräten bereits um 0800 hierherkommen, so hat mir das Antonio mitgeteilt.

27.1.14
Das erste Mal, seit ich die Schweiz verlassen habe, werde ich durch einen Wecker aus dem Schlaf gerissen. Es ist 0700. Toilette, Dusche, anziehen, frühstücken. Eigentlich wie jeden Morgen, nur etwas früher.

Tatsächlich, um 0800 steht Pierre Carlo vor dem Boot am Steg, freudestrahlend, denn er hat alles dabei. Kaffee will er nicht, aber sofort mit der Arbeit beginnen möchte er. Ich habe nichts dagegen einzuwenden. Einiges habe ich ja schon vorbereitet und er kann direkt mit der Installation des neuen Funkgerätes beginnen. Ich schaue ihm über die Schulter und muss bemerken, dass er sehr professionell arbeitet. Alle Drahtverbindungen werden sauber gelötet und isoliert, nichts wird dem Zufall überlassen. Gut so, ich bin beruhigt.

Neu installiert wird eine VHF-Funkanlage mit AIS, das erlaubt mir, auf dem Plotter und Radar die Schiffe besser zu sehen und zusätzlich die Information zu bekommen, um was für ein Schiff es sich handelt, wie schnell und welchen Kurs es fährt. Dies ist ein wesentlicher Sicherheitsfaktor, den ich in Kürze noch zu schätzen lernen werde. Der neue Plotter bringt nicht viel, außer eben, dass ich die AIS-Informationen auf dem Bildschirm habe.

Wichtig ist auch, dass Pierre Carlo dank des neuen Plotters einen externen Alarm-Buzzer in meiner Kabine einrichten kann. Damit werde ich ruhiger schlafen können, wenn ich vor Anker liege und die Ankerwache (Ankeralarm) hören kann. Dies war bis jetzt nicht der Fall, da der Alarm nur beim Navitisch klingelte und ich in der Kabine ruhig schlief. Auch das ist für mich ein wichtiges Sicherheitselement.

Dann, um 1600, ist Pierre Carlo fertig. Alles ist getestet und scheint zu funktionieren. Er verabschiedet sich und ich gehe ins Hafenbüro zu Romina, um die Schlussabrechnung zu machen. Ich finde es sehr großzügig, dass mir die Tage im Hafen nicht berechnet werden. Es sei ja nicht meine Schuld, dass ich so lange hätte hierbleiben müssen.

Danke.

Danach ist es 1800 und schon dunkel. Ich mache die Leinen los und steche in See. Das Zeitfenster mit Wind und Wetter ist günstig für die nächsten zwei Tage. Und ob, der Wind bläst von schräg hinten, ich setze nur die Genua und rausche ständig mit 8 bis 9 Knoten in Richtung Liparische Inseln, die noch in 250 SM Entfernung liegen. Ich hatte berechnet, dass ich circa 45 Stunden brauchen werde und deshalb die Abfahrt auf den Abend gesetzt. Somit werde ich zur Tageszeit in Lipari sein und nicht riskieren, irgendwann in der Nacht anzukommen.

Die Nacht ist heftig. Der Wind ist mit 20 bis 25 Knoten okay, aber die Wellen sind recht hoch und es schaukelt ständig. Nach einem etwas dürftigen Abendessen positioniere ich mich halb sitzend, halb liegend auf der Bank am Esstisch, mit den Instrumenten direkt im Blick. Auf dem Radar setze ich die Entfernung auf 24 SM und einen Wachkreis in 6 SM Entfernung. Kein Schiff weit und breit ist zu sehen. Mit der Eieruhr an meiner Seite beginne ich die Nachtwache. Alle 25 Minuten klingelt die Eieruhr, ein Blick auf die Instrumente und weiterdösen. Das nächste Mal aufstehen, Logbuch schreiben, weiterdösen. So geht es die ganze Nacht, bis dann um 0700 der Tag erwacht. Die SAMANTHA läuft, es ist eine Freude. Zwischendurch surft sie eine große Welle hinunter und erreicht bis zu 10 Knoten Geschwindigkeit. Der Autopilot arbeitet wunderbar.

Nicht ein Mal habe ich das Ruder berühren müssen.

Nur nachts, als der Wind etwas heftiger wurde, habe ich die Genua etwas reduziert. Ich muss ja kein Rennen gewinnen und mit kleinerem Segel ist alles etwas komfortabler.

28.1.14
Wie der neue Tag verflogen ist, weiß ich nicht. Etwas Lesen, etwas Dösen, zwischendurch kochen und essen und einfach das Dasein genießen. Es hat draußen 13°, aber mit dem Wind ist es schon saukalt.

Fünf Schichten (Unterleibchen, T-Shirt, Pullover, Windjacke und Musto-Anzug) habe ich auf dem Leib und friere nicht. Lediglich nachts, beim Dösen, fröstelt es mich und ich mummele mich in eine Wolldecke ein. Ich beende mein viertes Buch („Das Byzantinische Reich") und beginne gleich mit dem nächsten. Gegen Abend wird es mir etwas mulmig im Magen. Ob ich seekrank werde? Nach einer feinen Platte Spaghetti und einem Kotelett geht es mir wieder gut. Scheinbar habe ich meine Ernährung etwas vernachlässigt. Die Nacht beginnt wie die letzte, nur dass ich mich nun traue, die Eieruhr auf 55 Minuten zu stellen, denn ich bin im Nirwana, ziemlich genau in der Mitte zwischen Sardinien und Lipari.

Ich schlafe dann auch tatsächlich mehrere Stunden, lediglich unterbrochen durch Fehlalarme, die durch hohe Wellen verursacht werden, die mein Radargerät als Objekte erfasst und Alarm geschlagen hat und die Eieruhr, die mich ermahnt, das Logbuch alle Stunden nachzuschreiben.

29.1.14
Es ist etwa 0300, als der Alarm mich aus meinen Träumen holt. Zwei Schiffe sind auf dem Bildschirm zu sehen, und das erste hat meinen Alarmkreis erreicht. Es funktioniert (beruhigend). Nun, mit AIS kann ich sehen, dass das Schiff, eine Fähre von 126 Me-

ter Länge, direkt Kurs auf mich nimmt und sich mit 15 Knoten nähert. Jetzt heißt es aufpassen. Mit dem Scheinwerfer gebe ich Signale, aber der Kerl tut keinen Wank.

Es wird spannend. Schließlich ist das Monster schon ganz nahe bei mir und fährt direkt auf mich zu. Es wird Zeit, zu handeln. Ich drehe so weit ab, dass ich direkt auf seinen Arsch ziele. Und mit dem gestarteten Motor flüchte ich aus dem Gefahrenbereich. Dann rauscht er knapp 100 Meter vor mir durch, gemütlich in seiner Spur nach Palermo. Hätte ich nicht abgedreht, wäre es noch recht spannend geworden. Vielleicht ist ja der Kapitän ein Bruder von dem, der die „Costa Concordia" versenkt hat.

Das zweite Schiff nähert sich auch direkt hinter dem ersten genau in dessen Kielwasser. Auch hier fuchtle ich mit dem Scheinwerfer in der Luft herum und beleuchte die Segel. Er scheint mich zu sehen, dreht leicht ab und rauscht dann in anständiger Entfernung hinter mir durch. Uff ...

Danach herrscht wieder Stille und kein Schiff erscheint mehr auf dem Radar. Ich versuche, noch etwas Schlaf zu bekommen, was mir auch gelingt.

Dann das Highlight des Tages. Raus aus all den Klamotten und eine schöne warme Dusche, es gibt nichts Schöneres auf der Welt! (Nicht dass ich mich einen Warmduscher nennen würde, aber in diesem Moment kann ich nachfühlen, wie es ist, einer zu sein!) Neue Klamotten, ein gutes Frühstück mit Ei und Speck und der neue Tag kann kommen.

Den ganzen Tag lang, bei schönstem Sonnenschein und idealem Segelwetter, ziehe ich an den ersten Inseln vorbei, bis dann hinter der Insel Lipari der Wind abflaut und zusätzlich noch auf die Nase dreht.

Die letzten Meilen zwischen 1600 und 1700 steuere ich per Motor die Marina Pignataro nördlich der Stadt Lipari an. Es ist kein Mensch zu sehen. Ich suche die erstbeste Lücke aus und schiebe mich zwischen eine Segeljacht und ein SAR-Rettungsschiff. Es ist keine Muring mehr frei. Die beiden Schiffe links und rechts haben alle verfügbaren Muringe geklaut. Ich binde die SAMANTHA ganz einfach an den beiden Booten an. Nach einer herrlichen Dusche (nicht mehr so warm) ziehe ich die Laufschuhe an und wandere in die Stadt. Den Weg kenne ich von früheren Besuchen hier. Es dauert eine Viertelstunde, dann bin ich mittendrin. In einer Bar bestelle ich ein Bier, bekomme dazu die hier üblichen Tapas. Wir sind zwar noch in Italien und nicht in Spanien, aber die Zugaben zum Getränk sind hier üblich und lecker. Als der Kellner bemerkt, dass es mir schmeckt, bringt er gleich noch eine Ladung und danach noch eine Schüssel Chips. Dank des WLANs kann ich per Skype mit Rita telefonieren und Neuigkeiten austauschen. Schön. Mit einer Pizza und dem halben Fußballmatch SV Stuttgart gegen Bayern München beschließe ich meinen Ausflug. Der Rückweg scheint kürzer zu sein als der Hinweg. Ob es der Rotwein war, der die Schuhsohle geölt hat?

Gute Nacht.

Porto Giganero, Lipari 38°28,40 N 14°57,46 E

30.1.14

0800 und es klopft an meinem Schiff. Ich werde aus einem Tiefschlaf aufgeweckt und muss erst die Augen in die richtigen Löcher schieben.

Draußen sind zwei Marineros, die mir klarmachen, dass ich das Boot wegen des aufkommenden Winds nicht hierlassen kann und auf die andere Seite vom Steg verlegen muss. Kein Pardon. Ich wechsle den Pyjama gegen Hose und Jacke aus und auf geht's.

Alles wird losgemacht und schon bald bin ich auf der Gegenseite neu verzurrt. Schön war, dass die beiden Marineros so richtig Freude an der Sache hatten und alles selbst gemacht haben. Es sind Winde bis 40 Knoten für heute und morgen angesagt, und da ist es besser, richtig vertäut zu sein. Um 1000 mache ich dann auch Bekanntschaft mit dem Hafenkapitän – eine ruhige Seele –, der mich die Formulare ausfüllen lässt und erklärt, dass der Tag 40 Euro kostet. Ganz anders sind die beiden Marineros. Die schreien sich ständig und stundenlang an. Nein, die erzählen sich nur Geschichten (wie zwei Waschweiber), aber wir sind halt schon etwas näher am Orient hier.

Komfortabel ist es hier, mit WLAN, und die Stadt ist nur zwei Kilometer entfernt. Ich werde kein Risiko eingehen und bei diesem Wind, der direkt aus der Richtung von Messina kommt, und somit mir direkt auf die Nase blasen würde, die nächste Etappe angehen. (In der Straße von Messina sei der Wind dann mit flotten 50 Knoten unterwegs, meinen die hier.) Am Samstag dreht der Wind auf Nord, und das wird günstig für meine nächste Etappe.

Den Tag verbringe ich mit allerlei, Aufräumen und vielen Stunden im Netz. Es werden über 150 Mails erledigt, die Rechner mit Updates auf den neuesten Stand gebracht. Es ist schön, wieder in der Zivilisation zu leben.

Kaum zu verstehen, was Kolumbus gemacht hat, wenn er Flaute hatte, denn da gab's, glaube ich, noch kein Internet, E-Mails und solchen Kram, der einen auf Trab hält.

31.1.14

Draußen heult und tobt es, sodass ich erst gar nicht den Kopf aus der Luke stecke. Am späten Vormittag lässt der Wind etwas nach. Ich rüste mich für den Gang ins Städtchen. Einkaufen ist geplant.

Der Weg wird zu einem Spießrutenlauf, denn die Wellen schlagen gegen die Kaimauer, steigen hoch und überschwemmen die Straße. Mit etwas Geschick gelingt es mir, zwischen zwei Wellen den nächsten geschützten Abschnitt zu erreichen und so mehr oder weniger trocken ans Ziel zu kommen. Die Uferstraße ist voll von Sand und Geröll. Die halbe Stadtbevölkerung ist am Kai und betrachtet das Schauspiel. Keine Fähre fährt mehr. Ich verstehe nun, warum die Marineros gestern so nervös waren. Es ist immer anzuraten, auf die Einheimischen zu hören. Ich bin froh, dass ich hiergeblieben bin. Morgen soll es besser sein. Auf DVD schaue und höre ich das Konzert von Helmut Lotti, „Out of Africa". Nicht schlecht, erinnert an frühere Zeiten. Wo sie den Lotti versenkt haben, weiß ich nicht, aber man hört von dem gar nichts mehr.

Bepackt wie ein Esel.

Die SAMANTHA hängt in den Seilen.

*Adé, Porto Corallo,
dich habe ich nun drei Wochen genießen können (müssen).*

Es ist kalt da draußen.

Februar 2014

1.2.14
Um 0800 wache ich auf, frühstücke und gehe dann ins Hafenbüro, um zu zahlen. Dort verlangt man von mir nur zwei Nächte, obwohl ich ja drei da war. Hier im Süden sind die generös.

Der Marinero hilft mir noch beim Ablegen, dann geht's los. Der Wind steht ideal und die SAMANTHA läuft wie's Lottchen. Nur das Wetter ist echt bescheiden. Regen und Nebelschwaden lösen sich ab.

Bis zur Einfahrt in die Straße von Messina ist alles okay, dann muss ich den Kurs um 90° ändern und schwups habe ich den Wind auf der Nase.

Mit Motor geht's bis vor den Hafen. Die Einfahrt in Reggio di Calabria ist einfach. Platz gibt es genügend, und bevor der Marinero kommt, ist die SAMANTHA am erstbesten Platz festgebunden.

Eine Dusche und neue, trockene Klamotten, dann einen Whisky, den ich meine, verdient zu haben, und ab geht's in die Stadt. Im Hafenbuch steht, dass Reggio di Calabria nichts Besonderes sei.

Da bin ich schön überrascht über das, was ich vorfinde. Im Sommer kann man da an einer schönen Promenade und in den langen Einkaufsstraßen flanieren.

Einzigartig ist, dass quer durch die Stadt, den Hügel hinauf Rolltreppen gebaut sind, die einen bequem von einer Einkaufsstraße zur nächsten transportieren.

Die Geschäfte, die sind allein schon wegen der Architektur sehenswert. Alle Marken sind präsent und im Moment verkaufen die alles mit 50 bis 70 Prozent Rabatt.

Nun habe ich Hunger und möchte einen Fisch essen, aber es ist ja erst 1800 und somit viel zu früh. Ich setze mich in eine Bar und bestelle ein Martini. Mit dem bestellten Getränk bringt der Kellner eine Platte voller Köstlichkeiten. Es gibt Oliven, Kapern, kleine Pizzen, Fleischbällchen und vieles mehr. Ich knabbere und knabbere, esse aber nicht die Hälfte, bestelle noch ein Martini, diesmal aber ohne Zutaten (kostet den gleichen Preis). Gegen 2000 gehe ich auf die Suche nach einem Restaurant, das nach gutem Fisch aussieht. Als ich fündig werde und davorstehe, merke ich, dass ich eigentlich gar keinen Hunger mehr habe. Jetzt einen Fisch zu essen, wäre Blödsinn. Ich drehe ab und zurück geht's ins Boot.

Hier schaue ich den Film „Spiel mir das Lied vom Tod", ein alter Streifen, aber immer noch gut.

Reggio di Calabria 38°07,63 N 15°39,12 E

2.2.14

Heute sind alle gegen mich. Es ist zwar Sonntag, aber der Wind bläst genau von der Seite auf die SAMANTHA und drückt mich gegen den Nachbarn. Hier rauszukommen wird nicht ganz einfach. Und tatsächlich, beim Ausfahren hängt sich das Bugstrahlruder an der Muring des Nachbarn fest und verhindert, dass SAMANTHA wegkommt.

Dann tut der Wind seinen Job und drückt mich auch noch mit dem Kiel in die Muring des Nachbarn. Ich hänge endgültig fest.

Jetzt ist Action angesagt. Erst wird abgefendert, dann versuche ich, die Muring freizubekommen, das geht aber von oben nicht.

Der wachhabende Marinero hat nun gesehen, dass ich Probleme habe, und kommt zu Hilfe.

Wir ziehen die Samantha mit meiner Wurfleine von dem Nachbarboot weg. Dann lasse ich das Dingi ins Wasser, und mit der Gaffe ist die Leine schnell vom Bugstrahlruder weg. Mithilfe einer neuen Muring, der von drei Plätzen weiter, ziehen wir die SAMANTHA weiter vom Nachbarn weg und das so lange, bis ich viel Platz habe, um genügend Fahrt aufzunehmen, bevor ich wieder gegen den Nachbarn gedrückt werde.

Es klappt. Ich bin frei und fahre aus. Ein großes „Grazie mille" an den Marinero.

Endlich außerhalb des Hafens im freien Gewässer! Frei ist es nicht ganz, denn viele große Handelsschiffe sind unterwegs.

Den Wind voll auf der Nase, sodass ich aufkreuzen muss. Bis 1600 bin ich erst gute 15 SM Luftlinie von Reggio weg. Nun hole ich die 110 Pferde zu Hilfe, denn ich will das südliche Kap erreichen. Dort kann ich um 90° wenden, dann habe ich den Wind von der Seite und komme endlich vorwärts. So war's gedacht. In der Tat dreht sich der Wind ums Kap ebenfalls und steht wieder auf der Nase. Man ist gegen mich!

Das nächste Kap erreiche ich gerade noch vor dem Einbruch der Dunkelheit, wieder drehe ich um 60°, das müsste reichen.

Aber … Der Wind hat gemerkt, was ich will, und dreht munter mit, sodass ich nun erst nach Süden, dann nach Osten und nun nach Norden immer den Wind auf der Nase habe. Das ist doch Verarschung.

Mit diesen Verhältnissen erreiche ich mein Tagesziel, Roccella Ionica, nicht bei Tageslicht und sehe mich gezwungen, direkt Kurs auf Crotone zu nehmen. Das heißt im Klartext: die ganze Nacht durchfahren. Nachts ist der Wind wechselhaft, sowohl in Stärke als auch in Richtung, sodass ich schließlich den Motor zu Hilfe nehmen muss, um überhaupt vorwärtszukommen. Die ganze Nacht hindurch regnet es.

Das war so ein richtiger Scheißtag, wie man es sich als Segler nicht wünscht.

Aber was soll's, der Morgen wird kommen.

3.2.14

Tagwache. Was heißt da Tagwache?

Die Nacht geht zu Ende und der neue Tag geht fließend in den alten über. Es bleibt nass und kühl, nichts Erfreuliches. Der Wind dreht natürlich ums nächste Kap wieder mit, sodass ich auch für die Weiterreise nicht segeln kann. Man hat sich hier in Süditalien wirklich gegen mich verschworen. Gegen Mittag kommt dann plötzlich eine Böe, die mich fast vom Hocker fegt. Danach beginnt es zu regnen wie aus Kübeln.

Es schüttet und der Wind dreht so, dass ich endlich segeln kann, aber hart am Wind. Es bläst ständig zwischen 25 und 32 Knoten. Die Wellen werden immer höher. Einmal kommt eine große Welle, begleitet von einer starken Böe. Die SAMANTHA wird hochgehoben, auf die Backe (Seite) geknallt. Ich krampfe mich am Steuersitz fest und bleibe auf dem Boot.

Drinnen hat es geknackt und geknistert, ich dachte, das Boot würde auseinanderbersten. Natürlich stellt sich die SAMANTHA brav und sofort wieder auf und attackiert die nächste Welle. Alles, was nicht niet- und nagelfest im Boot ist, ist durch die Luft geflogen. Gut, dass ich ein Gespür für die Situation hatte, sodass ich bereits vor dem ersten Angriff die Segel reduziert und das Großsegel eingeholt habe. Nun muss ich weitere Reffs vornehmen. Ich habe nur noch ein Drittel der Segelfläche von Genua und Besan gesetzt und trotzdem stampft die SAMANTHA heftig durch die aufgebrachte See. Nach Berechnung des Kartenplotters werde ich um circa 1600 in Crotone ankommen. Das ist gut so. Also weiterkämpfen. Am letzten Kap vor Crotone muss ich nochmals den Kurs ändern und nun habe ich den Wind und natürlich auch den Regen von hinten. Alles ist nass und ich muss den Niedergang schließen, denn es regnet direkt ins Boot. Nur noch eine Stunde, dann bin ich am Ziel.

Da die Wellen sehr stark sind und im rechten Winkel zur Einfahrt in den alten Hafen von Crotone stehen, habe ich meine Bedenken. Das könnte gefährlich werden. Ich rufe den Hafen per Funk auf Kanal 16 an. Es meldet sich die Coast Guard von Crotone. Nach einer kurzen Unterhaltung raten die mir an, in den neuen Hafen, der allerdings für Handelsschiffe gedacht ist und für die Boote wie meines keine Erlaubnis haben, einzufahren. Ich solle mich wieder melden, wenn ich am Hafeneingang sei. Und genau das mache ich und bekomme die Anweisung, ganz hinten im Hafen, neben einem bereits dort liegenden Katamaran, anzulegen. Mitten zwischen diesen großen Handelsschiffen sieht die SAMANTHA klein aus.

Im Hafen, die ungefähr 1 SM lange Strecke bis zum Anlegeplatz, muss ich das schützende Deck einrollen und stehe absolut ungeschützt im Regen. Und was für ein Regen! Alles, was die heute noch nicht hinuntergeschüttet haben, tun sie genau in diesen Minuten. Ich muss die Brille weglegen, denn ich sehe sonst gar nichts mehr. Genau zu der Zeit, als ich anlege, beruhigt es sich einen Moment, sodass das Anlegemanöver kein größeres Problem darstellt.

Endlich alles ruhig. Ich genieße dies einige Minuten, zusammen mit einem kleinen Whisky, den ich mir gönne.

Alles ist nass. Die erste Handlung ist, alles trockenzureiben, dann unter die Dusche und neue trockene Klamotten anziehen. Der Spaziergang in die Stadt. Im Hafen liegt das Wasser in großen Pfützen, sodass ich bereits beim Hafenausgang, den ich nach zehn Minuten erreiche, wieder nasse Füße habe. Die Stadt ist nicht für Regen gebaut. Überall in den Gassen trieft das Wasser direkt von den Dächern. Mit der Regenkapuze geschützt finde ich einen Metzger, Simone heißt er und hat eine Zeitlang in Lugano gearbeitet.

Ich bestelle ein Rinderkotelett, Gehacktes, ein Hähnchen und da sehe ich noch Leber, die muss auch eingepackt werden.

Noch ein Gang ins nächste Geschäft, Gemüse und Brot kommen in den Sack, dann geht's zurück aufs Boot.

Einen feinen Reis mit geschnetzelter Leber, das schmeckt. Dann bin ich aber so müde, dass ich gleich einschlafe.

Neuer Hafen von Crotone 39°04,99 N 17°08,12 E

4.2.14

Crotone – Sibari steht auf dem Tagesplan.

Draußen ist es sehr ruhig, die Wolken sind meist weg und die Sonne wärmt den Körper angenehm.

Es weht nur wenig Wind, und wo kommt er her? Ja, genau von da, wo ich hinwill.

Heute schätze ich wieder einmal meinen Yanmar, der schnurrt wie eine Stubenkatze. Die Strecke nach Sibari ist zu lange, als dass ich den Ort vor dem Einbruch der Nacht erreichen könnte, aber auch zu kurz, als dass ich nach Tagesanbruch ankommen würde.

Heute Abend will ich das Rinderkotelett essen. Ich habe mich beim Auspacken über die Form dieses Fleischstückes gewundert. Es ist etwa 6 cm breit, 6 cm hoch und 25 cm lang. Gekostet hat es fast gar nichts. Nachdem dieses schön gebraten und mit Zwiebelgemüse und dem restlichen Reis von gestern auf dem Teller angerichtet ist, mache ich mich daran, das Kotelett zu genießen. Aber oh weh, ich komme nicht weit, denn im Inneren des Fleischstückes entdecke ich eine riesengroße Rippe. Drumherum gibt es schon etwas Fleisch, aber eigentlich habe ich einen Knochen mit ein wenig Fleisch gekauft. Ob Simone gemeint hat, ich hätte einen Hund? Nun ist mir auch klar, warum das Teil fast nichts gekostet hat. Trotz allem genieße ich das Essen, hätte aber damit sicherlich keinen Gourmet-Preis gewinnen können.

Sowie es dunkel wird, stelle ich den Motor auf die niedrigste Tourenzahl, stelle den Radar ein mit einem Alarmkreis von 6 SM, und niste mich gegenüber den Instrumenten mit Wolldecke bestückt auf der Esstischbank ein. Die Eieruhr ist sicherheitshalber auf eine Stunde eingestellt. Bis auf ein NATO-Schiff bin ich auf weiter See alleine und so bekomme ich doch genügend Ruhezeit in meiner bereits vierten durchsegelten Nacht. Jede Nacht hatte ich bis jetzt immer gefröstelt. Diesmal schäle ich mich komplett aus den Tageskleidern und ziehe einen Fleece-Anzug an. Es ist herrlich kuschelig und ich habe es angenehm warm und träume sogar von schönem Segeln.

5.2.14

Auf meiner Zielgeraden zum Hafen zeigt die Uhr 0900, genau was ich geplant hatte. Im Hafen suche ich einen Platz zum Anlegen, werde dabei von der Coast Guard (im Auto) abgefangen und an einen öffentlich zugänglichen Platz verwiesen.

Per SMS melde ich an Mario meine Ankunft, frühstücke und räume auf. Die Sonne scheint und es wird sicher ein schöner Tag, allerdings ohne Wind. (Brauche ich heute auch nicht.)

Es ist knapp halb elf, als ich von draußen gerufen werde. Mario und Fortunato stehen strahlend da. Man sieht denen die Wiedersehensfreude förmlich an. Schön, solche Bekannte zu haben.

Fortunato hilft mir, beim Durchgang des Ruderschaftes, wo immer etwas Wasser ins Schiff kommt, die Dichtungsschraube fester anzuziehen, während Mario bemüht ist, einen sichereren Platz für mich zu finden. Beide sind der Meinung, dass ich hier das Boot nicht verlassen dürfe, es würden Sachen gestohlen. (Bin ich nur von Albanien gewohnt.) Die Schraube ist fest, aber die Coast Guard erlaubt nicht, das Boot zu verlegen. Mario organisiert einen Freund, der abends Wache halten wird, damit wir in Ruhe essen gehen können.

Den Nachmittag verbringe ich mit einem Schläfchen und Lesen. Ich warte auf die beiden, die um 2000 kommen wollen.

Da sind sie, und bald trifft auch der Freund ein. Der hat zu seiner Verstärkung Frau und Tochter mitgebracht. Frauen haben ja bekanntlich eine gute und effiziente Waffe, das Mundwerk, und das ist in Süditalien ganz besonders ausgeprägt.

Wir drei gehen essen, es gibt eine Riesenauswahl an Vorspeisen, Spaghetti mit Meeresfrüchten und danach ein Assortiment von Fisch.

Die Krönung ist dann ein Tartufo nero, arrosé mit?

Wir können über Skype auch kurz mit François (Gigo) und Rita reden, was für die beiden eine besondere Freude ist. Um 2300 sind wir zurück bei der SAMANTHA, wo wir den Freund verabschieden. Mario hatte für die drei Stunden Wache 30 Euro ausgemacht. Eine Investition, die sich gelohnt hat. Es war ein wirklich schöner Abend, und wer weiß, vermutlich auch der letzte Abschied. Mario wollte Rita und mich noch zur Hochzeit seines Sohnes im März einladen, aber das musste ich wohl oder übel dankend ablehnen, denn wo ich im März bin, weiß ich noch nicht.

Die Nacht ist ruhig, einzig etwas Regen höre ich, als ich einmal zwischendurch erwache. Schlafen tue ich wie ein Murmeltier.

Porto Sibari 39°39,79 N 16°31,47 E

6.2.14

Es ist die Sonne, die durch die Spalten zwischen den Vorhängen hindurchlugt und mich weckt.

Gemütlich gehe ich den Tag im gewohnten Rhythmus an. Ein leichter Wind bewegt die Schweizer Fahne am Heck, das ist schon etwas vielversprechend. Und wie, kaum bin ich aus dem Hafen ausgefahren, erlebe ich Segelmomente, wie sie im Bilderbuch stehen. Blauer Himmel und Sonnenschein, fast keine Welle, Wind von 16 bis 18 Knoten und … diesmal von der richtigen Seite. Mein Herz jubelt. Leider nur bis Mittag, dann macht der Wind eine Siesta bis 1400. Danach kommt er nochmals auf und beglückt mich für eine weitere Stunde, kehrt dann aber wieder in die alte Gewohnheit zurück und bläst auf die Nase.

Mein gewolltes Ziel, Taranto, anzulaufen ist bei Tageslicht nicht mehr möglich. Ich drehe leicht ab und laufe die neue Marina di Policoro an.

Hier bekomme ich einen Platz, längs am Kai, jeglichen Service, wie Strom, Wasser und WLAN. Es ist eine wunderschöne Marina, aber natürlich totenstill um diese Jahreszeit.

Ich habe Zeit, schiebe ein Kotelett in den Ofen und in der Zwischenzeit installiere ich draußen die TV-Antenne. Nach dem Essen schaue ich die Tagesschau und vernehme, dass morgen die Eröffnung der Olympiade ist. Später ziehe ich mir den Bergdoktor rein. Aber als dann Maybrit Illner mit einigen sich wichtig fühlenden Politikern die Mattscheibe belegt, um wieder irgendeinen Stuss zu labern, ziehe ich mich in die Koje zurück und lese noch ein Weilchen, bis ich mich dann den Träumen ergebe.

Marina di Policoro 40°12,35 N 16°43,83 E

7.2.14

Stahlblauer Himmel, kein Lüftchen, aalglattes Wasser. Das ist nicht vielversprechend, wenn man Segler ist. 7 °C zeigt das Thermometer für draußen. Ich ziehe die Skiunterwäsche unter die Tageskleider. In der Kabine hat es angenehme 22°. Zum Frühstück presse ich nun jeden Tag den Saft einer der Orangen, die Mario aus seinem Garten gebracht hat. Ich werde vor Gesundheit strotzen. Wenn ich morgens in die WC-Schüssel schaue und, dem Rat meines lieben Nachbarn Kurt folgend, den Stuhl betrachte, dann kann ich nur sagen, dass bei mir alles in Ordnung ist. Die Konsistenz, die Farbe, die Form, alles ist paletti und ich muss gestehen, ich fühle mich absolut wohl und gesund.

Eigentlich müsste man doch die Krankenhäuser auf Segelschiffe umlegen, der beste Beweis bin doch ich.

Ich schaue die Wettervorhersage im Netz an (Wetter Pro) und stelle fest, dass gegen Mittag Wind aufkommen soll. Dies bringt mich zu der Entscheidung, nach Taranto weiter zuziehen.

Ich bezahle im Hafenbüro die Kleinigkeit von 27 Euro, inklusive Strom, Wasser und Mehrwertsteuer. Diese Marina kann ich jedem empfehlen. Das Dorf, und somit der nächste Laden, ist auch vier Kilometer entfernt, aber die Leute hier sind sehr hilfsbereit. Ich könnte ein Fahrrad benutzen, um ins Dorf zu kommen.

Nun, adieu, Leinen los.

Kaum draußen, frischt der Wind auf. Es ist mittlerweile auch wärmer geworden und das Thermometer steht bei 13°, was schon etwas angenehmer ist.

Ich werde für meine Entscheidung, loszuziehen, mit einem herrlichen Segeltag belohnt. Wind 10 bis 18 Knoten querab, keine Welle und die SAMANTHA läuft mit 6 bis 7 Knoten. Herrlich.

Um circa 1600 laufe ich in der riesigen Bucht von Taranto ein. Hier liegen riesige Klötze vor Anker und ich muss im Zickzack um diese herum, in die nordöstliche Ecke, wo es einige Anlegestellen nahe bei der Altstadt gibt.

Ich finde dann auch den Jachtklub von Taranto, aber da ist keine Sau, die mich einweisen oder mir helfen könnte. Ich kurve und kurve, bis schließlich ein Mensch am Steg sich meiner armen Seele annimmt und mir zuruft, auf Kanal 8 das Büro anzurufen. Das tue ich, das heißt ich versuche es. Niemand meldet sich. Dann aber erscheint ein Arbeiter in orangenem Ölzeug und weist mich einem Platz zu. Mithilfe der beiden guten Seelen liege ich schließlich um 1730 festgezurrt am Steg. Das Büro sei geschlossen und morgen ab circa 0900 offen, heißt es. Ich bedanke mich und beginne mich einzurichten.

Dann werden noch einige Besorgungen gemacht. Ich brauche dringend Hydrauliköl, denn ich stellte heute Nachmittag fest, dass der Propeller bei abgestelltem Motor mitdreht und nicht mehr gebremst wird. Ein Blick und eine Prüfung mit dem Ölstab erklärt, warum. Das Getriebe ist trocken. Wohin das Öl gegangen ist, ist mir unklar und ich werde das demnächst beobachten müssen. Direkt über die Straße bekomme ich sowohl Öl und gleich daneben im Supermarkt auch die Zahnpasta und sonst einige Kleinigkeiten. Zurück auf dem Schiff überlege ich, wie ich die TV-Antenne am besten befestigen könnte. Auf dem Steg sehe ich nichts und zudem schaukelt der so, dass ich vermutlich keine Signale bekommen würde. Frech montiere ich die Antenne am Gestänge des Verdecks, und siehe da, ich bekomme SAT.1. Danach schaue ich die olympische Eröffnungsfeier in Sotschi. Bombastisch, wenn da nur nicht der Gedanke an die vielen Russen wäre, die kaum etwas zu futtern haben. Und hier wurden 35 Millionen verbuttert.

Jachtclub Taranto 40°28,79 N 17°13,43 E

8.2.14
Heute sehe ich das Wetter draußen nicht, ich höre es. Das heißt: Regen und stürmischer Wind. Bevor ich mich unter der Decke hervorquäle, lege ich mich nochmals auf die andere Seite.

Nach dem Frühstück besuche ich die Capitaneria, wo eine charmante Lady mich mit einem breiten Lächeln empfängt. Ich muss wohl zu dieser Jahreszeit so überraschend wie der Besuch des Weihnachtsmannes sein, so selten kommt hier vermutlich ein Segler vorbei. Da es gar keine gute Idee ist, loszufahren, frage ich, was der Platz am Tag kostet. 60 Euro, meint sie. Ich meine, das sei eindeutig zu viel für diesen Platz. Schließlich einigen wir uns auf die 60 Euro, aber für zwei Tage. Wir sind doch, wie schon bemerkt, relativ nahe beim Orient.

Ich bekomme auch einen Code für den WLAN-Empfang. Nur sobald ich zehn Meter vom Büro entfernt bin, macht mir das Handy die lange Nase.

Ich gehe nochmals zurück und frage, ob ich nicht ein anderes Signal benutzen könne. Nein, das sei es. Merde ...

Mit Regenjacke und Rucksack ausgerüstet wandere ich in die Altstadt. Mich trifft fast der Schlag, was ich dort sehe, ist eine totale Misere. Die alten Gebäude fallen förmlich zusammen. Es ist alles total vergammelt, grau und zeugt von einem einzigen Elend.

Ich wandere weiter, komme an einem Friseurladen vorbei, gehe da hinein, denn es ist nur eine Person am Warten. Nette Begrüßung, und gleich bekomme ich einen Zettel mit der Nummer 67 drauf, wie bei der Post in der Schweiz. Auf dem Stuhl sitzt Nummer 61. Etwa eine Stunde, dann sei ich dran. OK. Ich wandere weiter zur Brücke, die die alte Stadt und den neueren Teil verbindet. Im alten Stadtteil führt mich der Weg noch an „neuen" Gebäuden vorbei. In solchen würden bei uns nicht mal Asylanten untergebracht, so scheußlich sind die.

Die Brücke, die den Kanal zwischen dem äußeren Hafen und dem inneren Hafen überdeckt, kann weggedreht werden, um auch größere Schiffe durchzulassen. Auf der anderen Seite, im neueren Teil der Stadt, sieht es schon etwas erfrischender aus. Große Promenaden, Einkaufsstraßen und die üblichen Markenläden findet man hier. Es möbelt die Moral etwas auf. In einem Café genieße ich einen Caffé Americano (größere Tasse als nur die kleinen Schlücklein, die man sonst bekommt) und dazu ein süßes Hörnchen. Dann steuere ich zurück Richtung Friseur. Pünktlich nach einer Stunde melde ich mich und kann nach nur einer Minute Warten auf dem Thron sitzen. Zehn Minuten, 10 Euro und ich sehe wieder einigermaßen zivilisiert aus.

Auf dem Spaziergang habe ich einige nette Restaurants gesehen und das eine ist direkt mit einem Fischladen verbunden. Alles sieht so frisch aus. Ich werde heute Abend meine fünfte Woche unterwegs mit einem Fisch genießen. Der vorbereitete Safranreis mit Pilzen kann bis morgen warten.

9.2.14
Ja, gestern bin ich dann um 2000 zu dem Restaurant marschiert. Ich war, wie üblich, der erste Gast, wurde auch gleich bedient. Am liebsten wäre ich wieder aufgestanden und weggelaufen. Die waren hier so freundlich wie ein eingefleischter SVP-ler mit einem afrikanischen Asylanten. Die Miesmuscheln, die ich gerne als Vorspeise gehabt hätte, bekam ich nicht, es waren dann Spaghetti Vongole. Damit ich danach noch einen Fisch vom Grill essen konnte, musste ich fast dem Kellner mit dem Tod durch Erschlagen drohen. Gekocht war gut, und die Kneipe füllte sich langsam. Ein langes Gesicht habe ich gemacht, als ein Tischnachbar eine schöne, lecker aussehende Platte Miesmuscheln aufgetischt bekam. Mein langes Gesicht kommentierte der Kellner nur mit einem Schulterzucken. Jetzt hätte ich ihn endgültig erschlagen können. Um das fast Unvermeidliche zu verhindern, bezahlte ich die 21 Euro und ging zum Boot zurück.

Nun, heute, lege ich um 0800 los, mit Motoren durch den riesigen Hafen dem Ausgang zu. Auf halber Strecke fängt der Wind an zu wehen und stärkt bis 24 Knoten auf. Draußen, auf freier See, setze ich die Segel, drehe nach Süden ab und habe damit den Wind schön von der Seite, so wie es die SAMANTHA am liebsten hat. Ich kann direkten Kurs nach Cesareo anlegen. Zwischendurch muss ich die Segel reduzieren (reffen), da ich mit Winden bis 30 Knoten beglückt werde. Die SAMANTHA ist in ihrem Element und pflügt durch die Wellen mit 7 bis 9 Knoten. In dem Hafenbuch, auf dem iPad und auf dem Plotter lese ich drei verschiedene Varianten über den Hafen von Cesareo. Ich rufe bei der Hafenkontrolle an, um zu fragen, ob ich dort einlaufen könne. Die Antwort kommt prompt: „Nein, zu wenig Tiefe."

Ich drehe leicht ab und fahre doch nach Gallipoli, das ich kenne, aber nicht anlaufen wollte, weil dort die Preise absolut überhöht sind. Aber Sicherheit geht vor.

Es könnte nicht besser sein, bis 20 Minuten vor dem Zielhafen habe ich Wind von 20 Knoten, dann zum Einfahren legt er sich auf 5 bis 6 Knoten. Heute sind die Götter alle auf meiner Seite.

Am Hafenplatz, mithilfe von zwei Marineros festgemacht, arbeite ich nochmals an der Schraubenbremse, die trotz frischem Öl immer noch nicht bremst, wasche dann die verschmutzten Kleider gleich aus und koche nun das Safranrisotto mit Steinpilzen. Zur Vorspeise genieße ich eine Avocado mit selbstgemachter Cocktailsauce.

Ein Skype-Gespräch mit Rita, eine Zigarre und ein Spaziergang in die Stadt runden den Abend ab.

Ich bin total vom Hocker, als ich sehe, wie sauber und gepflegt hier alles ist. Die Fischerboote im Hafen sind alle ordentlich sauber und schön am Kai aufgereiht. Keine herumliegenden Netze und Sonstiges. Die Altstadt sauber gepflegt und die Häuser in ordentlichem Zustand. Alles ist so sauber, dass man denken könnte, jemand hätte kurz vor meiner Ankunft die Stadt mit einem Staubsauger durchgefegt.

Nach einer Stunde Wanderung durch die Gassen lege ich mich aufs Ohr, nachdem ich dem Marinero noch die 60 Euro für eine Nacht gegeben habe und dafür meine Schiffspapiere zurückbekomme und auch einen Vertrag in dreifacher Ausführung an mindestens je drei Orten unterschrieben habe.

Marina Gallipoli 40°03,46 N 17°58,88 E

10.2.14
Das Ablegen ist kein Thema, es ist relativ windstill. Erst draußen legt der Wind zu und ich kann einen fast direkten Kurs Richtung Santa Maria di Leuca anlegen. Mitten am Tag beobachte ich ein Fischerboot, das seit längerer Zeit auf Kollisionskurs fährt. Und tatsächlich, als ich noch 100 Meter davon entfernt bin, muss ich wenden, um das Unvermeidliche zu vermeiden. Arsch … Kein Knochen ist auf dem Schiff zu sehen. Der fährt vermutlich mit Autopilot und alle sind am Pennen.

Danach geht die Fahrt rasant weiter bis zum Porto Turistico.

Hier lege ich an, erwische dabei noch eine Muringleine von einem Motorboot, die quer durch den Hafen gespannt ist, an einem Ort, wo die gar nicht sein sollte. Fazit ist, dass ich nur bis 20 Meter an den Steg herankomme und da einfach und verloren hänge.

Schließlich wird der Taucher gerufen. Der will 150 Euro, um mich zu befreien. Etwas viel, nicht? Aber ich habe keine Lust, bei dem 15° kalten Wasser selbst zu tauchen. Nach einer Stunde bin ich frei.

Santa Maria di Leuca 39°47,66 N 18°21,39 E

11.2.14
Bereits die ganze Nacht hat es draußen getobt. Laut Wetter-Pro, vom iPad abgelesen, sollen Winde bis 49 Knoten die nächsten zwei Tage ihr Unwesen treiben. Wind, Regen, alles stürmisch, da ist Abwarten im Hafen angesagt.

Zeit vertreiben mit Lesen, Putzen und so weiter. Der Tag geht schnell vorbei. Gegen Abend werde ich von einigen Personen, die im Hafen umherschlendern, mit einem netten „Grüezi" angesprochen. Es sind Deutsche, auf der Überführung eines Katamarans von La Rochelle nach Kroatien. Für sie ist ebenfalls eine Pause wegen des Schlechtwetters angesagt. Nach einem Schwätzchen wird gekocht, gelesen und geschlafen.

12.2.14
Es ist nach wie vor stürmisch, wie angesagt. Ich bin gefangen hier.

Am Abend, ich bin gerade am Vorbereiten des Abendmahls, klopft es und der Skipper des Katamarans steht draußen und lädt mich zum Abendessen bei ihnen ein. Nach einer Stunde, zur verabredeten Zeit, lerne ich seine Mitsegler kennen und Felix, der Jüngste, kocht herrliche Spaghetti Carbonara. Ich haue zwei ganze Teller rein, so gut schmecken die. Nach einigen gemütlichen Stunden und interessanten Gesprächen (nur Jürgen hat den ganzen Abend kein einziges Wort rausgelassen) verabschieden wir uns und ich torkle nach Hause. (Nicht wegen der drei Gläschen Wein, nein, wegen des fürchterlich schwankenden Stegs.)

Morgen möchten der Skipper und Felix die SAMANTHA besichtigen, bevor sie dann wegfahren.

13.2.14
Nach dem Frühstück bekomme ich Besuch. Den beiden Gästen kann ich zwar das Schiff zeigen, aber nicht mal einen Kaffee wollen sie.

Mitten am Nachmittag legen sie los, wir winken noch, dann verschwindet der Katamaran komplett draußen im Meer. Dann sieht man ihn wieder und kurz danach ist er wieder verschwunden. Die Reise für diese Kerle geht ganz schön taff los. Der Wind hat sich zwar gelegt, aber die Wellen sind noch drei bis vier Meter hoch. Eine schöne Achterbahn. Ich warte den morgigen Tag ab. Ich stelle fest, dass mein Bugstrahlruder nicht mehr reagiert, und versuche herauszufinden, was los ist. Keine Chance. Schließlich lasse ich einen Schiffselektriker kommen, der soll sich das anschauen. Für 1600 hat er sich angesagt, um 1700 war er dann da. Aber, das muss man gestehen, der Chef und sein Kollege machen einen sehr professionellen Eindruck. Schon beim Betreten des Bootes haben die sofort mitgebrachte Überziehschuhe angezogen, dann systematisch alles durchgecheckt. Schließlich findet er auf der Platine eine durchgebrannte Brücke, lötet die und siehe da, der Motor läuft wieder. (Fast läuft er, man muss nämlich mit dem Hammer dagegenklopfen, bis er anspringt.) Ich kann mir nur schlecht vorstellen, jedes Mal bei der Einfahrt in einen Hafen kurz den Steuerstand zu verlassen, ins Boot, ganz an die Spitze zu rasen, zu klopfen und dann wieder hoch und weiter so das Anlege- oder Ablegemanöver alleine durchzuführen. Es ist schon schwierig genug, überhaupt alleine diese Manöver zu fahren, denn es fehlen immer mindestens zwei Hände.

Der Motor muss repariert werden. Die beiden nehmen ihn mit und wollen ihn morgen Nachmittag wieder einbauen, also kann ich dann am Samstag meine Reise fortführen.

14.2.14
Sechs Wochen, seit ich von zu Hause weg bin und noch nie im Leben habe ich so viel gewartet. (Ich kann mir nun vorstellen, wie es in einem Altersheim sein muss, wenn man auf den Befehl zur Reise gen Himmel wartet.) Kurz vor Mittag bekomme

ich einen Anruf von Matheo, dem einen Elektriker, der etwas Englisch spricht. Der Motor muss repariert werden und das in Bari, 200 Kilometer weit weg von hier. Am Dienstag würde er dann wieder eingebaut. N E I N ... Nochmals vier Tage hier verweilen. Im Dorf, das ich heute bewandert habe und schon von früher kenne, sind überall die Läden geschlossen. Womit die hier ihren Lebensunterhalt verdienen, ist mir schleierhaft. Das werden lange Tage. Die TV-Schüssel wollte ich montieren, bekomme aber keinen Satelliten mehr, der mir mit seinen Signalen die Zeit etwas verkürzen könnte.

Ich weiß jetzt auch, wie es im Fegefeuer sein muss, wenn man auf den Einlass in den Himmel warten muss. Was soll's, ich könnte zwar ohne funktionierendes Bugstrahlruder weiterfahren, mir ist es aber wichtiger, ohne zusätzliches Risiko die Reise fortführen zu können. Zeit spielt ja für mich als frischgebackener Rentner keine Rolle mehr und ist auch kein wichtiger Faktor mehr im Leben. Risiko, das wäre ein Faktor, aber den Kick brauche ich nicht, ich will es möglichst gemütlich und schön haben.

Also, ich warte. Die Tage fliegen ohnehin schon so schnell vorbei.

15.2.14

Es ist Samstag, draußen ist es schön und warm. Die Sonne scheint wie im Frühling, in mir drin ist es kalt und trüb. Trotzdem raffe ich mich auf und gehe die Kaipromenade entlang spazieren. Zum ersten Mal sehe ich Leute. Es scheint, als habe die Sonne alle aus den Löchern herausgelockt. Ich nehme den PC mit und setze mich in eine Bar-Gelateria, wo der Bär los ist. In Italien langt es scheinbar, nur am Wochenende zu arbeiten, denn die ganze Woche ist die Bar geschlossen. Hier bekomme ich einen WLAN-Code und kann mich einloggen und alles auf den neuesten Stand bringen. Nach einem Martini Rosso lege ich noch einen Besuch in der Metzgerei ein, kaufe ein Rindskotelett (diesmal hat es auch die richtige Form), spaziere zum Boot zurück und koche ein leckeres Abendessen. Pommes, Rindskotelett und Blumenkohl an Currysauce. Alles mit zwei bis drei Gläschen Wein begossen, das möbelt die Moral wieder auf.

16.2.14
Die Glocken läuten. Hier in Süditalien wird zu jeder vollen Stunde ein Glockenspiel abgelassen. Richtige Lieder werden da gespielt. Mittlerweile bin ich schon so lange hier, dass ich bereits anfange, die Lieder mitzusummen.

Es bläst ein kalter Wind und es sind nur wenige Leute auf dem Kai. Ich putze am Schiff herum und mache mir somit selbst eine Freude, wenn das Chrom so richtig schön glänzt. Erstaunlich, mit wie wenig ein Mensch zufriedengestellt werden kann. Nach langem Suchen finde ich endlich eine Internetseite, über die ich mit dem iPad fernsehen kann. Hunderte von Seiten findet man auf Google, aber die meisten sind eine reine Internetfalle und bringen einen entweder zu einer Einkaufsseite oder aber zu nackten Weibern. Beides brauche ich nicht, verliere aber die Geduld nicht und lande schließlich auf „iphonetv.in", wo ich am Abend den „Tatort" auf SFR 1 gucke.

17.2.14
Gegen Mittag zeigt das Außenthermometer 20 °C an. Es wird wirklich Frühling. Zuerst will ich heute alle Edelstahlteile sauber zum Glänzen bringen. Das kostet mich die Zeit von 1000 bis 1400, dann ist die Freude groß, denn SAMANTHA sieht wieder um Jahre jünger aus. Dann ziehe ich die Schuhe an und mache einen ausgedehnten Spaziergang hinauf hinter das Dorf auf dem Hügel. Der Hügel ist zwar nur knapp 60 Meter hoch, zeigt aber dahinter eine ausgedehnte Ebene, die, so weit mein Auge reicht, mit Olivenbäumen bepflanzt ist. Einige davon haben sicher hundert Jahre auf dem Buckel. Zudem werden hier oben einige neue Villen bzw. Paläste gebaut. Bei der einen wäre ich schon glücklich, wenn ich das Geld hätte, das nur die Umfassungsmauer aus Naturstein gekostet hat. Ich sehe auch Bäume, die schon in der Blüte stehen, ein klares Zeichen, dass der Frühling naht. Wieder unten im Dorf, nach eineinhalb Stunden Marsch, komme ich an vielen Villen vorbei, die allesamt zum Verkauf ausgeschrieben sind.

Nach dem, was ich heute auf dem Weg gesehen habe, ist die Finanzkrise nicht bei allen gleich angekommen.

18.2.14
Heute müsste der reparierte Bugstrahlmotor zurückkommen. Und er kommt.

Aus Nervosität bin ich schon um 0700 aufgestanden, falls der Elektriker früh eintrifft. Aber ich hätte mir Zeit lassen können, wir sind doch in Italien. Um 1030 klopft es und siehe da, der Elektriker mit dem Motor ist da. Sofort beginnt er mit der Montage. Ich schaue über die Schulter und kann feststellen: Der weiß, was er tut. Schwups und das Teil ist montiert und all die Drähte sind irgendwie wieder angeschlossen.

Und „es funktioniert".

Es ist noch gerade genug Zeit, um loszulegen. Ich will einfach weg von hier. Eine Woche in dem gottverlassenen Dorf genügt.

Genau in dem Moment, als ich die Leinen loswerfe, kommt die Sonne und begleitet mich den ganzen Nachmittag. Der Wind ist mir diesmal hold und bläst von hinten, sodass ich ständig mit 7 bis 8 Knoten vorwärtskomme. Mein Tagesziel ist das nur 27 SM entfernte Otranto. Das erreiche ich bereits um 1600. Ein netter Marinero, der sich an SAMANTHA erinnert, weist mich ein, hilft mir mit den Leinen, sodass alles gut und einfach abläuft. Zur Feier des Tages und um die wiedergewonnene Freiheit zu feiern, esse ich in einem Restaurant Miesmuscheln und Fisch. Mit einem Spaziergang durch die faszinierende Altstadt mit der Festung runde ich den Tag ab.

Marina Otranto 40°08,78 N 18°29,66 E

19.2.14
Alles wie gewohnt. Dusche, Frühstück, loslegen. Der Wind kommt von Süden (den nennen die hier Scirocco). Anfänglich angenehme 15 bis 20 Knoten. Dann gegen Mittag verfinstert sich der Himmel und der Wind dreht bis 40 Knoten auf. Mit reduzierten Segeln pflügt die SAMANTHA zum Teil mit bis zu 10 Knoten durch die Wellen. Beim Wellensurfen lese ich einmal sogar 11,7 Knoten ab. Die SAMANTHA und ich sind in unserem Element. Dann aber, bei der Ansteuerung des Hafens von Brindisi,

dreht der Wind wieder auf und pustet von der Seite mit 35 Knoten. Bei mir spritzt das Adrenalin durch die Adern. Hatte ich mich vorher richtig gegen den kalten Wind einpacken müssen, so schwitze ich nun und bin patschnass. Die Segel werden eingeholt und mit wenig Touren fahre ich durch den großen Hafen ins hinterste Eck. Ich will Zeit gewinnen und hoffe, dass der Wind sich legt.

Nichts ist. Beim Segelclub INDIA versuche ich, zwischen zwei Booten einzuparken. Keine Chance, und zum Helfen ist auch keiner da. Ich drehe ein paar Runden im Hafenbecken, dann lege ich mich längs an den Kai. Trotz ablandigen Winds gelingt das Anlegemanöver gut. Die Freude währt nicht lange, dann kommt ein hübsches Mädel angetrippelt und erklärt mir, sehr bestimmt, dass ich hier nicht anlegen dürfe. Ich müsse rüber in den Club. Werde ich gerne tun, nur warte ich erst ab, bis der Wind sich legt. Dafür hat sie kein Verständnis. Ich bleibe aber bei meinem Entschluss, trotz der wunderschönen Augen. Warum die das nicht verstehen will, wenn sie sich schon als Direktorin dieses Gebietes ausgibt. Die war sicher noch nie auf einem Segelboot. Sie könnte ja mal mit mir kommen und etwas über das An- und Ablegen lernen.

Dann kommt Carlo, der Marinero vom Dienst. Er hat Verständnis für meine Situation und wir einigen uns darauf, sobald der Wind nachlässt zu verlegen. Gesagt, getan. eine Stunde später verlege ich die SAMANTHA an den vorgesehenen Platz. Ohne Mühe und mit Hilfe von Carlo, der die Leinen annimmt. Dann noch der Gang ins Büro. 51 Euro möchte er für den Platz. Nach meinem Protest und Ankündigung, dass ich anderswo suchen gehe, telefoniert er und dann geht's auch für 40 Euro. Zu sagen ist, dass die Plätze in den größeren Städten scheinbar teurer sind, dafür werden sie aber Tag und Nacht bewacht. Auch beruhigend, nicht?

Nun, raus aus den verschwitzten Klamotten, eine Dusche und dann ein längerer Spaziergang durch die Altstadt. Auch die hier ist sehr schön und gepflegt. Länger wird der Spaziergang lediglich durch den Umstand, dass ich vor 1700 keinen offenen Laden finde, wo ich frisches Brot für morgen kaufen kann. Nur Klamottenläden haben nachmittags geöffnet, aber damit werde ich nicht satt.

Vor dem Eintauchen in die Kombüse lade ich Carlo noch zu einem Bierchen ein. Ich habe Durst, er will aber einen Kaffee. Danach wärme ich mir all die Reste auf, die ich noch habe, genieße dann noch ein Caramelköpfli, das schon seit zwei Tagen im Kühlschrank darauf wartet, mich zu beglücken. Caramelköpfli verlieren scheinbar mit der Zeit die feste Konsistenz, die sie so schön auf dem Teller aussehen lässt. Umgestürzt sieht es auf dem Teller wie HK (Hundekacke) aus, schmeckt aber ausgezeichnet. Das letzte, das noch im Kühlschrank wartet, werde ich dann direkt aus der Form löffeln. Noch ein wenig mit Rita skypen, Neuigkeiten austauschen, lesen und ab ins Bett.

Marina Brindisi 40°39,68 N 17°57,76 E

20.2.14

Es ist erst 0645, als ich erwache. Eine innere Unruhe erfasst mich, sofort packe ich die Elektroverbindung zum Steg weg, werfe die Leinen los und starte die Ausfahrt aus dem großen Hafen. Überall am Kai hocken und stehen Fischer, wie überall in den Häfen und an der Küste. Italien scheint nur aus Fischern zu bestehen. Fischen tun die in den Staatskassen, in den Gewässern und in fremden Taschen.

Draußen, außerhalb des Hafens, erwartet mich ein Wind von 15 Knoten achterlich. Ich kann direkten Kurs nach Bari anlegen. Es erwarten mich 67 SM. Ob ich die schaffe, bevor es dunkel wird?

Ja, vormittags läuft alles perfekt. Mit 7 bis 8 Knoten rauscht die SAMANTHA wie auf Schienen ganz ruhig dahin. Kein Schaukeln, kein Wackeln. Das tut meinem Body gut, denn vom Vortag habe ich noch einen leichten Muskelkater, ständig musste ich mich im Rhythmus der Wellen bewegen. Heute ist es anders und erholsam.

Zwischen 1230 und 1430 gönnt sich der Wind, wie ein echter Italiener, eine Siesta. Herr Yanmar wird zu Hilfe gerufen, denn die Zeit ist knapp.

Den restlichen Nachmittag will der Wind uns doch noch nach Bari bringen und dreht auf bis 25 Knoten. Die SAMANTHA erreicht teilweise 11 Knoten Geschwindigkeit. Unglaublich, das habe ich nur selten erlebt, dass sie so durchrauscht, ohne Surfen, denn Wellen gibt es kaum.

Es ist noch eine halbe Stunde hell, als ich in den Hafen von Bari eindrehe. Neu ist, dass es in Bari nun mehrere moderne Marinas gibt und ich somit nicht wie letztes Mal irgendwo neben den großen Fährschiffen anlegen muss. Ich werde gleich von einem Marinero eingewiesen und kann längs am Ponton anlegen. Strom und Wasser gibt es, auch WLAN soll verfügbar sein.

Im Hafenbüro empfängt mich der Sohn des Besitzers. Andrea, ein sehr netter Bursche, der mir von den 60 Euro Platzgebühr 10 erlässt, als er mein Gesicht gesehen hat. Der Vater, Francesco, kommt auch noch vorbei und wir halten ein Schwätzchen (auf Englisch). Auf meine Frage, wo ich hier etwas einkaufen könne, bietet er mir spontan an, mich in die Stadt zu chauffieren, denn es sei ziemlich weit. Nach einer Viertelstunde fahren wir in die Stadt. Ich kaufe Brot, und Francesco bestellt in dem Laden gleich noch zwei Stück von einer Spezialität aus Bari, eine Art Pizza. Die ist sehr lecker. Danach finden wir den Vodafone-Shop. Denn ich muss eine neue Karte haben, weil heute Mittag die Laufzeit meiner Prepaid-Karte geendet hat. Ich bezahle die 15 Euro für die Verlängerung und wir fahren zurück zum Boot. Bei der Rückfahrt kaufe ich noch einen Fisch, den ich heute essen will.

Im Schiff angekommen versuche ich, ins Netz zu kommen, aber denkste, es funktioniert nicht. Ich rufe bei der WIN-Hotline an. Hier erklärt man mir, dass ich 20 Euro hätte bezahlen müssen und nicht nur 15. Warum hat man mir das denn im Shop nicht gesagt? Es sei ein Fehler, man könne nichts machen, ich müsse morgen nochmals 5 Euro einzahlen, dann würde die Karte entsperrt. Der Versuch, über die Kreditkarte die 5 Euro zu zahlen, gelingt ebenfalls nicht, weil jemand beim Ausstellen des Kartenvertrages meinen vollen Namen als Rudolf Alois

Zurkirchen geschrieben hat, aber auf der Kreditkarte nur Rudolf Zurkirchen steht.

Ich hätte diese Situation in der Karibik oder sonst wo am Arsch der Welt verstanden, nicht aber in Italien, das ja immer näher in die Mitte von Europa rückt.

Der Fisch, begleitet von Fenchel an Buttersauce und Salzkartoffeln, schmeckt super.

Marina Bari 41° 07,32 N 16°52,32 E

21.2.14
Gegen 0900 kommt der Angestellte von Francesco, holt mich ab und fährt mit mir nochmals in den Vodafone-Laden. 5 Euro kann man mit dem Gerät dort nicht aufladen. Nur mit mindestens 10 geht's. Also dann halt 10.

Jetzt funktioniert's. Sicherheitshalber habe ich das iPad mitgenommen und weigere mich, den Laden zu verlassen, bevor ich einen positiven Test gemacht habe.

Danach lege ich los, denn ich habe heute nur gute 20 SM bis Trani. Das wäre in drei bis vier Stunden geschafft, wenn die da oben nicht den Wind in die falsche Richtung gedreht hätten. Nach drei Stunden Aufkreuzen bin ich gerade mal 3 SM von Bari entfernt. Motor, Motor …

Eine Stunde Fahrt vor Trani stellt der Wind komplett ab und das Meer sieht aus wie eine Öllache. Dafür hat der Regen aufgehört und die Sonne versucht, den Tag etwas zu erhellen. Trotzdem, heute ist es kalt draußen, es sind nur 14 °C, zwei Grad kühler als die letzten Tage. Ich ziehe eine weitere Schicht unter den Musto-Anzug, um nicht auszukühlen. Welch eine Idee, um diese Jahreszeit segeln zu gehen!

An Trani erinnere ich mich als die Stadt, in der es überall nach Jasmin gerochen hat. Heute wird das wohl etwas anders sein, schauen wir mal.

Eigentlich trinke ich immer viel zu wenig, eine alte Krankheit von mir. Aber heute muss ich ständig pinkeln gehen und das ist recht umständlich, wenn man fünf Schichten Klamotten am Leib trägt, um es nicht kalt zu haben. Ich schaffe es, ohne in die Hose zu machen, da ich rechtzeitig, beim ersten Ansatz eines leichten Druckes auf der Blase, mit den Vorbereitungen beginne. Danach ist es kein Problem, ich habe ja Zeit bis zum nächsten Mal.

Trani 41°16,76 N 16°25,15 E

22.2.14
Uhuuuuuu ... Das ist nicht der Ruf einer spät nach Hause kommenden Nachteule. Nein, das ist mein Schrei. Ich muss noch meine Bootspapiere holen und den Platz bezahlen. Dabei mache ich den großen Schritt zwischen Boot und Steg. Aber heute früh ist der Steg nass und glitschig. Mein linker Fuß gleitet wie auf Eis davon, das rechte Bein schlägt mit dem Schienbein voll gegen die Stegkante, rutscht ab ins Wasser. Nur dank meines schon erwachten Reaktionsvermögens gelingt es mir, die linke Hinterbacke auf den Steg zu bugsieren und somit ein kühles Bad am frühen Morgen zu verhindern. Das ganze Schienbein ist aufgeschlagen und blutet. Der rechte Schuh ist nass und das linke Bein im Oberschenkel überstreckt, denn ich kann normalerweise den Spagat nicht. Humpelnd suche ich den Hafenwächter auf, bezahle und humple zurück zum Boot. Ablegen.

Draußen erlebe ich zum Trost einen fantastischen Segeltag, mit direkt angelegtem Kurs, hart am Wind komme ich bis kurz vor das Tagesziel, Vieste. Die letzten Meilen muss ich mit dem Motor abspulen, denn der Wind hat sich gelegt. In Vieste fahre ich an den gleichen Platz wie vor acht Jahren, da wo die Kanadier-Dame das Sagen hat. Es dauert eine Weile, bis die Lady angewatschelt kommt. Sie ist immer noch in Amt und Würde. Wir halten ein Schwätzchen. Sie gibt mir noch einige gute Tipps und tauscht eine leere Gasflasche gegen eine volle. In der Stadt, die nicht so schön ist wie Trani am Tag zuvor, setze ich mich in eine Bar, trinke ein Bierchen und erledige dank WLAN allerhand mit dem PC. Auf dem Rückweg halte ich noch beim Metzger und in der Bäckerei, um frische Ware zu kaufen. Die Stadt hat auch ihren Charme, aber nicht die schönen alten Häuser, sondern eher neuzeitliche. Aber die Gässchen sind ebenfalls schmuck und sauber.

Vieste 41°53,17 N 16°10,54 E

23.2.14
Vom heutigen Tag lohnt es sich nicht zu berichten. Angefangen hat es mit Regen. Ich überlege, ob ich loslegen soll oder nicht. Dann scheint einen Moment die Sonne und ich lege los. Der Wetterbericht ist eigentlich gut, die Winde sollten so bei 15 bis 20 Knoten liegen und Sonne soll es auch geben. Was ich dann aber antreffe, ist Regen, Winde um 30 bis 35 Knoten, voll auf der Nase. Zuerst versuche ich zu segeln, muss dann nach einer Stunde aufgeben, denn ich bin mit Aufkreuzen gerade 1,5 SM weg vom Start. Der nächste mögliche Hafen, den ich anlaufen kann, ist Termoli, einer, den ich nicht kenne, und über den ich verschiedene Aussagen lese, im Internet, auf der C-MAP-Karte, auf der Navionics-Karte. Alles etwas verwirrend. In einen solchen Hafen einzulaufen, bei Nacht, wäre Leichtsinn. Mit dem Motor alleine komme ich gegen diesen Wind kaum vorwärts, so setze ich doch die Segel, ständig wechselnd, und ständig am Limit. Zu den starken Wellen, die die SAMANTHA fortwährend von vorne zurückboxen, kommt noch eine Gegenströmung von 1 bis 1,5 Knoten dazu. Das ist wie wenn man auf der falschen Seite eine Rolltreppe hochsteigen will.

Plan B wäre, die Nacht durchzufahren, dann aber käme ich nach Mitternacht im nächsten Hafen an. Auch nicht besser. Schließlich schaffe ich es, nach neuneinhalb Stunden harter Arbeit, Nervenkitzel und Adrenalinstößen, den Hafen von Termoli eine halbe Stunde vor dem Einbruch der Dunkelheit zu erreichen.

Zu der Zeit, als ich vor dem Hafen ankomme, dreht der Wind wieder auf 25 bis 30 Knoten auf. Ideale Bedingungen, um in einen Hafen einzufahren, den man nicht kennt. Nette Leute helfen mir dabei, die SAMANTHA gegen den Wind an den Steg zu bugsieren. Uff, jetzt bin ich fix und fertig.

Mit einem doppelten Whisky beruhige ich meinen geplagten Body, esse und versuche, noch etwas zu lesen. Ich schaue nochmals die Wetterprognose für heute an. Ihr glaubt es nicht, da stand nun am Abend, dass die Winde bis 35 Knoten und Regen zu erwarten seien. So könnte ich auch Wetterfrosch werden, wenn ich am Abend reinschreibe, was am Tag davor passiert ist. Um 2000 falle ich ins Bett und in einen Tiefschlaf. Heute bin ich um mindestens drei Monate gealtert.

Termoli 42°00,14 N 15°00,07 E

24.2.14
Um 0800 gehe ich ins Hafenbüro, um die Papiere zu holen. Obwohl man mir gesagt hat, um 0800 würde geöffnet, stellt sich das wieder einmal mehr als italienischer Witz heraus. Zurück beim Schiff treffe ich einen netten Italiener. Marco ist sein Name. Wir halten ein Schwätzchen und er fragt, ob er das Boot von innen anschauen dürfe. Na klar. Wir trinken noch einen Kaffee. Marco bietet sich an, mit mir ein Stück zu segeln, wenn ich mal jemanden bräuchte, z. B. über den Atlantik.

Marco ist sehr nett. Übrigens fällt mir auf, dass ich überall sehr nette Leute treffe.

Marco macht noch ein Foto mit seinem iPad, als ich lossege, und schickt es mir per Mail nach. Heute sind die Winde auch viel stärker als in der Vorhersage angekündigt. Aber ich fackle nicht lange, Motor ... Motor ... bis nach Ortano, wo ich da anlege, wo andere Segelboote liegen. Mir wird von zwei netten Herren geholfen. Endlich ist SAMANTHA längs am Steg verzurrt, da kommt der Präsident des Segelklubs und erklärt, dass ich da nicht bleiben könne.

Die beiden Herren, die mir beim Anlegen geholfen haben, argumentieren, es nützt aber nichts. Schließlich interessieren sich die drei dafür, die AMEL von innen zu sehen. Bitteschön ... Natürlich sind sie begeistert, und wir finden heraus, dass der Herr Präsident bestens Deutsch spricht, er war dreißig Jahre in Deutschland, in Frankfurt, und so ergibt ein Wort das andere. Schließlich darf ich über Nacht bleiben, wo ich bin. Es kostet nichts. (Dafür habe ich auch keinen Strom und muss den Generator laufen lassen. Dem Gerät tut das auch gut, denn es wurde bis jetzt nur selten in Betrieb genommen.)

Morgen habe ich eine lange Reise vor mir, denn bis Ancona gibt es keinen Hafen mehr und das sind gute 80 SM. Ich gehe früh schlafen und will ganz in der Früh raus. Doch Schlafen geht anders. Kaum habe ich das erste Mal die Augen geschlossen, höre ich ein Geräusch, als ob einer neben mir einen Rasenmäher im Leerlauf hingestellt hätte. Es ist ein Boot von der Guardia di Finanza, die sich neben mich an den Steg gelegt hat und munter ihren kleinen Generator laufen lässt. Das dauert bis um 0400, dann scheint das Benzin ausgegangen zu sein. Nach einer Weile wird es denen wahrscheinlich zu kalt, sie legen ab und verlegen sich an einen anderen Ort im Hafen. Nun ist Ruhe.

Ortano 42°20,85 N 14°24,73 E

25.2.14

Ein Blick auf meine Wetterstation und mir ist kalt. 6 °C draußen und 9 °C im Boot. Schnell schlüpfe ich wieder unter die Fleece-Decke, dort ist es schön warm. Mit dem Generator wird die Heizung betrieben und nach einer halben Stunde kann ich mich, ohne zu frösteln, aufs Klo setzen.

Nachts hatte ich eine Vision, warum eventuell mein Bugstrahl-Hauptmotor etwas Mühe hat beim Drehen. Es sind vier Schrauben, die den Schaft und den Motor verbinden. Ich will prüfen, ob eventuell eine Schraube zu stark angezogen ist und somit auf den Schaft drückt und diesen bremst. Die vierte geprüfte Schraube ist es dann auch. Bei der fehlt die Unterlegscheibe und somit drückt sie auf den Schaft. Raus kriege ich diese Schraube, rein aber nicht mehr. Ich hole das Gewindeschneidwerkzeug, schneide das Gewinde nach und siehe da, es klappt. Nun könnte ich auch noch als Mechaniker einen Job suchen.

Nach einem spartanischemFrühstück lege ich ab. Vor dem Hafen ist das Meer ölglatt und klar, das bisschen Wind, das weht, bläst auf die Nase.

Wegen der Kälte habe ich den Winteroverall, den ich bei Aldi einmal für zwanzig Schweizer Franken erstanden habe, aus dem Schapp geholt. Den habe ich noch nie gebraucht, heute könnte er aber angemessen sein.

Ich fühle mich gut angezogen und harre der Dinge, die mich heute erwarten. Sicher ist, dass die Wetterprognose in Sachen Sonne heute richtig liegt. Es ist wolkenlos, sonnig und rundum sieht man verschneite Berge. Der Motor schnurrt wie eine Katze, die man zwischen den Ohren krault. Bald kann ich die Segel setzen und den Motor mit niedrigen Touren mitlaufen lassen. Aufkreuzen ist leider nicht das, was man mit einer AMEL gut hinbekommt. Ich versuche es, gebe aber dann auf, als ich nach zwei Schlägen nur 1,5 SM vom Ausgangspunkt entfernt bin, und das nach einer Stunde. Ohne Taschenrechner kann ich mathematisch festlegen, dass ich für die 80 SM fast drei Tage bräuchte. Es ist ein herrlicher Tag, ich suhle mich im Windschatten in der Sonne, die schon recht kräftig ist, sodass ich im T-Shirt daliege und das Leben genieße. Den ganzen Tag geht das so. Wenn ich weiterfahre, komme ich um die 0100 morgens in Ancona an. Das will ich nicht und entscheide spontan, die letzten 37 SM von Ancona nach Fano, mein letztes Ziel in Italien, gleich noch mitzunehmen. Um 1000 werde ich dann, nach 25 Stunden Fahrt, dort ankommen.

Nachts habe ich noch richtig Action. Scheinbar sind die Fischer hier im Norden fleißiger, oder aber sie gehen alle raus, weil es eine so schöne, sternenklare Nacht ist. Manchmal habe ich auf dem Radar bis zu dreißig Fischerboote, die alle kreuz und quer das Meer abfischen. Zwei bis drei Mal muss ich mich mit dem Scheinwerfer bemerkbar machen, damit der Kerl da vorne ausweicht. Ich bekomme keinen Moment Ruhe die ganze Nacht und muss ständig auf Draht sein. Trotzdem schaffe ich es, mit Rita zu skypen und danach auf dem iPad einen Krimi zu gucken. Man darf nicht allzu verwöhnt tun, denn ständig reißt die Verbindung ab und unterbricht das Programm. Ich bekomme aber mit, dass es eine Leiche gegeben hat, den Mörder kenne ich nicht, der war gerade in einer Pause entlarvt worden. Aber was soll's. Die 25 Stunden bis Fano gehen vorbei.

26.2.14
Beim Einfahren in Fano lege ich erst bei der Tankstelle an, fülle den Diesel wieder auf, denn in den letzten Etappen habe ich schon einiges verbrannt. Nach dem Tanken werde ich an einen Steg längsseitig komplementiert. Es passt. Ich bin der Meinung, dass ich erst etwas schlafen sollte, das funktioniert aber nicht. Das Fahrrad wird gesattelt und damit fahre ich ins Hafenbüro, das nur 100 Meter von mir entfernt ist. Wenn ich aber nicht schwimmen will, muss ich einen Umweg um das ganze Hafenbecken machen. Zu Fuß wäre das bestimmt ein 20-Minuten-Marsch. Ich bezahle gleich für zwei Nächte, einen hohen Preis, kaufe dann auf der Rückfahrt noch Fisch, Muscheln und einen appetitlichen „Insalata di Polpo". Zurück auf der SAMANTHA putze ich, wasche und erledige so allerlei Kleinigkeiten. Mit Rausgehen ist nichts, denn es beginnt, leicht zu regnen.

Fano 43°51,24 N 13°01,02 E

27.2.14
Wie schon so oft in letzter Zeit werde ich morgens durch das sanfte Rieseln des Regens aufgeweckt. Heute bin ich voller Tatendrang und putze das ganze Boot innen, sodass die SAMANTHA wie eine Brautjungfer vor dem Altar aussieht. Gewaschen wird ebenfalls, und so bin ich mir heute einer weiteren Fähigkeit, nämlich der einer Hausfrau, bewusst geworden.

Nachmittags schnalle ich mir das Fahrrad unter den Hintern und besichtige die Altstadt von Fano. Auch hier wieder ein geschichtsträchtiges Städtchen aus dem Mittelalter, mit einer noch fast intakten Stadtmauer und vielen Gebäuden und behüteten Gebäudeteilen, die aus alten Zeiten zeugen.

Im Fischerhafen sehe ich etwas ganz Neues. Die Boote haben hinten eine Art Sieb angehängt, das dann draußen auf den Grund gelassen wird und den gesamten Meeresboden abkämmt. Hier bleibt alles hängen, was sich am Boden bewegt. Ich bin einfach erstaunt, wie viele Fischerboote es gibt und mit welchen Fanggeräten diese das Meer ausfischen. Das kann doch wirklich nicht mehr lange dauern.

Am Abend kommt Alessandro von der Generalunternehmung, mit denen ich in Genf am Hotel gearbeitet hatte, zu Besuch. Er wohnt in der Nähe und wir hatten uns verabredet. Leider kann er nur für ein Bierchen bleiben, aber wir haben einen unterhaltsamen Aperitif. Danach koche ich ein Ratatouille und gehe dann auch rechtzeitig schlafen.

28.2.14
Es ist der letzte Tag im Februar. Regen in der Früh, dann lege ich los. Mein Tagesziel ist Pula in Kroatien. Im März werde ich Kroatien von Norden bis Süden besuchen. Vorerst bis 1100 habe ich keinen Wind. Das Meer ist ölglatt und der Yanmar schiebt vorwärts. Um 1100 kommt der Wind auf.

Und, man kann es kaum glauben, er kommt von querab und ständig zwischen 15 und 18 Knoten. Ideal. Ein herrlicher Segeltag. Hinter mir, an der Italienischen Küste, ist es schwarz und es herrscht schlechtes Wetter. Vor mir ist es hell und sonnig. Vielversprechend. Auf dem Kartenplotter sehe ich, dass ich trotz der 7,5 bis 8 Knoten, die wir fahren, erst um circa 2000, das heißt bei Dunkelheit, in Pula ankommen werde. Das gefällt mir nicht, es bleibt aber keine andere vernünftige Wahl. Eine Stunde vor Ankunft wird es plötzlich schwarz. So schwarz, dass ich draußen überhaupt nichts mehr sehe, nicht mal die Lichter vom Land her. Ein Gewitter mit Blitz und Donner entlädt sich über mir, das hat man gerne. Ich weiß aber, dass Gewitter schnell vorbeiziehen, und wenn ich in einer Stunde in Pula einfahren werde, wird das vorbei sein. Es ist dann auch so, es regnet nur noch, als ich in der Bucht von Pula ankomme. Mein Puls ist merklich erhöht, denn ich bin auf die Fahrt nach Karte angewiesen.

Ich habe die Karte auf dem Plotter im Cockpit, das iPad im Cockpit und den Plotter am Kartentisch. Zudem das neu gekaufte Hafenbuch, das sehr detaillierte Angaben macht.

Ich taste mich langsam um alle in der Karte verzeichneten Hindernisse herum und finde dann auch den Empfangssteg, an dem ich anlegen muss, um die Formalitäten zu erledigen. Die SAMANTHA festgezurrt, bewaffne ich mich mit den Bootspapieren und Geld. Im Hafenbüro werde ich von der Polizei sehr nett empfangen, abgefertigt und an den Hafenmeister verwiesen, der im nächsten Haus logiert und noch netter ist.

Nach zwanzig Minuten, es ist nun 2230, habe ich die 270 Euro für die Vignette und die Touristenabgabe bezahlt, kehre aufs Boot zurück, koche einen Safranreis aus der Tüte und wärme den Rest Ratatouille von gestern auf, nicht ohne mir vorher einen Whisky gegönnt zu haben.

Ich fahre nie gerne bei Nacht in einen unbekannten Hafen. Hier musste ich aber, und es ist auch gut gelungen. Das Herz, das dauernd auf Hochtouren geklopft hat, wie bei einem Chirurgen vor seiner ersten Operation, beruhigt sich wieder und ich bin stolz auf meine erste Nachtanfahrt in einen unbekannten Hafen, alleine.

Pula 44°52,50 N 13°50,77 E

Adé, Pocorolo, hier war es sehr schön.

Der Hafen von Santa Maria di Leuca.

Pater Pio ist allgegenwärtig.

Ein Bohrturm vor der italienischen Küste.

Mit dem Overall ist es erträglich.

Wind und Fahrtrichtung sind gleich, das ist nicht schön.

Eine riesige Fischerflotte in Fano ...

... mit Geräten, die den Boden abmähen!

März 2014

3.3.14
0700, ich stehe auf, frühstücke und düse in die Stadt zum Telekom-Laden. Der öffnet um 0800. Ich trete in einen bereits überlaufenen Laden ein, werde dann aber von einem netten Herrn mit einem einen Meter langen Rossschwanz bedient. Klick, klick, klick und mein iPad funktioniert auch mit dieser Karte. Scheinbar musste ein kroatischer Server eingegeben werden, das müsste man wissen.

Leinen los, Ausfahrt unter Sicht, von einem leichten Lächeln der Sonne begleitet lege ich vom Steg ab, fahre aus der Hafenbucht und segle gemütlich einige Meilen südwärts, in die Bucht von Salina, die mir der nette Hafenchef empfohlen hatte. Hier setze ich zum ersten Mal dieses Jahr den Anker. Das heißt, ich wollte ihn setzen, aber nach fünf Meter klemmt die Winde. Ich bekomme die Kette nicht aus dem Kasten. Ein Glück, dass im Moment kein Wind weht und ich mich darum kümmern kann. Unten in der Spitze des Bootes ist der Ankerkasten, und der hat eine Inspektionsöffnung von der vorderen Kabine her. Ich schraube den Deckel ab und stelle fest, dass die gesamten 90 Meter Kette verworren sind. Das muss geschehen sein, als ich vor Leuca im Sturm einmal komplett über eine Welle auf die Seite geflogen bin. Es wurde bei dieser Aktion ja auch einiges an Holz gespalten und zerrissen, sodass ich es wieder leimen musste. Nun aber muss ich Meter für Meter aus dem Ankerkasten herausangeln. Nach zwei Stunden harter Arbeit und komplett rostigen Handschuhen lasse ich die gesamten 90 Meter Kette auslaufen, um dann 66 Meter wieder sauber einzuspulen.

Mit zwei Ankern, die ich voreinander befestigt habe (Verkatten nennt man das), liege ich ruhig da, und selbst bei 3.000 Touren im Rückwärtsgang bewegt sich die SAMANTHA keinen Zentimeter. Zur Sicherheit setze ich aber doch noch einen Ankeralarm (einen Kreis um den Anker, auf dem Plotter), der mich warnen soll, falls das Boot abwandert.

Bucht von Salina 44°49,74 N 13°51,04 E

4.3.14
Bin ich ein Feigling?

Nein, ich glaube, dass einfach die Vernunft gesiegt hat. Um 0900 ziehe ich den Anker hoch, das klappt erst einmal okay, aber den zweiten Anker bekomme ich nicht hoch, denn ich habe gestern die Verkattungsleine scheinbar falsch eingefädelt. Der zweite Anker hängt am ersten, aber ohne dass ich die Leine zum Hochziehen des zweiten Ankers zu fassen bekomme. Mit etwas Geschick und Anstrengung sitzt er nun auf dem Deck und ich fahre aus der Bucht. Der Windmesser zeigt 15 bis 16 Knoten Wind aus östlicher Richtung an, gut, zum gemütlichen Segeln und zum Aufkreuzen wird das gehen.

Eine halbe Stunde später dreht der Wind auf und treibt die Anzeigenadel auf 35 bis 38 Knoten. Die Wellen bauen sich auf, es wird ungemütlich und dazu beginnt es auch noch zu regnen. Mein Tagesziel ist zwar nicht allzu weit weg, ich müsste aber nach Osten und somit aufkreuzen. Mit diesem Wind ist das eine unmögliche Sache, besonders mit der AMEL, deren Schwäche einzig das Fahren gegen den Wind ist. Ich drehe um und nehme Kurs auf die Bucht, aus der ich heute früh ausgefahren bin. Ob mich nun die Wettergeister veräppeln wollen? Kaum gedreht, lässt der Wind nach und geht runter auf 20 bis 25 Knoten. Nun, ich bleibe bei meinem Entschluss und ankere wieder in der Bucht von Salina. Morgen ist ja auch noch ein Tag.

5.3.14
Die Windanzeige meldet 0,0 Wind. Die Wettervorhersagen sind da anderer Meinung. Es sollen 20 bis 26 Knoten Wind aufkommen. Ich lege los und überquere die große Bucht zwischen Pula und der Insel CresDer Wind kommt auf, sobald ich draußen auf

dem offenen Meer bin. Die Richtung ermöglicht es mir, dass ich einen idealen Kurs, knapp vor querab, anlegen kann.

Bei den 15 bis 20 Knoten rauscht die SAMANTHA mit 6 bis 7 Knoten dahin. Gegen 1000 steigt die Anzeige auf 30 und bis 38 Knoten. Ich reduziere die Segel und die SAMANTHA steigert die Geschwindigkeit auf ständige 7,5 bis 8,5, manchmal sogar auf 9 Knoten.

Leidig sind nur die kurzen, aufgebäumten Wellen. Als ich in die Nähe der ersten Inseln komme, bin ich auf der Leeseite (die dem Wind abgewandte Seite) und die Wellen legen sich. Ich hatte vor, in die Bucht Clizi Liski einzufahren, bemerke aber in letzter Minute kleine Zeichen auf der Karte. Beim Hochzoomen erkenne ich diese als Ankerverbotszeichen. Ich drehe ab und fahre in die nächste Bucht, die ich mir als Alternative ausgesucht hatte. Nach dreimaligem Ansetzen sitzt der Anker dann endlich und hält fest, auch wenn ich mit 3.000 Touren im Rückwärtsgang daran ziehe. Wenn der Anker bei 3.000 Touren hält, verträgt er auch Windstärken von 8 Beaufort (Bft.), und das kommt eher selten vor, denn meistens beruhigt sich der Wind, wenn die Sonne untergeht. Oft kommt er dann nachts um 0300 für eine kurze Weile auf. Ich beobachte die Bewegungen des Bootes auf dem Kartenplotter, wo ich genau sehe, wie sich das Schiff am Anker hin- und herbewegt. Mit einem Alarmkreis sichere ich mich noch ab. Dieser Kreis dient dazu, einen Alarm auszulösen, falls das Schiff aus dem abgesteckten Kreis herausfährt. Ich könnte auch noch einen Radaralarm setzen, einen Höhen- oder Tiefenalarm, aber das ist hier nicht notwendig. Zudem ist es beruhigend, dass die SAMANTHA aus der Bucht hinaus aufs offene Meer getrieben würde, wenn der Anker nicht halten würde, denn der Wind bläst vom Land her. Zudem habe ich auch zwei Anker gesetzt, die hintereinander liegen. Sollte der eine nicht halten, besteht eine gute Chance, dass der zweite hält, und wenn gar beide halten, dann können mich auch die stärksten Böen nicht aus der Ruhe bringen. Heute Nacht erwarte ich wieder, wie letzte Nacht, fast Windstille.

Jetzt habe ich noch Mechaniker-Aufgaben. Die Ankerwaschpumpe funktioniert nicht mehr. Nachdem ich diese ausgebaut, auseinandergenommen, geölt und wieder eingebaut habe, funktioniert auch die wieder. So ist man auf einem Segelboot, nie ohne Job.

Zum Abendessen mache ich heute Käsespätzle (selbstgemachte) und dazu ein Kotelett und Salat.

„En Guete!"

Bucht von Artaturo Artatore 44°34,34 N 14°24,53 E

6.3.14

Ein herrlicher Segeltag endet um 1500 in der Marina von Zadar. Gleich hinter dem Hafeneingang finde ich einen Steg, an dem ich längsseits anlege. Es kommt denn auch gleich ein Marinero, der zwar nicht sehr hilfreich ist, aber sofort die Schiffspapiere verlangt. Danach düst er sofort wieder ab.

Ich suche einen Stromanschluss und finde ihn auch, etwas weit weg, sodass eines meiner Verlängerungskabel zum Einsatz kommt. Die erste Aufgabe heute lautet: Einkaufen. Das kann ich in einem Supermarkt, nicht weit weg vom Hafen erledigen. Nachdem alles gefunden und auf dem Boot verstaut ist, schnalle ich die Wanderschuhe an und beginne, die Altstadt längs und quer zu durchwandern. Auch das alte Zadar ist eine einzige Festung mit riesiger Stadtmauer gewesen und ein großer Teil davon ist noch erhalten. Es gibt auch schmucke Gässchen, alte Kirchen und Herrschaftshäuser, die von einer besseren Zeit erzählen könnten. Auf dem Rückweg stoppe ich in einer Bar, um ein Bierchen zu zwitschern. Ob die schönen Augen der Bedienung mich mehr erfreut haben oder das Bier, weiß ich nicht. Auf alle Fälle kann man sagen, dass es in Kroatien unheimlich viele hübsche Mädels gibt. Die meisten Leute können auch entweder Englisch oder Deutsch, sodass man sich überall durchfragen kann.

Eigentlich wollte ich am Abend nochmals ein Bierchen, gehe dann aber nicht, weil ich keinen Durst habe und es in der Kabine so schön angenehm warm ist, während draußen ein kalter Wind weht. Nachdem ich die TV-Antenne aufgebaut habe, gucke ich noch einen Film.

Marina Zadar 44°07,15 N 15°13,57 E

7.3.14
Nach einer Nacht im Tiefschlaf und einem Standard-Frühstück hole ich das Fahrrad aus seiner Versenkung in der Außenbackskiste.

Zuerst fahre ich gen Norden zur nächsten Marina, in der Hoffnung, dort einen Laden zu finden, der Seile verkauft. Ich brauche unbedingt eine neue Leine, mit der der Besan ausgefahren wird. Die alte Leine hat nun gute zehn Jahre gedient und den Geist aufgegeben. Leider gibt es auch im nächsten Hafen keinen Laden. Ich fahre zurück, mit der Information, dass es in der Stadt einen Laden gebe, der „Mitelli" heißt, und der hätte, was ich suche. Also fahre ich in die gegengesetzte Richtung, an meinem Boot vorbei und weiter in die Stadt. Nach einigem Durchfragen finde ich diesen Mitelli, den scheinbar jeder kennt. Hier befindet sich ein Paradies für Bootsleute. Es gibt alles, was man brauchen kann und könnte. Ich muss mich zusammenreißen, um nicht mehr zu kaufen als ich wirklich im Moment brauche. Zurück im Hafen stoppe ich im Hafenbüro, um zu zahlen. Ganze 75 Euro nehmen die einem ab, dabei hat er mir noch 15 Prozent Nachlass gegeben, weil er Wasser und Strom nicht rechnet. Es gibt hier keine Sommer- und Winterpreise. Das ganze Jahr den gleichen hohen Preis!!! Unverschämt. Wenn das schon so teuer ist, hole ich noch den Wasserschlauch hervor, fülle den Tank und wasche die SAMANTHA vom Salz rein. Sie strahlt und scheint es mir zu danken. Dann, endlich, gegen 1000, lege ich los, fahre aus dem Hafen und kann gleich die Segel setzen. Bora (das ist kein Kriegsruf eines Südseebewohners) ist der Name eines der beiden Hauptwinde in dieser Gegend. Schon beim Segelschein in Deutschland musste ich mich intensiv mit diesem Wind auseinandersetzen, denn er ist recht gefährlich. Bis jetzt hat mich das nicht gejuckt, aber im Moment nervt er. 5 ... 15 ... 25 ... 35 ... 20 ... 30 ... 10 ... 5 ... 18 ... und so weiter, im Minutentakt. Würde man die Linie grafisch aufzeichnen, sähe das Bild aus wie das Gebiss eines alten Alligators.

Der ständige Wechsel und das Manövrieren zwischen all den Inseln, Inselchen und Untiefen fordern einen ganz schön. Gegen 1500 fahre ich in die Bucht ein, merke aber bald, dass ich mich in eine falsche Bucht verirrt habe. Ich werfe den Motor an und wechsle in die nächste Bucht, wo ich einen elendslangen Steg finde, an dem ich längs anlegen will. Es taucht ein Mann auf, der mir deutet, ganz am Ende des Steges festzumachen, denn dort sei ich besser geschützt. All das erklärt er mir auf Deutsch, gibt mir dann noch eine Muringleine hinten und eine vorne, damit die SAMANTHA vom Steg weggehalten wird. Nett, nicht?? Ich frage, ob eines der drei Restaurants geöffnet sei. Er meint, dass das ganz vorne in der Bucht eventuell offen sei, der Rest sei zu.

Er lädt mich zu sich ein, falls mir etwas fehlen sollte. Ich erkläre ihm, dass ich alles hätte, was ich bräuchte, er könne aber gerne bei mir ein Bierchen trinken. Er lehnt ab und erklärt, dass er schon Wein getrunken habe. Das glaube ich ihm aufs erste Wort, denn die Nase leuchtet die Bestätigung. Er wohnt hier ganz allein und wartet auf die neue Saison.

Bei meinem Spaziergang sehe ich, dass es an dem Steg 120 Anlegeplätze gibt, dazu kommen noch die von den anderen Restaurants. Hier muss der Bär abgehen in der Saison. Beim vordersten Restaurant ist auch alles zu. Die warten alle wie die Löwen in der Höhle auf die Saisoneröffnung, um dann wie Piraten die Jachties auszunehmen.

Das Montieren der TV-Antenne habe ich nun schon richtig im Griff. Danach schaue ich noch einen Film, um dann in einen Tiefschlaf zu fallen.

Insel Zut 43°53,06 N 15°17,12 E

8.3.14
Tiefblauen Himmel und Sonnenschein sehe ich durch die Luken. Zuerst nehme ich noch eine Winsch auseinander, öle und schmiere diese, sodass sie den Dienst wieder normal aufnimmt. Gestern hat sie nämlich gespuckt. Dann Leinen los und ab in den Wind. Heute mache ich das Theater mit dem Wind nicht mehr mit, ich setze die Segel mit einem Reff, sodass ich auch bei 5 Knoten noch etwas Fahrt mache, aber dann bei 35 Knoten keinen Stress habe. So geht es bis 1500, als ich in eine Bucht einfahre, die verspricht, gut gegen die Bora geschützt zu sein. Als ich hier ankomme, finde ich zwei Reihen roter Ankerbojen, insgesamt zwanzig Stück. Das macht das Ankern kompliziert, denn die könnten sich verheddern. Kurzer Prozess. Ich hole die Bojenfangleine, die ich auf der Messe in Düsseldorf gekauft hatte, hervor und gleich beim ersten Versuch fange ich eine Boje und binde die SAMANTHA fest. Dieses Gerät ist Gold wert, denn allein ist es sonst fast unmöglich, eine Boje zu fangen. Es hat herrliche 17° draußen und die Sonne scheint. Das Dingi wird zu Wasser gelassen, eine zweite Leine an die Boje gesetzt und ans Land geht's. Ich habe einen Hügel hinter der Bucht ausgemacht, von dem man eine schöne Aussicht haben müsste.

In der Tat, der Aufstieg hat sich gelohnt. Die Rundumsicht über einen weiten Teil dieser Inselwelt ist faszinierend.

Heute Abend koche ich Curry-Geschnetzeltes mit Ananas und Reis.

Morgen unternehme ich nur einen ganz kurzen Schlag nach Sibenik.

Bucht von Tijascica, Insel Tijat 43°42,94 N 15°46,26 E

9.3.14
Mit wunderbarer Morgensonne in dieser romantischen Bucht werde ich geweckt. So könnte eigentlich jeder Tag beginnen.

Ich bin gespannt, ob mein spezieller Bojenhaken auch beim Loslegen genauso gut funktioniert wie beim Bojenfangen.

Er tut es und ich bin frei, fahre mit vollen Segeln nach Sibenik. Es sind gerade mal gute 6 SM, dann lege ich in Sibenik am

Stadtkai längs an. Ich sehe niemanden, den ich fragen könnte, und warte einfach ab. Wenn es nicht passt, kommt dann schon einer reklamieren.

Hier will ich die obere Burg besichtigen, denn von dort aus müsste man einen schönen Blick haben. Die Burg scheint etwas weit weg und ziemlich weit auf dem Hügel zu sein. Trotzdem marschiere ich los und komme dort, etwas verschwitzt, zu einem Rundblick über die ganze Stadt. Man sieht auch gut den Einfahrtskanal, der mit 2 SM Länge eine Attraktion für sich selbst ist. Am Eingang steht eine riesige Festung, bei der die alten Seeräuber nicht vorbeikommen konnten. Der Kanal ist circa 40 Meter tief, sodass auch große Schiffe einfahren können. Links und rechts ist der Kanal von kleinen idyllischen Buchten gesäumt. Einen U-Boot-Bunker gibt es auch. Diese Anreise ist richtig schön. Die Altstadt, ja, so lala, nichts Umwerfendes, obwohl einige alte Häuser, die sich in einem totalen Wirrwarr am Hügel ineinanderschachteln, gut gepflegt werden.

Den restlichen Nachmittag verbringe ich in der Sonne beim Lesen im Cockpit. Der Thermometer zeigt 24 °C im Schatten an. Draußen spazieren die einen im T-Shirt, die anderen im Wintermantel vorbei.

Am Abend suche ich ein kleines nettes Restaurant auf, wo ich auch gut esse.

Stadtkai von Sibenik 43°44,09 N 15°53,32 E

10.3.14

Ich muss rechtzeitig los, denn heute ist ein längerer Schlag nach Split geplant. Seit Neuestem habe ich ja Glück mit dem Wind, und so ist es auch heute. Relativ regelmäßig zwischen 15 und 20 Knoten bläst er und begleitet mich so, dass ich den großen Bogen um die Inseln ständig segeln kann. Ich müsste vielleicht wieder einmal Lotto spielen.

Die Anfahrt von Split ist nichts Spektakuläres und um 1600 fahre ich in die Stadtmarina ein. Hier hat man mir auf den Anruf per Funk auf Kanal 17 überraschenderweise geantwortet, mich auch gleich bei der Einfahrt abgefangen und an den Platz dirigiert.

Es ist verdammt eng hier und ich muss höllisch aufpassen, um keine Leine zu fangen. Ende gut, alles gut, SAMANTHA ist vertäut und an den Strom angeschlossen.

Sofort schnalle ich die Landschuhe an und mache mich auf den Weg.

Man nennt die Marina zwar Stadtmarina, bis zur Stadt sind es aber gute 15 Minuten Marsch. Die Altstadt hat wie alle anderen auch dieses mediterrane Flair, aber ganz besonders auffallend ist die wunderschöne Promenade. So eine schöne Kai-Gestaltung habe ich noch nirgends gesehen.

Ich suche einen Laden, in dem ich neue Bratpfannen kaufen kann. Nach einigem Kreuz und Quer durch die Innenstadt stoße ich auf einen Haushaltswarenladen, wo ich endlich neue Bratpfannen kaufe. Danach wird noch einiges an Gemüse und sonstigen Kleinigkeiten eingekauft und schwer bepackt laufe ich zurück zum Boot. Ich war ganze zwei Stunden unterwegs. Mein tägliches Marschprogramm ist hiermit erfüllt.

Split, Stadtmarina 43°30,17 N 16°25,89 E

11.3.14

Von Split nach Hvar sind es knappe 6 SM. Deshalb nehme ich mir alle Zeit der Welt, mache dies und das und schlendere schließlich zum Hafenbüro, um den Platz zu bezahlen. Ich flippe fast aus, 109 Euro nehmen die einem hier ab. Räuber!!!!!! Kein Wintertarif, das sind einfach Gangster hier. Zurück auf der SAMANTHA fülle ich noch den Wassertank und wasche das Boot vom Salzwasser frei. Die Ausfahrt gestaltet sich genau so heikel wie die Einfahrt, aber es gelingt mir, hinauszufahren, ohne eine Leine zu fangen. Ufffff ... Mit direktem Kurs geht's nach Hvar, der Wind steht super und bereits nach zwei Stunden bin ich am Ziel, lege längs am Kai an, schließe den Strom an und gehe ins Hafenbüro, um zu zahlen. Hier werde ich mit 50 Prozent des Preises, inklusive Strom und Wasser im Angebot um vernünftige

26 Euro erleichtert. Im Mai vor zehn Jahren war ich schon einmal hier, mit Rita. Sie erinnert sich wegen des Schaukelplatzes und der schönen Burg an diesem Ort. Es schaukelt nach wie vor die ganze Zeit und die Burg ist noch genau am gleichen Platz, nur als ich oben auf dem Hügel ankomme, ist das Tor geschlossen. Pech. Auf dem „Dorfplatz" genieße ich ein Bierchen in der Sonne, kaufe noch ein und richte die TV-Antenne auf dem Boot ein. Ich habe den Dreh schon raus und es gelingt mir innerhalb von drei bis fünf Minuten, den Fernseher zum Laufen zu bringen.

Hvar, Stadtkai 43°10,25 N 16°26,46 E

12.3.14
Unter der Decke warte ich, bis es angenehm warm in der Kabine ist und lese noch einige Kapitel in einem Buch, bis ich dann merke, dass es bereits 0900 ist. Noch einen kleinen Gang zum Supermarkt, holen, was ich gestern vergessen habe. Leinen los, nach kurzer Strecke aus der Bucht lege ich Kurs Richtung Korcula an. Mit einem stetigen Wind von 10 bis 12 Knoten genau achterlich entscheide ich kurzfristig, in die Bucht Loviste zu fahren und dort die Nacht zu verbringen. So habe ich morgen nur eine gute Stunde bis Korcula. Um 1700 fällt der Anker, das heißt die beiden, in dieser sehr schönen und ruhigen Bucht.

Bucht von Loviste 43°01,77 N 17°01,39 E

13.3.14
Heute lungere ich erst einmal herum, denn ich habe keine lange Strecke vor mir. Korcula ist mein nächstes Ziel und das ist nur wenige Meilen entfernt. Gestern Abend, als ich schon unter der Decke lag und noch einige Seiten des Buchs streichelte, wurde ich plötzlich von einem Alarm aus dem Bett geholt. Ich war gleich auf 180 und konnte mir diesen Alarm nicht erklären. Draußen war es sehr ruhig und der Anker konnte eigentlich nicht losgerissen sein. Sofort war ich am Navigationstisch und sah, dass ich eine SAR-Meldung bekommen hatte. SAR steht für „Save And Rescue". Mit

meinem NAVTEX bekomme ich Wetter- und Unfallmeldungen, wobei die Notrufmeldungen dann den Alarm auslösen, weil ich das so eingestellt hatte. Ich lese, dass in der Südtürkei ein Flüchtlingsboot gekentert ist und man die Leute sucht. Alle Schiffe in der Gegend sollen verstärkt Ausschau halten. Ich bin ungefähr zwei Wochen Reise von der Südtürkei entfernt. Ich stelle den Alarm für SAR-Meldungen aus, gehe wieder ins Bett, kann aber noch eine Weile nicht schlafen. Nicht wegen der armen Flüchtlinge, nein, weil mich der Alarm so erschrocken hat. Die restliche Nacht verläuft dann ohne weitere Zwischenfälle. Nun, am Morgen will ich einmal kontrollieren, was mit einem Fehlstromalarm los ist. Neulich, als ich unvorsichtig mit dem Wasser im Motorraum herumhantiert habe, sind einige Pumpen nass geworden und das hätte nach meiner Meinung einen Fehlstrom anzeigen sollen, hat es aber nicht. Ich erinnere mich, dass ich im August den Elektriker in Porto Corallo gebeten hatte, nach dem Fehlstrom, der angezeigt wurde, zu suchen. Er hat dann auch innerhalb weniger Minuten den Alarm weggebracht. Ich hatte da aber nun eine Vermutung und der ging ich nach. Und siehe da, der schlaue Kerl hat einfach die Anzeige vom Strom getrennt, und somit war der Alarm weg.

Zumindest hat die Lampe nicht mehr geleuchtet. Ich schließe die Leuchte wieder an, bin aber beruhigt, dass kein Alarm mehr angezeigt wird. Ich werde das in nächster Zeit gut beobachten. Denn ein Fehlstrom (Kriechstrom) kann auf dem Boot fatale Auswirkungen haben. Bei einer AMEL, so hat man mir erzählt, sind die Bolzen, die den Kiel halten, komplett weggefressen worden. Bei meiner SAMANTHA hat sich die Auswirkung bisher immer am Mastfuß des Besans gezeigt, da löst sich die Farbe und es ist Korrosion festzustellen. Nicht so schlimm, aber man sollte es schon ernst nehmen.

Weiter versuche ich mich als Elektriker an der Kettenzählanzeige. Die spuckt und zählt nicht mehr, allerdings läuft der Zähler irgendwann unkontrolliert und letztens zeigte er 365 Meter an. Ich habe aber nur 90 Meter Kette!

Leider gelingt es nicht, den Zähler wieder zur Vernunft zu bringen, da muss schon ein Fachmann her.

Mal sehen, ob ich in der Türkei jemanden finde.

Gegen 1100 hole ich die Anker hoch und nehme die kurze Strecke nach Korcula in Angriff. Der Wind ist regelmäßig, zwischen 10 und 12 Knoten, leider aber auf der Nase. Ich habe Zeit und kreuze auf. In der Sonne hat es nun gute 20 °C, ein merklicher Anstieg gegenüber der morgendlichen Temperatur von nur 7 °C. Um die Luftlinie von 6 SM zu bewältigen, segle ich eine Strecke von guten 12 SM, komme aber trotzdem bereits um 1500 in der Bucht bei Korcula an. Das erste Mal lasse ich das Dingi zu Wasser und rudere ans nahe Ufer. Bei einem Bierchen in der Altstadt buche ich über das Internet den Flug für Rita, die mich am 28.3. besuchen kommt. Au, wie ich mich freue!

Korcula 42°57,23 N 17°08,47 E

14.3.14
Eigentlich wollte ich heute nach Slano, eine schöne Bucht nördlich von Dubrovnik. Aber eben, der Wind. Kaum ein Lüftchen und spiegelglatte See. Kurzum ändere ich den Kurs und fahre nach 12 SM in eine Bucht im Naturschutzgebiet der Insel Mljet. Es ist ein historischer Naturhafen, der von den Römern genutzt wurde. In 15 Meter Wassertiefe lasse ich die Anker fallen. Das Dingi, und diesmal auch der Motor dazu, bringen mich zum Dörfchen Polace. Hier sind einige Häuser direkt am Ufer entlang aufgereiht, das ist alles. Von den zwanzig Häusern sind mindestens zehn Restaurants, alle zu, und alles wartet auf die Saison, um dann die Segler auszurauben. Keine Kneipe ist irgendwie „anmächelig" und warum im Buch steht, es sei schön hier, müsste man mir noch erklären. Zumindest die Bucht ist schön und windgeschützt. Ich spaziere die Straße entlang und werde freundlich von den wenigen Leuten begrüßt, aber irgendwie schauen die mich an, als käme ich vom Mond oder Mars. Trotzdem, das Bierchen ist gut, obwohl es hier um einiges mehr kostet als überall vorher. Na, was soll's.

Bucht von Polace 42°47,46 N 17°22,57 E

15.3.14
Ich vertrödle mit verschiedenen Kleinarbeiten möglichst viel Zeit am Morgen, denn wenn es wieder wie gestern ist, kommt der Wind erst nach der Mittagszeit auf. Zurzeit zeigt die Windanzeige 0,0 Wind.

Ich staune nicht schlecht, als ich draußen rund um die SAMANTHA Fische sehe. Die sind etwa 25 bis 30 cm lang und sind die ersten Fische, die ich überhaupt dieses Jahr sehe. Ich dachte schon, dass es in Kroatien keine Fische gibt, und so auch praktisch keine Fischer und schon gar nicht solche, die am Ufer hocken und fischen, wie das in Italien überall der Fall ist. Ich teile mit den Fischen ein Stück Brot und das gefällt denen.

Hier eine Angel auszuwerfen, kommt mir nicht in den Sinn, denn für mich sind die viel zu klein. Den Vormittag dümple ich mit 2 Knoten Richtung Slano, meinem Tagesziel entgegen. Um 1400 kommt dann der Wind auf und mein Seglerherz jubelt. Um 1600 Uhr mache ich an der Kaimauer längs fest, obwohl in meinem Buch steht, dass das verboten sei, aber die Zeiten ändern sich. Es ist erlaubt, angeschrieben und der Kassierer ist auch schnell da und holt sich 34 Euro ab, steuert dann direkt in die Bar und trinkt ein Bier. Ich auch. Ein kurzer Spaziergang durchs „Dorf" führt mich zu einem riesigen 5-Sterne-Hotelkomplex mit sicher 200 Zimmern und allem Drum und Dran.

Ob ich hier meinen Urlaub verbringen möchte? Wohl kaum.

Ich koche noch frische Griesskopfli, die bis zum Abendessen noch auskühlen können. Ich freue mich schon drauf.

Slano 42°47,17 N 17°53,31 E

16.3.14
Es sind nur 6 SM Luftlinie bis Dubrovnik und so nehme ich es locker. Nur mit der Genua lasse ich mich an mein Ziel ziehen. Der Wind steht so, dass ich eine schnurgerade Linie fahren kann, im T-Shirt im Cockpit mit einem Buch an der herrlich wärmenden Sonne.

Vor Dubrovnik werde ich vom fliegenden (schwimmenden) Zoll kontrolliert und man wünscht mir nach Einsicht meiner Papiere eine gute Weiterfahrt. Kurz darauf schwenke ich in den Kanal ein, in dem die angepeilte Marina liegt. Hierzu muss ich unter der Brücke durch. Ich kriege das Herzflattern, denn ich habe das Gefühl, dass ich mit dem Mast da unten nicht durchkomme, aber ruhig, Rudy, du bist ja schon 2004 da unten durchgefahren und die haben die Brücke bestimmt nicht abgesenkt. Per VHF (Funk) rufe ich die Marina an, aber wie üblich bekomme ich keine Antwort. Als ich mich jedoch der Marina nähere, kommt ein Marinero an die Pier und weist mich an den Platz. Dort steht ein zweiter Marinero und die beiden legen die SAMANTHA an die Leinen. Danke.

Mit dem örtlichen Bus fahre ich dann in die Stadt. Erst dachte ich, ich könnte das mit dem Fahrrad tun, aber Gott sei Dank habe ich mich umentschieden, denn das ist eine schön lange Strecke mit viel Rauf und Runter. Dubrovnik sehe ich heute zum dritten Mal. Ich bestätige wieder, es gibt nur eine mögliche Beschreibung dieser Stadt: „Traumhaft schön". Das Bier ist hier nochmals teurer. Von 10 Kuna im Norden angefangen hat sich das gegen Süden kontinuierlich bis 20 Kuna hochgesteigert.

Ich beobachte beim Bierchen in der Altstadt die Leute und stelle fest, dass die japanische Invasion eingeleitet ist!

Des Weiteren fällt mir auch hier auf, dass ich in ganz Kroatien kaum je einen Jungen gesehen habe mit dieser bei uns zu Hause so typischen Jugo-Frisur, die diese in der Schweiz wie Abzeichen mit sich herumtragen. Hier würde man wahrscheinlich sofort sagen „Ha, das ist einer, der in der Schweiz lebt".

Im kleinen Hafen kaufe ich von einem Fischer noch einen komisch aussehenden Fisch, der aber sehr gut sein soll. Zwar habe ich einen Hühnerschenkel aus dem Tiefkühlschrank schon herausgenommen, aber den kann ich grillen und dann morgen aufwärmen.

Zurück auf der SAMANTHA schaue ich den sonnabendlichen „Tatort" und schlafe dann friedlich. Morgen wird das Marina-

Büro offen sein und dann werden wir sehen, wie es weitergeht. Ich bin schon auf den Preisschock gewappnet, denn das ist auch eine dieser staatlichen Marinas wie in Split.

Marina Dubrovnik (im Kanal) 42°40,25 N 18°07,38 E

17.3.14
Kein Wind. Ich gehe ins Büro der Marina und warte auf die Überraschung. Die kommt, nicht ganz unerwartet, denn es schleichen viele Leute in der Marina herum, die alle mit irgendwelchen Arbeiten beschäftigt sind. Viele Leute, das heißt viele Löhne, und das wiederum heißt hohe Preise. Und wie, 111 Euro kassieren die für eine Nacht ab, ohne den Service wie Schwimmbad, offenes Restaurant, offene Läden, es ist einfach eine Frechheit. Nach vier Stunden Dümpeln mit Motor auf niedrigster Stufe fahre ich in die Bucht von Cavtat ein und lasse den Anker fallen. Beim ersten Mal hält er nicht, beim zweiten Anlauf klappt es und er hält auch bei 3.000 Touren. Mit dem Dingi gehe ich an Land, kaufe noch etwas ein und trinke an der Promenade in der Sonne ein Bierchen. Dann zurück aufs Boot und ein gemütlicher Abend mit gutem Essen.

Bucht von Tiha bei Cavtat 42°35,05 N 18°13,22 E

18.3.14
Wie schon die vorherigen Tage scheint die Sonne an einem wolkenlosen Himmel. Ich schnalle die Wanderschuhe an und stiefle los. Erst eine Viertelstunde rudern, dann marschiere ich 5 Kilometer die Straße entlang ins nächste Dorf. Dort finde ich einen Weg, der in Richtung Berg geht. Ich habe einen Gipfel in der Bergkette ausgemacht, auf dem ein Kreuz steht, und dort will ich hin. Nach zwei Stunden Kampf durch Gestrüpp und Steinhalden komme ich oben an. Auf dem Weg sind mir zwei Schlangen begegnet, die sich aber nicht als Fleischfresser entpuppt haben, so komme ich noch gut davon. Ich breche einen Stock ab, mit dem ich ab nun immer auf die Steine klopfe, um

eventuell umherlungernde Schlangen zu warnen. Die Aussicht ist fantastisch, aber der Abstieg sehr mühsam. Ständig komme ich ins Rutschen und ich weiß nicht, wie viele Male ich auf den Ar... gefallen bin. Einmal bin ich in den ekelhaften Dornengesträppen hängen geblieben und Kopf voran in dem unter mir liegenden Gestrüpp gelandet. Später blieb einmal mein linkes Bein hängen und der ganze Rudolf sauste den Berg hinunter. Dabei wurde mein Knie komplett durchgedrückt, sodass ich danach kaum mehr auf dem linken Bein stehen konnte. Ich musste aber noch mindestens eine Stunde weitermarschieren, um das Dingi wieder zu besteigen. Qual, Qual ...

Schließlich habe ich es humpelnd geschafft und auf dem Boot sofort eine Salbe eingerieben. Danach sitze ich in der Sonne mit einem Aperitif und einer Zigarre (billiger Stumpen), chatte per Skype mit Peter (dem Mann meiner Ex) eine halbe Stunde und genieße die Zeit.

19.3.14

Der Generator springt an, stellt aber nach kurzer Zeit ab, und auch wiederholte Versuche fruchten nicht besser. Mit dem Handbuch in der Hand analysiere ich die Situation. Ich muss scheinbar einen Service machen. Es gibt keinen Trick, um dieses Unterfangen zu verschieben. Also, es wird ein Ölwechsel gemacht. Gut, dass ich genügend Reserveöl und einen Ölfilter habe. Nach einer halben Stunde läuft der Generator wieder, wie es sein muss. Danach lasse ich auch den heutigen Tag an der Besserung meines Knies arbeiten. Ich gönne dem Bein Ruhe und salbe es alle paar Stunden ein. Am Abend lege ich eine DVD ein und sehe mir einen James-Bond-Film an. Ich glaube es nicht, es gibt tatsächlich auch noch einen 007-Film, den ich noch nie gesehen habe.

Gegen 2100, ich bin gerade mit dem Film fertig, fängt es draußen an zu stürmen. Die Windanzeige steigt bis 30 und 35 Knoten rauf.

Irgendwann einmal geht der Ankeralarm los, ich bin aus dem Sicherheitskreis raus. Ob es die Kette so gestreckt hat oder ob der Anker losgerissen ist, ich weiß es nicht. Jetzt ist Action angesagt. Die Felsen vom Ufer sehe ich schon erschreckend nah. Die Wassertiefe ist von 7 auf 4 Meter geschrumpft. Ohne irgendetwas vorzubereiten, drehe ich den Motor an und steuere aus der Bucht heraus. Ich sehe die Umrisse recht gut, da der Mond noch hell scheint. Den Anker ziehe ich zeitgleich hoch, habe aber keine Zeit, mich um den zweiten Anker zu kümmern. Den ziehe ich einfach mit, bis ich dann nach einer halben Stunde so weit draußen auf dem offenen Meer bin, dass ich anfangen kann, mich um die anderen Dinge zu kümmern. Erstens werden die Positionslichter eingeschaltet, die Schwimmweste angezogen und die Geräte eingeschaltet. Dann gehe ich nach vorne zum Bug und befreie den Anker von einem Riesenhaufen Meeresgrund, der mit hochgezogen wurde. Dann wird der zweite Anker freigemacht und hochgeholt, all das ist nicht ganz ohne bei Nacht und Dunkelheit und stark schaukelndem Boot, aber es gelingt. Nach einer halben Stunde harter Arbeit bin ich durchgeschwitzt und fertig. Nun muss noch das Dingi, das hinten hängt und mit dem Motor bestückt ist, besser gesichert werden, denn dieses tanzt wie wild in den Wellen. Mit einer langen Leine binde ich es sicher fest und so hat es ein bisschen mehr Freiraum, um mit den Wellen klarzukommen. Nach einer Stunde bin ich so weit draußen und von den nächsten Inseln entfernt, dass ich vom Motor auf Segel umstelle. Mit nur einem Meter von der Genua draußen, mit Wind querab, läuft die SAMANTHA mit 1,5 bis 2,5 Knoten von der Küste weg ins offene Meer. Die Wellen sind unangenehm und wie in einer Kreuzsee. Trotzdem versuche ich, etwas zu dösen auf der Bank vor den Kontrollgeräten. Gegen Morgen wird es wieder ruhig und ich schlafe noch eine Stunde, mit dem Radarwachkreis eingeschaltet, um danach den neuen Tag zu beginnen.

20.3.14
Ganze 20 SM bin ich nachts gefahren und die muss ich heute wieder zurück. Leider kommt den ganzen Tag kein Wind auf, die haben scheinbar letzte Nacht alle Reserven verbraucht. Motor ... Motor ... bis in die letzte Bucht von Kroatien direkt an der

Grenze zu Montenegro. Hier komme ich nach 55 SM endlich an, obwohl die Bucht von Cavtat nur 12 SM Luftlinie entfernt ist.

Es gibt hier eine kurze Kaimauer, bei der in der ersten Hälfte das Wasser tief genug ist, sodass ich das Schiff längs an die Mauer anlegen kann. Gleich wird mir von einem Mann geholfen und später kommt noch eine ältere Frau vorbei, die mir Orangen bringt. Die letzten Bewohner in Kroatien scheinen besonders nette Leute zu sein. In dem Weiler ist alles zu, außer einer Bar, wo ich ein Bierchen schlürfe. Danach kommt noch die Polizei mit dem Schiff vorbei, will die Papiere prüfen und gibt sie wieder nach zehn Minuten zurück. Alles OK. Ich freue mich auf eine ruhige Nacht, in der ich wie in Mutters Schoß schlafen werde, denn am Kai fest angebunden zu sein ist beruhigend und kaum für Überraschungen gut.

Molunat-Bucht 42°27,11 N 18°26,10 E

21.3.14

Mit schönem Wind segle ich weiter und verlasse heute Kroatien. Montenegro ist der nächste Staat in der Reihe. Es trennen mich nur etwa 6 SM von der Grenze, aber mit dem Aufkreuzen werden es etwas über 10. Im Hafenbuch lese ich, dass ich den Zoll in Zelenika als Erstes anfahren muss, um einzuklarieren. Ich finde den Zollsteg auch sofort, binde längs an und gehe zum Container, der als Polizei-Container angeschrieben ist. Freundlich werde ich von einem Beamten begrüßt und gleich weiter zu einem anderen Gebäude, zum Hafenmeister komplimentiert.

Auch der Herr Hafenmeister ist sehr nett, erklärt mir aber, dass ich, um sieben Tage in Montenegro umherzuschippern, 140 Euro für eine Vignette hinlegen müsse. Dabei haben die Schweizer es nicht fertiggebracht, die Autobahnvignette von 40 auf 100 Franken aufzustocken! Hier wissen die, wie man mit Ausländern Kasse macht, da könnten wir uns etwas davon abschneiden. Der Hafenmeister ist dann noch so freundlich und schenkt mir eine Gastlandflagge von Montenegro. Schwieriger wird's, als ich mit der Karte bezahlen möchte. Es stehen zwar zwei Kartenlesegeräte da auf seinem Tisch, aber er weiß nicht, wie die funktionieren. Ha ha …

Schließlich muss ich meine lieben Euros aus der Tasche kramen und bar bezahlen, denn er kriegt es nicht hin mit den Geräten. Weiter geht's dann zurück zur Polizei, die scheinbar auch gleichzeitig Zollstelle ist. Hier gebe ich die entsprechenden Papiere ab und warte, warte, warte …

Verzweifelt trommelt der Beamte auf der Tastatur umher, das Gesicht wird immer länger und zwischendurch schaut er wieder zum Fernseher, dort läuft ein Film. Als er dann zum Telefon greift und zwischendurch unter den Tisch krabbelt, wird es mir zu blöd. Ich frage, ob ich in der Zwischenzeit in den nahen Supermarkt einkaufen gehen könne. Er findet das eine super Idee und stottert etwas von Systemproblemen.

Als ich wieder auftauche, wartet er bereits draußen mit den Papieren in der Hand. Wir verabschieden uns, er geht weiter den Film schauen, ich gehe eine Bleibe für die Nacht suchen. In einer Bucht der nahen Insel lege ich an einem alten Steg an. Es steht zwar darauf geschrieben, dass man hier nicht festmachen dürfe, aber alles in der Umgebung ist zu Schrott verkommen. Ein Badehaus, eine Villa und viele kleine Bungalows, die aussehen wie Negerhütten und am ganzen Hang verteilt sind. Alles kaputt. Ganz langsam pirsche ich mich an den Steg heran, ein Auge immer auf dem Tiefenmesser. Schließlich binde ich an, habe aber nur noch 40 cm Wasser unter dem Kiel. Das ist ja mehr als eine Handbreit, die man mir allgemein gewünscht hat, und so liege ich gut. Die TV-Antenne ist schnell installiert und ein gemütlicher Abend beginnt, gefolgt von ruhigem, tiefem Schlaf.

Insel Stradioti 42°24,55 N 18°41,42 E

22.3.14

Lange habe ich geschlafen. Als ich den Kopf aus dem Niedergang strecke, sehe ich seit Längerem wieder einmal Wolken. Die Windanzeige hätte jedem Motorbootfahrer Freude bereitet, sie zeigt nämlich „0,0" an, nicht aber einem Segler. Heute will ich die Bucht von Montenegro besichtigen. Mit dem Motor auf niedrigsten Touren trotte ich durch die Gegend. Man bekommt hier das Gefühl, als würde man auf dem Vierwaldstättersee fahren. Rundum steile Berge und überall Dörfer. Die Gegend ist tatsächlich so schön, wie man mir das prophezeit hat. In Kotor lege ich am Stadtkai an. Es ist erst Mittag. Ein Spaziergang durch das antike Städtchen ist genau so beeindruckend wie der Besuch von Dubrovnik. Ein Teil der Altstadt setzt sich den Hügel hinauf fort bis hin zu einer Burg mit einer Festungsmauer, die einen einfach sprachlos macht. Wie haben die das damals geschafft, diese Monsterfestung in die Felsen zu bauen? Ich bin froh, dass ich es bis hierher geschafft habe und nicht in Tivat angehalten habe. Dort sind auch riesige Bauarbeiten am Hafen im Gange, denn Tivat soll ein zweites Monte Carlo werden.

Die haben hier heute wie früher Großes im Sinne.

Gemütlich sitze ich in einer Bar und genehmige mir einen Campari Orange, während ich im Internet surfe und mit Peter, Patrick und Philippe skype.

Kotor-Stadtkai 42°25,47 N 18°46,13 E

23.3.14

Ich habe ihn!!!! Den Übeltäter.

Als ich heute früh nach zehn Stunden Tiefschlaf aufwache, höre ich ein Geräusch, das es nicht geben sollte.

Schnell finde ich heraus, dass es die elektrische Bilgenpumpe ist, die nicht abstellt. Im Motorraum sehe ich dann auch, dass die Pumpe zwar läuft, aber nichts herauspumpt.

Ich steige in die Arbeitskleidung, obwohl heute Sonntag ist, baue die Pumpe aus und nehme sie auseinander. Da ist er, eben, der Übeltäter. Eine Wäscheklammer in der Pumpe! Wie kommt die wohl da hinein?

Alles gereinigt und wieder zusammengebaut, funktioniert sie auch wieder und pumpt und pumpt, bis die Bilge leer ist. Gott sei Dank. Aber ... mit diesem Übel ist es nicht getan. Es ist ein schwarzer Sonntag.

Die Wasserpumpe spinnt ebenfalls, sie will nicht mehr aufhören zu pumpen, auch wenn ich das Wasser abstelle. Ich fummle an ihr herum, ohne genau zu wissen, was ich tue. Scheinbar steckt ein Kontakt fest, schließlich kriege ich es hin, dass sie dann doch irgendwann einmal aufhört, aber so ganz in Ordnung scheint sie nicht zu sein. Ich warte mal ab, vielleicht funktioniert sie ja morgen wieder. Und … um nicht schon vor Freude zu platzen, stelle ich auch noch fest, dass der Kühlschrank auch nicht mehr kühlt und abgetaut ist. Das hatte ich schon einmal vor Wochen, dann funktionierte er aber plötzlich wieder, vielleicht tut er ja auch morgen wieder. Hier muss ein Spezialist her, ich kann da nichts machen. Gut, dass es draußen noch nicht so warm ist. Ich werde versuchen, in Korfu einen Kühlschrankdoktor zu finden. Warum steigen eigentlich immer alle Geräte am selben Tag aus? Murphy's Law!

Mit all diesem Scheiß entscheide ich mich, mein Programm zu ändern. Heute bleibe ich hier, fahre dann morgen an den Ausgang der Bucht und dann direkt nach Korfu, ohne noch einen Halt in Albanien zu machen. Albanien kenne ich ja schon von 2004 und so habe ich etwas Zeit, in Korfu zu versuchen, die Dinger in Ordnung zu bringen.

24.3.14
Regen, Regen … Regen.

Zwischendurch ein Strahl Sonne. Sofort schnalle ich die Schuhe an und will mir etwas die Beine vertreten. Plötzlich finde ich mich oben auf der Burg wieder! Ich weiß nicht, wie viele hundert Treppenstufen es bis da oben sind, auf alle Fälle viele.

Eigentlich wollte ich heute weiterziehen, aber bei diesem Shit-Wetter … nein danke. Morgen ist auch noch ein Tag.

25.3.14
Der Himmel ist verhangen, aber trotzdem starte ich um 0600 und werfe die Leinen los. Unter Motor tuckere ich die ersten 12 SM, bis ich aus der Bucht von Montenegro raus bin. Dann, wie könnte es auch anders sein, habe ich einen herrlichen Wind

von 20 Knoten, aber eben, auf der Nase. Ich kann es mir nicht leisten, aufzukreuzen, sonst werde ich nicht rechtzeitig in Korfu sein, wo Rita am 28. landen wird.

Tuck, tuck, tuck ... den ganzen Tag.

Nachts wird der Wind immer stärker und dreht bis 35 Knoten auf. Das wäre ja alles nicht so schlimm, wenn nicht das Meer verrücktspielen würde. Ich kann keine Richtung ausmachen, aus der die Wellen kommen. Das Meer „kocht" und die SAMANTHA sticht immer wieder in die Wellen ein, sodass diese über das ganze Boot hinwegschießen. Durch dieses Einstechen wird die Fahrt dermaßen gestoppt, dass ich unter vollen 2.400 Touren noch ganze 1,9 bis 2 Knoten vorwärtskomme. Später in der Nacht, als der Sturm so richtig tobt, beginnt es noch zu regnen, aber wie! Ich sehe nicht mal mehr die Hand vor Augen, so schwarz ist es. Irgendwann in der Nacht nähert sich ein Passagierschiff von hinten. Genau auf meinem Kurs. Ich mache alle Lichter an, die ich an Bord finden kann. Daraufhin ruft mich der Kapitän per Funk an und erklärt, dass er mich auf meiner Steuerbordseite (rechts) überholen werde. Ich soll bitte meinen Kurs beibehalten. Das ist leicht gesagt. Die SAMANTHA tanzt wie wild. Ich ziehe einen Meter von der Genua raus, um das Boot zu stabilisieren. Uffff ... Die Fockschot wickelt sich um die Winsch. Der Wind erfasst das Boot und es schießt durch den Wind, nun genau auf das Passagierboot zu. Ich kämpfe mit einer zweiten Leine und der gegenseitigen Winsch, bis es mir gelingt, die Fockleine zu befreien und den Kurs zu halten. Nach 20 Minuten ist der Kreuzer an mir vorbei, danach sehe ich niemanden mehr, die ganze Nacht.

An Ruhe oder ein Nickerchen ist nicht zu denken. Auch Kochen ist nicht drin. Einzig ein Instant-Süppchen, mit heißem Wasser aus dem Hahn angerührt, und ein Stück Brot und Käse füllen den Magen, der seit dem letzten Frühstück nichts mehr bekommen hat. Und so geht es weiter, bis es endlich heller wird, dann auch noch den ganzen Tag. Kurz nachdem es hell geworden ist, kann ich endlich die Segel aufziehen und den Motor für ein paar Stunden abschalten.

26.3.14
Es fängt gerade an, dunkel zu werden, als die Marina von Gouvia auf Kreta in Sichtweite kommt. Bei Dunkelheit muss ich in die Marina einfahren, werde aber Gott sei Dank von einem Marinero abgeholt und an einen Platz gewiesen. Uff, bis alles geklärt ist auf dem Schiff ist es bereits 2100 und ich kann mir noch eine gute, wohlverdiente Mahlzeit kochen. Eine solche Höllenfahrt, das braucht kein Mensch. Hier bin ich aber gut aufgehoben und genieße nun mein Bett.

Marina Gouvia, Korfu 39°38,93 N 19°50,95 E

27.3.14
Der Tag beginnt mit dem Besuch im Marina-Büro. Ich darf schon sagen, dass ich hier sehr organisierte und kompetente Leute treffe. Das bringt mich auf den Gedanken, hier einige Reparaturen ausführen zu lassen, die ich eigentlich in der Türkei machen lassen wollte. Es kommt ein Elektriker, der findet heraus, dass die Batterien flach sind und deswegen der Bugstrahlmotor nicht richtig arbeitet. Ich bestelle einen Satz neuer Batterien. Es sind 13 Stück! Dann kommt der Segelmacher und schaut sich den kleinen Riss in der Genua, auf der Höhe der Saling, an. Ich soll das Segel abschlagen, dann werde er es reparieren. Diese Arbeit kann ich erst abends um 2000 machen, da der Wind zu stark ist. Der Kühlschrank-Mensch kommt und stellt fest, dass es der Thermostat am Kühlschrank ist, der die Funktion beeinträchtigt. Auch das wird erledigt. Dann miete ich ein Auto, für gerade mal 22 Euro pro Tag.

Nun bin ich kaputt ... gehe schlafen und träume vom morgigen Tag, wenn Rita kommt.

28.3.14
Um 0800 hole ich den Schiffsnachbarn und seinen Kollegen ab. Wir fahren in den alten Hafen, um unsere Transit-Logs zu kaufen. Dies ist bei der griechischen Bürokratie, wo die linke Hand nicht weiß, was die rechte tut, ein Akt von drei Stunden!! Danach kau-

fen wir uns noch die Prepaid-Karten bei Vodafone, wo es professionell zugeht. Danach noch putzen … putzen, schrubben und noch mehr, bis ich um 1345 losfahre, um Rita vom Flughafen abzuholen.

Pünktlich landet die Maschine der Aegean Airlines und es ist ein schönes Wiedersehen.

Abends pendeln wir in die Altstadt und suchen ein richtiges griechisches Familienkneipchen auf, wo wir schon vor Jahren einmal gegessen hatten. Wir finden es, essen so richtig typisch einheimisch. Danach im Boot schlürfen wir noch einige Ouzo und tauschen die neuesten Geschichten aus.

Weiter erzähle ich nicht …

29.3.14

Die Katze kann das Mausen nicht lassen, lautet ein altes Sprichwort.

Rita amüsiert sich mit dem Putzlappen!

Nachmittags gehen wir auf eine Fahrt ins Blaue, halten hier und dort an, um die schöne Gegend anzuschauen oder einen Kaffee zu trinken. Abends essen wir supergut in einem Restaurant in der Marina, das uns unsere norwegischen Schiffsnachbarn empfohlen haben.

30.3.14

Rita putzt, und ich schaue zu.

Nachmittags wieder auf Inselrundfahrt, diesmal nach Süden.

In einer Strandkneipe essen wir gegrillten Oktopus. Auf der Visitenkarte, die der Besitzer uns mit der Rechnung überreicht, steht „Bestes Fischrestaurant Europas". Es war ja gut, aber ob diese Bezeichnung nicht etwas hochtrabend ist?

Das Abendessen kochen wir auf dem Boot und genießen einfach das Zusammensein.

31.3.14

Erst beginnt der Tag mit kleinen Arbeiten. Am Nachmittag ein Spaziergang durch die Altstadt. Rita wäre in Shoppinglaune. Pech gehabt, die meisten Läden sind geschlossen. Scheinbar ist das hier am Montag so. Pech für sie, Glück für meine Kreditkarte!

Mein erster Stopp in Kroatien, in Pula am Steg.

In der Altstadt von Zadar.

Schöne und ruhige Bucht mit 20 Bojen.

Eine imposante Festung am Eingang zu Sibenik.

Das ist ein U-Boot-Bunker.

Hvar-Hauptplatz.

Da unten liegt die SAMANTHA einsam am Kai.

Zugang zur Stadt.

Die Hauptstraße.

Wunderschöne Gebäude. Nach dem Krieg wurde alles renoviert.

April 2014

1.4.14
Schon April! Das Wetter ist sagenhaft und wir sitzen im T-Shirt herum. Nachmittags wieder eine Fahrt ins Blaue, an die Ostküste, wo wir schöne Örtchen finden, aber alles ist noch geschlossen und verlassen. Was uns auf unseren Fahrten durchs Hinterland auffällt, sind die vielen, ja sehr vielen vergammelten oder unfertigen Häuser und Bauruinen. Hier liegt ein begrabener Geldhaufen! Wenig ist fertig, und zum Teil auf einem Stockwerk bewohnt, der Rest noch Baustelle.

Das Abendessen genießen wir nochmals in diesem gleichen Restaurant in der Marina. Es ist einfach spitze und dazu noch preiswert. Unser letzter Abend, morgen geht's zum Flughafen. Brigitte schickt noch eine SMS, dass der Lufthansa-Flug wegen Streiks annulliert sei. Oh, dann müssen wir morgen schauen, wie Rita nach Hause kommt.

2.4.14
Früh aufstehen. Rita ist ganz nervös. Rechtzeitig fahren wir zum Flughafen, wo wir von einer netten Hostess am Schalter aufgeklärt werden, dass Rita nicht über Frankfurt mit Lufthansa fliegt, sondern von Athen direkt mit Swiss nach Zürich. Dort wird sie dadurch circa drei Stunden früher landen als ursprünglich geplant. Ist ja keine schlechte Nachricht.

Nach der entsprechenden Abschiedszeremonie bringe ich das Auto zurück, lege vom Steg ab, gehe noch an die Tankstelle, um auch den Diesel aufzufüllen, dann raus aus der Bucht und Richtung Norden. Erst segle ich in der Gegend herum, ohne zu wissen, was ich eigentlich will. Soll ich nach Kassiopi? Da scheint mir der Wind ungünstig. Soll ich nach San Stefano zum Ankern, da war ich noch nie. Schließlich fahre ich in San Stefano ein, hier winkt mir ein Kerl vom Steg, ich könne dort anlegen. Ich erkundige mich über die Wassertiefe, die soll 2 Meter betragen, meint er. Etwas knapp. Ich taste mich ganz langsam an den Steg heran, stelle 2,3 Meter Tiefe am Stegkopf fest, drehe, lege den Anker aus und fahre rückwärts an den Steg und binde fest. Nicolas heißt der junge Mann. Er erklärt, dass heute der zweite Tag ist, seit sie geöffnet haben.

Ich bestelle ein Bier, bezahle 3,5 Euro und warte den Abend ab. Ich gehe heute Abend hier essen.

Das Abendessen besteht aus einem kleinen Oktopus-Arm und danach zwei kleinen, circa 20 cm langen Fischen vom Grill, einem griechischen Salat und einem halben Liter Rotem. Das Ganze finde ich mit 39 Euro sehr teuer. Auf der Visitenkarte des Restaurants steht „Bestes Restaurant auf der Insel". Papier ist ja geduldig und nimmt alle Druckerfarbe an. Ich könnte gerne andere Restaurants als wesentlich besser empfehlen.

San-Stefano-Bucht 39°45,99 N 19°56,87 E

3.4.14

Draußen ist es ruhig, sehr ruhig sogar. Es werden etwas stärkere Winde angesagt für morgen. Eine Verlegung nach Kassiopi, hinter die Mole, scheint mir eine gute Lösung. Es sind nur 3 bis 4 SM und ich fahre in Kassiopi ein. Ein deutscher Segler hat sich am Molenanfang längs gelegt. Ich weiß von früher, dass ich eigentlich auf einem der drei ersten Plätze anlegen müsste, wegen der Tiefe und den Steinen. Das ist nicht möglich. Ich setze den Anker im Hafen, fahre ungefähr 50 Meter rückwärts und werfe die Leinen der Dame vom deutschen Schiff zu, die sich auch sofort als Iris vorstellt. Es hat alles gut geklappt.

Im Café nebenan genehmige ich mir ein Bierchen in der Sonne und weil der Magen knurrt, bestelle ich ein Plättchen von kleinem Allerlei dazu. Ich bekomme einen Teller mit allem Möglichen drauf. Da sind Teile von Frikadellen, gebratene Speckstückchen, ein paar Pommes und Oliven, etwas Tomaten und Gurken, gerade was man so zu einem Bierchen vertragen kann. Die Rechnung: 3 Euro!

Kassiopi 39°47,46 N 19°55,36 E

4.4.14
Heute ist Halligalli angesagt. Der Wind kommt mit bösartigen Böen vorne auf die Nase.

Ein Fischer kommt vorbei und erklärt meinem Nachbarn, er solle sich unbedingt mit dem Heck an die Pier legen, denn es gäbe starke Winde.

Gemeinsam legen wir sein Boot um. Ich an der Pier, Robert und Iris auf dem Schiff. Beim zweiten Anlauf hält der Anker und das Schiff „Marie-Louise" wird vertäut. Nach den ersten Böen fährt plötzlich die SAMANTHA rückwärts an den Kai. Ich muss raus und den Anker neu setzen. Dabei treibt es mich in die Muringleine eines Fischerbootes, gleich nebenan. Nichts geht mehr. Ich sitze fest. Nach Jahren hole ich den Tauchanzug hervor. Der passt mir übrigens wieder, nachdem ich ja über sechs Kilo abgenommen habe. Mit Tauchflasche und allem Drum und Dran tauche ich ab und befreie den Propeller von der Leine.

Danach wird der Anker mit 60 Meter Kette neu gesetzt, und natürlich mit 3.000 Touren eingedampft. Neu an der Pier festgebunden dürfte nun alles in Ordnung sein. Denkste.

Ein kleiner Marsch um die Halbinsel und ich entdecke viele süße kleine Buchten mit Sandstrand. Teilweise liegen schon Leute in der Sonne und andere baden bereits.

Die wenigen Touristen, die man sieht, sind fast ausschließlich Engländer. Einige sind von deren Insel geflüchtet und haben sich hier auf dieser Insel fest niedergelassen.

Ich will mir auf dem Rückweg noch ein Bierchen gönnen und nochmals so Häppchen bestellen. Diesmal bekomme ich eine Auswahl an Meeresfrüchten, Pommes und Gemüsestückchen. Ich glaube, die brauchen so die Reste von den verschiedenen Speisen auf. Obwohl ich heute nur ein kleineres Bier bestellt habe, dafür aber noch einen griechischen Kaffee, verlangt man 6 Euro. Ich glaube, die machen die Rechnungen irgendwie nach dem Stand des Mondes.

Am Abend habe ich Robert und Iris zum Abendessen eingeladen. Wir sitzen gemütlich am Tisch. Iris will sich eine Zigarette holen und kommt schnurstracks zurück. Deren Schiff hält nicht mehr mit dem Anker. Die Böen werden immer bösartiger. Robert und ich entscheiden, dass er sein Boot doch wieder längs legen soll, denn die Anker sind hier nicht sicher.

Gesagt, getan. Nun liegt er sicher an der Pier.

Ei boumm … und meine SAMANTHA hat wieder den Anker losgerissen, obwohl ich ja nun über 60 Meter Kette gesteckt habe.

Robert schlägt vor, dass wir die SAMANTHA bei ihm ins Päckchen legen (das heißt längsseitig bei ihm angebunden).

Das Manöver klappt ohne Problem, danach können wir mit dem Essen und Schwatzen fortfahren.

Die Nacht liegen wir gut und ich schlafe durch bis in der Früh.

5.4.14
Noch einen Tag Faulenzen. Ich bleibe in Kassiopi, spaziere in der Gegend herum und genieße einfach das Leben. Zwischendurch ein Schwätzchen mit Iris oder Robert und so geht der Tag vorbei. Gegen Abend kommen 25 Segelboote in den Hafen. Sie sind Teilnehmer an der alljährlichen Regatta von Kerkyra nach Kassiopi und machen hier Station. Der Abend ist mit einem etwas höheren Dezibel-Level geschmückt als sonst in diesem ruhigen Städtchen.

6.4.14
Es ist Sonntag. Ich kann nicht loslegen, weil mehrere Anker über meine quer durch den ganzen Hafen gelegte Kette gelegt worden sind. Um 1300 startet die Regatta wieder in umgekehrter Richtung, und ich kann ebenfalls ablegen. Mit schönem Wind lege ich die halbe Strecke nach Kerkyra zurück, dann legt sich eine Flaute in die Bucht. Tuck … tuck … tuck … Langsam aber sicher geht's der Marina vom Jachtclub entgegen.

In der Marina angekommen zurre ich die SAMANTHA fest und bereite die Koje für François vor. Er landet um 2015 und wird gegen 2115 bei mir auf dem Boot sein.

Alles klappt super und wir gehen noch in die Stadt, um etwas zu essen und ein Bierchen zu trinken.

Kerkyra, NAOK-Marina 39°37,21 N 19°55,56 E

7.4.14
Wir haben es nicht eilig. Frühstücken erst wie gewohnt ausgiebig, dann legen wir los und tuckern unter Motor bis nach Paxos. Dies ist ein Dörfchen in einem schmucken Hafen, versteckt hinter einer Insel mit gutem Schutz. Wir bekommen für 5 Euro einen Stromanschluss, als wir uns längs an die Kaimauer legen. Einkaufen, Bierchen, gutes Abendessen kochen. Alles paletti. François ist ein super Koch und das Ruder konnte ich ihm ebenfalls überlassen, sodass ich nun eigentlich fast so etwas wie Urlaub habe!

Limin Paxon, Insel Paxos 39°11,87 N 20°11,17 E

8.4.14
Erst wieder Motor, dann doch noch richtig segeln. Gegen Ende des Nachmittags nähern wir uns dem Kanal von Lefkas. Da sehen wir schon von Weitem Bagger an der Arbeit. Das lässt erst mal nichts Gutes ahnen. Aber, wir kommen näher und näher und finden hinter den Baggern die Einfahrt. Diese ist zu unserer Freude bereits ausgebaggert und so tief, wie ich sie noch nie erlebt hatte. Etwas Adrenalin wird gespritzt, weil der Wind just zur Einfahrtszeit richtig aufdreht, aber … wir schaffen es. Eine kleine Runde müssen wir noch vor der Brücke drehen, weil wir zehn Minuten zu früh (vor der ganzen Stunde) angekommen sind. Pünktlich um 1600 wird die Brücke zur Seite gedreht und wir können in den Kanal einfahren und uns danach an der Kaimauer längs anbinden. Ein Schweizer, der auch dort liegt, hat uns kommen sehen und mit patriotischem Gefühl sofort mit den Leinen geholfen.

Lefkas-Stadtkai 38°50,14 N 20°42,67 E

9.4.14
François stapft gleich in der Früh nochmals ins Städtchen und holt frisches Brot. Dadurch schmeckt das Frühstück heute besonders gut. Wir haben heute keinen langen Schlag vor, denn wir wollen nur bis Vychlion in die Bucht zu Dimitris und dort zu Abend essen.

Leider hat Dimitris nicht offen und ich kann ihn auch nirgends finden. Pech gehabt. François setzt den Anker auf der gegenüberliegenden Buchtseite und dampft mit 3.000 Touren ein.

Das Dingi wird flott gemacht und wir steigen zu zweit ein. Das neue Dingi ist eins für zwei Personen. Es ist verdammt eng und ich muss ganz langsam fahren, damit wir nicht patschnass werden.

Nachmittagsbierchen. Am Abend gehen wir in ein Restaurant, das wir zuvor entdeckt haben. Hier essen wir einen griechischen Salat und danach einen 1,5 kg schweren Fisch (Grouper). Das Essen ist lecker. Trotz des Liters Wein finden wir bei Nacht unsere SAMANTHA ohne Probleme wieder. Nachts erwache ich, als es draußen stürmt wie verrückt und der Regen wie aus Kübeln niederprasselt. Aber alles ist okay, der Anker hält wie eine Eins.

Bucht von Vychlion (Dimitris) 38°41,23 N 20°42,60 E

10.4.14
Nach kurzer Anfangsphase zur Bucht hinaus bekommen wir einen Wind achterlich und 20 Knoten. Die SAMANTHA läuft wie am Schnürchen. Ständig haben wir 8 bis 9 Knoten Geschwindigkeit drauf und so rauschen wir um die verschiedenen Inseln bis zur Einfahrt in den Kanal von Mesolongi. Durch den Kanal haben wir ständig 20 bis 25 Knoten querab und somit sind die Arschbacken arg zusammengeklemmt, denn der Kanal ist sehr eng und soweit ich mich erinnere an vielen Stellen untief. Diesmal scheint es anders zu sein. Wir haben ständig 2 bis 3 Meter Wasser unter dem Kiel. Die haben den neu ausgebaggert.

An der Kaimauer legen wir längs an. Ein netter Herr fährt extra mit seinem Auto zu uns, um die Leinen abzunehmen. Das ist hilfreich, denn der Wind ist ablandig (drückt uns von der Mauer weg).

Ein Spaziergang ins Städtchen, Bierchen, und danach schlage ich vor, dass ich ein Ragout mit Kartoffelbrei koche.

Als wir zurück auf dem Boot sind, muss ich feststellen, dass das aufgetaute Fleisch nicht Ragout, sondern Hühnerleber ist.

François unterdrückt höflich seine Begeisterung. Statt Kartoffelpüree mit Ragout gibt es dann eben Hühnerleber mit Reis. Man muss flexibel sein, wenn man nicht alle Sprachen lesen kann, und tiefgefroren sieht vieles ähnlich aus.

Wir haben es überlebt.

Mesolongi 38°21,72 N 21°25,51 E

11.4.14
In der Früh ist draußen das Wasser so ruhig, dass man meinen könnte, wir wären in einem Schwimmbad.

Leinen los und durch den Kanal in die große Bucht von Korinth getuckert. Erstes Zwischenziel ist die große, imposante Brücke „Rio". Wir bekommen Wind von achtern und wieder wie gestern mit Stärken bis 25 Knoten. Es läuft und läuft. Uns gefällt es. Bis jetzt noch.

Bei der Brücke muss sich François per Funk anmelden und wir bekommen eine Anweisung, wo wir durchfahren dürfen.

Kurz nach der Brücke – es ist schon 1600 – möchten wir eigentlich nach Nafpaktos in den kleinen historischen Hafen. Aber der Wind hat sich zwischenzeitlich zum Sturm hochgearbeitet. An ein Einlaufen in den kleinen Hafen ist nicht mehr zu denken. Regen, dunkle Wolken, Blitz und Donner kommen auch noch zum Rendezvous. Wir setzen ein neues Ziel hinter einer Insel, etwas 5 SM weiter fest und erreichen dieses auch schnell bei diesem Ritt. Das Einlaufen ist an diesem geschützten Ort kein Problem, nur werde ich nervös, als mir der Tiefenmesser plötzlich die lange Nase macht und die Tiefe nicht mehr anzeigen will. Irgendwo einzulaufen ohne Tiefenmesser ist für mich wie Blinde Kuh oben auf einem Berg zu spielen. Nach mehrmaligem Ein- und Ausschalten tut er dann doch noch und meine Nerven entspannen sich. Es regnet noch eine Weile. Nach dem Abendessen hört es auf und wir spazieren noch ins Dörfchen zu unserem mittlerweile traditionellen Bierchen.

Die Marina hat man angefangen zu bauen. Hatte dann aber kein Geld mehr (vermutlich von der EU), ließ alles so, wie es ist, und scheinbar kann sich jeder hier hinlegen, ohne zu bezahlen.

Trizonia, kleiner Hafen 38°22,16 N 22°04,49 E

12.4.14
Genau um 0600 erwache ich. Starte den Generator. Aber François kommt nicht aus der Koje. Ich hole ihn, denn heute wollen wir eine größere Strecke, circa 50 SM, bis zum Kanal von Korinth hinter uns bringen. Der Wind, der gestern so heftig geblasen hat, ist verschwunden. Ein strahlender Himmel über den neulich schneebedeckten Hügeln und nur ein leichtes Lüftchen begleiten uns. Wenig Freude für einen Segler. Später kommt etwas Wind auf und wir können noch eine Teilstrecke heute segeln.

Es wird bald Abend. Wir entscheiden, in den Hafen von Korinth einzulaufen und erst morgen durch den Kanal zu fahren. Der Hauptgrund ist, dass wir auf der anderen Seite des Kanals noch mindestens ein bis zwei Stunden brauchen, um einen geschützten Ankerplatz anzufahren. In Korinth finden wir große, schön geschmückte Fußgängerzonen, gemütliche Cafés und Bars.

Jachthafen Korinth 37°56,47 N 22°56,18 E

13.4.14
Die Durchfahrt durch den Kanal ist wie schon 2004 beeindruckend. Wir müssen uns direkt hinter einem Frachtschiff einordnen, wie wir über Funk mitgeteilt bekommen. Auf der Ostseite des Kanals ist die Zahlstelle. Hier stelle ich fest, dass wir nach wie vor in deren Computer registriert sind von der letzten Fahrt im Jahr 2004. Aber, hatte ich letztes Mal noch 230 Euro bezahlt, muss ich diesmal 310 Euro hinblättern. Schon happig.

Die restliche Tagesfahrt endet im kleinen, schmucken Hafen von Perdika, wo wir am Wasserschiffkai mit Buganker und Heckleinen anlegen können. Das ganze Dorf, das sich den Hafen entlang erstreckt, besteht praktisch nur aus Tavernen und jeder Besitzer versucht krampfhaft und mit allen Tricks, einen in seine Kneipe zu locken. Der eine bietet auf die Preisliste 10 Prozent Rabatt an und auf die Getränke 15 Prozent. Wenn wir zu zweit kämen, gäbe es einen halben Liter Wein gratis. Ein anderer offeriert uns, kostenlos zu essen, wenn es uns nicht schmecken würde ... und so weiter.

Wir suchen uns eine Taverne aus und sitzen unter der Pergola über dem Hafen, obwohl es draußen schon seit unserer Ankunft regnet. Das Essen ist so lala, besonders der Oktopus ist gummiartig. Mein Fisch ist gut und das Souvlaki, das François isst, ist auch ok. Der Reißer war das heute allerdings nicht. Die Nacht verläuft ruhig und angenehm.

Perdika 37°41,45 N 23°27,14 E

14.4.14
Um 0600 rasselt der Wecker. François und ich hocken gleich danach am Frühstückstisch. Irgendwie kommen wir auf den heutigen Trip zu sprechen, dann fällt uns auf, dass wir ja nur etwa 30 SM vor uns haben und nicht wie vorher geplant 60. Wir haben uns am Abend zuvor entschieden, einen Zwischenstopp in Hydra einzulegen und somit nur wenige Meilen zu fahren. Vergessen haben wir aber, dass wir ja deswegen gar nicht so früh aufbrechen müssen. Wir gehen beide nach dem Frühstück nochmals eine Stunde ins Bett.

Danach haben wir einen ruhigen Tag und nur wenige Meilen vor uns. Bei der Ankunft in Hydra pfeift der Wind ganz tüchtig, aber wir erobern einen Platz direkt am Stadtkai zwischen einem schwedischen Segler und einer englischen Motorjacht. Hydra kennen wir beide schon von früher, machen aber trotzdem einen Spaziergang durchs Städtchen, trinken im Straßencafé ein Bierchen. In der Sonne ist es schön warm, im Schatten verträgt man eine Jacke.

Es kommen immer mehr Boote in den Hafen und es beginnt ein richtiges Hafenkino. Eine blaue Jacht mit Norwegerfahne sticht mir ins Auge und bei näherer Betrachtung entdecke ich Johar, unseren Nachbarn aus Govina. Ich gehe hin und nehme ihm die Leinen an. Er macht ganz schön große Augen, als er mich plötzlich erkennt. Die Seglerwelt ist manchmal schon sehr klein.

Eine junge Hafenpolizistin weist mich an, mich im Büro mit den Papieren zu melden. Ich bin baff, als ich in das Büro am anderen Ende des Hafens eintrete. Die erste schöne Griechin empfängt mich mit einem süßen Lächeln. Dann ... kommt eine andere aus dem Nebenraum, wesentlich weniger attraktiv, aber scheinbar für die Papiere zuständig. Mit einem Auge schiele ich auf die auszufüllenden Papiere, das andere bleibt an der Schönheit hängen. Ich werde freundlich getadelt, weil ich im Logbuch noch nicht einen einzigen Eintrag (Stempel) habe, obwohl ich ja kaum in einem Zug von Kerkyra bis hierher gefahren bin. Ich verspreche, mich zu bessern und mich gewissenhaft an jedem Ort, wo wir anhalten, zu melden und die Papiere stempeln zu lassen. Gut, dass ich bald eine Kirche finde, in der mir dann meine Lüge vergeben wird.

Hydra ist einfach etwas Spezielles und hier muss man einen Stopp machen, wenn man in der Gegend ist. Das Ambiente mit dem Eseltaxi ist großartig und wird Gott sei Dank gehütet.

Hydra 37°20,99 N 23°27,98 E

15.4.14
Mit starkem Wind segeln wir wie die Verrückten zu einer Insel, wo ich meine, den Besuch bei Dimitris, einem AMEL-Besitzer, wiederholen zu können. Als wir in die besagte Bucht einfahren, stellen wir fest, dass wir hier zwar schon einmal waren, aber nicht in der Bucht von Dimitris sind. Die Insel heißt halt etwas anders, Serifos statt Sifnos. In der rechten Ecke, wo es zum Liegen ruhig wäre, soll man nicht ankern, weil dort viele Ketten auf dem Grund liegen und man riskiert, den Anker nicht mehr hochzubringen. Tauchen möchte ich nicht und deshalb verdrücken wir uns in die östliche Ecke vor den Sandstrand. François setzt den Anker auf sauberem Sandgrund und dampft ihn mit

3.000 Touren ein. Er hält bombenfest. Im Boot drin hat man das Gefühl, als säßen wir in einer Berg- und Talbahn auf der Kirmes. Es schaukelt hin und schaukelt her, es ist keinen Moment lang ruhig. Um 0200 erwache ich, weil der Wind höllisch um die Wanten pfeift.

Ich kann nicht mehr schlafen und setze mich auf die Bank am Esstisch, die Geräte ständig im Blick.

Ich weiß, wie es ist, wenn ein Anker losreißt, und da wir recht nahe am Ufer liegen, ist mir das Ganze nicht geheuer, denn sollte der Anker losreißen, hat man keine Zeit zu verschwenden, wenn man nicht auf dem Strand landen will. So verbringe ich die Nacht, während François gemütlich und tief schläft.

Serifos-Bucht Koutalas 37°08,19 N 24°27,69 E

16.4.14

Es ist dann 0700, Zeit zum Frühstück und Loslegen. Unser Tagesziel ist Paros. Eine Fahrt, die jedem hartgesottenen Segler das Herz höherschlagen lässt. In nur gut fünf Stunden bewältigen wir die 35 SM. Bei der Ankunft vor dem Hafen dreht der Wind nochmals tüchtig auf. Vor allem gibt es immer wieder heftige Böen von bis zu 30 Knoten. Mein Adrenalinspiegel ist auf Höchststand. Bevor ich einfahre, drehe ich noch ein paar Runden vor dem Hafen. In einem Moment, wo der Wind leicht abflaut, fahren wir ein. In der einen Lücke, in die ich gerne eingefahren wäre, gibt es keine Muring mehr und die Lücke daneben ist durch eine quer gespannte Leine zugemacht. Ich muss schnell umentscheiden und neben einem kleinen Segler einfahren. In dem Moment, wo wir neben ihm sind, erfasst uns eine heftige Böe und drückt uns auf das arme kleine Bötchen. Die Fender verhindern das Schlimmste, aber mit dem Bugstrahlruder hängt die SAMANTHA in seiner Muringleine ein. Bingo ...

Wir binden hinten die Leinen an und ziehen die SAMANTA mit einer seitlichen Leine gegen den Wind vom Nachbarboot weg. Das Dingi wird ins Wasser gelassen und mit dem Bootshaken bewaffnet löse ich die Leine vom Bugstrahlruder. Gut, dass ich das Bugstrahlruder nicht bewegt habe, sonst wäre das eine Katastrophe geworden. Man lernt mit der Zeit ...

Nun können wir die SAMANTHA endgültig an ihrem Platz vertäuen und mit mehreren Leinen stabilisieren.

Das Hafenbüro finden wir nicht und somit gibt es auch hier keinen Stempel.

Paros, Parikia 37°05,24 N 25°09,11 E

17.4.14
47,5 SM hart am Wind schaffen einen. Dazu müssen wir heute sehr genau navigieren, denn auf unserer Strecke zur Insel Amorgos segeln wir im Slalom um viele Inselchen und Untiefen herum. Die Einfahrt wird ebenfalls sehr spannend wegen des heftigen Winds, der uns vom Kai wegtreiben will, aber wir finden einen Platz, den wir längs neben dem Fähranleger in Beschlag nehmen. François geht nach vorne an die Spitze. Seine Aufgabe ist es, eine Leine um einen der Poller zu werfen und das Schiff festzubinden. Ein netter Herr kommt angerannt und hilft, die Leine zu platzieren. Einmal eine Leine fest, wird langsam aber sicher das Boot an den Kai gezogen und die restlichen Leinen werden belegt. Kaum angebunden schüttet es wie aus Kübeln und ein Gewitter mit Blitz und Donner entlädt sich direkt über uns. Da haben wir wieder einmal Glück gehabt, noch vorher anzulegen.

Im nächsten Café bestellt François für uns Bier, von der Marke „FIX". Der Besitzer, Koch und Bedienung in einem, bringt zwei Bier der Marke „Mythos". Frage: „Haben Sie kein Fix?" Oh. „Ich habe das falsche Bier gebracht, da müsst ihr dann nicht bezahlen." So was kann ich mir in der Schweiz kaum vorstellen.

Wir haben dann aber trotzdem die 5 Euro auf den Tisch gelegt, denn wir wissen doch aus der Presse, dass es den Griechen nicht so gut geht, da können wir als Schweizer doch nicht so sein.

Nach dem Abendessen schlendern wir durch das Dorf und landen in der Kirche, wo eben eine Messe abgehalten wird. Wir stellen uns in die Reihe und beobachten amüsiert die Zeremonie. Die einen sind todernst und bekreuzigen sich alle ein bis zwei Minuten, singen lauthals, zum Teil auch schön falsch mit, andere schwatzen und unterhalten sich. Wir verstehen nur Banane, bleiben aber bis nach etwa einer Stunde die Leute zur Kirche rauswandern. Wir auch. Es war amüsant, ich konnte aber doch den Herrn bitten, mir meine im Hafenbüro von Hydra erzählte Lüge zu vergeben und meine Lieben daheim in seine Obhut zu bitten. Noch einen kleinen Metaxa auf dem Heimweg in einer kleinen Bar und eine gute Nacht.

Amorgos, Katapola 36°49,62 N 25°51,89 E

18.4.14

Auto mieten, Inselrundfahrt, Besuch des Klosters in Chora. Wieder eine Messe (allerdings sind wir erst bei etwa Halbzeit dazugestoßen, und das genügt). Nun haben wir genug Messen besucht für diese Ostern. Interessant war es aber schon.

Wir werden von einem Hafenpolizisten angesprochen und müssen zum Hafenbüro. Hier wird wie überall ein Akt daraus gemacht, einen Stempel in das Transitlog zu drücken. Alles durchlesen, fotokopieren und so weiter. Jedes Mal habe ich das Gefühl, dass ich der erste Segler bin, der mit den Papieren ins Büro kommt. Wie geht das dann zu, wenn im Sommer Hunderte Segler unterwegs sind?

Heute Abend gehen wir essen. Auf Geratewohl setzen wir uns in eine Taverne, bestellen Lammkoteletts und griechischen Salat. Als ich einmal eine Bemerkung zu François mache, wegen des Besuchs im Hafenbüro, kommt vom Nebentisch in richtigem „Baslerdütsch" der Einwand, dass das hier überall so sei. Ich frage die Dame, was sie hierher verschlagen hätte. Sie erzählt uns, dass sie schon seit vielen Jahren hier in die Ferien gehe, und jetzt sogar eine Wohnung in Dauermiete hätte. Nach einigem Hin und Her über die Tische hinweg setzt sie sich zu uns und wir haben viel Spaß mit ihren Geschichten. Evelin heißt sie und ist eine waschechte Baslerin. Sie klärt uns auch auf, dass es nur drei gute Tavernen gebe zum Essen, eine davon sei diese hier. Da hat uns unser

Instinkt wieder einmal gut beraten. Später trinken wir bei Kapitän Dinimus, da, wo er uns das Bier schenken wollte, noch einen Kaffee, dann wird es Zeit, in die Federn zu schlüpfen.

19.4.14

In der Früh, als ich die Augen öffne, höre ich, dass es regnet. Nicht gut, denn heute haben wir einen langen Schlag nach Kalymnos, circa 64 SM, vor uns. Erst das Frühstück, heute mit Schinken und Ei, und dann erst aufregen.

Zum Aufregen kommt es nicht mehr. Der Regen hat nachgelassen und der Wind aufgefrischt.

Wir legen los und können auch sofort die Segel setzen, denn der Wind kommt achterlich und ermöglicht uns eine rasante Fahrt die Ostküste von Amorgos entlang, danach steht der Wind direkt von hinten und wir baumen die Segel wie einen Schmetterling aus und genießen das herrliche Segeln. Einen kleinen Beitrag zu unserer Freude bringt auch noch die Sonne, denn sie vertreibt die Regenwolken und bescheint uns mit herrlicher Wärme.

Wie geplant erreichen wir Kalymnos gegen 1700. Ein Hafenmeister winkt uns an einen Platz, wo wir anlegen sollen. Beim Ausfahren der Kette klemmt's. Wir müssen in der Mitte des Hafens die Kette herausarbeiten und können dann nach guten 15 Minuten endlich anlegen. Der Platz kostet 7 Euro plus 5 Euro für Strom.

Hier auf Kalymnos wird Ostern gefeiert, mit Knallkörpern. Nicht nur solche Knallpetarden, wie sie bei uns am 1. August losgelassen werden, nein, hier scheint man kiloweise Dynamit zu sprengen. Die Druckwellen lassen die Fensterscheiben klirren. Je lauter es knallt, umso größer ist die Freude bei der Bevölkerung. Es sei eine Erinnerung an die Vertreibung der Türken, erklärt uns ein Alter, der in der Nähe unseres Bootes auf der Bank sitzt und sich kindisch freut. Da die Knalle unangemeldet kommen, zucken François und ich jedes Mal zusammen und ich komme einem Herzstillstand nahe.

Wir haben Zeit für ein Bierchen und einen Kai-Bummel bevor ich das versprochene Moussaka koche.

Die Knallerei begleitet uns den ganzen Abend, hört aber um Mitternacht Gott sei Dank auf, sodass wir doch noch zum Schlafen kommen.

Kalymnos-Stadtkai 36°57,00 N 26°59,14 E

20.4.14
Heute steht lediglich die Überfahrt nach Kos, circa 20 SM, auf dem Programm. Wir gehen es locker an und profitieren von dem Mittagswind, um uns nach Kos hinüberzutragen.

Im Stadthafen, am Kai, legen wir an. Bis jetzt hatte ich dort immer kostenlos gelegen, jetzt verlangen die 40 Euro plus 5 für Strom. Das ist unverschämt und ich buche nur zwei Nächte. Denn wenn François übermorgen wegfliegt, verlege ich mich wieder nach Kalymnos, wo ich die Woche verbringen werde, bis Philippe und Sophie kommen.

Ich muss wieder ins Hafenbüro. Gleiches Prozedere, nur scheint die junge Dame, die uns bedient, kaum des Lesens und Schreibens mächtig zu sein.

Kos, Stadthafen 36°53,75 N 27°17,35 E

21.4.14
Ein Auto können wir mieten, von heute 1000 bis morgen 1000 und das tun wir auch.

Wir fahren auf der ganzen Insel umher, besuchen die verschiedenen Strände und Feriendörfer. Wir sind erstaunt, dass noch kaum etwas offen ist, und wie vergammelt, unschön und unfertig es im Hinterland ist.

Für nur 24 Euro essen wir herrliche Spieße (Souvlaki) in einem Strandrestaurant, das heute den ersten Tag offen hat.

Zurück in Kos putzt François seine Kabine und danach gehen wir in das Restaurant, in dem ich mit Peter und Patrick vor zwei Jahren so guten Fisch gegessen hatte. Auch diesmal ist es sehr gut und sehr preiswert. Wir staunen beide über den Betrag von nur 24 Euro! (für beide zusammen)

22.4.14
Regen, Regen und ein Wecker, der einen um 0430 aus dem Bett jagt, das mag man nicht.

Trotzdem, wir müssen um 0500 los zum Flughafen.

Nach 30 Minuten Fahrt steigt François aus und verschwindet im Terminal. Ich starte das Auto … aber es reagiert nicht. Tot.

Ich finde den Öffner für die Motorhaube, öffne und haue dem Motor eine runter. Da sehe ich, dass sich das Batterieanschlusskabel bewegt. Etwas festklopfen, und die Karre läuft wieder.

Zurück im Hafen lege ich mich nochmals ins Bett, frühstücke um 0830 und fahre dann in die Marina, die etwa 2 Kilometer entfernt ist. Ich habe Riesenglück und finde ein Ersatzteil für das WC. Es ist das einzige Ersatzteil für ein WC, das der Verkäufer im Laden hat, und genau das brauche ich.

Ich muss mich im Hafenbüro noch abmelden (gleiche Prozedur wie immer) und das Auto zurückbringen, dann lege ich los und verlege in die Marina zum Tanken. Das Anlegen an der Tankstelle wird zum Akt, denn der Wind bläst stürmisch und es steht eine wilde Welle. Zu dritt schaffen wir es, die SAMANTHA längs anzulegen, nicht aber ohne dass eine Leine gerissen ist. 224 Liter gehen in den Tank. Das Ablegen ist kein Problem und die Überfahrt nach Kalymnos genieße ich wieder bei schönstem Sonnenschein.

Hier empfängt mich erneut der freundliche Hafenmeister, gibt mir Strom und wünscht mir eine schöne Zeit.

Und … es knallt immer noch. Ostern ist zwar vorbei, aber es wird scheinbar auch heute noch etwas Spezielles gefeiert. Langsam aber sicher geht einem das auf die Nerven.

Kalymnos-Stadthafenkai 36°57,02 N 26°59,15 E

23.4.14
Kleine Arbeiten sind angesagt. Ich habe mir eine To-do-Liste angelegt und beginne, diese abzuarbeiten.

Mittags mache ich eine Pause, gehe in ein Café gleich über die Straße und bestelle einen griechischen Kaffee mit wenig Zucker.

Als ich bezahlen will, nur 1 Euro, fragt mich der Besitzer, ob ich gerne Moussaka hätte. Das sei eine seiner Spezialitäten und er mache sie jeden Tag frisch. Ja sicher habe ich Moussaka gerne, alles andere wäre ja gelogen. Wir unterhalten uns noch über das Rezept, und er lädt mich ein, heute Abend sein Gast zu einem Moussaka zu sein. Auf die Frage, warum, sagt er einfach: „Weil Sie ein so netter Mensch sind." Schade, dass er keine Frau ist, sonst hätte ich ihm gleich einen Heiratsantrag gemacht.

Es ist 2000 und ich schlendere hinüber in die Taverne. Ich komme mir etwas komisch vor, aber ich befürchte, dass ich ihn beleidigen würde, wenn ich nicht käme.

Mit einem Moussaka, garniert mit Salat und Pommes, werde ich verwöhnt. Das Moussaka ist gut, ich muss mich aber mit meinem auch nicht schämen. Er hat nur eine Schicht Kartoffeln und eine Schicht Auberginen. Ich mache das mit je zwei Schichten. Er schält die Auberginen nicht und schneidet sie längs auf. Das gibt dem Moussaka einen besseren Geschmack mit den Auberginen. Man kann immer wieder etwas lernen.

24.4.14

Einiges auf meiner To-do-Liste ist erledigt. Leider ist es mir nicht gelungen, die Ankerwaschpumpe zu flicken, denn es fehlen Ersatzteile und hier, wo doch viele kaum etwas anderes verstehen als Griechisch und alles mit diesen Hieroglyphen angeschrieben ist, komme ich nicht zurecht, um die Ersatzteile zu suchen. Ich lande unverblümt bei einem Motorradmechaniker: Nach meiner Theorie kann auch ein Motorradmechaniker eine Wasserpumpe flicken.

Dieser spricht perfekt Englisch und schickt seinen Angestellten mit mir zu einem Mechaniker, der das könne. Danke.

Die Pumpe kann ich morgen bringen und am Samstag sei sie repariert. Super (wenn's klappt).

25.4.14

Es ist genau 0830 und ich stehe vor dem Mechanikershop. Er ist zu. So schnell beginnen die Griechen scheinbar doch nicht mit der Arbeit. Ich lege die Pumpe in einer Tüte vor die Türe und komme in einer Stunde wieder zurück. Der Chef meint, er hätte noch keine Zeit gehabt, sich die Pumpe anzusehen, ich soll um 1200 wiederkommen, dann hätte er sie auseinandergebaut.

Um 1200, pünktlich, wie eben ein Schweizer ist, stehe ich erneut in der Werkstatt. Die Pumpe liegt immer noch am Boden. Ich frage, ob ich sie auseinanderbauen soll. Der Chef lächelt und erklärt mir, dass sie repariert sei. Neue Kugellager, neue Dichtung und eben richtig zusammengebaut. Ich hätte beim Zusammenbauen einen Teil verdreht ... Oh, da kommt es doch heraus, dass ich kein Mechaniker bin und dass dieser Beruf auch gelernt werden muss ... pfui, Rudy.

Nun, wo ich doch einen sehr kompetenten Mech gefunden habe, stelle ich die Frage, ob er eventuell auch mal die Propellerbremse anschauen könnte, denn die funktioniert auch schon eine Weile nicht mehr richtig. Nach einiger Überzeugungsarbeit meinerseits erklärt er sich bereit, sich das Teil um 1300 auf dem Boot anzuschauen. Er opfert einen Teil seiner Mittagszeit dafür, hat eine brillante Idee. Ich soll beim Motorradhändler schauen, ob ich eine Bremsbacke bekomme, die man dann auf den Träger aufschweißen könnte.

Schnurstracks laufe ich zum Motorradhändler, wo ich tatsächlich fündig werde. Dieser will von Bezahlung nichts wissen und schenkt mir die Bremsbacke. Zurück auf dem Boot demontiere ich die Bremse, bereite alles vor und um 1700, als der Mech wieder mit der nachmittäglichen Arbeit beginnt, schweißt er mir die Teile zusammen. Nach einer weiteren Stunde ist alles wieder montiert und funktioniert einwandfrei.

Warum die Griechen hier wohl alle so freundlich und hilfsbereit sind?

Wir Schweizer sind doch nicht in der EU und bezahlen ja nur wenig an deren Staatsschulden.

26.4.14
Mit Intensität drücken sich die Sonnenstrahlen durch die Falten meiner Vorhänge in die Kabine. Es ist 0900, als ich deswegen aufwache. Zeit, an die Arbeit zu gehen. Heute wird geputzt. Das Cockpit und die Scheiben sind alle sauber, als die Kirchenglocken die zweite Nachmittagsstunde verkünden.

Duschen, ein Kaffee bei meinem Freund und ein Cornet mit Vanillecreme bilden die Brücke zu einem arbeitsfreien, faulenzenden Nachmittag. Beim Kaffee habe ich mein Abendessen bestellt, auf das ich mich nun sechs Stunden freuen kann.

Das Abendessen bei Satis ist eine wahre Wundertüte.

Bestellt hatte ich einen Tintenfischsalat, vier Sepia gegrillt und dazu Kartoffeln.

Ich setze mich hin, bin aber auch der einzige Gast.

Zuerst bekomme ich einen griechischen Salat, nichts mit Tintenfisch.

Als Nächstes bekomme ich Pommes vorgesetzt. Die sind zwar gut, aber wenn ich nicht anfange, sie zu essen, werden sie kalt, und das mag ich nicht. Zwei Drittel der Pommes sind in meinem Schlund verschwunden, als mir dann fünf kleine Tintenfische (gegrillt) vorgesetzt werden. Ich kaue wie an einem Fahrradreifen, aber da ich zum Glück gute Zähne und einen Pferdemagen habe, ist alles okay.

Zur Sicherheit bestelle ich noch einen Ouzo. Satis empfiehlt mir aber einen Schnaps, ähnlich dem italienischen Grappa, der sicherlich nicht schaden kann und eventuell bei der Verdauung hilft.

Schließlich verabschiede ich mich von Satis und lege mich in die Koje.

27.4.14
Keine Hast. Nach dem Frühstück nehme ich den Anker hoch und lege Kurs an Richtung Türkei. Güllük ist der Ort, an dem ich morgen Philippe, Sophie und Louis abholen soll.

Der Wind ist fantastisch, bläst mit 20-25 Knoten und fast querab.

In nur sechs Stunden erreiche ich Güllük und habe somit 36 SM hingelegt.

Das Anlanden in Güllük ist nicht ganz ohne. Die Plätze, die für Segler im Revierbuch angegeben sind, sind alle besetzt. Es gibt ja nur fünf bis sechs. Im Hafenbecken nebenan erspähe ich zwei Ausflugsboote und entscheide mich, daneben anzulegen. Wenn's nicht passt, kommt schon jemand reklamieren.

Es reklamiert keiner, sondern man hilft mir, die SAMANTHA an den richtigen Platz zu bugsieren und anzubinden.

Die Leute hier sind alle nett und hilfsbereit. Einer, sein Name ist Baturay, bietet sich sofort als Agent an, um die Behördengänge zu erledigen. Er organisiert alles und ist äußerst hilfsbereit.

Sofort will ich eine neue Prepaid-Karte für die Türkei kaufen. Morgen um 1200 könnte ich eine bekommen, meint der Verkäufer.

Im Supermarkt mit einem orangenen M wie Migros (so heißt er auch) bekomme ich alles, was ich für die nächsten Tage brauche.

Am Abend bin ich kaputt und lege mich früh schlafen. Leider nicht für lange Zeit. Es heult bald ein Sturm im Hafen, der alle Boote herumwirft und tobt, als wäre der Teufel verärgert und wolle sich an der Menschheit rächen. Wir binden alle Boote aneinander und jeder steht an Deck und harrt der Dinge. Nach einer guten Stunde ist alles vorbei, so als wäre nichts gewesen.

Gute Nacht.

Güllük 37°14,32 N 27°35,86 E

28.4.14

Den halben Tag verbringe ich mit dem Organisieren der Prepaid-Karte. Um 1730 habe ich sie und es funktioniert!

Es ist dann bereits 2145, als das vorbestellte Taxi meine drei Passagiere vors Boot bringt.

Ich habe noch eine Kleinigkeit gekocht, wie das gewünscht wurde, dann nach dem Essen beziehen alle ihr Quartier. Sophie und Philippe legen sich in die Vorderkabine, Louis schläft in der Skipperkabine, nahe bei Opa.

29.4.14
Es ist 0900, als uns der Agent die Papiere bringt und wir loslegen können. Zuerst müssen wir uns aber noch von zwei Ankern befreien, die ich im Hafenbecken beim Anlegen gefischt habe. Da ich aber nicht alleine bin und der Wind nicht allzu stark bläst, ist dies kein größeres Problem. Wir segeln dann in eine Bucht, wo Philippe, der jetzige Skipper, den Anker wirft.

Bucht Bahçe Köyü 37°07,09 N 27°16,20 E

30.4.14
Heute zieht es uns weiter nach Kalymnos. Hier legen wir am gleichen Platz an, den ich vor drei Tagen verlassen habe. Der Hafenmeister begrüßt mich wie einen alten Freund und Satis hat gleich wieder die Spendierhosen an. Louis, mit dem ich herumstolziere, bekommt einen Lutscher und Opa soll zur Begrüßung einen Kaffee bekommen. Den bezahle natürlich ich.

Blick von der Burg Kotor auf die Stadt mit der SAMANTHA am Kai.

Kerkyra-Stadtpark mit der Burg im Hintergrund.

Ein typisches Fischerboot in Kassiopi.

Mit der „Marie-Louise" im Päckchen.

Im Kanal von Messolonghi gibt es noch Pfahlbauer.

Einfahrt in den Kanal von Korinth direkt hinter einem Frachtschiff.

Imposant in dem tiefen Kanal.

In Hydra.

Mai 2014

1.5.14
Viel ist heute geschlossen, denn es ist der 1. Mai und das wird in Griechenland auch gefeiert. Gleich in der Früh spaziere ich mit Louis den Kai entlang zur Bäckerei, wo ich frische Brötchen hole. Louis bekommt ein Biskuit und oftmals ein süßes Lächeln, das er, wie er nun mal ist, großzügig erwidert. Er ist einfach ein Goldschatz und ein weiterer Stolz seines Opas.

Nach einem Frühstück mit Speck und Eiern, was scheinbar Philippe gut verträgt, setzen wir die Segel, um Kos, den alten Stadthafen anzulaufen. Alles bekannt für mich, denn ich war ja schon letzte Woche mit François dort.

Louis findet das Boot unheimlich interessant und klettert überall umher. Nach kurzer Zeit schon hat er richtige Seemannsbeine und hält sich aufrecht auf seinen kurzen Stielchen, als wäre er auf einem Boot geboren. Mit einem Sicherheitsgurt darf er sogar über Deck spazieren und alles inspizieren.

Solche Spielzeuge gibt es nicht bei Fisher-Price.

Zum Abendessen besuchen wir wieder „mein" Fischrestaurant, wo wir göttlich Fisch speisen. Leider ist es Louis auf dem Heimweg gelungen, in einem Moment, wo niemand aufgepasst hat, seinen „Dudu", einen Stoffhasen, irgendwo hinzuschmeißen. Im Schiff bemerken wir den Verlust. Sophie und Philippe gehen nochmals den ganzen Weg zurück um den Hafen herum alles absuchen, leider ohne Erfolg.

Nun, dann hat eben Louis keinen Dudu mehr, dafür aber den Opa.

2.5.14
44 SM wollen wir heute zurücklegen und Datça anlaufen. Ich habe Datça in guter Erinnerung.

Hatte!

Das änderte sich mit dem heutigen Tag. Wir haben am Kai angelegt, wurden aber die ganze Nacht durchgeschaukelt, wie man es eigentlich nicht mag. Dazu hat sich das Wetter verschlechtert. Auch sind wir erst spät angekommen, weil wir morgens zu spät weg sind.

Datça war tot, schauklig und feucht. Keine gute Erinnerung mehr.

Datça 36°43,33 N 27°41,27 E

3.5.14
Von Datça nach Symi sind es nur 14 SM, sodass wir bereits kurz nach Mittag eintreffen. Alles ist soweit okay und ich gehe auf Behördentour. Das dauert eine gute Stunde, denn es ist wie üblich. Das eine Büro liegt an dem einen Hafeneingang und das andere genau gegenüber.

Einige Häfen, besonders die Naturhäfen, sind ziemlich groß und somit der Marsch entsprechend ausgedehnt.

Gegen 1700 kommt ein Boot nach dem anderen eingefahren. Es ist eine Gruppe von Russen, insgesamt 15 Boote, die zusammen eine Regatta segelt und in Symi Zwischenhalt einlegt. Neben uns legt sich ein Boot hin, dessen Skipper perfekt Deutsch spricht, sonst hört man nur Russisch. Die Einheimischen werden plötzlich nervös und wir bekommen mit, dass sich starke Winde nähern. In der Tat, es dauert nicht lange und wir werden von einem Sturm mit Böen bis 40 Knoten geschüttelt. Unser Anker scheint nicht besonders gut zu halten. Bei diesem Wind aber wollen wir, seit Kalymnos auch wieder ohne Bugstrahlruder, kein neues Ankermanöver fahren. Wir dürfen uns beim Nachbarn anbinden und absichern, denn sein Anker hält wie eine Eins. Dafür profitiert er von unserer Springleine, die das Boot seitlich an den Kai verspannt. Nach den ersten Böen sind dann alle Boote miteinander verbunden.

Die Nacht ist katastrophal. Keine ruhige Minute und gegen Morgen knallt die SAMANTHA einmal richtig gegen die Kaimauer, sodass der Stoßdämpfer abreißt. Philippe ist in diesem

Moment draußen und kann das Teil aus dem Wasser bergen. Mit vielen Fendern am Heck festgebunden mindert es den jeweiligen Schock.

Symi 36°37,00 N 27°50,23 E

4.5.14
Weiter starke Böen aus allen Richtungen, Boote, die tanzen und dazu starker Regen, so gehen wir den neuen Tag an.

Einige der russischen Boote wollen wegfahren, reißen anderen die Anker heraus und es ist ein wahres Chaos. Auch unseren Anker sehen wir plötzlich bei einem ausfahrenden Boot hängen. Unser freundlicher russischer Nachbarskipper gibt seinem Kollegen Anweisungen, unseren Anker weiter zum anderen Ufer zu bringen und erst dort wieder fallen zu lassen. Das gefällt uns, denn nun ist unser Anker neu gesetzt und hält dann auch richtig gut. Das nennt man „Glück im Unglück". Die ersten Boote, die ausgefahren sind, kommen bald wieder zurück. Draußen hätte es stürmische See, 30 Knoten Wind mit Böen über 50, wird uns gesagt. Dies wird bekannt und somit entschließen sich die meisten, einen Hafentag einzulegen. Wir natürlich auch.

Opa verbringt die Zeit einer Regenpause mit Louis auf einem Spielplatz und rennt ihm ständig bei den Rutschbahnen hinterher.

Da ich heute schön Zeit habe, koche ich zur Vorspeise die hellgrünen Paprika, gefüllt mit einer Mischung aus Feta-Käse und Pfeffer, danach ein Moussaka, vergesse jedoch, die Caramelköpfli zu machen, aber scheinbar haben alle genug und verzichten auf ein Dessert.

5.5.14
Regen, Regen ... kein Wind ... so wie es sich Segler eben nicht wünschen. Doch rechtzeitig erreichen wir die Bucht Koyu, wo ich den Club Fayeth kenne. Die Bucht hat sich verändert. Es gibt nun viele Stege. Vor jeder Taverne einen und die Boys rufen alle, man soll bei ihnen anlegen!

Festgemacht mit Heckleinen und Muring, am Strom angeschlossen, alles paletti, gehen wir auf einen Erkundungsspaziergang in der Bucht. Der damals (2004) so schöne Club Fayeth ist kaputt und nicht mehr in Betrieb. Russen haben ihn gekauft und wollen den scheinbar wieder in Betrieb nehmen. Da haben die aber einiges vor.

Die damals schöne Hotelanlage, mit Pool usw., ist ebenfalls geschlossen und verrottet. Auch hier hätten Russen diese gekauft und sie soll in einem Jahr (wer's glaubt), wieder instand gesetzt, neu eröffnet werden.

Am Abend kommen etwa 20 Boote angefahren. Es ist eine „Russische Segelwoche", so steht es auf der Fahne des Leitbootes. Am Abend ist Halligalli in einer der Tavernen und scheinbar eine Rangverkündigung.

Ich habe das Gefühl, dass Herr Putin nun die Russen überall in die Türkei einschleust und somit festen Sitz in der EU hat, falls dann die Türkei tatsächlich einmal der EU beitritt. Man kann die ja dann auch nicht rausschmeißen, wenn sie die halbe Gegend aufgekauft haben. Clever, nicht?

Cliftik Koyu (Club Fayeth) 36°42,96 N 28°14,28 E

6.5.14

Wie jeden Morgen mische ich einen Kaffeelöffel Honig in einen griechischen Joghurt. Das ist dann der Startschuss für Louis, sich von seinem Platz am Frühstückstisch zu lösen und schnurstracks bei Opa auf den Knien Platz zu nehmen. Wir teilen uns dann diesen Joghurt und genießen ihn beide. Einen Löffel für Louis, einen Löffel für Opa.

Philippe lässt das Dingi zu Wasser und macht einen Familienausflug. Ich nutze die Zeit, um endlich wieder einmal Wäsche zu machen. Nach zwei Waschladungen haben wir alle wieder sauberes Zeug, das auch fein riecht und in der heute so herrlich strahlenden Sonne getrocknet ist.

Nachmittags genießen wir Segeln wie im Bilderbuch bei Sonnenschein und 30° Temperatur, um uns nach Marmaris zu tragen. Am Stadtkai, zwischen den großen Gulets, legen wir an und genießen ein Bierchen als Ankerdrink im Café nebenan.

Philippe und Sophie spazieren mit Louis in die Stadt, um den Souk zu besuchen und ich nutze das, um auf der Homepage nachzuschreiben.

Sophie geht es nicht so gut, sodass Philippe und ich alleine in die Stadt ziehen, um bei Ali-Baba essen zu gehen. Ich kenne das Restaurant von früher. Vergeblich halte ich Ausschau nach dem großen Einkaufszentrum. Dort ist nun ein großer Platz mit einem Wasserbecken, wo gerade ein gigantisches Wasserspiel mit Musik und so am Laufen ist. Auch Ali-Baba ist verschwunden, es haust nun eine Bank an dessen Platz.

In einem nahegelegenen Restaurant, das super aussieht und eine ganze Reihe von Servierpersonal in Uniform hat, lassen wir uns nieder. Wir bestellen eine gemischte Lammplatte und Wein.

Es gäbe keinen Alkohol, ist die Antwort des Kellners. Okay, dann eben Wasser. Wir bekommen zwei kleine Fläschchen Wasser. Um dazu ein Glas zum Trinken zu erhalten, muss dann noch der Chefkellner her. Wieder einmal mehr: „Nicht alles, was glänzt, ist Gold." Das Essen ist gut, wir entscheiden aber bald, in ein Café umzusiedeln, um dort eine Shisha (Wasserpfeife) zu rauchen. Bei türkischem Tee, Wasserpfeife und Backgammon genießen wir beide einen schönen Herrenabend.

Auf dem Rückweg machen wir noch einen Abstecher in die „Backstreet", das ist ein Parallelsträßchen zum Kai, wo mir die Augen fast aus dem Kopf fallen. Discos, eine neben der anderen und jede verrückter als die vorherige. Feuer, Wasserspiele, Laser, Tanzbühnen, Rauch und Musik in einer Lautstärke, bei der ich es höchstens zehn Minuten aushalten würde. Ein Betrieb ist das hier! Und das an einem gewöhnlichen Werktag-Abend. Dagegen ist Ballermann auf Mallorca ein Frauen-Novizen-Heim.

Marmaris, Stadtkai 36°51,05 N 28°16,55 E

7.5.14
Rechtzeitig müssen wir weg, da sich Marmaris auf eine Bootsshow am Wochenende rüstet und die Plätze freigemacht werden müssen. Wir segeln runter südlich in die Bucht von Ekincik. Auch hier hat es viele Veränderungen gegeben. Eine Marina wurde angelegt und neue Restaurants säumen den Strand. Wir legen wieder unterhalb des teuren Restaurants an und freuen uns auf ein teures, aber gutes Abendessen. Es ist unser letzter Abend zusammen. Rechtzeitig zum Abendessen gibt es etwas Regen, als ob wir das bräuchten.

Das Essen ist sehr gut, und wie üblich recht teuer. Am meisten lache ich, als Philippe gerade mal drei Lammkoteletts auf dem Teller hat. Üblicherweise würde er mindestens das Doppelte essen. Aber mit den feinen Vorspeisen zusammen scheint er dann doch genug gegessen zu haben.

Ekincik-Limani, Restaurantsteg 36°49,40 N 28°33,95 E

8.5.14
Überfahrt nach Rhodos. 25 bis 30 Knoten hart am Wind bringen uns noch einmal einen richtigen Segeltag. Leider werden wir von der Armee nach Süden abgedrängt, denn die haben heute Schießübung in diesem Gebiet, und wir müssten aus dem Gefahrenbereich wegfahren. Das tun wir ja gerne, denn rund um uns herum knallt es und es gibt einige Kriegsschiffe, die in der Gegend umherschippern.

Bei knackigen 20 Knoten Wind legt Philippe nochmals ohne Bugstrahlruder eine perfekte Anlandung hin. Ein Taxi wird bestellt für 1900. Ich düse los, um den Behördengang zu machen. Nach einer halben Stunde bin ich zurück, hole das Trottinett (Roller) und starte nochmals in Richtung großer Hafen zur Immigration und für den Zoll. Es braucht viel Überzeugungskraft und schon fast Tränen in den Augen, um zu verhindern, dass ich morgen nochmals hierherkommen müsste, um Stempel zu holen. Schließlich kriege ich diese heute schon, dann düse ich zurück zum Boot. Es ist mittlerweile bereits knapp vor 1900 und das Taxi wartet schon. Es ist ein kurzer Abschied. Sowie das Taxi mit den drei wegfährt, überkommt mich ein Gefühl der Leere. Es war doch so schön, zum ersten Mal hatte ich meinen Sohn, Sophie und den süßen Louis für einige Tage zum Genießen.

Korfu, Mandraki-Hafen 36°27,05 N 28°13,64 E

9.5.14
Es regnet wieder einmal. Als es aufhört, mache ich mich auf den Weg, um das Transitlog bei der Hafenpolizei abzugeben.

Ein junger Herr mit einem Roller hält an, als ich vom Boot gehe. Er fragt, ob ich etwas einkaufen wolle. Er sei vom Supermarkt, vorne am Hafen. Ja, ich brauche einiges und komme vorbei, nachdem ich bei der Polizei war. Er bietet mir an, mich dorthin zu fahren, was ich natürlich nicht ausschlage. Den Rückweg will ich aber zu Fuß gehen, denn ich muss mir die Beine etwas vertreten. Im Supermarkt, bei Theodor, stocke ich meine Vorräte auf. Theodor bringt mir diese dann auch per Auto zum Boot. Danke.

Alles ist verstaut und ich kann loslegen. In nur zwei Stunden mit tollem Wind, aber etwas hohen Wellen, auf einem Kurs querab, erreiche ich wieder die Bucht mit dem Club Fayeth. Hier gehe ich längs an den Steg, das hilft mir bei den Arbeiten, die ich vorhabe. Vor Montag kann ich nicht nach Marmaris, weil dort eben die Plätze besetzt sind. Sehr freundlich werde ich hier wie ein alter Bekannter begrüßt und es folgt sogleich die Frage nach dem Sohn.

Der gemischte Lammteller, den ich zum Abendessen bestelle, ist superlecker.

10.5.14
Heute ist Arbeitstag. Die Klimapumpe wird auseinandergenommen und wieder gängig gemacht. Dann kommt das Bugstrahlruder wieder einmal dran. Zwei Stifte, die der Mechaniker letztes Mal eingesetzt hat, waren zu schwach und sind gebrochen. Aus einer Schraube schleife und schneide ich zwei neue Stifte

zurecht, baue das Ganze wieder zusammen, bekomme aber das Bugstrahlruder nicht wieder an seinen Platz. Ein Holländer, ein sehr netter mit Namen Rob, bietet mir seine Hilfe an. Ich muss tauchen gehen und das Teil von unten in den Schaft schieben. Rob hält es dann von innen fest, bis ich es mit einer Klammer sichern kann. Danach ist alles nur noch Routine. Am Abend sind Pumpe, Bugstrahlruder und ich fertig.

Ein guter Calamari-Salat zur Vorspeise und ein herrlicher Fisch vom Grill bringen den Tag zu einem schönen Abschluss. Schlafen tue ich wie ein Murmeltier.

11.5.14
Sonntag gleich Ruhetag. Nur etwas am Schiff herumputzen, dann ein Spaziergang in der Umgebung, lesen und den Tag genießen. Heute Abend werde ich nochmals hier essen, das ist dann das letzte Mal für diese Woche, denn ich muss ja meine Vorräte aufbrauchen, bevor die aus den Vorratskammern kriechen.

Ich mache nun das Programm für die nächsten drei Monate, denn ab nächstem Samstag werde ich einiges an Besuchern haben, ich freue mich schon darauf. Am 18. November werde ich in Teneriffa sein müssen, da kommt dann Patrick, um mit mir über den Atlantik zu segeln. Ist das nicht super?

Bis dahin ist es noch ein rechter Weg, und somit will die Zeit etwas geplant sein.

12.5.14
Man hat mir versprochen, dass ich in Marmaris heute anlanden könne, da die Bootsshow vom Wochenende fertig sei. Denkste, ich wollte anlegen, wurde aber bösartig von einigen Leuten weggeschickt. Man hat scheinbar den einzigen freien Platz, den ich am Kai finde, einem Türken versprochen. Es nutzt alles nichts als Schweizer muss ich wieder weg. In einem anderen Sektor des Kais finde ich einen Platz, den ich aber um 1600 verlassen muss, weil dann die Ausflugsboote von ihren Daily Trips zurückkommen.

Als ich anlande, kommen zwei Türken vom Nachbarboot und übernehmen die Leinen. Einer meint: „Wir Segler sind doch alle Brüder und müssen einander helfen." Ist das nicht eine schöne Einstellung?

Vom Chef der Crew bekomme ich auch gleich eine Adresse eines Türken (Haschim), der sich um meine Reparaturen kümmern kann. Eine Stunde später ist Haschim da, kümmert sich um die Pumpen und Badeleiter. Er ruft einen Segelmacher an, der sich um die Reparatur des Bimini kümmern kann, und der Dritte ist ein Spezialist, um die Rettungsinsel zu warten. Um 1700, als ich den Platz verlassen muss, ist alles organisiert.

Ich gehe auf Reede und genieße einen ruhigen Abend, koche mit Hackfleisch gefüllte Peperoni und zur Vorspeise eine Avocado.

13.5.14
Ein neuer Versuch, am Stadtkai einen Platz zu finden, scheitert erneut. Es gibt Gulet-Kapitäne, die nicht respektieren, wenn ein anderer bereits auf einen freien Platz wartet, die drängen sich einfach hinein, und mit meinen 16 Meter Länge habe ich gegen diese Riesentiere keine Chance.

14.5.14
Gleich in der Früh baue ich die Wasserpumpe aus, fahre an den Steg und übergebe die Pumpen an Haschim, der diese heute reparieren will. Danach lege ich mich auf die Lauer vor dem Stadtkai und blockiere sofort einen Platz, als ein Motorboot ausfährt. Ich habe das ja schließlich von den Gulets gelernt.

Nun habe ich einen Platz am Kai, gehe zum Hafenbüro und bezahle gleich für die nächsten fünf Tage. Danach durchkreuze ich die Stadt, um verschiedene Einkäufe zu machen. All das ist nicht einfach, denn man wird wie üblich von einem Eck ans andere verwiesen. Nach dem Motto „Wer suchet, der findet" gelingt es mir auch noch, ein Auto zu mieten, damit ich dann am Samstag Rita vom Flughafen abholen kann. Um 1800 kommt Haschim mit den revidierten Pumpen. Ich traue meinen Augen kaum. Die Pumpen sind wie neu. Alle Teile sind ausgetauscht und sogar neu gespritzt hat er sie. Ich baue diese sofort ein und genieße danach wieder die Möglichkeit, zu duschen.

Nach einem leichten Abendessen setze ich mich gegenüber vom Boot in ein Straßencafé, schreibe diesen Bericht, rauche eine Wasserpfeife und beobachte die vorbeiziehenden Touristen.

Die Türken, die vorbeischlendern, sind alle anständig gekleidet. Die Touristen, meist Engländer und Deutsche, promenieren in Kleidungen und Aufmachungen, mit denen sie sicherlich bei einem Karnevals-Wettbewerb Anwärter auf einen Preis wären. Ich frage mich, warum sich die Leute im Urlaub so komisch und ungepflegt angezogen präsentieren müssen. Die Dicksten haben die engsten Gewänder an und die Fettesten haben am wenigsten Stoff, um ihre Speckfalten und Speckbäuche zu verhüllen. Es ist ein wirkliches Spektakel.

16.5.14
Ein Tag mit kleinen Aufgaben.

Gegen 1100 kommt der Segelmacher, bringt die reparierten Teile des Bimini und die Fendersocken. Nun sieht SAMANTHA wieder verjüngt aus. Das von Philippe beschädigte iPad wird im Souk repariert und ich bereite die Koje für Rita vor.

17.5.14
Mein Adrenalinspiegel steigt langsam auf 180. Um 1700 hole ich das Mietauto ab, fahre erst eine Runde um Marmaris herum und mache mich dann auf den Weg zum Flughafen. Die 100 Kilometer sind schnell hinter mir, denn die Straße, die vor fünf Jahren noch eine Baustelle war, ist nun größtenteils in eine Art Autobahn verwandelt worden. Bereits um 2030 bin ich am Flughafen. Viel zu früh, denn der Flieger kommt erst um 2310 an. Ich hocke im Auto und lese in einem neuen Buch, denn in den Flughafen-Terminal kann ich nicht. Nur wer ein Flugticket hat, hat Zutritt.

Es ist dann bereits 0100, als Rita endlich kommt. Die 100 Kilometer zurück gehen wie im Flug vorbei, denn wir haben uns viel zu erzählen. Im Boot plaudern wir noch bis 0300, dann legen wir uns in die Koje. Die Nacht ist süß und schnell vorbei.

18.5.14
Ein ausgiebiges Frühstück. Danach eine Tour ins Hinterland von Marmaris bis nach Datça. Mitten in der Pampa treffen wir auf einen Markt, wo lokale Produkte feilgeboten werden.

Es reizt uns, hier einige Einkäufe zu machen. Wir genießen es einfach.

In Datça schlendern wir über die Promenade, trinken Kaffee und schwelgen in Erinnerungen aus dem Jahr 2004. Viel hat sich verändert. Ob zum Besseren?

Zurück in Marmaris kaufen wir im Souk einiges ein, gehen dann noch in der Taverne gegenüber dem Boot richtig typisch Türkisch essen, setzen uns in mein Stammcafé, trinken Tee und ich rauche eine Shisha und wir genießen den ersten Abend zusammen.

19.5.14
Eine gemütliche Überfahrt in die Bucht Cliftik, da wo der Club Fayeth ist (war), bewältigen wir in drei Stunden mit herrlichem Segeln.

Hier machen wir einen längeren Spaziergang, um all diese zerfallenen Anlagen anzuschauen, dann genießen wir das Essen mit Fisch und göttlichen Vorspeisen. Die Tavernen-Besitzer sind unheimlich freundlich und freuen sich mit mir über den neuerlichen Besuch, diesmal mit Frau.

20.5.14
Von Cliftik haben wir einen direkten Weg nach Ekincik. Wir versuchen erst, in dem neu angelegten Hafen einzufahren. Es kommt niemand, um die Leinen anzunehmen, und so wie es aussieht, müssten wir auch den Anker schmeißen. Wir drehen ab und gehen an den Steg unterhalb des Restaurants. Vor fünf Jahren haben wir an genau dem gleichen Tisch zu Abend gegessen und unseren Kennenlerntag gefeiert. Das Essen ist wie gewohnt gut, aber eben auch teuer. Da wir hier am Steg Strom und Wasser haben, nutze ich dies aus, um zwei Maschinen zu waschen. Rita ist ganz entsetzt, denn sie hat Angst, dass wir die

Bucht mit Schaum aus der Maschine füllen könnten. Die Angst ist nicht berechtigt, es sprudelt nur leicht trüb aus dem Schiff, wenn die Maschine spült.

Zudem würde es ja nur die unheimlich und unangenehm lauten Russen, die in der Nähe von SAMANTHA baden, stören.

21.5.14
Heute gibt es tüchtig Wind. Ich setze alle Segel, und da der Wind querab bläst, wird auch die Besanfock gesetzt. Rita amüsiert sich köstlich darüber, wie ich mich freue über schöne Segelkonditionen und ständig am Trimmen der Segel bin, um möglichst gute Fahrt zu machen. Dies gelingt auch, sodass wir mit 6 bis 7 Knoten Richtung Mohammed reisen.

Es ist erst 1500, als wir bei Mohammed in die Bucht einfahren und anlegen. Ich hatte noch eine Mail an Jo geschickt und die Antwort bekommen, dass Jo und Monika ebenfalls unterwegs zu Mohammed sind. Am Freitag werden wir uns hier treffen. Es ist herrlich, dass man bis in die Türkei reisen muss, um alte Freunde aus der Schweiz wiederzusehen.

Mohammed hat uns herzlich begrüßt und wir bekommen eine VIP-Bedienung beim Essen. Einzig der eine Kellner stellt uns das Dessert gleich nach den Vorspeisen auf den Tisch. Wir melden aber an, dass wir erst noch unsere Hauptspeise möchten, bevor wir ans Dessert gehen. Das kann ja passieren, denn nicht jeder hat eine Hotelfachschule in der Schweiz absolviert.

Kapi Koyu (Mohammed) 36°38,58 N 28°53,59 E

22.5.14
Heute ist Arbeitstag. Mit Rita sortiere ich alle meine Klamotten aus. Es ist so viel alter Kram im Boot, dass wir schließlich einen ganzen Müllsack voller alter (aber noch intakter) Kleider haben, die wir verschenken werden.

Danach fahren wir in eine Bucht, legen dort an einer ausgelegten Boje an und putzen das Boot. Rita kümmert sich ums Cockpit, ich um die Schale. Dann, zum ersten Mal für mich und zum zweiten Mal für Rita, wird im Meer gebadet. Das Wasser hat zwar erst 22°, ist aber doch recht angenehm, wenn man einmal drin ist.

Um 1600 ist Schluss mit Arbeiten. 15 Minuten Fahrt bis in die Quellenbucht, wo wir am Steg anlegen. Sofort steuern wir das Massagehäuschen an. Zuerst wird meine seit zwei Monaten verkrampfte rechte Schulter bearbeitet, dann lässt sich auch Rita massieren.

Es ist der gleiche Masseur, der mich schon 2009 so gut massiert hat.

Dann ist Aperitif-Zeit, Rita bastelt dazu kleine wunderbare Häppchen mit Dar-Vida-Biskuits und Gurken, alles mit einer gewürzten Joghurtsauce angerichtet. Herrlich. Bald ist es Zeit zum Abendessen. Wir freuen uns schon, denn letztes Mal haben wir hier herrlich gegessen.

Quellenbucht 36°41,73 N 28°51,85 E

23.5.14
Nach einem Badestopp kehren wir wieder zurück zu Mohammed. Eigentlich heißt er Muramed, aber hört auch auf Mohammed oder Momi. Hier treffen wir Monica und Jo, die bereits am Steg liegen und uns zuwinken. Es ist ein schönes Wiedersehen nach vier Jahren. Scheinbar muss man weit weg gehen, um Freunde zu treffen, die nur eine halbe Stunde von zu Hause entfernt wohnen.

Ich darf Jos neuestes Schiff besichtigen. Wir hatten ja viel darüber geredet vor vier Jahren. Es ist eine Superjacht mit allen erdenklichen Details, die Jo zum Teil selbst entwickelt hat. Traumhaft.

Abends kommen noch Freunde von Jo und Monica an den Tisch, die sprechen alle Türkisch, sodass Rita und ich nicht viel verstehen. Das Essen aber ist sehr gut.

24.5.14
Mit einem extra für mich gebackenen Kuchen überrascht mich Monica zum Geburtstag. Rita und ich machen einen kleinen Ausflug zur Bauernfrau oben auf dem Hügel. Wir bekommen wieder diesen so guten Salbei-Tee serviert, kaufen einige Armbändchen und schenken ihr eine Tüte voller Kleider, die Rita mit mir aussortiert hat. Ich habe viel zu viele Kleider an Bord und so musste einiges weichen. Sicher haben wir der Frau eine Freude damit gemacht. Das ist mein Geburtstagsgeschenk, umgekehrt. Den Abend genießen wir mit Jo und Monica und zum Dessert habe ich noch Caramelköpfli gemacht, die Jo so heiß liebt.

25.5.14
Heute ist Sonntag. Wir ziehen früh los, denn wir wollen nach Göcek zum Markt. Nach einer Stunde Fahrt legen wir am Stadtkai an und ziehen gleich los zum Markt. Wie immer finden wir einiges, für mich, leider aber nichts für Rita.
 Bei Ösmir in der Marina gibt es ein gutes Essen mit schöner Aussicht über die Marina. Mit einem Bummel entlang des kunstvoll verzierten Kais beenden wir diesen Ausflug.

Göcek, Stadtkai 36°45,21 N 28°56,49 E

26.5.14
Seit ein paar Tagen funktioniert mein iPad nicht mehr mit der Prepaid-Karte. In Göcek hat mir der Verkäufer erklärt, dass dies so sei in der Türkei. Ich müsse das iPad verzollen, dann werde es wieder freigeschaltet. Das ist der Grund, warum wir nach Fethiye fahren, denn nur hier kann ich scheinbar das Problem lösen. Direkt nach dem Anlanden am Stadtkai zwischen zwei riesigen Gulets ziehen wir los und suchen den AVEA-Shop. Bald haben wir den gefunden. Hier erklärt man mir, dass ich in einem entfernten Stadtteil die Gebühr zahlen müsse. Man gibt mir auch einen Google-Maps-Ausdruck mit auf den Weg. Doch da, wo das Ziel eingezeichnet ist, sind nur Wohnhäuser. Zwei junge Burschen, die ich dann endlich frage, begleiten uns, fin-

den aber auch nicht den Ort, zu dem wir sollten. Schlussendlich fragen sie einen Apotheker, der ruft beim AVEA-Shop an und findet heraus, dass wir zum Finanzamt müssen. Also begleiten uns Jan und Jaimi zum Finanzamt, um dort dann herauszufinden, dass die für heute geschlossen haben. Morgen um 0800 kann ich dann wieder vorbeikommen. Auf dem Rückweg laden wir die beiden Burschen, die so unglaublich hilfsbereit waren, zu einem Drink ein. Erst wollten sie das nicht akzeptieren, geben aber auf unser Drängen hin nach. Mit viel Mühe unterhalten wir uns und finden heraus, dass die beiden studieren, aber noch nicht an der Universität sind. Es sei sehr schwer, an die Uni zu kommen, und das Schulsystem in der Türkei sei sehr schlecht. Englisch hätten sie in der Schule, aber nur Grammatik und keine Konversation, deshalb könnten sie auch nicht sprechen. Schade. Zum Abschied drücken die beiden uns, als ob wir alte Freunde wären. Die beiden waren so herzlich, man kann das als Schweizer kaum glauben.

Fethiye, Stadtkai 36°37,34 N 29°06,46 E

27.5.14

Mit dem Fahrrad bin ich den ganzen Morgen unterwegs. Erst zum Finanzamt, die 120 TL bezahlen, dann zum Telecom-Shop, dann zum Passbüro, dann wieder zum Telecom-Shop und schließlich, knapp vor 12, habe ich, was ich brauche, aber auf die Freischaltung meines iPads muss ich noch einen bis sieben Tage warten, das sei das System. Nun muss ich weg aus Fethiye. Ich habe genug.

Gegen 1600 legen wir beim AMIGO in der Bauernbucht an. Dies ist eine Empfehlung von Monica und Jo. Rajab empfängt uns herzlich und bindet die SAMANTHA am Kai an. Rita ist etwas skeptisch, so wie das hier aussieht. Wenn es aber eine Empfehlung von Jo und Monica ist, kann es ja nicht schlecht sein, sonst würden wir wieder abdampfen. Keine 20 Minuten nachdem unsere SAMANTHA festgezurrt ist, kommen Jo und Monica mit ihrem Schiff ums Kap gefahren. Herrlich, diese Zufälle.

Gemeinsames Abendessen und ein letztes Mal Plaudern. Rajab, der Besitzer und sein Sohn Ismael setzen sich zu uns und ebenfalls sein Freund, der mit der dreisaitigen Gitarre, oder wie das Instrument heißen mag. Als der Musikant anfängt, sein Instrument zu stimmen, erhebt sich Monica und geht mit dem Hund Gassi. Sie hatte uns vorher schon erklärt, dass sie dieses Katzengejammer nicht hören kann. Rajab, sein Sohn und der Freund singen traditionelle Lieder mit einer Inbrunst, wie es bei uns nur die Militärs an einem Suffabend können.

Rita und mir gefällt's und ich finde es schön, wie diese einfachen Leute ihre Herzlichkeit ausdrücken können. Was sie singen, verstehen wir ja nicht. Ist vielleicht auch besser so.

Morgen ziehen wir weiter, Jo und Monica bleiben noch einen Tag.

Bauernbucht 36°38,55 N 28°51,80 E

28.5.14

Nach dem üblichen Frühstück verlegen wir wieder in die Bucht mit den Bojen zum Baden. Rita verbringt einige Zeit mit Putzen und gibt mir ebenfalls Kommandos zum Saubermachen.

Das Wasser hat nun bereits 24 °C und ist somit schön zum Baden.

Später heben wir den Anker, um dann in der Monastir-Bucht längs am Kai anzulegen. Hier wissen wir, dass wir gut essen. Und so ist es dann auch.

Monastir-Bucht 36°38,69 N 28°51,08 E

29.5.14

Wieder Badestopp in einer Bucht und zum Abendessen versuchen wir es zum ersten Mal beim Bauern in der Bucht mit dem großen Vogelbild. Es soll eine Möwe sein, ich nenne die Bucht „die Schwalbenbucht". Das Essen wird unter einer Pergola serviert. Es ist gut, aber auch nicht billig. Den Wein hat er in einer offenen Flasche gebracht. Rita bezweifelte, dass in der Flasche auch das drin ist, was außen angeschrieben steht. Das wäre ja nur typisch Türkisch. Ein kleines Gewitter befeuchtete dann noch etwas den Tellerinhalt und der Wind machte den drei Schiffen, die am Steg liegen, doch ordentlich zu schaffen. Mit der Muringleine zog ich den Muringblock bei den starken Böen langsam, aber sicher Richtung Steg, und ob der Steg auch wirklich halten wird, steht in den Sternen. Gut, dass es gegen Mitternacht ruhig wird und wir alle doch noch zu unserem Schlaf kommen.

Schwalbenbucht 36°38,16 N 28°52,83 E

30.5.14

Skopea Marina, eine Marina für Mega-Jachten, wurde unsere nächste Übernachtungsstation, denn am Kai bekamen wir keinen Platz und Rita muss morgen früh zum Flughafen.

Es schaukelte sehr, bis gegen 2000, dann wurde es Gott sei Dank noch ruhig, sodass Rita am letzten Abend noch zu gutem Schlaf kommen kann. Auf das Abendessen im Kebab-Hospital haben wir uns schon den ganzen Tag gefreut. Der Besitzer ist noch immer der gleiche kleine Wirbelzwerg und das Essen hervorragend und dazu noch günstig.

Göcek, Skopea Marina 36°45,23 N 28°56,28 E

31.5.14

Bereits um 0600 ruft uns jemand vom Steg aus. Ich stecke das noch verschlafene Gesicht aus dem Niedergang. Der Fahrer, den wir für 0630 bestellt haben, steht bereits draußen. Zuerst noch eine Tasse Kaffee, dann übergebe ich dem Fahrer meine Rita, damit er sie zum Flughafen bringt. Da ich erst um 0800 im Hafenbüro bezahlen kann, lege ich mich noch einmal hin. Pünktlich um 0800 bezahle ich den Hafenplatz und bin überrascht, dass es nicht teurer ist. Ich hätte mehr erwartet.

Danach lege ich gleich los, mit dem Plan, in der Kaltwasserbucht bei Ali Halt zu machen. Der Wind wird immer stärker und bläst aus einer guten Richtung, sodass ich an Ali vorbeiziehe und bis Kalkan durchsegle. Hier habe ich Glück und ergattere gerade noch den letzten freien Platz. Kalkan ist am Abend richtig schön. Nachdem ich mir eine Bratwurst (aus der Schweiz von Philippe mitgebracht) mit Zwiebelsauce und eine richtig gute Rösti gekocht habe, spaziere ich noch an der Flaniermeile entlang und genieße einen Raki. Ich hatte versehentlich einen Ouzo bestellt und wurde heftig korrigiert. Geschmeckt hat er und ich konnte noch die Leute beobachten. Hier gab es keine von den komischen Touristen wie in Marmaris. Kalkan ist einen Besuch wert, allerdings etwas Glückssache mit dem Hafenplatz.

Kalkan, Stadtkai 36°15,72 N 29°24,80 E

Simi ist sehr schön.

Hier in der Türkei übt das Militär, wofür?

In Marmaris ist kein Platz, ich muss warten.

Am Abend am Kai von Göcek.

In der Bucht bei Mohammed. Wir trinken Salbei-Tee.

*Besuch bei der Bauersfrau.
Sie ist am Spinnen.*

In der Möwenbucht.

Kalkan, im Hafen.

Juni 2014

1.6.14
Zuerst drücke ich mich noch herum, denn ich muss mich wieder ans Alleinsein gewöhnen. Dann lege ich los, kann den Anker ohne Problem heben. Im Hafenbuch steht, dass hier wegen der vielen Ausflugsboote ständig Ankersalat sei. Kaum aus dem Hafen, bläst schon ein herrlicher Wind, der mir erlaubt, am Wind aus der Bucht zu segeln. Draußen nach dem Kap drehe ich um 30° und habe den Wind nun querab. Die ganze Reise bis 1500 segle ich mit einem Wind zwischen 16 und 25 Knoten. Kein Mensch zu sehen weit und breit.

Sonne und blaues Wasser. Leider etwas hohe Wellen, bis 2 Meter. Dann aber, bei der engen Einfahrt in die Bauernbucht, meinem Tagesziel, steigt der Wind bis auf 37 Knoten. Das ist heftig. Trotz dieses „Scheißwinds" gelingt es, die SAMANTHA sauber längs an den Steg zu manövrieren. Drei Leute vom Restaurant sind behilflich.

Ich freue mich schon auf den hier bekannten leckeren Salat, den Fisch und die Pommes. Um 1930 werde ich gerufen, das Essen sei bereit. Es ist eine Wucht und ich bezahle nur 40 TL (5 Euro) für Bier, Fisch, Salat und Pommes!

Mittlerweile hat sich der Wind gelegt und ich kann ruhig schlafen, denn am Steg liege ich sicher.

Polemos Bükü (Bauer) 36°09,83 N 29°48,08 E

2.6.14
Finike ist heutiges Tagesziel. Das schaffe ich mit gutem Wind locker und fahre dort um 1600 in die Marina ein. Zwei Marineros sind behilflich und ich muss praktisch nichts machen. Ein Spaziergang ins Städtchen (schon fast Stadt) klärt mich auf. Es ist scheußlich, kein Charme, lieblos. Es gefällt mir hier überhaupt nicht und ich entscheide, mir selbst ein gutes Abendessen

zu kochen. Zu allem Überfluss ist es auch teuer in der Marina, aber wenigstens gehören Strom und Wasser dazu. Die Anbindeleinen und die Fockleinen werden gewaschen, denn wegen des Salzwassers sind diese so hart geworden, dass ich fast einen Vorschlaghammer brauche, um sie zusammenzulegen. Das Resultat nach dem Waschen kann man als „verbessert" bezeichnen. Gut wäre anders.

Finike, Setur Marina 36°17,64 N 30°08,98 E

3.6.14
Anker setzen in einer Bucht bei 6 Meter Wassertiefe. Baden, Essen und Schlafen. Nichts weiter. Nachts höre ich ein leises Rieseln auf dem Deck, später aber kann ich Sterne sehen.

Cavus Koyu (zwischen Finike und Kemer) 36°18,02 N 30°28,43 E

4.6.14
Wenig Wind in der Früh zwingt mich, mit dem Motor weiterzufahren. Nachmittags kommt dann endlich Wind auf und ich schippere die Küste entlang. Hier unten ist es sehr langweilig und die Landschaft bietet nichts. Je näher ich zu Kemer komme, umso zahlreicher und pompöser werden die Hotelanlagen am Strand. Da werden ganze Strandabschnitte künstlich mit schneeweißem Sand bestreut und ganze Palmenhaine gepflanzt. Man hat mir abgeraten, nach Kemer zu fahren, denn da sei alles überlaufen von Russen.

Die Marina ist sehr professionell und gut, wenn man von der Disco direkt neben der Marina absieht. Diese bringt in einer Lautstärke den ganzen Tag Kinderlieder, am Abend solche für Teenies und später, bis 0400 morgens, richtig heavy Discosounds.

Am Strand trinke ich ein Bierchen und betrachte die Fleischmassen, die sich dort in der Sonne suhlen. Da gibt es alles zu sehen, vom superschönen, wohlgeformten Russengirl bis hin zu den fetten, unappetitlichen Engländerinnen und Deutschen im fortgeschrittenen Rentenalter (natürlich ebenfalls im Bikini). Ich lass mir aber den Genuss am Bier nicht verderben.

In der Stadt gibt es sehr gepflegte Flanier- und Einkaufsmeilen, natürlich mit russischen Girls als Verkäuferinnen.

Über die Marina habe ich für Markus, der heute Abend kommt, ein Taxi reserviert, sodass er direkt bis an den Steg gebracht wird. Um 2000 ist es dann so weit. Wir essen noch eine vorbereitete Kleinigkeit auf dem Boot, schwatzen wie Waschweiber bis 0100 und legen uns dann hin.

Kemer-Marina 36°36,01 N 30°34,33 E

5.6.14
Nach dem Frühstück legen wir los, bestaunen all diese Ausflugsschiffe, die wie Piratenboote aussehen. Mit wenig Wind und etwas Motorenhilfe wollen wir schnellstens wieder nördlicher kommen, da, wo es landschaftlich schöner ist. An Finike vorbei ziehen wir bis in die Bucht, in der ich vor zwei Tagen lag. Das schaffen wir locker, und da wir am Nachmittag auch etwas Wind hatten, konnte Markus bereits einiges zum Beherrschen des Bootes lernen. Die Nacht wird ruhig und unser Curry-Geschnetzeltes mit Reis hat gut geschmeckt.

6.6.14
Schöner Wind, und auch die Richtung ist nicht schlecht, sodass wir heute volles Segelprogramm haben. Am Schluss hat Markus so viel Spaß am Segeln, dass wir sogar gegen den Wind in der schmalen Bucht zum Bauern aufkreuzen. 14 Mal mussten wir wenden und jedes Mal war es an mir, die Winschen zu belegen. Ich freute mich auf das Bier nach dem Anlegen.

Freudig werden wir begrüßt und Markus legt die SAMANTHA elegant an den Steg.

Ein Spaziergang über die Insel zu einer historischen Stätte mit Sarkophagen, die eine Geschichte von 3.200 Jahren hinter sich haben, hat uns den Appetit angeregt.

Zum Abendessen bestellt sich Markus einen Fisch als Vorspeise, ich Salat, danach gibt es einen Hühnereintopf. Es ist sehr lecker. Das Huhn hatte aber sicher schon seine 1.000 Flugstunden hinter sich und sein 500-stes Ei gefeiert, bevor es im Topf landete.

7.6.14

Zum ersten Mal schläft Markus länger als ich. Leise schleiche ich mich hinaus und schwimme eine Runde im erfrischenden Nass. Das Wasser zeigte circa 23 °C, noch etwas frisch für mich, aber es macht Spaß.

Frühstücken an Deck, dann ziehen wir los Richtung Kale, die historische Stätte. Dort legen wir einen Badestopp in einer Bucht ein, danach legen wir uns an einen Steg vor einem Restaurant. Man will uns wieder wegjagen, da wir eigentlich nur etwas trinken möchten, und nach höchstens einer Stunde wieder verschwinden würden. Nur wenn wir essen, könnten wir bleiben. Ich will wieder weg, Markus, ein Nimmersatt, hätte nichts gegen ein gutes „Zvieri". So legen wir dann doch an. Markus verspeist einen Fisch, ich ein paar Meatballs.

Zurück beim Bauer am Steg gibt es Abendessen. Frage: Was?

FISCH. Und zwar einen recht großen, den Ramazan selbst heute früh mit dem Netz aus dem Meer gezogen hat. Es ist so lecker.

8.6.14

Heimlich betrachte ich Markus, als er aus der Koje kommt. Ich befürchte, dass ihm langsam, aber sicher Flossen sprießen, bei so viel Fisch, wie er die letzten Tage gegessen hat.

Die neue Marina in Kas ist der Hammer. Wir werden mit dem Dingi abgeholt und an den Steg gebunden. Das Wasser ist absolut sauber und alles ist neu und sehr gepflegt. Wir waschen das Boot, das in den letzten Nächten durch den Tau viel roten Sand abbekommen hat.

Spätnachmittags spazieren wir die 20 Minuten ins Städtchen, bummeln herum und suchen uns ein Restaurant auf einer Terrasse, von dem aus wir einen schönen Blick über den Hafen und das Städtchen haben. Leider sieht man da auch in die

Hinterhöfe der weiter unten liegenden Restaurants. Man kann dann wohl sagen: „Vorne fix, hinten nix."

Leider hat uns ein unangenehmer Kellner die Pfeffersteaks auch nicht verbessern können. Wir waren in einer Touri-Kneipe gelandet. Freundlich hatte man uns gefragt, wie wir die Steaks gerne hätten. Beide wollten wir diese Medium-rare. Gebracht wurden sie voll durchgebraten, was wir als „well done" bezeichnen würden. Suspekt war mir, dass man uns gleich nach dem Bestellen besondere Messer gebracht hat. Die waren dann auch nützlich und unsere gesunden Zähne haben es auch geschafft, die Steaks zu vertilgen.

Mit einem Coupe glacée in einem Straßencafé wird dieser gemütliche Abend abgerundet, bevor wir zum Boot zurückmarschieren.

Kas 36°12,30 N 29°37,77 E

9.6.14
Kein großer Schlag ist es zur Nachbarinsel Kastelorizo. Eine griechische Enklave mitten zwischen den türkischen Inseln.

Auf dem Weg legen wir bei einer Nachbarinsel, die nur von einigen Militärs besetzt ist, an, um das Wasser zu genießen und zu schnorcheln. Das Meer ist herrlich. Leider ist alles im Wasser tot. Bis auf einige einzelne kleine Fischlein ist nichts zu sehen. Als wir wegfahren wollen, bekommen wir den Anker nicht mehr hoch und ich muss einiges an Manövern fahren, bis es gelingt, diesen auszureißen. Ich hätte wirklich keine Lust gehabt, auf 25 Meter Tiefe abzutauchen, um den Anker zu lösen. Ende gut, alles gut.

Der Anker ist oben und wir nehmen Kurs auf unser Tagesziel. Am Steg vor dem Restaurant, wo ich vor vier Jahren schon war, legen wir an. Der Besitzer kommt uns begrüßen und meint, ich sei doch schon einmal hier gewesen. Es gäbe nicht viele AMELs mit Schweizer Flagge, die hier anlegen würden.

Wir suchen uns in der Auslage einen schönen, großen Fisch aus (es sei ein „Mérou", sagt er), den er im Ofen machen will.

Einverstanden. Als Vorspeise bestellen wir Oktopussalat und gegrillte Calamari. Dann erkunden wir das Städtchen, ergänzen im Supermarkt unsere Vorräte, trinken einen Aperitif. Danach wird geduscht, frisch angezogen und das herrliche Essen genossen.

Wir haben Pech gehabt, dass uns die Behörde nicht auf dem Schiff gefunden hat, als die Beamten zum Einkassieren der 60 bis 70 Euro vorbeigekommen sind, so sind wir an diesem Platz kostenlos, was wir natürlich im Restaurant und Supermarkt gutgemacht haben. Der Wirt meint, wir hätten eben Glück gehabt.

Megisti (Kastelorizo, Griechenland) 36°08,94 N 29°35,45 E

10.6.14

Ganze zehneinhalb Stunden habe ich geschlafen. Markus ist früh raus, hat das Frühstück vorbereitet und in der Bäckerei frische Brötchen geholt. Nun peilen wir Kalkan an. Ein herrlicher Wind gibt Markus die Gelegenheit, das während dieser Woche Gelernte zu gebrauchen. Er segelt wie ein Weltmeister bis vor den Hafen. Hier übernehme ich, fahre in den Hafen ein, sehe einen freien Platz, will einparken, aber da schneidet mir eine Französin auf einem Charterschiff den Weg ab und drückt sich in die Lücke, und zwar so, dass kein zweites Boot in die Lücke kommt, obwohl sie breit genug wäre. Nach etwas Umhergurken lasse ich den Anker fallen und steche in eine Lücke zwischen einem Holländer und einem Deutschen.

Die Ankerketten dieser beiden Boote liegen so, dass sie ein „V" bilden, wo ich präzise durch muss. Eine heikle Angelegenheit, aber es gelingt, ohne an der einen oder anderen Kette mit dem Kiel hängen zu bleiben.

Nach Dusche und Ankerdrink schustern wir los, bewaffnet mit Badehosen. Es gibt hier einen schönen, öffentlichen Strand. Auf dem Rückweg genießen wir noch ein Bierchen, mit Aussicht direkt auf den Hafen. Wir genießen ein Hafenkino der besonderen Art, denn wer nicht schon um 1400 einläuft, muss um einen Platz kämpfen. Die Letzten werden auch wieder weggeschickt. Es ist bald Zeit zum Essen. Wir bummeln im Städtchen herum, das total von Engländern gekapert ist. Markus will noch ein Präsent für seine Frau kaufen und wird im dritten Laden fündig. Ich stehe draußen und betrachte das Volk.

Jan, der Verkäufer, gibt uns die Adresse des besten Fischrestaurants. Dieser Tipp war klasse. Wir ergattern gerade noch den letzten Platz auf der Terrasse, und das glaube ich auch nur, weil wir mit Grüßen und Empfehlung von Jan prahlten. Die Miene des Chefkellners hatte vorher sehr abweisend ausgesehen.

Das Essen war spitze, der Service und das Ambiente toll und die Rechnung, nicht wie wir vermuteten in Euro, sondern in türkischen Liren.

Mit einem letzten Drink am Kai und einer Wasserpfeife (Markus nahm versuchsweise nur einen Zug) beenden wir wieder einen super Tag.

Kalkan-Stadthafen 36°15,70 N 29°24,84 E

11.6.14
Die heutige Strecke zurück nach Kas ist nicht lange, deshalb faulenzen wir und nehmen es mit dem Frühstück gemütlich. Irgendwann fragt uns der Holländer, wann wir wegfahren würden, denn er warte darauf, dass wir den Anker heben, da dieser über seinem liege. Hatte er nicht am Abend noch gesagt, er werde um 0700 losziehen? Es ist doch schon 1000.

Gesagt, getan, erst muss aber noch das Stromkabel eingeholt werden, und da ist es passiert. Ich gehe wie üblich über die Gangway, dort löst sich die Stange, die die Gangway in Position hält und wie ein Trapezkünstler schwinge ich hin und her, ohne das geübt zu haben. Dann … platsch und ich hänge unter der Gangway, bis zu den Knien im Wasser. Aber Rudy ist ja noch fit, und so schaffe ich es zurück aufs Boot. Mein Nachbar meint, ich sei doch recht fit und es sei eine schöne Vorstellung gewesen. Einkassiert dafür habe ich dann doch nicht. Aber schnellstmöglich weg.

Unter Segel auf direktem Weg geht's zurück nach Kas in die Marina. Dem Marinero erkläre ich, dass ich nur kurz eine

Stunde halten werde, um Crew auszuladen und mein Transitlog-Check-out zu machen.

Erklärt mir doch der junge Kerl, dass die eine Stunde den halben Tagespreis kosten würde!

Ich lasse mich nicht auf eine Diskussion ein, denn es ist üblich, dass man in einem Hafen bis zu drei Stunden anlegen kann, um Crew ein- oder auszuladen, zu bunkern etc. Auch hier ist das so, wie mir dann im Büro der Manager bestätigt. Zwei Tage danach bekomme ich aber dann eine E-Mail von der Rezeptionistin, dass ich 40 Euro Liegegebühr für die zwei Stunden zu überweisen hätte. Ich antwortete, dass ich das OK vom Manager hatte und sie sich an ihn wenden soll. 20 Euro pro Stunde, das ist ja teurer als ein Parkplatz im Parkhaus in Zürich. Die haben sie doch nicht mehr alle.

Markus besteigt ein Taxi zum Flughafen, ich mache meinen Check-out.

Die Dame in der Agentur erklärt mir, dass ich auf dem Boot bleiben müsse, circa eine Viertelstunde bis 20 Minuten, dann kämen der Zoll und die Polizei vorbei, danach müsste ich auf direktem Weg die Türkei verlassen. Aus der Viertelstunde wurden dann eineinhalb Stunden, dann kamen sie, sechs Personen, standen am Kai, beäugten die SAMANTHA, gaben mir Pass und Papiere zurück und wünschten gute Fahrt. Dass sechs Personen einen verabschieden, der weiterreist, wie ist das denn in der Hochsaison, wenn viele unterwegs sind?

Die müssen ja eine ganze Armee von Beamten dazu auffordern.

Mit Wind von hinten baume ich die Segel aus und ziehe direkte Linie Richtung Zypern. Nachts, bei fast Vollmond und Sternenhimmel, verläuft die Fahrt ohne besondere Vorkommnisse.

12.6.14

Seit dem Morgen um 0300 dümple ich nur noch. Der Wind hatte das Gefühl, es seien wenige unterwegs und wegen dem einen könne er auch schlafen gehen. Gegen 1000 frischt es wieder auf und der Segeltag wird zum Nonplusultra. Langsam geht der Tag zur Neige und die restlichen Seiten im Buch werden immer weniger. Ich unterhielt mich mit mir, was ich wohl heute Abend essen soll, da klingelt es an der Hand-Fischerleine. Sofort bremse ich die SAMANTHA ab, hole die Leine ein, an deren Ende mit einer 3-Haken-Angel in der Schnauze ein Thunfisch hängt. 65 cm ist er lang. Der größte Fisch, den ich bis jetzt herausgezogen habe. Wieder ist der Fang gelungen mit dem einfachsten, 1,50 Euro billigen Löffel. Sofort wird der Fisch ausgenommen und tranchiert. Die Frage, was es heute auf dem Abendessenstisch gibt, ist beantwortet und für mindestens vier bis fünf andere Abende ist auch schon vorgesorgt. An der Fischerrute, die auch gesetzt war, fehlt beim Einziehen der teure Köder, weg ist er!

Die ganze Nacht hindurch bringt mich ein regelmäßiger Wind Richtung Zypern, welches ich im Morgengrauen erreichen sollte.

13.6.14

Bis 0700 kann ich flott segeln. Der Morgen mit der Morgenröte auf der einen Seite und dem Vollmond auf der anderen ist ein herrlicher Anblick. Es ist auch schön warm und bereits zehn Minuten nach der Morgendusche bin ich schon wieder nassgeschwitzt. Ob es am Freitag, dem 13. und zugleich noch am Vollmond liegt, dass der Wind sich verabschiedet, oder ob die Zyprioten kein Geld mehr für Wind haben, ich weiß es nicht. Auf alle Fälle spüre ich kein Lüftchen mehr, als die Küste sich aus dem Frühnebel herausschält. Um die 0700 kommt die Seepolizei mit einem riesigen Boot vorbei. Per Funk wolle sie die Daten wissen. Papiere muss ich keine rüberreichen und besuchen kommen sie mich auch nicht. Ich hätte ruhig zwanzig Flüchtlinge verstecken können und damit einen Teil meiner Reise finanzieren, aber scheinbar sind Schweizer nicht bekannt auf dem Schleuser-Markt.

Es ist 1045, da sehe ich ein kleineres Motorbötchen (Typ kleiner Mäusebräter) auf mich zuhalten. 100 Meter nebenan stoppt es, fährt noch einige hundert Meter auf parallelem Kurs und düst dann wieder ab, so schnell wie es gekommen ist. Was soll das gewesen sein?

Heute in der Früh hatte auch eine Motorjacht seltsam ihren Kurs gewechselt und ist ganz nahe an mich herangefahren, dann aber mit Volldampf abgedreht und Richtung Türkei gedampft.

Ob die hier Schmuggler erwarten und auf ein Zeichen warten, um die Ware abzuholen? Seltsam. Ich jedenfalls habe nichts, außer viel Fisch im Tiefkühler.

Vor der Limassol-Marina angekommen versuche ich X-mal, die Marina über Funk anzurufen. Ergebnislos.

Sowie ich eingefahren bin, frage ich einen Segler, der am Kai steht, nach dem Funkkanal. 12 ist es. Da melden die sich auch und schicken den Marinero vorbei. Ich werde zuerst an einen Empfangskai gelotst. Zuerst müssen die Formalitäten erledigt werden. Das geht alles sehr flott. Jeder begrüßt mich erst mit Handschlag und danach werden jede Menge Papiere ausgefüllt. Den Schock kriege ich erst, als man mir den Tagespreis mitteilt. 185 Euro inklusive Wasser und Strom, jedoch ohne WLAN, dafür muss man extra zahlen. Ich höre vom Marinero, dass die Marina zum Teil noch im Bau ist, und der erste Teil letzten Dienstag erst aufgemacht hat. Es sind fast keine Boote da, und es werden auch nicht viele kommen bei den Preisen.

Die werden sehr schnell die Preise senken, aber nun ist noch alles, inklusive Illusionen, neu.

Limassol-Marina, Zypern 34°39,99 N 33°02,48 E

14.6.14

Mit dem für zwei Tage gemieteten Auto, einem ganz kleinen Chevrolet (ich wusste nicht, dass es auch kleine Chevrolets gibt, für mich waren das immer diese überdimensionierten Amischlitten), starte ich auf Erkundungsfahrt. Für heute habe ich mir den westlichen Teil der Insel vorgenommen. Nachdem ich Paphos, einen recht gepflegten Touristenort mit riesigem, möbliertem Sandstrand, gesehen habe, nehme ich eine nördlich führende Straße und gelange so über die die Insel von Ost nach West durchlaufende Bergkette nach Polis. Auch hier Touristen ohne Ende inklusive das ganze Drumherum, mit Läden und Kneipen aneinandergereiht, über Kilometer. Da ich nun das Meer vor der Nase habe, muss ich abdrehen, fahre nach Osten und komme wieder in die Berge. Nach ein paar Stunden begegne ich UN-Fahrzeugen, in denen Militärs mit blauen Mützen sitzen. Kurz darauf lande ich an einem Grenzposten. Der Grieche lässt mich durch, der Türke verlangt eine spezielle Versicherung. Ich muss zurückfahren, aber der Versicherungsverkäufer, der seinen festen Platz an der Grenze hat und staatlich gelenkte Einnahmen generiert (20 Euro für drei Tage), ist nicht an seinem Platz. Man könne da nichts machen, ich soll morgen wiederkommen. Die haben doch nichts unter deren Mütze! Jetzt bin ich circa 100 Kilometer gefahren und sollte den Weg wieder zurück, denn einen anderen gibt es nicht. Weil ich es mittlerweile gewohnt bin, mit solchen Beamten umzugehen, gelingt es auch, einen Namen herauszufinden, nach dem ich dann im letzten Dorf auf die Suche gehe. Mit den notwendigen Papieren bin ich kurz danach wieder am Zoll und werde durchgelassen. Der türkische Zöllner ist besonders nett und spielt auch gleich den Reiseberater. Er gibt mir alle Anweisungen und eine Karte, auf der der Grenzverlauf grün eingezeichnet ist. Eigentlich kann man die Grenze kaum verpassen, denn eine verbotene Zone zeichnet diese deutlich ab. In diesem Gebiet sind ganze Dörfer geleert worden und die Häuser kaputt gemacht. Zudem ist ein frappanter Unterschied zu sehen zwischen griechischem Territorium und dem türkischen. Auf der Griechenseite sieht man Wohlstand und auf der türkischen Armut. Die gesamte Grenze entlang haben die Türken überall Beobachtungstürme aufgestellt. Griechischen Militärposten habe ich keinen gesehen. Zwischen den türkischen Posten sind immer wieder UN-Beobachtungsposten auszumachen. Viele Kriegsruinen zieren die Grenze. Über lange, kurvenreiche und zum Teil lausige Straßen lande ich in Girne, dem türkischen Pendant zu Paphos, nur eben typisch türkisch.

Über die Berge auf einer Autobahn geht die Reise zurück, durch die Hauptstadt Nikosia, die ebenfalls geteilt ist. (Alles erinnert etwas an Deutschland, mit den unterschiedlichen Standards zwischen Ost und West und der geteilten Stadt Berlin.)

Zuerst komme ich an einen Grenzübergang, darf aber dort mit dem Auto nicht durch. Ich muss einen Umweg fahren, zu einem speziellen für Autos organisierten Grenzübergang. Danach bin ich wieder im griechischen Teil und rolle über die Autobahn zurück zum Hafen, wo meine SAMANTHA wartet.

Es war ein sehr interessanter Tag und ich habe viel gesehen. Was mir besonders aufgefallen ist?

Zuallererst, dass die alle auf der falschen Seite fahren, nämlich links, aber man gewöhnt sich recht schnell daran. Meistens steht man zuerst vor der falschen Autotür, wenn man aus dem Supermarkt oder Restaurant kommt, wenn aber da kein Steuerrad ist, wird man schnell in die Sondersituation zurückkatapultiert.

Dass die Mietautos rote Nummernschilder haben und nicht gelbe wie die der Einwohner. Damit weiß jeder Straßenbenutzer, da muss man vorsichtig sein und man sieht wirklich rot, wenn einer abbiegt und dann auf der falschen Seite entgegenkommt.

Man merkt schnell, dass das ganze Gebiet total englisch ist. Alles ist auch auf Englisch angeschrieben, die Firmen (vor allem die Resort-Entwickler und -Promotoren) haben alle englische Namen.

Dass der griechische Teil reicher und gepflegter ist als der türkische.

Dass es unheimlich viele Blumen und blühende Sträucher gibt.

Dass die Autos sehr langsam fahren. Selbst auf der Autobahn, wo 100 erlaubt ist, fährt kaum einer die 100.

Dass es viele Chinesinnen gibt, die entweder mit spitzen Strohhüten und Mundschutz oder mit riesigen Sonnenbrillen und High Heels umhergeistern. Die einen sind vermutlich Dienstmädchen und die anderen ein besonderer Leckerbissen.

An allen Ecken und Enden sind Wegweiser zu historischen Städten, für die einem beim Besuch 2,50 Euro abgeknöpft werden.

Dass es keine charakteristische, authentische Architektur gibt. Überall werden ganze Ländereien mit 50 bis 100 gleichen Häusern bepflastert, die dann auch noch alle gleich ausgerichtet sind, so richtig friedhofartig.

Dass es elendslange Strände gibt, die auf dem griechischen Teil meist gepflegt sind, weniger aber auf der anderen, der türkischen Seite.

Dass Zypern kein Segelgebiet ist, obwohl der Wind und das Meer okay wären, aber es gibt keine schützenden und heimeligen Buchten.

Die Zyprioten müssen einen unheimlich fleißigen Kulturminister haben. Alle paar Meter stehen braune Hinweistafeln zu den Kulturstätten. Da gibt es den Apollo-Tempel (obwohl ich meine, den schon am Peloponnes in Epidauros besucht zu haben), dann die Geburtsstätte der Aphrodite und deren Bad (ist etwa 10 Kilometer von ihrem Haus entfernt, und macht da wohl keinen Sinn, denn wer geht schon zu Fuß oder zu Pferd zum Baden 10 Kilometer weit weg?). Aber eben, man kann Zypern ohne Reiseführer oder Büchlein bereisen und alles Kulturelle mitbekommen, so viele Hinweistafeln gibt es hier. (Den Auftrag zur Produktion und zum Aufbau dieser Tafeln hätte ich gerne gehabt.)

Am Abend bleibe ich in der Marina, trinke ein Bier und staune, wie viel Volk hier herumspaziert, es sieht aus wie auf einem Volks- oder Straßenfest. Die Leute kämpfen um einen Platz in einem der zahlreichen Cafés. Die Musik ist dezent und angenehm, nicht wie das in den türkischen Orten zu finden wäre.

Es bleibt mir nur noch, die Wäsche aus der Maschine zu nehmen und aufzuhängen, dann geht's ab in die Heia.

15.6.14

Im Prinzip wiederholt sich der gestrige Tag, nur dass ich heute Richtung Osten unterwegs bin. An der Autobahn finde ich endlich einen Supermarkt – das ist wirklich ein super Markt, mit einem Sortiment zum Träumen. Ich decke mich für die bevorstehende Überfahrt ein. Im Auto ist es heiß. Ich lege das Fleisch unter die Klimaanlage, die ich auf die Füße richte, damit das Fleisch nicht schon gekocht ist, wenn ich aufs Boot komme.

Eigentlich erlebe ich dasselbe wie gestern, nur führt mich heute der Weg in eine karge Gegend (der Zöllner gestern meinte, da gäbe es nur Esel). Diese Gegend ist wirklich von Gott verlassen, dafür aber ist die Natur noch absolut intakt, unverbaut und wild. Warum sich die Türken 1957 um dieses Gebiet mit den Griechen gestritten haben und auch Tote in Kauf nahmen, verstehe ich nicht, denn hier ist einfach nichts außer Felsen, Sträuchern und Blumenbüschen, und seit Neuestem eine Straße.

Alles, was ich auf meinem Zettel notiert hatte, habe ich im Supermarkt gefunden, bis auf die Teile, die ich fürs Fischen brauche. Es gibt scheinbar hier keinen einzigen Laden mit Anglerzeug. Nirgends habe ich bis jetzt einen Zyprioten mit einer Angelrute gesehen. Die könnten etwas von den Italienern lernen! Aber eben, deren Partner sind ja die Engländer, und ein Engländer, der fischt sich seine Mahlzeit sicher nicht selbst. Dazu gibt's Bedienstete.

Apropos Engländer. Deren Präsenz ist überall sichtbar. Ich bin auch an einigen Militärcamps vorbeigefahren. Ich denke, Zypern ist für das englische Militär eine Art von Feriencamp, wie wir die Pfadfinderlager hatten.

Nachdem ich die heute gekauften Lammchops mit Pommes und Kabissalat (Kohlsalat) und ein Caramelköpfli verspeist habe, zieht es mich nochmals zu den Cafés. Es findet sich kein Platz, obwohl ich alleine bin. Alles ist besetzt. Bei zwei Mädels frage ich, ob der eine Stuhl am Tisch noch frei wäre.

Nein, man warte auf jemanden. Vermutlich wird der Erwartete jünger sein müssen. Hier in der Gegend ist es eine Augenweide, die jungen Menschen (besonders die weiblichen) zu betrachten. So viel Schönheit wandelt hier herum, dass man eine ganze Serie von Modeheftchen damit neu gestalten könnte. Gut, dass ich verheiratet und in einem fortgeschrittenen Alter bin, sonst hätte ich hier ein unerschöpfliches Jagdgebiet. Nach Skypen mit Rita und François geht der alte Papi dann um 1000 ins Bett, liest noch ein paar Seiten und schläft dann selig zehn Stunden.

16.6.14
Gleich nach dem Frühstück starte ich zu einer Besichtigungstour in die Altstadt. Es ist nichts Besonderes. Eine ältere Kirche und ein paar halb zerfallene Häuser. Natürlich sind überall die üblichen Touristenläden offen, allerdings herrscht hier noch

keine Hektik. Mittags erreiche ich einen lang gesuchten Fischereiladen, decke mich noch mit ein paar Kleinigkeiten ein, dann geht's zurück zum Boot. Wasser auffüllen, Strom abschalten usw., alles bereit machen zur Abfahrt. Mein Besuch danach im Hafenbüro wird zur Farce. Die angekündigten Liegekosten von 187 Euro pro Tag beinhalten nicht mal Strom und Wasser! Diese werden separat noch dazugerechnet. Dann, weil ich mit der Kreditkarte bezahlen will, muss ich noch 2 Prozent Zuschlag akzeptieren, aber das ist nicht alles, jetzt kommt auf die gesamte Summe noch die Mehrwertsteuer (VAT) von 20 Prozent obendrauf. Schließlich kosteten mich die drei Tage in Limassol genau 690 Euro, das sind 230 Euro pro Tag, eine Unverschämtheit. Neben Porto Cervo ist das wohl der teuerste Hafen im Mittelmeer. Wer sich hierhin begibt, hat entweder keine Ahnung (wie ich) oder er ist verrückt.

Es ist nun 1500 und der Wind bläst genau querab auf meine SAMANTHA. Ich fordere den Marinero auf, mich mit dem Dingi seitlich zu stoßen, denn ich habe vorne zu wenig Platz zum Drehen.

Es klappt wunderbar und ich verlasse diesen Hafen so schnell wie möglich. Ich schaue dann noch kurz in den Spiegel, ob die mir nicht eventuell auch noch meine Brusthaare abgenommen haben. Wäre ich ein Huhn gewesen, wäre ich gerupft und ausgenommen, pfannenfertig aus dem Marina-Büro herausgekommen.

Mit Wind von 25 bis 28 Knoten querab saust die SAMANTHA mit 7 bis 8 Knoten von dannen. Ich habe mir gerade überlegt, was ich heute Abend essen könnte. Nichts habe ich aus dem Tiefkühler geholt. Da ... klingel-klingel. An der Fischerleine klingelt das Glöcklein (es ist wie Weihnachten). Es ist ziemlich harte Arbeit, die Leine einzubringen, aber die Mühe lohnt sich. Ein Thunfisch von 65 cm Länge hängt an der Leine. Sofort wird er fotografiert, gereinigt, ausgenommen und tranchiert. Zwei Stück bleiben draußen fürs Abendessen, der Rest geht in die Tiefkühltruhe. Frischer als zwei Stunden ist selten ein Fisch, wenn er auf den Tisch kommt! Bis 0300 nachts habe ich erst noch schönen Wind, dann stellt er ab und ich muss motoren.

17.6.14
Auf dem Kartenplotter habe ich mir eine Marke bei 25 SM vor Haifa gesetzt. Dort will ich mich dann anmelden. Am Funk höre ich regen Verkehr zwischen den verschiedenen Schiffen und der israelischen Marine.

Schon 26 SM vor Haifa werde ich von der israelischen Marina aufgefordert, mich zu melden. Das tue ich ganz brav. Dann geht die Fragerei los. Ich muss 100 Fragen beantworten, bis die mir dann mitteilen, ich würde später wieder kontaktiert. Ja, das werde ich auch, und zwar diesmal von einem UN-Warship, das in der Gegend gegen Terrorismus vorgeht. Ein deutscher Funker befragt mich ebenfalls, allerdings gibt er sich mit weniger Fragen zufrieden. 10 SM vor Haifa werde ich dann das erste Mal von der Port Security angerufen. Wieder 100 Fragen und Antworten. 5 SM vor Haifa kommt ein Armeeschiff angedonnert, umkreist mich und stellt ein paar wenige Fragen. Weiter geht's. 1 SM vor dem Hafen werde ich von der Port Security mit einem Boot abgeholt und in den Hafen geleitet. Hier muss ich an einem Ankunftssteg festmachen. Dann, zuerst die Vertreter der Security. Ein Kreuzverhör, wie ich es im Leben noch nie erlebt habe. Man will von mir alles wissen. Die Fragen gehen von meinen Reisen bis hin zur Frage, wie meine Frau heiße und wo ich sie kennengelernt habe usw. usw.

Natürlich habe ich mit all dem kein Problem, man weiß ja schließlich, dass es Leute gibt, die gegen Israel sind und hier Schaden und Terror bringen wollen. Ich bin nicht von denen, das habe sie (die Chefin ist eine hübsche, junge Lady) bald gemerkt. Dann werde ich zur Immigration weitergeleitet. Nochmals alles von vorne, größtenteils die gleichen Fragen. Warum waren Sie in den letzten Jahren (das konnte sie im Pass sehen) mehrmals in Tunesien, und warum nur jeweils ein bis zwei Tage? Wie heißt Ihre Frau mit Vornamen? Ich sage es, wie es ist, Rita. (Würde sie Rachel heißen, könnte das ein Problem sein.) Nach circa eineinhalb Stunden bekomme ich meinen Pass mit Visum und vielen guten Wünschen für einen schönen Aufenthalt zurück. Nun bin ich frei und kann mit der SAMANTHA an ihren Platz im Hafen, dort vertäuen und anfangen, mich zu organisieren. Ufff …

Haifa, Shavit-Marina 32°48,27 N 35°01,87 E

18.6.14
Roni hat mir per SMS mitgeteilt, dass er und Smulik (beide kenne ich vom Projekt in Zürich) um 1130 zum Boot kommen würden.

Wie hilfreich es sein kann, wenn man Freunde in einem Land hat, wo anders gesprochen und alles anders angeschrieben ist, hat sich gezeigt, als wir nach einem feinen Mittagessen um 1600 zurück auf der SAMANTHA sind. Ich habe eine Prepaid-Karte für mein iPad, eine brauchbare Summe Schekel (israelische Währung) in der Tasche und ein gemietetes Auto. All das zu organisieren, hätte mich eine Woche gekostet, denn die Marina ist auch noch 6 bis 7 Kilometer weit weg von der Stadt.

Happy Landing.

19.6.14
Vor meiner SAMANTHA am Steg treffe ich ständig Leute, die bestaunen das Schiff mit der Schweizer Fahne, halten ein Schwätzchen und sind unglaublich freundlich. Eine Dame kommt bald nochmals vorbei und bringt mir frische Trauben. Die seien besonders süß. Ist das nicht schön, so empfangen zu werden?

Da ich ja nun ein Auto habe, mache ich mich auf die Straße und besuche zuerst Nazareth. Diese Stadt hat ja eine Geschichte in der Bibel. Das wird überall angezeigt und die zu besuchenden Stellen sind bestens ausgeschildert. Ich besuche auch den Souk und kaufe ein Pfännchen, mit dem ich den arabischen (türkischen und griechischen) Kaffee machen kann. Roni hat mir extra dafür das richtige Kaffeepulver gebracht.

Durch eine hügelige, sehr interessante Landschaft fahre ich bis an den See Genezareth („Sea of Galilee"). Dieser See liegt etwa 200 Meter unter dem Meeresspiegel. Am Ufer die Hotels und Restaurants, wie überall, bereit für Touristen. Nur, einladend ist es hier nicht. Badeverbot, heiß, vergammelte Hotels und sonst auch nichts Besonderes. Einzig, die Toiletten sind sauber, dass ich mich von den wegen der Hitze vielen genehmigten Getränken anständig entleeren kann.

Am Abend, zurück auf dem Boot, koche ich einen Shepherd's Pie (nach einem Rezept eines Engländers).

Draußen in der Abendbrise genieße ich noch einen Kaffee und eine Zigarre (Stumpen), und betrachte die Sterne.

Am Tag war es bis zu 38 °C warm, am Abend liegt die Temperatur so um die 28 bis 30, ein Genuss.

20.6.14

Um 0900, wie abgemacht, kommt Elie, ein Mitarbeiter von Smulik, der eine Küchen- und Schrankfabrik mit modernster Einrichtung hat. Elie bringt frisches Brot zum Frühstück mit. Nach dem Frühstück besprechen wir einige kleine Arbeiten, die ausgeführt werden sollen. Um die Mittagszeit packe ich die Badehose ein und fahre die circa 8 Kilometer zum Strand. Der Strand ist riesig, aber nur an ganz wenigen Stellen darf man baden. Der Rest ist mit Seilen abgesperrt. Warum, weiß ich nicht. Das Wasser ist bestimmt 28° warm und es tummeln sich viele Leute, vor allem junge Leute, am Strand und in den Strandcafés.

Auch ich setze mich in ein Café und bestelle ein Bier. Neben mir setzen sich zwei Girls hin, ich schätze die so etwa auf 12 bis 14 Jahre. Die Koketterie der beiden ist wie ein Theaterstück. Man pudert sich, man schminkt sich (wobei man ja aufpassen muss, dass der Lippenstift nicht an der Zahnspange hängen bleibt), dann wird der ganze Body mit Parfüm eingespritzt (das nebelt mich fast ein, und lässt das Bier fad schmecken). Dann, als einige Jungs vorbeilatschen, bringt man sich in Pose und zieht die Aufmerksamkeit auf sich. (Hoffentlich ändern sich die nach der Pubertät, sonst haben sie bereits all das Können von Nutten.)

Ich lach mich halb tot.

Auf der Rückfahrt mache ich einen Abstecher, um die Stadt Haifa zu besichtigen. Auch hier nichts Erwähnenswertes, außer einigen Gebäuden, die an Manhattan erinnern könnten. Der Rest der Stadt ist so, wie alle arabischen Städte sind.

Was mir auffällt, ist die Tatsache, dass ich gestern und heute zusammen lediglich einen einzigen Juden gesehen habe, der so aussah wie die, die man in Zürich am Freitag und Samstag haufenweise antrifft. Mit komischer Verkleidung, Zapfenlocken und allem Drum und Dran. Die Leute hier sind genauso wie bei uns zu Hause. Es ist vielleicht etwas kosmopolitischer, aber eben nichts Markantes, Herausstechendes. Einzig, was hier auffällt, ist die omnipräsente Armee. Überall junge Militärs, mit und ohne Gewehr (sowohl Männlein wie Weiblein). Ich glaube, die gesamte Jugend zwischen 18 und 21 ist in Uniform. Auch Securitys mit Bodyscannern wie am Flughafen, überall, und alle bewaffnet, und zum Teil mit schusssicheren Westen. Vor den Supermarkteingängen, auf Parkplätzen, in Parkhäusern, einfach überall, wo sich viele Menschen treffen. Das ist schon gewöhnungsbedürftig. Aber, es gibt überall sogenannte „Araberstädte" und Israelistädte. Die liegen meist nur wenige hundert Meter auseinander. Meine Freunde sagen, dass die hier in der östlichen Gegend überhaupt kein Problem miteinander haben. Die Araber sind die Arbeiter, die von den Israelis angestellt und bezahlt werden. Denen geht es offensichtlich nicht schlecht und man weiß, dass man aufeinander angewiesen ist. Anders soll es im Westen sein, wo keine Zusammenarbeit stattfindet und dadurch Armut herrscht.

Heute Abend werde ich versuchen, das Spiel Schweiz – Frankreich zu schauen, weiß aber noch nicht, wo.

Rechtzeitig fahre ich in die Stadt, setze mich in einem Straßencafé nieder, trinke einen Tee und habe viel Spaß mit dem Cafébesitzer, der natürlich mit mir für die Schweiz mitfiebert. Leider vergebens.

21.6.14

Roni hat sich angemeldet. Er hat seine 15-jährige Tochter ins Kino gebracht und wartet nun darauf, sie wieder abzuholen. Ich koche für uns ein Curry-Geschnetzeltes mit Reis, dazu Salat aus Tomaten, Zwiebeln und Gurken, ganz nach mediterraner Art. Bei einem Bierchen und einem Stumpen sitzen wir in der frischen Abendluft und genießen es.

22.6.14
Fahrt über Tel Aviv. Eine Stadt der Superlative. Es könnte Manhattan sein. Riesige Ausmaße und modernste Wolkenkratzer, es ist einfach unglaublich. Auf dem Weg hierhin an der Autobahn sah ich weitere Städte, gebaut und im Bau. Alle sind einfach riesig (Zürich ist dagegen ein Provinzstädtchen). Da werden 10, 20, 50 Hochhäuser nebeneinander als Siedlung gebaut, obwohl in der Nähe bereits Hunderte davon stehen. Ich bin erschlagen!

Natürlich fahre ich alles nur auf Autobahnen (kostenfrei). Israel hat ein spinnennetzähnliches Autobahnnetz, das das ganze Land bis in die hintersten Ecken verbindet. Und wo noch keine Autobahn ist, ist eine im Bau.

Über die Autobahn erreiche ich Jerusalem. Eine auf Touristen getrimmte (Groß-)Stadt. Klar besuche ich die bekanntesten „heiligen" Stätten, wie die Geburtskirche, „West Wall" (Klagemauer der Juden) – worüber die sich hier beklagen, kann ich mir nicht mehr vorstellen. Das Land ist enorm reich und vielfältig. Es wurden auch neulich große Gasvorkommen gefunden, sodass ein weiterer Schatz und viel Geld in die Kassen fließen werden. Und, wenn die sich mit den Palästinensern endlich einig werden und es einen eigenständigen Staat Palästina gibt, mit dem die Israelis dann auch in Frieden leben können, dann kann der ganze Etat, der zurzeit enorme Gelder für Security verschlingt, in Schulen und andere Gebiete investiert werden. Obwohl es hier an nichts mangelt. Es gibt Straßen erster Sahne, ein ausgebautes Eisenbahnnetz, Busverbindungen bis in die letzten Dörfer, gute Spitäler etc. Einzig, was noch viel bringen könnte, wäre Wasser. Denn wenn man in Israel zum Beispiel einen Apfel fallen lässt, dann etwas Wasser darüber gießt, wächst sofort ein Apfelbaum. Mit mehr Wasser könnten die noch brach liegenden Wüstenabschnitte ebenfalls in fruchtbare Oasen verwandelt werden. Jerusalem ist eine schöne alte Stadt, oben auf dem Hügel gebaut. Sie besteht aus verschiedenen religiösen Stadtteilen, die alle innerhalb der alten Stadtmauer angesiedelt sind und ihren eigenen Charakter haben. Armenisches, jüdisches, christliches und arabisches Viertel werden sie genannt. Im Souk, der sehr eng und alt ist, findet man neben dem noch von Hand herstellenden Schuhmacher Klamottenläden mit türkischer Fake-Ware, neueste Fast-Food-Ketten in altem Gemäuer, sowie auch alte Essstätten und Internetcafés. Alles ist auf Alt gemacht und hat seinen typischen Charakter behalten. Hier kreuzen sich alle Nationen, von der vermummten Araberin bis zur in Hotpants gepressten Deutschen.

23.6.14
Israel hat gute Krankenhäuser. Ich nutze das aus und will einen Blutcheck machen, um zu sehen, wie sich mein neues, mediterranes Leben auf meine Blutwerte ausgewirkt hat. Dazu fahre ich nach Aufa, melde mich dort bei der „Emergency", so wie das Elie für mich arrangiert hat. Anmelden, Papiere ausfüllen, bezahlen, Blut abzapfen, Warten auf das Resultat, all das dauert einen ganzen Morgen. Bei meinem Arzt geht das in 10 bis 15 Minuten.

Alles ist paletti, ich darf so weiterleben.

Am Nachmittag, auf dem Rückweg, halte ich bei Smulik in der Möbelfabrik und frage ihn um Rat wegen meines Fernsehers, der trotz der Installation eines Gerätes, mit dem ich Lokal-TV schauen kann (sollte schauen können), nicht funktioniert. Smulik kennt sich mit TV gut aus. Es scheint so, als ob der alte Fernseher, den mir Philippe installiert hatte, wegen der Auflösung nicht mit den neuen Geräten kompatibel ist. Smulik hat früher mit TVs gehandelt. Er „packt mich ein", fährt mit mir zu einem seiner Freunde, holt alles aus deren Lager, was es braucht, und schickt mich auf die SAMANTHA zurück, mit der Anweisung, ich solle das nun installieren. Am selben Abend schaue ich auf dem neuen 25-Zoll-Fernseher das Match.

24.6.14
Den größten Teil des Tages verbringe ich mit der Fertiginstallation des TV. Ich verstecke alle Kabel in den von AMEL dazu vorgesehenen Hohlräumen. Am Abend sieht alles super und professionell aus. Dass dann auch noch die Schweiz mit 3:0 gewinnt, ist noch das Tüpfelchen auf dem i.

Ein weiteres Highlight ist, dass Jakov, der Elektroniker vom Geschäft in der Marina, die neue AIS-Anlage zum Laufen bringt. Leider hatte mir Piere Carlo, aus Cagliari, eine total idiotische Anlage verkauft. Die Schiffe draußen konnten mich nicht auf deren Bildschirm sehen, ich konnte aber sie sehen. Da es für mich eine Frage der Sicherheit ist, dass ich gesehen werde, musste ich ein zusätzliches Sendegerät einbauen. Hier aber konnte ich kein solches kompatibles Sendegerät ausfindig machen, und so wurde nun ein komplettes Sende-Empfangs-Gerät installiert. Die GPS-Antenne habe ich selbst montiert und die Kabel für das GPS und die VHF-Antenne gezogen. Die Halterung und die Montage oben am Mast für die neue VHF-Antenne hat Adlil, der Werftchef, erledigt.

Nun bin ich für alle Schiffe draußen gut sichtbar, und ich kann auch alle Schiffe sehen (sofern die eine AIS-Anlage haben).

25.6.14
Heute erledige ich einige Einkäufe, statte Smulik einen Besuch in der Fabrik ab und erledige einen Haufen Kleinigkeiten.

26.6.14
Kaum aufgewacht und gefrühstückt, fahre ich mit dem Auto los Richtung Westen, Taifa, an Taifa vorbei weiter westlich und dann vom Meer weg in die Wüste. Die nächste größere Stadt ist Be'er Scheva. Ab hier ist die Präsenz von Arabern offensichtlich. Vermummte Frauen und Araber sind nun in großer Zahl zu sehen. Dazwischen jedoch auch die Israelis, die westlich gekleidet sind. Bis hierher war auffällig, dass jeder Quadratmeter Erde irgendwie genutzt wird. Entweder sind Riesenstädte gebaut oder im Bau oder es wachsen Früchte und Gemüse. Weiter durch die Wüste, ab Be'er Scheva sind die Araber die Herren, dafür liegt das Land brach, reine Wüste und Slums oder Beduinenzelte. Erst am Toten Meer ist wieder etwas los. Hier werden Mineralien, Salz und Magnesium gewonnen und verarbeitet. Einige wenige Spa-Resorts beleben das Ufer. Dies sind auch die Orte, wo man sich ein Bad gönnen kann. Ich muss das natürlich auch versuchen,

bezahle einen recht hohen Eintritt und begebe mich ins Wasser. Kaum habe ich mich etwas in Schräglage gebracht, macht es schwups und meine Beine und der ganze Body schwimmen horizontal oben auf dem Wasser, als wäre ich aus Kork. Beim Versuch, mich wieder aufzurichten, habe ich einige Mühe, die Beine wieder unter den Körper zu bekommen, um aufzustehen. Das Wasser ist wie eine etwas ölig anmutende Salzlauge, und pisswarm. Ich bleib nicht lange, denn das Vergnügen ist als mäßig einzustufen. Nachdem ich mich geduscht und umgezogen habe, fühle ich, wie die Haut samtweich ist. Die meisten Leute haben sich hier auch noch mit einem Schlamm eingeschmiert, darauf habe ich verzichtet.

Die Weiterfahrt führt mich durch das Tal, in dem das Tote Meer und der See Genezareth liegen. Dieses Tal liegt circa 420 Meter unter dem Meeresspiegel und fällt auf durch die riesigen Plantagen, die fast an kalifornische Dimensionen erinnern. Es gibt Plantagen für jede Art von Früchten, Pfirsiche, Trauben, Bananen, Aprikosen, Äpfel, Gewürze, Datteln usw. Dann sehe ich auch noch große Rinderfarmen und Hühnerställe. Die Straße führt an der Grenze zu Jordanien entlang. Man sieht hier eine klare Trennung, eine Straße mit Zaun, ein doppelter Stacheldrahtzaun und ein Netzzaun. Allerdings ist es hier in der Gegend nun ruhig, seit zwischen Jordanien und Israel Frieden herrscht. Einige wenige Palästinenser-Dörfer gibt es, in die man mit israelischem Auto besser nicht einfährt.

Es sei lebensgefährlich, steht auf der Tafel am Eingang.

Wenn ich hier an die Geschichten in der Bibel denke, muss ich staunen, was Herr Jesus und seine Jünger (Anhänger) so alles durchwandert haben. Es sind sicherlich beschwerliche Fußmärsche durch diese steppenartigen Gegenden, mit zum Teil Sandwüsten und dazwischen Steinwüsten in großer Hitze, gewesen, gab es doch damals noch nicht alle paar Kilometer ein Dorf mit einem McDonald's.

Warum die Leute hier nicht merken, dass das Leben für sie viel besser ist in den Gebieten, wo zwischen Israelis und Arabern gute Zusammenarbeit herrscht, als hier, wo sie in kümmerlichen Verhältnissen leben, verstehe ich nicht. In der Nähe von Nazareth habe ich Araber-Dörfer gesehen, wo die Herren in tollen Villen leben! Also es ginge doch!

Am Abend, zurück auf dem Boot, mit unheimlich vielen weiteren Eindrücken und circa 700 Kilometer mehr auf dem Tacho, verfolge ich noch das lahme Spiel zwischen den USA und Deutschland.

27.6.14

Es ist Freitag, das israelische Pendant zu unserem christlichen Samstag.

Elis Frau ruft an, meldet sich mit „Hier spricht Elis Housewife". Ich muss schmunzeln ob dieser Bezeichnung. Rita würde sich nie als Rudys Hausfrau am Telefon melden, da bin ich mir sicher. Eli ist krank und kann nicht kommen, um die Holzarbeiten zu erledigen, die geplant waren. Um 1300 kommt Roni mit seinen drei Kindern, dann kommt noch Smulik. Wie bei Arabern üblich, scheinen auch die Israelis die Gewohnheit zu haben, Essen im Überfluss zu bringen. Beide, Roni wie auch Shmulik, bringen so viel Essbares und Leckereien, dass wir mit einem Kreuzfahrtschiff ohne Weiteres eine Wochenreise machen könnten. Mein Kühlschrank ist viel zu klein, sodass ich vorschlage, wir essen zuerst und stechen erst dann in See.

Draußen – wir segeln ganze 14 SM – herrschen ideale Bedingungen und wir haben noch einen Fisch an der Angel, der leider aber beim Einholen abreißt. Das Töchterchen findet das gut, denn sie ist Vegetarierin (wie die meisten 15-jährigen Girls), wir aber finden es schade.

Am Abend bin ich bei Roni zum Abendessen eingeladen. Er hat eine unglaublich nette Frau und Familie. Bei Tisch wird erst ein Tischgebet gesungen, während sich dabei alle an den Händen halten. Draußen auf der Terrasse plaudern wir noch eine Weile bei Kaffee und Stumpen, dann fahre ich zurück zum Boot, mit einer weiteren netten Erfahrung.

28.6.14
Arbeitstag. Eine Liste mit vielen zu erledigenden Kleinigkeiten arbeite ich zügig ab und bin um 1600 fertig mit allem, was ich erledigen wollte. Das Bugstrahlruder ist neu mit Öl aufgefüllt, die WC-Kisten sind sauber, der Wassertank gefüllt und das Boot vom Staub freigewaschen. Alles Teakholz ist frisch geölt und die Wäsche ist sauber, getrocknet und weggeräumt. Uff, nun ein kühles Bier.

29.6.14
Tag der Abrechnung. Im Hafenbüro bezahle ich den Platz (23 Euro pro Tag inklusive Wasser und Strom). Bei Avis gebe ich das Auto zurück (23 Euro pro Tag). Roni ist extra gekommen, um mir zu helfen. Wir essen zusammen noch etwas zu Mittag in einem Holmes-Place-Fitnesscenter (wie ich in Zürich gebaut hatte). Dieses Fitnesscenter ist eine Art soziale Institution. Hier bewegen sich etwa 5.000 Mitglieder, so im Schnitt sind die zwischen 60 und 85 Jahre alt.

Zurück auf dem Boot ist es Zeit, Abschied zu nehmen. Es fällt richtig schwer, denn ich habe hier tolle Freunde gefunden, die dazu beigetragen haben, dass ich unbeschreibliche Erlebnisse erfahren durfte und einen Einblick in das Land Israel bekommen habe, das total anders ist als das, was man uns zu Hause im Fernsehen und in der Presse zeigt. DANKE.

30.6.16
Pünktlich um 0800 stehen zwei Mäuschen von der Immigration vor dem Boot. Ich glaube, dass in Israel nur Models in diese Ämter aufgenommen werden. Dann kommt auch noch der Marinero, um den Strom im verschlossenen Kasten abzuhängen. Ich bin bereit zur Abfahrt. Die beiden Immigrationsmiezchen warten im Auto und wollen sehen, dass ich wirklich ablege, nachdem mein Exit-Visum gestempelt ist.

Die Fahrt geht mit flottem Wind von 14 bis 15 Knoten querab an die Hoheitsgrenze von Israel.

Dann drehe ich ab Richtung Beirut.

Mitten in der Nacht fängt mich die libanesische Marine ab und jagt mich ziemlich schroff aus dem Hoheitsgebiet des Libanon, in das ich nun eingedrungen bin. Ich dürfe nicht nach Beirut, da ich von einem „Feindesland" käme.

Die haben doch nicht mehr alle Tassen im Schrank. Israel wünscht sich nichts sehnlicher als Frieden mit dem Libanon, aber das scheint eine einseitige Sache zu sein.

Da ich keine Lust habe, von den Libanesen beschossen und versenkt zu werden, drehe ich ab und nehme Kurs auf Larnaka auf Zypern. Es sind ja nur 100 SM, das heißt ein kleiner Umweg von circa 24 Stunden.

Die Ausflugsboote als Piratenschiffe getarnt und mit als Piraten verkleideten Crews, wie beim Karneval.

Das Restaurant von Ramazan.

Das Dorf Kastelorizo. Die Häuser gleichen denen von Symi.
Ob der Bürgermeister dort Verwandte hat?

Ein alter BMW, ob der noch läuft?
Könnte ein Relikt aus dem Afrika-Feldzug sein.

Schöne Landschaft an der Küste von Zypern.

Der Strand von Larnaka. Mir würde das nicht gefallen, aber solche Strände gibt es auch an der Côte d'Azur.

Ein UN-Schiff mit deutscher Besatzung will wissen, was ich vorhabe.

Ein Blick über die Stadt Nazareth.

*Abgeschottetes Araber-Viertel für die Palästinenser,
hier haben die Israelis keinen Zutritt.*

Eingang zum alten Jerusalem.

Juli 2014

1.7.14

Um 1000 in der Früh rattert es an der Fischerrute. Ich hetze nach hinten und fange an mit dem Einspulen. Knochenarbeit. Da hängt ein richtiges Tier dran. Nach einiger Mühe bringe ich den Thunfisch neben das Boot, will ihn nun hochhieven, aber da macht's schwups und weg ist er.

Schade, das ist nun schon das zweite Mal innerhalb kürzester Zeit, dass mir einer von der Angel geht. Morgen kaufe ich ein Netz, am Stiel, mit dem ich den Damen/Herren unter den Arsch greifen und sie sicher an Bord hieven kann.

Ich bin meinem Kartenplotter zufolge nur noch eine Stunde von Larnaka entfernt, sehe aber die Insel immer noch nicht. Es ist bereits 1930 und die Sonne steht schon weit unten am Horizont. Um 1950 soll sie untergehen. Jetzt sehe ich endlich Larnaka, melde mich per Funk in der Marina an. Der freundliche Polizist erklärt mir, dass die Marina bereits geschlossen sei, ich müsse draußen warten. Ich frage noch, ob ich nicht für die Nacht an der Tankstelle festmachen könne. Dies bejaht er. Kurz darauf bin ich festgezurrt an der Tankstelle, wo bereits ein Motorboot liegt. Ich muss dann auch gleich zur Polizei, mich melden, dann kommt noch der Zöllner, dann trinke ich ein Bier und schaue, wie unglücklich die Schweizer gegen Argentinien verlieren. Ich bin erstaunt, als ich in der 55. Minute dazukomme, immer noch 0:0 zu sehen.

Die Uhr zeigt bereits 2200, als ich dann endlich im Boot bin und mir die vorbereiteten Cordon bleus brate. Nur Fleisch und Salat, dazwischen noch einige Telefonate und Skype mit der Schweiz, um eine Wohnung zu verkaufen, was auch zustande kommt. Alles in allem ein guter Tag, dieser 1. Juli 2014.

Erfrischende Dusche und ab in die Heia.

Larnaka-Marina 34°55,07 N 33°38,51 E

2.7.14
Gleich in der Früh muss ich ins Hafenbüro. Ich bin gespannt. Die nette Dame erklärt mir, dass ich ein Formular ausfüllen muss und dann für mindestens drei Tage den Platz bezahlen muss. Ups, das fängt ja schon gut an. Scheu frage ich, was denn das alles zusammen ausmache. 34 Euro für die drei Tage, (allerdings ohne Strom und Wasser). Hätte ich das doch vorher schon gewusst, ich hätte die drei bis vier Stunden Fahrt von Limassol hierher auch geschafft und dabei 660 Euro gespart. Da liegen zwei Gegensätze so nah beieinander. Ich klariere ein und gleichzeitig wieder aus, da ich morgen früh nach Beirut aufbrechen will und hier erst ab 0800 gearbeitet wird. Alles geht sehr unbürokratisch ab. Eine kleine Überraschung gibt es mittags, als ich die Toilette benutze. Beim Spülen schießt die Kacke direkt aus dem Überlauf, läuft übers Boot und stinkt fürchterlich. Alle Versuche, den Ablauf von oben durchzuspülen und mit einem Draht freizubekommen, misslingen. Schließlich hocke ich im Bad, stochere von unten her mit dem Draht die Verstopfung heraus. Man kann sich denken, wie das aussah, als sich dann mit einem Platsch der ganze Tank über mich in die Duschwanne entleerte. Beide Hände bis zu den Ellenbogen in der Scheiße und von oben bis unten mit dieser Jauche bespritzt, das ist nicht das, was man unter schönem Seglerlebnis einreihen kann.

Ein Bad im herrlich frischen (27 °C) Meer rückt die Sache wieder an den richtigen Platz. In der Stadt gehe ich einkaufen, muss aber wegen der drückenden Hitze (es ist wie in einem Dampfkessel) ein Bier trinken, um nicht zu verdursten. Das Netz, um Fische aus dem Wasser zu hieven, finde ich auch.

3.7.14
Ein denkwürdiger Tag. Heute sind es genau sechs Monate, seit ich unterwegs bin. Ich habe mit meiner SAMANTHA 3.780 SM zurückgelegt und 80 verschiedene Orte besucht. Dabei habe ich ein unglaubliches Quantum an neuen Eindrücken und Erlebnissen gesammelt und viele nette Menschen kennengelernt.

Nun bin ich unterwegs nach Beirut, das ich morgen Vormittag erreichen werde. Die See ist sehr ruhig, der Wind bläst vormittags direkt auf die Nase, sodass der Yanmar wieder einmal zu Ehren kommt. Die Fischerleinen sind ausgelegt, warten wir mal ab.

Es ist circa 1000, als es bei der Fischerrute rattert. Ein Fisch ist an der Angel. Schade, dass ich in der Aufregung vergesse, die Geschwindigkeit zu reduzieren. Der zu hohe Speed von fast 8 Knoten und der Fisch, der sich dagegenstemmt, eingeholt zu werden, verbiegen die Angel und der Fisch haut ab. Schade. Aber fast gleichzeitig juckt die Handleine auf der anderen Seite. Nochmals ein Fisch an der Angel, aber auch der haut ab. Nächstes Mal muss ich die Geschwindigkeit drosseln, sonst werde ich noch verhungern.

Den ganzen Tag seit 1000 bläst der Wind und ich erlebe Segeln wie im Bilderbuch. Fast keine Wellen und Wind querab, die SAMANTHA gleitet durchs Wasser wie eine brave jungfräuliche Nixe.

Abends stellt der Wind nicht ab, wie üblich. Mein Kartenplotter zeigt, dass ich bereits um 0100 in Beirut ankomme, wenn ich so weiterfahre. Das will ich nicht, reduziere die Segel, sodass ich nur noch mit 2 bis 3 Knoten Fahrt die Richtung halte. So käme ich am Morgen gegen 0800 an, und das wäre okay. Ich lege mich etwas schlafen, da in der ganzen Gegend absolut kein Schiff auszumachen ist. Ich bin wieder einmal ganz allein da draußen und genieße den klaren Sternenhimmel und die Ruhe.

4.7.14

Wie geplant fahre ich kurz nach 0800 in die Marina ein. Kapitän Naaman kommt an den Empfangssteg, begrüßt mich freundlich und bittet mich in sein Büro, um die Formalitäten zu erledigen. Per E-Mail hatte ich mich bei ihm von Larnaka aus angemeldet, und er hatte mir bereits alle Instruktionen durchgegeben und meine Koordinaten abgefragt. Das Prozedere ist einfach, ich muss aber circa zwei Stunden warten, bis der Mann von der

Immigration mir eine Aufenthaltsgenehmigung für drei Tage aushändigt. Bis dahin hatte ich immer noch Bammel, ob die sich mich gemerkt haben, als ich aus den israelischen Gewässern nach Libanon einfahren wollte, dies aber schieflief. Endlich habe ich meinen Stempel, uff, jetzt ist alles okay.

Einen Moment lang zittere ich noch, als ein angehöriger des Militärs das Boot untersuchen kommt. Gut, ich hatte alles, was mit Israel zu tun hatte (Bier, Papiere etc.), weggeräumt. Die Untersuchung hätte er sich auch sparen können, denn nur durch das Öffnen der Schränke konnte er ja wirklich nichts sehen. Nach was er genau gesucht hat, weiß ich nicht.

Nun mache ich erst einen kleinen Mittagsschlaf, dann genieße ich das Bad im Pool. Diese Marina ist der absolute Hammer. Es ist mehr eine soziale Institution als eine Marina. Es gibt hier: 6 Tennisplätze, 3 Schwimmbäder, ein Fitnesscenter, Restaurants, Lounges, Hallenbad und sonst noch vieles, was das Leben süß machen kann.

Es ist vermutlich nicht ganz billig, denn wenn man die Autos betrachtet, die hier herumstehen ... Porsches in allen Formen und Größen, Ferraris, Pontiacs, Cadillacs, Maseratis, große BMWs und Audis und und und ... Die meisten Mamis, die mit den Kleinen am Pool sitzen, befehligen irgendwelche Nannys aus den Philippinen. Bei einigen Autos wartet draußen auch ein Chauffeur. Hier ist eine Meute von Stinkreichen versammelt, es ist ein Wahnsinn. Allerdings sind die Boote in der Marina eher von bescheidener Größe, wenn man das so in die Relation mit den Autos setzt.

Am Abend geselle ich mich unter die Leute, die sich bei einem TV-Platz versammeln, um das Match Deutschland gegen Frankreich anzuschauen. Die Menge ist geteilt. Die einen jubeln für Deutschland, die anderen für Frankreich. Ich bin erstaunt, wie hier die „Mehrbesseren" alle Französisch sprechen, nicht Arabisch. Von Syrien habe ich das gewusst, aber Libanon, das war mir nicht bewusst.

Beirut, Jounieh-Marina 33°59,19 N 35°37,31 E

5.7.14
Elf Stunden habe ich gepennt. Scheinbar brauche ich das nach den durchgesegelten Nächten, denn ich bin ja schon seit einiger Zeit nicht mehr 20. Ausgiebiges Frühstück und los geht's. Zuerst muss ich den Hang hinauf, um die „Autobahn" zu finden. Hier stehe ich am Rande, gebe dem nächsten Kleinbus ein Zeichen, dass ich zusteigen möchte. Tatsächlich hält der. In Beirut gibt es keine Bushaltestellen. Die Busse halten da, wo jemand steht und befördert werden möchte. Das ist praktisch. So werde ich von einem Fahrer, der vermutlich im Militär Panzerfahrer war, bis in die Stadt befördert. Endstation. Ich steige wie alle anderen aus und beginne meinen Fußmarsch in eine Richtung, die mir richtig erscheint. Bald merke ich, dass hier die Fußgänger lebende Zielscheiben sind. Die Libanesen haben keinen Respekt vor jemandem, der zu Fuß unterwegs ist. Mehrmals kann ich mich gerade noch mit einem Sprung vor dem Überfahrenwerden retten. Rita hat mich auf Skype gefragt, ob es in Beirut nicht gefährlich sei. Ich verneinte, weil ich eher an Schüsse oder Bomben gedacht habe. Ja, es ist gefährlich, aber nicht wegen kriegerischen Handelns, sondern wegen der Autos. Hupen und Vollgas lautet hier die Devise. Mehrmals frage ich nach dem Weg in die Altstadt. Man erklärt mir, dass ich dafür ein Taxi brauche, es sei zu weit. Scheinbar hat mich der Buschauffeur in einem Außenbezirk abgeladen, so wie ich in Oerlikon aussteigen würde, um in die Altstadt von Zürich zu gelangen. Der Fußmarsch bringt mich durch ein Beirut, das eine typisch arabische Stadt ist. Alte und neue Häuser wechseln sich ab, stehen eng beieinander und sind so verschieden wie Pech und Schwefel.

Alles ist sehr hektisch und die Militärpräsenz ist irgendwie erdrückend. Schon in Israel war es auffällig, aber hier scheint jeder Zehnte eine Uniform und ein Gewehr zu tragen. Viele Absperrungen und Kontrollen. Es gibt grüne Militärs, graue Militärs und blaue Sicherheitsleute.

Mitten in Beirut entdecke ich schließlich etwas, das man als Zentrum bezeichnen könnte. Alte, schön restaurierte Bauten und Moscheen und Baustellen ohne Ende.

Der Besuch der berühmten Moschee ist beeindruckend. Dann suche ich den Souk und finde eine hochmoderne, überdachte Einkaufszeile, die als Souk ausgeschildert ist. Nix ist mit einem nostalgischen Souk. Den gibt es nicht.

Einige wenige Gebäude tragen noch Spuren des letzten Krieges. Das meiste aber ist bereits renoviert, und wie ... Superschön wird die alte Stadt renoviert. Ganze Straßenzüge sind bereits im neuen Gewand. Wenn dann alles fertig ist, wird Beirut als sehr schöne Stadt dastehen.

Das Regierungsviertel, mit Parlamentsgebäude und Ämtern, ist wie ein Hochsicherheitstrakt abgeriegelt. Man kann zwar rein, nach Kontrolle der Tasche, aber es ist heute nicht viel los, denn es ist Samstag.

Hier im Libanon sind Samstag und Sonntag die arbeitsfreien Tage, genau wie zu Hause. Nach vier Stunden ununterbrochenem Marschieren merke ich, dass ich langsam müde werde und zwischen den Beinen fängt die durchschwitzte Hose an zu reißen. In einem kleinen Imbiss genehmige ich mir einen „Döner" und trinke einen ganzen Liter Wasser. Draußen ist es warm und schwül. Mit dem Taxi lasse ich mich vor die Marina fahren. Ein kurzes Nickerchen in der gekühlten Koje, dann ein Bad im Meer, gleich neben dem Boot. Mit einer Spachtel bewaffne ich mich und kratze den leichten Bewuchs auf der Wasserlinie ab. Als ich beim Auspuff vorbeikomme, entdecke ich, dass etwas im Auspuffloch steckt, was da nicht hingehört. Es sind eine Rohrschelle und ein Rückschlagventil, die ich aus dem Loch ziehe. Nun weiß ich, was ich noch zu tun habe.

Runter in den Motorraum, Auspuffschlauch wegmontieren, Rückschlagventil am richtigen Platz neu montieren und alles wieder zusammenbauen. So, das wäre nun auch getan. Es war ein glücklicher Zufall, dass ich das entdeckt habe. Es hätte unangenehm werden können, wenn Wasser in die Auspuffanlage gelangt wäre.

Vier Hähnchenflügel, ein Gurken-Tomatensalat und zum Dessert gekühlte Melonenstücke versüßen den Tag, bevor ich zum Public Viewing gehe und zusehe, wie Belgien trotz eines harten Kampfes gegen Argentinien verliert, wie die Schweiz neulich.

Um 2300 werde ich noch das zweite Match des Abends anschauen.

6.7.14
Ruhetag. Im Schwimmbad des Clubs suhle ich mich in der Sonne, genieße das Bad im Meer und lese. Anfang des Nachmittags ziehe ich mich zurück aufs Boot, lasse die Benzintanks für den Außenborder vom Dingi füllen und verbrauche so die restlichen Libanon-Liras.

1600. Der Immigrationsbeamte kommt mit Pass und Ausreisebewilligung.

Los geht's. Ich habe berechnet, dass es bis an mein erstes Ziel in der Türkei – ein Ort, der sich Taşucu nennt – circa 160 SM sind. Ich plane meine längeren Fahrten immer mit einer Durchschnittsgeschwindigkeit von 4 Knoten. Das heißt, ich brauche etwa 40 Stunden bis ans Ziel. Wann fahre ich los?

Meine Entscheidung ist, um 1600 loszulegen, dann bin ich morgen um 1600 in der Nähe der NO-Spitze von Zypern und um circa 0600 am folgenden Tag am Ziel. Bin ich langsamer, dann habe ich den ganzen Tag Zeit, um einzufahren. Bin ich zu schnell, dann kann ich immer noch die Segel reduzieren und weniger schnell fahren. Umgekehrt ist es schwieriger und bei Nacht will ich nicht in eine unbekannte Marina einfahren.

Den ganzen Abend lang habe ich leichten Wind und genieße gemütliches Segeln. Ich koche eine Platte Käsespätzli (Schupfnudeln), schön, mit in Butter gerösteten Zwiebeln garniert. Bis auf einen Anruf auf Kanal 16, von einem UN-Warship, ist es ruhig und ich sehe die ganze Nacht kein einziges Schiff.

Amüsiert habe ich mich ob des Funkers vom UN-Schiff. Er wollte wissen, wie man „Sailing Yacht" schreibt. Ich solle es buchstabieren. Dieser Kerl hat vermutlich nur gelernt, wie man tötet, nicht aber wie man schreibt.

7.7.14
Ein Tag mit gutem, leichtem Wind aus guter Richtung. Es ist genau 1600, als es an der Fischerrute rasselt. Diesmal reduziere ich sofort die Geschwindigkeit, indem ich die Segel flattern lasse. Der Thunfisch lässt sich ganz schön bitten, und bis ich ihn im Boot habe, bin ich nassgeschwitzt. Gerade bin ich daran, mit dem neu gekauften Netz dem Kerl ins Boot zu helfen, da taucht er ab unters Boot, schießt kurz danach hervor, schwups und weg ist er. Wenn das so weitergeht, verhungere ich noch. Das ist bereits der Vierte, der abgehauen ist. Ich glaube, ich muss noch einiges lernen. 1600, ich sehe nun endlich die NO-Spitze von Zypern.

1800, nun habe ich den Punkt erreicht, wo ich die Richtung ändern muss, um an mein Ziel zu gelangen. Langsam bereite ich mich für die zweite Nachtfahrt vor. Um nachts zu fahren, habe ich einiges zu beachten.

1. Die Positionslichter einschalten
2. Den Radar einschalten
3. Den Handscheinwerfer im Cockpit installieren
4. Die Schwimmweste und Anschnallgurt bereitlegen
5. Den AKTIV-Radar einschalten. (Dieses Gerät verstärkt die empfangenen Radarsignale eines anderen Schiffes und wirft sie verstärkt zurück. Somit erscheint die SAMANTHA auf dessen Radar wie ein großer Brummer.)
6. Die Geräte dimmen, damit man nicht so stark geblendet wird. Nachts, wenn der Mond nicht scheint, sehe ich aus dem Cockpit gar nichts und bin völlig auf die Geräte angewiesen.

Beim Radar stelle ich einen Wachkreis ein. Wenn irgendetwas in diesen Kreis eindringt, gibt es Alarm. Diesen Kreis setze ich so circa 5 Kilometer ums Boot.

Als zweiten Alarm habe ich den AIS-Alarm. Dieser wird so eingestellt, dass der Alarm, sobald ein fremdes Boot – sofern auch dieses mit AIS (Automatic Information System) ausgerüstet ist – piepst, wenn ein Schiff mit meinem auf Kollisionskurs ist.

8.7.14

Laut Kartenplotter würde ich um 0130 im Zielhafen einfahren. Nicht mit mir. Die Segel werden reduziert und die Geschwindigkeit so gedrosselt, dass es 0800 mindestens sein wird.

So ist es denn auch. Um 0830 lege ich im Hafen von Taşucu an.

Es ist ein Fischerhafen und keine Marina. Zwei Leute weisen mich an einen Platz und helfen dabei, die SAMANTHA festzumachen. Der eine spricht gut Deutsch. Er ist Sauerländer und nach einem Urlaub hier hängen geblieben. Das war vor fünf Jahren. Er heißt Michael, bastelt an Booten herum und ist völlig zufrieden. Ich will ihn zu einem Bierchen einladen. Da staunst du, er trinkt keinen Alkohol (für einen deutschen Segler fast ein Heiliger). Er ist der Erste, der mir in einem Hafen begegnet, der nicht dem Alkohol frönt.

Für mich ist er eine große Hilfe, denn er kennt sich hier aus und erklärt mir, wie ich zu meinem Transitlog komme. Ich lege um 1000 zu Fuß los, beginne mit dem Hafenmeister, dann geht's (genau in der entgegengesetzten Ecke des Hafens) zur Polizei. Danach muss ich zum Doktor. Dafür nehme ich ein Taxi, denn der Doktor ist am anderen Ende der Stadt. Der Herr Doktor ist in Mittagspause. Mit dem Taxifahrer gehe ich auf die Suche nach einer Prepaid-Karte. Die gibt es nur in der nächsten Stadt, circa 7 Kilometer weit weg. Was ich dort im Laufe von zwei Stunden erlebe, kann ich nicht beschreiben. Keiner spricht etwas anderes als Türkisch, keiner weiß, was zu tun ist, um mein iPad zu entsperren, denn es ist schon wieder blockiert, obwohl ich in Fethiye damals die Importsteuer bezahlt hatte. Bei Turkcell erklärt man mir, ich müsse zum Finanzamt (das weiß ich ja schon), aber im Finanzamt sagt man mir (es bietet sich ein Passant als Dolmetscher an), es sei ein Problem von Turkcell. Im Finanzamt hocken in einem Büro ganze zwölf Jünger Erdogans, aber keiner kann helfen und das Problem lösen, dabei wäre es so einfach. Aber eben, wir sind hier in der absoluten Provinz und die Beamten wurden vermutlich direkt von den Bäumen geholt und vor einen PC gesetzt.

Nach zwei Stunden bin ich ob dieser Idioten so genervt, dass ich den Rückzug antrete. Nächste Station ist der Doktor, hoffentlich nun ausgeschlafen. Er ist es, und ist lieb. Nach zehn Minuten habe ich die Stempel. Zurück zur Immigration, dann Zoll und nochmals ins andere Eck vom Hafen zum Hafenmeister. Jetzt, nach sechs Stunden, habe ich die Papiere, die ich brauche, um in der Türkei zu segeln. Einen kleinen Konflikt gab es noch. Man wollte mich büßen lassen, weil ich über 154 Tage in der Türkei sei, da doch nur 90 erlaubt sind. Mit Händen und Füßen erkläre ich meinen Weg, und dass ich am 28.4.14 eingereist bin, und am 15.6. nach Zypern gefahren bin. Das ergibt keine 154 Tage!!! Es könne auch ein Fehler im Computer sein, meint die Beamtin, aber ich dürfe nur noch 34 Tage in der Türkei bleiben.

Ich werde mich an einem Ort darum kümmern, wo man nicht mehr im 18. Jahrhundert lebt.

Am Abend ist Match angesagt. Wahnsinn, was die Deutschen den Brasilianern da vorgemacht haben.

Taşucu 36°19,04 N 33°52,78 E

9.7.14
Kurzer Abstecher ins Dorf, frisches Brot holen. Abschied von Michael und Leinen los.

Gemütliches Segeln in eine Bucht, 15 Meilen entfernt, die mir Michael empfohlen hat.

Baden, Baden und nochmals Baden. Draußen hat es 38 °C und es weht kein Lüftchen. Das Dingi wird vorbereitet, denn am Abend gehe ich an den Strand zum Match.

Aus meinem Kochbuch „Militärchuchi" koche ich ein Gulasch mit Kartoffeln, dazu Salat und das restliche Caramelköpfli zum Dessert.

Dann muss ich warten, bis es Zeit ist, das Match zu schauen. Vom Strand her werde ich begossen (nicht berieselt) durch Disco-Musik der harten Form. Mit dem Dingi fahre ich bei Dunkelheit an den Strand. Ich hatte mir einen Peilpunkt mit zwei Laternen gemerkt. Ein Schwimmer, der vorbeikam, um „Hello" zu sagen, hatte mir gesagt, dass dort ein Café sei, wo ich das Match sehen könne. Dem war aber nicht so. Als ich dort ankomme, sind drei Leute auf der Terrasse und alles ist zu. Ich müsse ins Café, circa 800 Meter weiter. Also stapfe ich zum Café. Dort hat das Match bereits angefangen. Meine Uhr spinnt wieder einmal. Dennoch, auch nach 25 Minuten der ersten Halbzeit steht es immer noch 0:0 zwischen Holland und Argentinien. Das Match ist so langweilig, dass ich fast eingeschlafen wäre, hätte ich mich nicht köstlich unterhalten mit Mohammed, einem türkischen Deutschlehrer und Reisebegleiter. Wir plauderten über Gott und die Welt, während sich die beiden Mannschaften auf dem Spielfeld gegenseitig die Bälle zuspielten.

Auf dem Rückweg nahm mich Mohammed auf seinem Motorrad mit bis zu meinem Dingi. Das war praktisch.

Ovacik 36°09,43 N 33°41,35 E

10.7.14

Aydincik heißt ein kleines Dorf mit einem netten Fischerhafen. Da Michael hier angerufen hatte und ich somit erwartet wurde, stehen auch sofort zwei Fischer da, die mich an den Platz einweisen und die Leinen abnehmen. Die SAMANTHA ragt zwischen den Bötchen um die halbe Länge in den Hafen hinein. Sofort bringt ein Junge ein Kabel, damit ich den Strom einstecken kann. Das ist praktisch, denn so kann ich die Klimaanlage laufen lassen und den Salon etwas abkühlen. Es hat draußen 34 °C und die Brühe läuft einem nur so herunter. Ein kleines Hotel gibt es hier, wo ich mir ein Bier unter den Bäumen genehmige und mit Rita skype. Das Dorf hat Tradition. Es war hier ein Naturhafen. Davon zeugen noch viele alte Ausgrabungen und vor allem ein Mosaik von circa 20 m², das den alten Hafen mit einem Segelboot zeigt. Das Mosaik sei aus dem 5. Jahrhundert.

Aydincik, Fischerhafen 36°08,72 N 33°19,46 E

11.7.14
Motoren ist heute angesagt. Es gibt praktisch keinen Wind. Ich erreiche Bozyazi, den Fischerhafen, schon kurz nach Mittag. In diesem Hafen, der ungefähr 3 Kilometer außerhalb der Stadt liegt, sind gut gezählt höchstens zehn Boote. Der Chef der Fischer kommt zum Einkassieren. Er will 25 türkische Lire (9 Euro), Wasser und Strom inklusive. Gestern musste ich für das Gleiche das Doppelte zahlen. Hier werden die Preise nach der Nase des Ankömmlings gemacht. Gestern bekam ich aber eine Quittung, heute nicht.

Es gibt einen Bus, der am Hafen vorbeifährt. Ich versuche, den zu erwischen, merke dann aber, dass er einfach an mir vorbeigerauscht ist, denn ich habe kein Zeichen gemacht, weil ich ja nicht wusste, wie der aussieht. Ich mach mich zu Fuß auf den Weg. Kaum 100 Meter später hält ein junger Türke mit flottem Auto an und fragt, ob ich mitfahren will. Er spricht zwar nur Türkisch, aber ich bin schneller im Auto, als dass ich Ja sagen könnte.

In der „Stadt" bummle ich die Läden entlang, ohne etwas zu suchen. Schließlich lande ich auf einem Gemüsemarkt und da kann ich nicht widerstehen. Gemüse und Früchte füllen meine Tasche. Auf dem Rückweg sehe ich einen Uhrmacher. Im Geschäft erkläre ich ihm, dass ich eine neue Batterie brauche. Er nimmt die Uhr auseinander, prüft die Batterie und sagt, die sei noch gut. Ein bisschen Öl brauche die Uhr. OK, OK ...

1 Lira (45 Schweizer Rappen) geht über den Ladentisch. In der Schweiz würde einem ein Uhrmacher dafür nicht mal „Guten Tag" sagen können.

Für den Rückweg nehme ich den Bus. Das kühle Bierchen, das ich im Dorf trinken wollte, für das ich aber keine angenehme Kneipe fand, genieße ich nun im Cockpit.

Bozyazi, Fischerhafen 36°05,76 N 32°56,29 E

12.7.14
Es ist ein herrlicher Segeltag. Bis 1800 kreuze ich auf, mit Winden von 10 bis 20 Knoten. Im Dörfchen, wo ich mein Tagesziel gesetzt habe, gibt es keinen Hafen. Ich ankere in einer etwas flachen, aber doch ein bisschen geschützten Bucht. Den Anker ziehe ich mit 3.500 Touren ein und der hält bombenfest. Ein erfrischendes Bad im 28 °C warmen Wasser, ein Aperitif, Abendessen und danach sitze ich im Cockpit, höre klassische Musik, beobachte, wie die Schatten langsam die Hügel hinaufziehen und der Vollmond aufgeht. Friedlich ist es hier. Die Bucht ist recht schön und naturbelassen.

Schon den ganzen Tag die Küste entlang ist mir aufgefallen, dass alle Hänge in Richtung Meer mit Bananenbäumen bepflanzt sind. Auch hier in der Bucht ist es so. Nachdem der Mond in voller Pracht aufgegangen ist, stellt der Wind ab und es wird ruhiger.

Aus dem Schlaf erwache ich, weil das Boot fürchterlich schaukelt. Es ist ein Schwell aufgekommen, der die SAMANTHA tanzen lässt. Ich komme mir vor wie ein Embryo im Mutterleib, während einer Aerobic-Stunde.

Yakacik-Bucht 36°05,88 N 32°33,35 E

13.7.14
War gestern ein herrlicher Segeltag, so ist es heute genau das Gegenteil. Kein Wind, der Schwell von heute Nacht ist stärker geworden. Obwohl ich zum Stabilisieren das Großsegel aufziehe, schaukle ich nur so umher.

Bis zu meinem Tagesziel, Gazipaşa, sind es Gott sei Dank nur wenige Meilen und ich erreiche den Fischerhafen bereits kurz nach Mittag. Die ganze Küste entlang ist es recht langweilig. Es gibt kaum schöne Buchten, deshalb sind auch keine Boote hier. Es gibt zwar einige lange Sandstrände, an denen aber niemand ist. Etwas nördlicher liegen sie dann wieder wie Ölsardinen im Abstand von ein bis zwei Meter. Wer es noch natürlich und ruhig haben möchte, sollte hierhin für den Urlaub. Am auffälligsten sind die Bananenhaine, die ich nun seit circa 100 Kilometer beobachten konnte. Bananen stopfen doch, deshalb nehme ich an, dass die hier auch anderes essen.

Fisch und ein wunderbarer Chefsalat sind auf dem Tisch im Strandcafé, wo ich das Abendessen genieße und danach das Match anschaue. Die deutsche Elf hat meiner Meinung nach verdient gewonnen.

Gazipaşa, Fischerhafen 36°15,91 N 32°16,72 E

14.7.14

Alanya ist mein Ziel heute. Der Wind bläst achterlich (von hinten), sodass ich recht gut vorwärtskomme. Allerdings muss ich die fürchterliche Schaukelei, die durch die 2 Meter hohen Wellen entsteht, ertragen.

1500 und ich fahre in die Marina ein. Im alten Hafen habe ich es zuerst versucht. Dort gibt es aber keinen Platz. Auf alt getrimmte Gulets, die wie Piratenschiffe umherkurven und die Touristen erfreuen, füllen den Hafen. Eben fährt eines vorbei. Die Leute tanzen im Moment den Ententanz. Toll muss so ein Urlaub sein! Bis in die andere Marina sind es etwa 2 SM, die ich mit dem Motor hinter mich bringe. Dabei fahre ich um die Felskuppe herum und kann die gewaltige Burg bestaunen und ich überlege mir, wie lange die damals wohl an dieser mehrere hundert Meter langen und etwa 6 bis 8 Meter hohen Mauer aus Steinblöcken gebaut hatten?

Die Marina ist neu und gut. Der Preis ist auch noch akzeptabel.

Heute scheint nicht mein guter Tag zu sein. Vormittags, beim Anker sichern, hat eine Welle die SAMANTHA erfasst und aufspringen lassen. Ich bin dabei umgekippt und habe mir den Kopf am Furler fürchterlich angeschlagen. Ein großes Horn zeugt davon.

Nun rutsche ich auch noch von der Bank ab und trete am Boden vom Cockpit so blöd auf, dass der Fuß verknackt. Es schmerzt höllisch. Auf dem letzten Tritt am Heck der SAMANTHA sitzend bade und kühle ich den havarierten Fuß. Es tut gut und bald kann ich wieder humpeln.

Ich treffe einen AMEL-54er-Besitzer. Wir plaudern ein wenig. Er war in Zypern stationiert, in der neuen Marina im Nord-Osten. Die Preise sind dort inzwischen auch angehoben und günstig sei es nicht mehr.

Im netten Pub sitze ich beim Bierchen und surfe im Netz, bis es bald Mitternacht ist.

Alanya-Marina 36°33,53 N 31°56,91 E

15.7.14

Auch heute steht der Wind wieder günstig und ich mache gute Fahrt die Küste entlang. Es ist unglaublich, wie viele Hotels, und zum Teil Riesenkasten, hier an der Küste gebaut wurden. Scheinbar geht alles hier in die Südtürkei in den Urlaub. Das Hauptvergnügen scheint eine Fahrt mit einem dieser Pseudo-Piratenschiffe zu sein. Von denen gibt es Hunderte und Aberhunderte. Ich kann sie schon bald nicht mehr sehen. Ich finde das absolut geschmacklos. Die Besatzung ist verkleidet als Piraten, die Musik sind die neuesten Schlager und Discosounds. Das passt nicht.

Der Hafen von Side sei immer voll mit Piratenschiffen, hatte mir Michael gesagt, deshalb probiere ich es erst gar nicht und setze den Anker in der Bucht dahinter. Die ist gut geschützt und ruhig, nachdem die Piratenschiffe abgezogen sind. Eine ganze Stunde genieße ich das Bad im Meer. Es ist erfrischend, auch wenn das Wasser nur 28 °C hat.

Nach dem Abendessen rudere ich mit dem Dingi ans Ufer, schmeiße mich in den Strom von Touristen und schlendere durch die Einkaufs- und Vergnügungsmeile. Das letzte Mal, als ich mit Bea und Philippe hier war, vor dreißig Jahren, gab es etwa zehn kleine Läden, vor allem Teppichhändler. Heute ist es ein ganzes Dorf, wo aber keiner wohnt. Alles nur ein- bis zweistöckig, mit Läden und Restaurants. Gemütlich sitze ich am Hauptplatz mit Shisha und Bier, genieße den Abend und betrachte den Rummel. Köstlich ist es, dabei zuzuschauen, mit welchen Maschen und Gesten die türkischen Türsteher versuchen, die Leute in die

Restaurants und Cafés zu locken. Einem habe ich zugeschaut, als zwei junge Damen vorbeistolzierten. „Sind Sie Deutsche?", „Ja", „Sie sehen aber so türkisch aus". Für diesen Blödsinn hat er dann ein nettes Lächeln bekommen und schließlich sind die Damen dann auch zu ihm ins Restaurant. Bingo. Nach meiner Meinung haben die beiden so richtig deutsch ausgesehen und hatten mit Türkinnen genauso viel Ähnlichkeit wie ein Kamel mit einem Elefanten. Ich kann mir vorstellen, dass diese beiden Damen zu Hause vermutlich einen Job haben, der etwas Grütze verlangt. Warum verwandeln sich die Leute im Urlaub dermaßen? Im Urlaub kann man denen jeden Scheiß andrehen und jeden Schmus erzählen, die nehmen einem das ab. Genauso ist es mit anderem Verhalten und mit der Kleidung. Viele würden zu Hause niemals so umherlaufen wie in diesen Touristencentern. Ich verstehe das nicht. Muss ich auch nicht. Hauptsache ist doch, dass sie glücklich sind und nachher erzählen können, sie hätten einen schönen Urlaub gehabt.

Im Hafen gäbe es noch Platz, aber ich habe keinen Bock, das Boot noch zu verlegen. Da, wo ich liege, ist es ruhig und Sturm ist auch nicht angesagt.

Side, Ankerbucht 36°46,19 N 31°23,10 E

16.7.14

Ein steifer Wind treibt die SAMANTHA mit 8 Knoten in Richtung Kemer. Wenn das so weitergeht, bin ich ja bereits um 1400 dort. François kommt heute Abend um circa 2200 in Kemer an. Also habe ich genügend Zeit. Wenige Meilen vor dem Ziel stellt aber plötzlich der Wind ab, als sollte die SAMANTHA nicht nach Kemer einlaufen. Mit Hilfe des Motors wird sie aber dann doch in die Marina gezwungen. Zwei Marineros bemühen sich wirklich super und binden das Schiff fest. Heckleinen und Muring, ich muss überhaupt nichts machen. Das ist Service. Das Anmelden im Hafenbüro geht auch wie von selbst. Da ich bereits in deren Computer erfasst bin, habe ich bloß zu bezahlen. Dann warte ich. Um 2200, wie geplant, steigt François aus dem Taxi. Da er noch nichts gegessen hat, setzen wir uns ins nächste Restaurant, wo er trotz der vorgerückten Zeit noch freundlich bedient wird.

Kemer-Marina 36°36,01 N 30°34,24 E

17.7.14
Von Kemer geht es heute in die Bucht an der Spitze der Bucht von Finike.

Der Wind ist gut und lässt am Abend nach, sodass die Nacht am Anker angenehm ist.

Cavus Koyu 36°18,01 N 30°28,41 E

18.7.14
Kein Wind! Die ganze Strecke bis zu Ramazan müssen wir motoren. Gegen Abend kommt noch Wind auf, aber wie es eben sein muss direkt auf die Nase.

Trotzdem lassen wir uns den guten Fisch bei Ramazan schmecken.

Ramazan (Bauer) am Steg 36°09,83 N 29°48,08 E

19.7.14
Guter Wind, aber nur eine kurze Strecke bis nach Kastelorizo, zu der griechischen Insel, wo wir uns ebenfalls kulinarisch verwöhnen lassen.

Auch diesmal sehe ich niemanden von der Hafenbehörde.

Mistry Kastelorizo 36°08,95 N 29°35,43 E

20.7.14
François schlägt vor, dass wir uns schnellstens in die Bucht verlegen, um dort zu baden. Das tun wir und genießen den Vormittag im herrlich warmen Wasser.

Bis zu unserem Ziel, der Bucht bei Kas, sind es nur ein paar Minuten. Mit gutem Wind segeln wir in die Bucht ein. Diesmal geschieht es zum ersten Mal, dass wir eine Landleine legen müssen. François steigt ins Dingi, ist aber gleich im Wasser. Er ist noch ungeübt im Umsteigen. Nach einer Weile funktioniert es dann und wir sind bestens angebunden.

Bayindir Köyü, Kas 36°10,80 N 29°38,50 E

21.7.14
Von Kas nach Kalkan ist es auch keine große Strecke. Wir erreichen den Hafen rechtzeitig und bekommen einen guten Platz. Während des Ankermanövers im Hafen (man muss hier mit dem Anker und Hecklinen anlegen) klemmt die Kette und ich habe einige Mühe, ein sauberes Manöver zu fahren. Nach dem zweiten Ansatz funktioniert es aber einwandfrei. Im Städtchen, das mir so gut gefällt, genießen wir einige Aperitifs. Baden ist nicht angesagt, denn François hat gestern einen netten Sonnenbrand auf seine Haut gezaubert.

Im Restaurant „Korsar-Fischterrasse" bekommen wir ein herrliches Essen. Es ist für türkische Verhältnisse hier sehr zivilisiert und der Preis ist auch akzeptabel. Wieder zwischendurch etwas heimatliche Zivilisation tut gut.

Kalkan-Hafen 36°15,71 N 29°24,82 E

22.7.14
Trotz guten Winds kommen wir in der Kaltwasserbucht erst gegen 1900 an. In der einen Ausbuchtung fährt gerade das letzte Ausflugsschiff weg, sodass wir einen guten, geschützten Platz bekommen. Es sind viele Boote hier und eine ganze Meute von Kindern ist am Baden und springt von den Felsen. Das Wasser ist schön warm, es gibt aber eiskalte Strömungen, deshalb heißt die Bucht auch Kaltwasserbucht. Ali kommt mit seinem Bötchen und setzt uns die Landleine. Scheinbar ist Alis Gedächtnis durch den üppigen Konsum von Raki (sein Lieblingsgetränk) etwas in Mitleidenschaft gezogen worden, denn er erinnert sich nur knapp an unser letztes Zusammen-

sein, das doch sehr interessant und wegen des großen Gewitters recht eindrücklich war.

Soguksu Limani (Ali, Kaltwasserbucht) 36°33,78 N 29°04,92 E

23.7.14
In der nächsten Bucht, bei Mohammed, werden wir freundlichst begrüßt, denn unsere SAMANTHA kennt man hier. Baden, Bierchen trinken, dann ein herrliches Abendessen. Ich bekomme den Oktopus in Rahmsauce. Eine Delikatesse bei Mohammed.

Kapi Koyu (Mohammed) 36°38,57 N 28°53,59 E

24.7.14
Der Wind ist so super, dass wir beschließen, richtig zu segeln. Nach Fethiye segeln wir, machen dort am Stadtkai fest. Mit dem Fahrrad suche ich den Turkcell-Laden auf, wo ich meine Prepaid-Karte gekauft hatte. Seit dem 12. Juli funktioniert diese ja nicht mehr. Was ich hier zu hören bekomme, wäre für eine Märchenstunde gerade gut genug.

Nachdem ich ja letztes Mal beim Finanzamt mein iPad anmelden musste und dafür 120 TL bezahlt hatte, wurde es nach drei Tagen freigeschaltet. Mir wird nun erklärt, dass man in Ankara bei der zentralen Stelle die Papiere verloren habe und deshalb mein iPad wieder gesperrt wurde. Um das iPad wieder zu aktivieren, muss nun ein Brief von mir nach Ankara geschickt werden, von wo dann die Papiere zurück in den Shop geschickt werden, um die Registrierung neu zu machen.

Gut, dass die Filialleiterin mit mir Erbarmen hat und den Brief auf Türkisch für mich schreibt. Ich muss noch die Postgebühr bezahlen und dann hoffen, dass doch einmal in der Türkei etwas funktioniert. Die Chance, dass ich mein iPad in einigen Tagen wieder benutzen kann, schätze ich genauso ein wie die Chance auf einen Sechser im Lotto. Für drei Monate habe ich die Karte fürs Internet bezahlt, drei Wochen konnte ich es benutzen. Toll.

Nach einem super Segeltag legen wir in der Quellenbucht an. Hier gibt es Muringleinen.

Beim Manöver will ich die Muringleine auf die Kettenwinsch legen, um sie festzuziehen.

Damit ich die Muringleine auflegen kann, muss ich die Kette aushängen.

Und hier ist es passiert.

Wie, weiß ich nicht. Aber in dem Moment, als ich die Kette in die Hand nehme, muss ich auf den Schaltknopf gekommen sein, denn die Winsch dreht sich und zieht meinen linken Mittelfinger in das Kettenrad ein. François erzählte mir nachher, dass ich einen Schrei losgelassen hätte.

Ich befreie noch den Finger, oder was man Fingermus nennen könnte, beende noch das Manöver und stürze zum Kühlschrank.

Ich muss etwas Kaltes trinken, denn mir ist schwarz vor den Augen geworden und ich drohe, umzukippen.

Nach einem Glas Eistee geht es besser.

Mit Eis kühle ich den zerschnittenen und gequetschten Finger.

François betätigt sich als Doktor und verbindet die havarierte Stelle.

Die Nacht wird unangenehm. Es pocht und tut höllisch weh. Um 0500 schlafe ich dann doch noch ein.

Koyu Siralbük (Quellenbucht) 36°41,72 N 28°51,85 E

25.7.14

Nach dem Frühstück wird der Verband gewechselt. Danach geht es wesentlich besser, denn der neue Verband übernimmt die Schwellung und es drückt nicht mehr so sehr. Eine Massage bei „meinem" Masseur tut gut und lässt die Lebensgeister wieder aufwachen.

Auch François lässt sich massieren, danach legen wir los mit Ziel Göcek.

Beim Einlaufen in die Marina in Göcek werde ich mit einem „Hallo" begrüßt. Hinter der dunklen Sonnenbrille erkenne ich Hanspeter.

Wir haben uns schon lange nicht mehr gesehen und wussten beide nicht voneinander, dass wir zufällig in der gleichen Marina eingelaufen sind.

Super.

Nachdem wir unsere Neuigkeiten ausgetauscht haben, kommen die AMEL-Leute aufs Boot, bauen den Bugstrahlmotor aus und kümmern sich um den kaputten Reißverschluss am Sonnendeck.

Nun wird es Zeit, dass ich mich um das Abholen meiner zwei Teenies, eine Nichte und ein Neffe, kümmere. Ich arrangiere mit dem Chef von Göcek-Tours, dass ich mit einem Fahrer zum Flughafen fahre und die beiden abhole.

Kaum sind wir dort angelangt, vernehme ich, dass der Flieger drei bis vier Stunden Verspätung hat. Auch diese Wartezeit schleicht und ist mal vorbei. Aber die beiden kommen nicht aus dem Terminal heraus. Eine SMS der Mutter, die in der Schweiz sitzt, meldet, dass einer der Koffer verloren gegangen sei. Ich kann hier draußen nichts machen, und ins Gebäude lässt man mich nicht hinein. Schließlich telefoniert mein Fahrer mit seinem Boss, der spricht gut Englisch und ich kann ihm die Situation erklären. Seinerseits gibt er Anweisungen an seinen Fahrer. Daraufhin kämpfen wir uns durch die Kontrollen und landen schließlich vor der Gepäckausgabe, wo die beiden jungen Verwandten stehen. Der Fahrer ist sehr hilfsbereit und organisiert die Anmeldung im „Lost and Found"-Büro. Es sind etwa zwanzig Personen, die alle ihr Gepäck vermissen, unter anderen ein total entnervter Franzose, der morgen einen Törn antritt und alle seine drei Segeltaschen vermisst. So kann ein Segeltörn sicherlich keinen Spaß machen.

Alle Formulare ausgefüllt und die Tasche von Desiree im Kofferraum fahren wir zum Boot. Noch ein Abstecher zum Kebab-Hospital, damit die Jungen noch eine Pizza verschlingen können, dann ist die erste Nachtruhe angesagt.

François hat die Koje geräumt und schläft diese Nacht in der Skipperkabine.

Skopea-Marina, Göcek 36°45,22 N 28°56,26 E

26.7.14
Um halb sieben klingelt der Wecker. François wird um 0700 abgeholt und zum Flughafen gebracht. Ich warte, bis die Jungmannschaft endlich aus der Koje kommt. Dabei komme ich mir vor wie eine Katze, die vor dem Mauseloch auf das Erscheinen der Maus wartet. Es braucht viel Geduld. Irgendwann klopfe ich die Jungmannschaft heraus, denn ich muss die Marina verlassen, wenn ich nicht nochmals den Tag bezahlen will. Nach einigen Stunden machen wir in der Bucht mit den Bojen fest, baden und schwatzen, sofern das möglich ist und die Handysessions unterbrochen werden können.

Ich habe die vereinbarte SMS vom Chef von Göcek-Tours nicht bekommen. Ich entscheide, dass wir nach Göcek zurückfahren und ich mich um das verlorene Gepäck kümmere.

Nihat, der Chef, ist super. Er telefoniert überall herum und bekommt die Nachricht, dass das Gepäck nun am Flughafen ist. Wir entscheiden, dass er einen Fahrer schickt, damit wir die Tasche noch heute bekommen.

Dummerweise liegen in der Tasche die Kontaktlinsen und auch die Brille von Noel.

Ohne seine Sehhilfen ist er komplett verloren und sieht kaum etwas.

Abends um 2100 haben wir dann endlich das Gepäck auf dem Schiff und Noel sieht wieder, wo er ist.

Göcek-Reede 36°45,13 N 28°56,14 E

27.7.14
Wir haben guten Segelwind und deshalb fahren wir bis nach Ekincik und ankern in der Bucht. Für das Segeln scheinen sich die beiden nicht so sehr zu begeistern, denn schon bald liegen sie irgendwo in einer Ecke und schlafen. Schließlich bin ich es, der das Segeln übernimmt. Schade, ich hätte denen doch so gerne etwas beigebracht.

Ekincik-Bucht 36°49,78 N 28°33,24 E

28.7.14
Um 0900 holt uns ein kleines Ausflugsboot ab und fährt mit uns nach Dalyan. Vorbei an Grotten und dem Schildkrötenstrand fahren wir durch das Schilf zur alten Ruinenstadt. Es ist zu heiß, um sich wirklich dafür zu interessieren. Weiter geht's nach Dalyan, dem Touristendorf, wo die riesigen Felsgräber zu sehen sind. Wichtiger aber, scheint es mir, ist der Kiosk, wo man sich mit dem Notwendigsten eindecken kann. Nach einem nach langem Warten endlich servierten Imbiss geht es zurück zum Schiff, wo wir sofort loslegen.

Mit viel Motor und nur wenig Segeln erreichen wir Marmaris. Heute wurde das Steuer doch einige Male übernommen und ich konnte erste Handgriffe rüberbringen.

Marmaris, Reede 36°51,00 N 28°16,29 E

29.7.14
Mit dem Dingi gehen wir an Land. Dass es nach dem Frühstück bereits Mittag ist, lasse ich an mir vorbeigehen. Meinerseits suche ich neue Sandaletten und einen neuen Staubsauger. Ich werde fündig, trinke noch ein Bierchen. Dann bekomme ich eine SMS. Man ist mit Shopping fertig. Abends gehen wir nochmals an den Kai, bewaffnet mit dem iPad, um zu skypen und Mails zu erledigen.

30.7.14
Die Fahrt nach Cliftik (Club Fayah) ist nur kurz. Das Anlegemanöver mit Heckleinen und Muring ist eine mittlere Katastrophe. Obwohl ich ja alles genau erklärt hatte und jeder eigentlich wissen sollte, was zu tun und auf was zu achten ist, läuft das meiste schief, denn man hat scheinbar nicht zugehört.

Es ist eine echte Herausforderung für mich, denn ich habe schon länger nicht mehr mit jungen Leuten zu tun gehabt. Ich muss alles prüfen. Sind die Schubladen zu? Sind die Kastentürchen zu? Sind die Türen gesichert und so weiter. Schließlich will ich ja nicht, dass etwas auf dem Schiff kaputt geht.

Noël findet sein Handy nicht mehr. Mich erstaunt das natürlich nicht, denn bei seinem Ordnungssinn hätte ich schon lange nichts mehr auf dem Boot. Kein Handy, das ist ein Drama!

Gut, dass die beiden so höflich und anständig sind, da kann ich über die unterschiedliche Ansicht von Ordnung und Disziplin etwas hinwegsehen. Ich muss mich umstellen!

Das erste Mal essen wir im Restaurant und genießen den schönen Abend. Die beiden bekommen Lammkoteletts und ich einen Fisch.

Cliftik 36°42,97 N 28°14,28 E

31.7.14
Schon in der Früh gibt es starken Wind. Ich freue mich auf einen guten Segeltag. Ich will zurück in die Göcek-Bucht. Dort können die beiden dann ihren Urlaub weiter verschlafen. Bis wir dann nach Stunden loslegen, hat der Wind schon wieder abgeflaut und wir müssen für einen großen Teil den Motor dazunehmen.

Es liegen 40 Meilen hinter uns, als wir in der Drachenbucht mit Buganker und Landleinen anlegen. Dieses Manöver hat super geklappt. Endlich befolgt man meine Anweisungen.

Drachenbucht 36°37,02 N 28°52,06 E

Ein noch vom Krieg gezeichnetes Haus in Beirut.

Daneben ein schön renoviertes Gebäude.

Die berühmte Moschee von Beirut.

Das Parlamentsgebäude, völlig abgeriegelt.

Taşucu, erste Station in der Südtürkei.

Ayenick, ein kleiner Fischerhafen.

Das Tor von Side.

Die Gräber von Dalyan.

August 2014

1.8.14
Draußen stehen große Wellen. Hier in der Bucht liegen wir gut. Die Entscheidung lautet: Wir bleiben hier. Freundliche Schiffsnachbarn schwimmen vorbei und wünschen uns einen schönen Nationalfeiertag. Zum ersten Mal bemerke ich eine etwas erhöhte Aktivität. Es wird gebadet. Man holt die Taucherbrillen hervor und geht schwimmen. Gegen Abend unternehmen wir sogar noch einen Spaziergang um die Bucht, zu schönen Aussichtspunkten.

Zur Feier des Tages koche ich Rösti und Bratwurst mit Zwiebelsauce und zum Dessert Griessköpfli. Für die beiden zu kochen, macht richtig Spaß, denn sie schätzen es sehr und sind dankbare Esser.

Dass ich heute das Handy von Noel in einer Backskiste gefunden habe und er somit wieder mit der Welt Verbindung hat, ist natürlich das Highlight des Tages.

2.8.14
Die Sonne steht schon hoch am Himmel. Es ist 0830, als ich erwache. Vorne in der Koje ist noch alles ruhig. Im Cockpit sitze ich und lese. Irgendwann werden die Jungen schon ausschlüpfen. Um 0930 stelle ich den Generator an, das ist das Zeichen, dass Tagwache angesagt ist.

Es regt sich nichts im Schiffsbauch. Ich mache mir ein einfaches Frühstück und trinke einen Kaffee.

Es ist nun bereits 1230, jetzt kommt Bewegung ins Boot. Man ist aufgestanden!!!!!

Das Frühstück wird nun zum Mittagessen, dann legen wir los. Das Ablegemanöver mit Landleinen funktioniert super.

Kaum sind wir aus der Bucht, frischt der Wind auf und Noel übt sich im Segeln. Er macht das schon recht gut und scheinbar macht es auch Spaß.

Später am Nachmittag legen wir in der Quellenbucht an, mit einem gut gelungenen Anlandemanöver. Wenn sich alle konzentrieren und jeder seine Aufgabe richtig ausführt, dann sieht es aus als seien wir ein eingespieltes Team. Zum Abendessen genießen die beiden Teenies Fleisch und ich einen Fisch.

3.8.14
Auch heute ist uns der Wind gut gesinnt. Wir segeln bis nach Fethiye und setzen dann den Anker in Göcek auf Reede.
Bierchen in der Bar und natürlich Handy-Stunde mit WLAN.

4.8.14
Spät aufstehen, Frühstücken gegen Mittag und ein wenig Segeln, dann in einer Bucht mit Landleine festmachen. Etwas Baden und Handy bearbeiten.

Killeiskelesi Koyu 36°41,82 N 28°52,71 E

5.8.14
Segeltag vom Feinsten, in der Bucht von Göcek hin und her, dann auf Wunsch der Jungen wieder in der Drachenbucht festmachen. Die Drachenbucht scheint es den beiden angetan zu haben, obwohl ja nur etwas gebadet wird. Den Spaziergang nach oben auf den Berg wollen sie nicht machen.

6.8.14
Von der Drachenbucht segeln wir wieder einmal zurück nach Göcek, wo der Anker gesetzt wird. Dreimal raten, was danach gemacht wird.
Auf dem Handy daddeln!

7.8.14
Wir bleiben heute in Göcek. Es muss aufgeräumt und geputzt werden, die Koffer müssen gepackt werden und das ganze Schiff muss nach einzelnen Teilen, wie Kopfhörern und sonstigen Artikeln, durchforscht werden.

Am Abend gehen wir nochmals beim Kebab-Hospital essen, in „unserer" Bar trinken wir noch einen Abschiedscocktail, dann werden die Wecker auf 0500 gestellt und ab geht's in die Kojen.

8.8.14
0500. Die Wecker rasseln. Ein letztes Mal ins Bad und für die Heimreise vorbereiten. Ich habe Sandwiches vorbereitet, die noch obendrauf ins Handgepäck gestopft werden. Mit dem voll beladenen Dingi landen wir beim Eingang der Marina an, wo bereits der Fahrer auf uns wartet.

Der Abschied ist kurz und bündig. Die beiden bedanken sich nochmals für alles, steigen ein und winken, bis sie um die erste Kurve entschwinden.

Es waren zwei schöne Wochen. Ungewohnt für mich, aber da die beiden ein Musterbeispiel für Anstand und Höflichkeit waren, habe ich gut und gerne damit leben können, dass sie sich halt wenig für die Schönheit der Gegend und die Freuden des Segelsports interessierten, sondern nur den ganzen Tag entweder schliefen oder auf dem Handy herummachten. Ich glaube, wir waren als Jugendliche etwas anders gestrickt. Wir wollten etwas erleben und etwas unternehmen. Ruhig sitzen war für uns eine Qual und am Tag schlafen zu müssen wurde als Strafe verwendet.

Ich glaube, dass man heute die Jungen ganz einfach an zwei verschiedenen Seiten des Hauses hinlegen könnte, jedem ein Handy in die Hand drücken müsste, um sie dann nach Ablauf der Ferien wieder hereinzuholen. Das wäre doch auch Urlaub, und zwar recht günstig, denn es fielen ja nur die Handygebühren an. Dies könnte man dann UHU-Ferien („ums Hus ume") mit WLAN nennen.

Um 1000 verlege ich das Boot in die Marina, heute wird der Bugstrahlrudermotor wieder eingebaut und das Bimini repariert.

Den Tag verbringe ich mit Waschen. Fünf Maschinen muss ich füllen, bis alles wieder sauber in den Schapps liegt. Bis zum Abend bin ich am Putzen, gehe noch einkaufen und schließlich skype ich noch mit Rita. Dann bin ich fix und alle und falle halb tot ins Bett.

Skopea-Marina, Göcek 36°45,22 N 28°56,26 E

9.8.14
Den letzten Schliff am Boot erledigen, Wasser auffüllen und Bootsdeck spülen. Dann ist es 1100 und Claudi und Lissi werden vom Fahrer zum Boot gebracht. Es ist schön, die beiden wieder einmal zu sehen. Claudi ist eine Seglerin mit eigenem Boot auf dem Bodensee. Die kommenden zwei Wochen werden in Sachen Segeln bestimmt etwas interessanter werden.

Schnell werden die Taschen in die Koje gebracht. Danach legen wir ab, setzen den Anker vor dem Hafen und gehen nochmals einkaufen.

Ich leiste mir noch zwei neue Festmacherleinen. Die alten Leinen sind mittlerweile vom Salz und der Sonne so hart und unbeweglich geworden, dass ich fast einen Vorschlaghammer bräuchte, um diese zusammenzulegen.

Vollbepackt kehren wir auf die SAMANTHA zurück, trinken einen Aperitif und gehen dann zum Essen und Flanieren.

10.8.14
Die ersten Manöver fahren wir heute in der Bucht von Göcek. Der Wind ist super. Später angeln wir uns eine Boje in der „Bojenbucht" und genießen das Wasser, den Aperitif und das Curry-Geschnetzelte mit Reis.

Einige junge Türken fahren ständig um unser Boot herum und tun so, als würden sie fischen.

Wir bemerken aber bald, dass die mehr Augenmerk auf Lissi werfen als auf ihre Fischerleinen.

Lissi liegt oben auf der „Sonnenwiese" und streckt ihre gut proportionierten Titten in die Luft (selbstverständlich anständig im Bikini). Das ist es, was die jungen Türken interessiert, auch wenn sie deswegen verhungern müssten.

Siralibück Limani (Bojenbucht) 36°40,59 N 28°51,52 E

11.8.14
Um 1000 müssen wir in Göcek sein. Die neuen Membranen für den Wassermacher sind bereit. Mit dem Dingi hole ich die Mechaniker ab und um 1200 ist der Wassermacher wieder wie neu. Danach hält uns nichts mehr hier und wir segeln los.

So wie der Wind steht, können wir die Küste entlang aufkreuzen und uns in die Drachenbucht legen. Dann, langsam aber sicher, dreht der Wind rückwärts und wir fahren einen direkten Kurs zur Gemiller Reede. Na, das ist ja auch nicht schlecht, denn das liegt auf unserem Weg Richtung Süden. Hinter der Insel mit dem Ruinendorf liegen viele Schiffe, mit und ohne Lautsprecher. Hier bleiben wir nicht. Dann aber am Ende der Insel finden wir einen ruhigen Platz und legen mit Heckleine an.

Beim Manöver benutze ich das neu reparierte Bugstrahlruder.

Leider nur eine Minute, dann pfeift der Motor und auf dem Bugstrahler habe ich keine Reaktion mehr.

Toll.

Per SMS melde ich an den Techniker, dass ich wieder vorbeikommen werde, um die Reparatur nochmals zu machen.

Dann aber hoffentlich so, dass es nicht nur für ein einziges Manöver langt. 500 Euro hat die Reparatur gekostet, und einmal hat's funktioniert.

Die Nacht durch wurden wir mit einem leichten Schwell beglückt. Ich habe nichts gemerkt, aber die beiden Damen sind das noch nicht gewohnt.

Lissi macht Panik, als einige Wespen zu Besuch kommen. Ich hatte zwar die fünf Fünfrappenstücke hingelegt (die sollen die Wespen fernhalten), scheinbar kennen aber die türkischen Wespen die schweizerische Währung nicht, ganz im Gegensatz zu einigen Herren in den oberen Etagen, die gerne ihr Geld in dieser Währung horten.

Mit der Fliegenklatsche bewaffnet werden die Wespen, eine nach der anderen, totgeschlagen. Bei jedem Neuankömmling rennt Lissi auf und davon, mit Geschrei als wäre sie gestochen worden. Das geht mir so auf die Nerven, dass ich dann auch mal etwas lauter werde.

Mit Beginn der Dunkelheit sind dann auch alle Viecher weg.

Gemiller Bucht (hinter der Insel) 36°33,32 N 29°04,33 E

12.8.14
Der Teufel will es, dass wir heute keinen Wind haben. Gestern war Vollmond und das Wetter hat sich geändert. Mit Motorengeräusch den ganzen Tag im Ohr schleichen wir die Küste und den langen Sandstrand entlang bis nach Kalkan. Ob wir da um 1700 noch einen Platz bekommen? Ja. Glück haben wir. Es sind noch drei Plätze frei und ich muss mich ohne Bugstrahlruder mit Buganker zwischen zwei Boote zwängen. Einer davon ist ein Schweizer. Auch wenn der am Boot keine Fahne gehabt hätte, wäre mir die Nationalität klar gewesen. So typische Mädels, vom tiefsten Berner Oberland, die erkennt man sofort und das freundliche „Grüezi mitenand" war auch spontan.

Nach Lammkoteletts, Spinat und „Annemarie-Hörnli" (Hörnli und Zwiebeln in gleichen Mengen zusammen gekocht) flanieren wir im Städtchen und setzen uns dann in eine Bar, um den Abend zu genießen. Claudi und Lissi gefällt es hier, genauso wie mir.

Kalkan-Stadthafen 36°15,71 N 29°24,83 E

13.8.14
Zuerst gehen die Damen noch einkaufen. Dann legen wir los und motoren nach Kastelorizo. Vor Mysteri legen wir uns auf Reede, fahren mit dem Dingi in einen kleinen Hafen und spazieren über einen romantischen Fußweg ins Städtchen. Beim Aperitif in gemütlichen Korbstühlen am Kai wird geskypt und werden Mails geschrieben. Dann im gewohnten Restaurant verzehren wir herrliche Calamari und Pommes. Das Ganze begleitet mit einem kühlen Rosé.

Das ist Urlaub.

Der Rückweg ist gut beleuchtet und wir finden unser Dingi und danach die SAMANTHA ohne Probleme.

Mysteri-Reede 36°09,08 N 29°36,07 E

14.8.14
Ohne Wind – es ist beschi... – fahren wir bis kurz vor Kekova. Dann kommt etwas Wind auf und wir machen in der Bucht eine Sightseeingtour. Danach drehen wir ab und steuern den Steg bei Ramazan an. Hier können wir wie üblich Steuerbord anlegen. Einmal Schwimmen, dann ein Spaziergang über die Landzunge zu den Sarkophagen in Apelei. Auf dem Weg dorthin verliert Claudi die Sohle an einem Schuh und humpelt nun auf den spitzen Steinen als wäre sie barfuß. Claudi hat ein gutes Gemüt und nimmt es sportlich. Danach der Aperitif und um 2000 Essen bei Ramazan. Ich genieße einen Fisch, die Mädels Calamari.

Die Pommes sind wieder eine Wucht, aber der Salat ist diesmal so mit Peperoncini durchmischt, dass er auf der Zunge brennt.

Die Nacht ist ruhig, abgesehen von dem Hahn, der meint, er müsse den Muezzin ersetzen und um 0500 sein Geschrei loslassen.

15.8.14
Erst scheint es, als hätten wir heute keinen Wind, dann aber, kaum aus der Bucht, bläst es so, dass wir flotte Fahrt machen. Claudi ist schon richtig fit und segelt die SAMANTHA selbständig. Es sei aber schon etwas anders als auf ihrer Jolle am Bodensee, meint sie dann, mit einem Strahlen auf ihrem Gesicht, wie ein Frosch auf Hochzeitsreise.

In der Bucht von Kalkan setzen wir erst den Anker, denn ein Anlegemanöver mit Landleine ist mir zu riskant. Nach einer Stunde beruhigt sich der Wind und wir legen um, diesmal mit Landleine.

Kalkan-Bucht 36°15,58 N 29°22,38 E

16.8.14
50 SM bis zur Drachenbucht und das fast alles unter Segel. Ein sportlicher Tag, der Freude macht. Wir setzen den Anker und die Landleinen da, wo es noch Platz gibt, zwischen zwei Gulets. Da geht die Post ab. Dass zehn Italiener und Italienerinnen so viel Lärm und Party machen können, war mir bis dahin nicht bewusst. Es geht bis Punkt 12, dann macht der Skipper die Lichter aus und es wird still.

Jetzt haben wir eine Chance, schlafen zu können.

17.8.14
Es ist 0530, als ich aufwache. Draußen herrscht ein Radau. An Deck sehe ich, dass sämtliche Gulets – es sind etwa 10 – den Anker heben und abhauen, als würde die Polizei in fünf Minuten kommen und allen eine Buße aufdrücken. Vermutlich ist es die Flucht vor den Wespen. Diese kommen bei Tagesanbruch, bis Mittag, dann wieder zum Zvieri und verschwinden beim Dunkelwerden.

Wir bleiben den Tag hier zum Baden. Das Wasser ist klar und hat 28 Grad. Backgammon wird gelernt und die ersten Turniere gespielt.

Dann, am Nachmittag, kommt eine Gulet angefahren. Ein Boy kommt mit dem Dingi zu uns und fragt, ob es uns nicht störe, wenn sie neben uns anlegen würden. Ich falle fast aus den Wolken, so was habe ich bis jetzt noch nicht erlebt. Dazu waren die Passagiere auch äußerst zivilisiert. Scheinbar hat der Skipper einen Einfluss auf die Gäste.

Man lernt immer wieder Neues kennen.

18.8.14
Von der Drachenbucht bis Cliftik – da, wo der Club Fayah ist – müssen wir aufkreuzen. Der Wind dreht am Nachmittag bis auf 30 Knoten auf und wir segeln wie die Weltmeister, bis dann auf dem letzten Schlag ein Knall uns die Haare zu Berg steigen lässt. Die Genuaschot ist gerissen. Mit eingerollter Genua motoren wir in die Bucht und legen längs am Steg an. Die Calamari zum Abendessen sind eine Wucht. 58 SM haben wir heute hinter uns gebracht.

19.8.14
Von Cliftik bis Marmaris ist es nicht weit. Auf Reede ankern wir und ich bringe die Mädels zum Souk. Claudi hat mich gebeten, sie zu begleiten. Das tue ich doch gerne! Nachdem dann aber beim vierten Geschäft bereits drei durchstöbert sind, finde ich es an der Zeit, den beiden Damen zu zeigen, wo ich mich zum Bierchen und zur Shisha hinsetzen werde und geduldig auf deren Rückkehr warte.

Nach zwei Stunden kommen die beiden dann angerauscht. Claudi zittert vor Aufregung.

Was ist denn passiert?

Nichts, aber so super Schnäppchen hat man gemacht, dass sie ganz aufgeregt ist.

Dann wird eine Weile darüber debattiert, wo man denn all diese Einkäufe verstauen könne, denn die Taschen waren doch schon bei der Anfahrt gestopft voll.

20.8.14
Von Marmaris per Motor direkt zu Mohammed. Kein Wind. Bei Mohammed gibt es gutes Essen und die Bucht gefällt allen gut. Das Wasser ist schon fast 30 °C warm.

21.8.14
Ein kurzer Schlag bis Göcek auf Reede. Dann Organisation mit Emek-Technik, der AMEL-Vertretung hier, um das Bugstrahlruder zu prüfen.

22.8.14
Um 1000 muss ich unter den Kran in der Marina fahren. Die SAMANTHA wird aus dem Wasser gehoben und das Bugstrahlruder ausgebaut. Dann muss ich warten. Um mir die Zeit zu vertreiben, nehme ich die Spachtel aus der Werkzeugkiste und kratze die Muscheln ab, die sich angesetzt haben. Wieder einmal merke ich, wie groß eigentlich das Boot ist.

Da die SAMANTHA schon mal aus dem Wasser ist, wird gleich noch das Getriebeöl gewechselt und die Propellerflügel geschmiert.

Dann kommt der Chef mit den schlechten Nachrichten. Im Inneren des Bugstrahlruders sind die Zahnräder kaputt und müssen ersetzt werden. Bei AMEL will er diese bestellen. Bis die da sind, wird es einige Tage dauern. Also wird die SAMANTHA ohne Bugstrahlruder wieder ins Wasser gesetzt und vor Göcek verankert. In der Zwischenzeit haben die Girls die Läden in Göcek durchgearbeitet und einige Päckchen mehr werden verstaut werden müssen.

23.8.14
Heute Abend ist Abreise für Claudi und Alissa. Dann bekomme ich eine SMS. Ich muss nach Fetiye und dort ausklarieren. Ich bin nun schon 90 Tage in der Türkei und das ist das Maximum, das mir innerhalb von einem halben Jahr erlaubt ist. Per Motor düsen wir nach Fetiye. Hanspeter, der gestern auch nach Göcek kam, kommt mit und macht so Bekanntschaft mit Claudi und Alissa. Es geht lustig zu und her auf dieser Fahrt.

In Fetiye übergebe ich dem Agenten die Papiere um 1100 und er verspricht mir, dass wir spätestens um 1400 abreisen können.

Warten, warten und nochmals warten. Um die Zeit auszunutzen, und wenn ich schon an einer Tankstelle liege, fülle ich den Diesel auf. 400 Liter werden Platz haben. Der Tankwart kommt nach 300 Litern und fragt, ob er noch mehr einfüllen soll. „Ja, machen Sie voll" ist meine Antwort. Ich gehe ins Büro des Agenten auf der anderen Straßenseite und als ich zurückkomme, herrscht große Aufregung auf dem Boot. Die Bilgenpumpe pumpt frisch und fröhlich Diesel in den Hafen. 500 Liter wurden gefüllt, 400 davon hatten Platz im Tank und circa 100 Liter sind über eine defekte Dichtung am Tankinspektionsdeckel in den Motorraum gelaufen und von dort in die Bilge versunken und dann hinausgepumpt worden. Super.

Ich stoppe die Bilgenpumpe, hole in einem Laden ein Gummiprofil und bastle damit eine neue Dichtung, die Hanspeter und ich dann gleich montieren.

Um 1600 bekomme ich endlich die Papiere, nachdem sich der Agent und der Polizist der Immigration plötzlich einigen konnten, dass ich nicht 91, sondern 90 Tage in der Türkei gewesen sei.

Endlich können wir zurückfahren. Auf der Rückfahrt machen sich die beiden Damen zur Abreise bereit, denn wenn wir in Göcek zurück sind, wird das Taxi warten, um sie zum Flughafen zu fahren.

Ende gut, alles gut. Es hat geklappt, die beiden sind im Taxi, Hanspeter auf seinem Boot und ich koche mir eine einfache Platte Spaghetti, darauf habe ich nun richtig Lust.

24.8.14

Es ist brühend heiß schon am Morgen. Ich verlege die SAMANTHA in die Marina, schließe den Strom an und schalte die Klimaanlage ein, dann ... putzen ... waschen, räumen, einkaufen ... schwitzen bei 42 °C.

Am Abend gehen wir, Hanspeter, Bernhard (ein anderer Schweizer mit einer AMEL) mit Töchterchen, zum Kebab-Hospital zum Abendessen.

25.8.14

Um 1000 steige ich ins Taxi und fahre zum Flughafen, dort hole ich Rita ab. Danach auf dem Boot werden erst die Neuigkeiten ausgetauscht. Aperitif mit Hanspeter und Bernhard, dann schönes Abendessen zu zweit. Wir genießen es, nach drei Monaten wieder beisammen zu sein.

26.8.14

Einkaufen, dann Abfahrt in die Badebucht, nicht weit weg. Hier legen wir mit Landleine an. Rita genießt die Wärme und das herrliche Wasser. Die 20 Grad Temperaturunterschied von zu Hause machen ihr etwas zu schaffen.

27.8.14

Die Bugstrahlruderteile sind noch nicht da. Rita und ich beschließen, nicht länger zu warten und nach Süden zu fahren. Die erste Etappe ist die Kaltwasserbucht bei Ali. Leider schaukelt es hier wie üblich. Rita nimmt eine Tablette, sonst würde sie durchdrehen. Wir sind schon früh am Nachmittag da und können das Spektakel der ein- und ausfahrenden Gulets beobachten. Nach und nach kommen auch andere Segler, um festzumachen. Es geht hier zu wie im Busbahnhof in Cagliari. Bei Einbruch der Nacht begeben wir uns nach oben ins Restaurant. Es ist ein superschönes Ambiente hier und das Essen wie üblich sehr gut. Die ganze Nacht schaukelt es. Mich stört es nicht, aber Rita schläft nicht besonders gut.

28.8.14
Wir haben heute viel vor. Circa 30 SM sind es bis Kalkan. Zwischen Ali und Kalkan gibt es keine Bucht, in der man ruhig übernachten könnte. Schon um 0800 legen wir los und bekommen bereits starken Wellengang seitlich. Das liebt Rita ganz besonders. Dank Stugeron hält sie tapfer durch, bis wir dann bereits um 1300 in Kalkan im geschützten Hafen anlegen. Sofort wird der Strom angeschlossen und die Klimaanlage erzeugt eine angenehme Temperatur. Draußen hat es 35 °C mit 75 Prozent Luftfeuchtigkeit. Drinnen ist es angenehm und Rita macht ein ausgiebiges Schläfchen. Die Pillen machen eben müde. Ein Bad am Strand, ein herrliches Abendessen „Tête à tête", ein Spaziergang durch das Städtchen, ein letzter Drink und dann geht's in die Heia.

29.8.14
Kein Problem beim Ankerheben in Kalkan. Der befürchtete Ankersalat bleibt aus. Mit Motor und Segel erreichen wir die Bucht von Kekova, machen eine kleine Rundreise um die historischen Stätten und legen dann bei Ramazan längs am Steg an. Baden, gutes Essen und danach bekommt das kleine Mädchen (Enkelkind von Ramazan) eine Barbie-Puppe geschenkt. Dies ist mein Abschiedsgeschenk, da ich heute das letzte Mal hier bin und mit Rita die herzliche Gastfreundschaft genießen konnte.

30.8.14
Vom Ramazan nach Kas in die SE-Ankerbucht sind es nur wenige Stunden. Segeln vom Feinsten. Auch Rita gefällt's, da der Wind regelmäßig bläst und keine Welle das Boot durchschüttelt.

In der Bucht legen wir mit Landleinen an und verbringen viel Zeit im Wasser. Die Schale putze ich vom Dingi aus, bis auch die schwarzen Flecken vom Auspuff weg sind. Rita versucht vergeblich, eine der vielen riesengroßen Schildkröten zu fotografieren.

Mit dem Dingi unternehmen wir eine 20-minütige Reise bis Kas in den Hafen. Wir durchstöbern die Touristengässchen von Kas, trinken etwas unter kühlenden Bäumen und fahren kurz vor dem Einbruch der Nacht zurück, wo wir uns eine herrliche Platte Spaghetti mit Zucchinisauce, eine Spezialität von Rita, kochen.

31.8.14
Da wir hier sehr ruhig liegen, schlafen wir auch länger. Dann Baden, und los geht's gegen Mittag nach Mysteri Kastellorizo, der griechischen Insel. Rita war noch nie hier. Ich befürchte, dass mich hier ein Anlanden teuer zu stehen kommen könnte, da ich ja schon zweimal ums Bezahlen herumgekommen bin. Ob die mich registriert haben?

Wir versuchen es erst auf Reede, da, wo ich mit Claudi und Lissi geankert hatte. Aber es ist zu wild. Der Wind bläst stark und sehr böig. Dann versuche ich es in der Bucht daneben, dort scheint es ruhiger zu sein. Der Anker rauscht ein Stück hinunter, dann ist Schluss. Es klemmt wieder einmal. Ich muss die Ankerkette aus dem Kasten ziehen. Mein Mittelfinger an der linken Hand fängt bereits an zu jucken!

Ich benutze ein Stück Tau, um die Operation durchzuführen, denn mit den Fingern lange ich die Kette so nahe bei der Winsch nicht mehr an.

Als der Anker sitzt, treiben wir durch die ganze Bucht, als hätte ich keinen Anker fallen gelassen. Wenige Meter vom anderen Ufer entfernt gebe ich auf und hole den Anker hoch. Wäre ich ein Bauer, hätte ich sicher Freude gehabt. Einen Riesenhaufen von Seegras hebe ich und versaue das ganze Vorderdeck. SAMANTHA gleicht mehr einem Heuwagen als einem Segelboot.

Einen erneuten Versuch, zu ankern, lasse ich dann weg, als ich Ritas bittende Äuglein sehe, die mich wie ein treuer Bernhardiner anschauen.

Mutig fahren wir dann doch an den Stadtkai, legen an und harren der Dinge.

Alexandra sei ihr Name. Hübsch ist sie und sehr freundlich. Ich gebe ihr die Papiere und ich bekäme alles spät am Abend nach dem Essen zurück, verspricht sie mir. Sie trägt keine Uniform, sie ist eine Agentin und handelt für die Behörde. Scheinbar wurden auch hier die Beamten im Zuge der Troika reduziert.

Lazarazi gibt uns einen Tisch direkt neben dem Boot. Einen Mérou, wie ich ihn schon mit Markus genossen habe, bestellen wir, dann gehen wir auf eine kleine Tour. Einkaufen, Aperitif trinken und etwas flanieren. Es ist fast wie auf Hochzeitsreise.

Das Abendessen, mit Vorspeisen, gutem Wein und dem Mérou, ist wie immer ein Genuss, allerdings nicht ganz billig. Griechenland ist wesentlich teurer als die Türkei. Die müssen ja schließlich einmal die geborgten EU-Gelder zurückzahlen, und das tun wir ja indirekt, wenn wir hierherkommen.

Schließlich bekomme ich von Alexandra die Papiere und die Rechnung. Es sind 76 Euro, für Hafenplatz, griechisches Transitlog (das brauche ich für die nächste Reiseetappe) und die Agentenfee.

Da waren doch alle meine Bedenken, die Griechen könnten gut organisiert sein, umsonst gewesen. Der Aufenthalt macht so dann auch doppelt Freude.

Das Dorf Kekova.

Die Sarkophage.

September 2014

1.9.14
Von Mysteri nach Kalkan-Stadthafen können wir einen größeren Teil segeln. Das hält die Laune gut, denn Motorengeräusche habe ich in den letzten Tagen zur Genüge gehört. Dies geht einem mit der Zeit auf die Nerven wie schlechte Musik. Ich bin erstaunt, wie wenig Boote hier im Hafen liegen, war doch sonst immer ein Run auf die wenigen Plätze.

Der Hafenmeister erklärt mir, dass die letzte Augustwoche und die erste Septemberwoche immer Flaute sei, das sei normal so.

Für den Abend ergattern wir diesmal einen Tisch im „Korsar Fischterrasse"-Restaurant. Wir sind wieder begeistert von dem schönen und guten Essen. Hier kann man wirklich mit den Augen mitessen. Wir flanieren am Abend am Kai und fühlen uns herrlich zu zweit. Es ist wie Honeymoon, wenn wir nach den einsamen Monaten wieder zusammen sind. Vielleicht wäre das ja ein Rezept für Ehen, die im Sand verlaufen!

Kalkan-Stadthafen 36°15,72 N 29°24,82 E

2.9.14
Rita stopft sich gleich in der Früh eine Stugeron in den Hals, denn heute ist ein längerer Schlag notwendig. Ich mache auch gleich meinen „Ankerfanghaken" bereit, denn ich denke, dass mindestes zwei Boote ihre Kette über meine gelegt haben. Vorsichtig fahren wir aus dem Platz, immer darauf bedacht, dass die Ankerkette senkrecht hängt und der Anker nicht durch den Hafen pflügt. Und siehe da, oh Wunder, wir fangen keine Kette und können sauber ausfahren. Mit Segel und Motor erreichen wir bereits gegen 1400 die Drachenbucht. Schon von Weitem sehen wir eine AMEL, die uns entgegenkommt. Das muss Hanspeter sein. Und tatsächlich, er ist es. Er nimmt die Gelegenheit wahr und fotografiert unsere SAMANTHA von allen Seiten.

In der Bucht legen wir nebeneinander an, baden, trinken Aperitif und schließlich werden wir noch auf der TAMANGO zu einem feinen Abendessen eingeladen. Wie gut es uns geht!

Mitternacht kommt und wir müssen per Dingi die vier Meter, die unsere Boote trennen, „nach Hause" fahren.

Drachenbucht 36°37,02 N 28°52,05 E

3.9.14

Lange schlafen wir aus. Ich erwache erst, als ich höre, wie Rita sich ins Wasser platschen lässt.

Frühstück mit Speck und Ei, dann erledige ich einige Kleinigkeiten auf dem Boot, bis wir dann um 1500 die Leinen lösen und den Anker heben. Es sind heute nur etwa 6 SM bis in die Bucht von Mohammed, wo wir noch ein letztes Mal anlegen wollen.

Rita fährt alles, unter Motor, bis vor den Steg.

Hier muss ich das Ruder übernehmen, denn ohne Bugstrahlruder und ohne Übung darf man das der Rita nicht zumuten.

Kaum angelegt, läuft direkt neben uns ein anderes Boot ein, mit fünf Baslern. Die Sprache ist ja nicht überhörbar.

Zum Abendessen bestellen wir einen gegrillten Calamaro und Oktopus in Rahmsauce. Es ist lecker, wie immer, aber ich bin über den Preis schockiert. Noch nie habe ich hier bei „Momi" mehr als 60 TL pro Person bezahlt und diesmal sind es 95. Scheinbar, und das ist auffallend, steigen die Preise von Mai bis September um gute 30 bis 40 Prozent, und das überall. Zu Beginn der Saison ist man noch scheu und anständig und traut sich nicht, die Gäste abzuzocken, dann aber gewöhnt man sich daran und steigert die Preise, bis dann gegen Ende der Saison sowieso niemand mehr kommt. Über den Winter nüchtert man dann wieder aus dem Preisrausch aus und fängt im nächsten Frühjahr wieder von vorne an.

Dass es sich herumspricht, dass die Türkei teuer geworden sei, ist wohl auch einer der Gründe, warum in den Marinas viele Charterboote brach liegen. Vor wenigen Jahren waren die Marinas komplett leer, weil alle Schiffe verchartert waren. Nicht mehr so heute.

Kapi Koyu (Mohammed) 36°38,57 N 28°53,60 E

4.9.14
Regen, ein neues Phänomen, das ich seit Monaten nicht mehr erlebt habe. Dicke dunkelgraue Wolken stehen am Himmel, als ich die Nase zur Luke hinausstrecke. Und tatsächlich, nach dem Frühstück fallen auch Tropfen und dann gibt es einen richtigen Platzregen. Viele Bootler holen ihre Schrubber hervor und putzen die Boote.

Am Nachmittag ankern wir in der Badebucht. Nun beginne auch ich, einige Kleinigkeiten zu erledigen, wie z. B. Backskisten putzen, WC-Tanks ausspülen, das Deck abspritzen. Dazu habe ich ja meine geniale Einrichtung mit dem Schlauchanschluss an der Ankerwaschpumpe.

Gegen Abend fahren wir in die Quellenbucht und eine Stunde später kommt auch die TAMANGO und legt neben uns an.

In einem schwimmenden Markt, der kurz nach uns anlegt, holen wir noch neue Vorräte. Es erstaunt einen, was so alles auf einem 8 Meter langen Boot Platz hat. Ein riesiges Sortiment, von frischen Trauben über Wein, Raki und o. b. gibt es alles zu kaufen, was man so brauchen oder nicht brauchen kann. Gemütliches Abendessen mit Lammchops usw.

Quellenbucht 36°41,70 N 28°51,86 E

5.9.14
Bereits um 0830 stehen wir vor dem Kabäuschen „unseres" Masseurs. Zuerst lässt sich Rita verwöhnen, dann lege ich mich auf den Schragen. Es ist einfach herrlich, wie diese schon älteren Hände einem mit viel Gefühl ein Wohlbefinden in den Körper zaubern können.

Nachmittags setzen wir den Anker und Landleinen in der Badebucht. Die TAMANGO nebenan.

Heute sind wir dran, ein Abendessen anzubieten. Es gibt Rote Bete mit Honig und Zwiebeln, danach Crevetten an einer Zitronensauce. Ein von der TAMANGO rübergebrachtes Rinderfilet wird kross gebraten und mit Reis serviert. Rita hat fürs Dessert Caramelköpfli in den Kühlschrank gestellt. Es ist lecker und ein schöner Abend wird mit türkischem Kaffee und einem Raki besiegelt.

Badebucht 36°41,83 N 28°52,68 E

6.9.14
Wieder werden ein paar Kleinigkeiten auf dem Boot erledigt. Rita zieht mich hoch in den Mast, wo ich die Antennen kontrolliere, dann hole ich das kleine Dingi hervor und schnalle es aufs Sonnendeck, denn bald bin ich ja wieder solo und brauche dann das kleine Dingi, das ich alleine bestens handhaben kann.

Nachmittags verlegen wir uns in die Bucht beim AMIGO, legen mit Anker und Landleinen an. Mittagsschläfchen, baden, lesen und so weiter. Einfach die Seele baumeln lassen. Am Abend fahren wir rüber zum AMIGO und essen einen Fisch. Noch selten haben wir so guten Fisch bekommen. Mit Rejab, dem AMIGO, plaudern wir noch eine ganze Weile, während er sich einen Raki nach dem andern genehmigt und dann später aufsteht und auf sehr wackligen Beinen zu den Hühnern geht, um uns noch zwei Eier für das Frühstück zu holen.

AMIGO Bucht 36°38,38 N 28°51,89 E

7.9.14
Heute ist Sonntag, wir segeln den ganzen Weg nach Göcek in die Skopea-Marina. Rita packt ihre Tasche und ich schaue mit Wehmut zu. Rita will noch einen Bummel durchs Städtchen machen, ich kaufe neue Leinen für die Fock. Hier haben wir eindeutig unterschiedliche Interessen, treffen uns dann aber zu einem letzten Dinner zu zweit auf dem Schiff, dann flanieren wir noch durchs Städtchen. Rita holt die neu gekaufte Halskette ab, die zwischenzeitlich etwas verlängert wurde.

8.9.14

Es ist so weit. Um 0830 steht das Taxi bereit, um Rita zum Flughafen zu bringen. Kurzer Abschied, damit es ohne Tränen geht, dann ist das Auto ums Eck und eine neue Ära beginnt. In drei Monaten muss ich in Teneriffa sein und das ist eine längere Strecke.

Es ist 0900, als die Mechaniker mit dem revidierten Bugstrahlruder kommen und dieses einbauen. Dazu befestigen wir dieses mit einer Schnur, die durch das Loch nach innen geführt wird, dann steige ich mit Schnorchel und Taucherbrille ins Wasser und führe das Teil von unten her in die Öffnung. Es funktioniert einwandfrei und die Mechaniker, die erst nicht an mein System glaubten, sind überzeugt. Dann wird alles verschraubt und angeschlossen. Um 1100 lege ich los. Mein Ziel ist Rhodos. Kaum aus dem Platz hinausgefahren, streikt das Bugstrahlruder schon wieder. Ich lege den Rückwärtsgang ein und befestige die SAMANTHA neu am Steg. Das Bugstrahlruder wird wieder ausgebaut und gegen 1700 wieder neu eingebaut, das System ist das gleiche. Zwischenzeitlich habe ich entschieden, das Rigg kontrollieren zu lassen und der Furler sowie die Winschmotoren revidieren zu lassen. Seit 2003 haben die nie neues Fett gekriegt.

Als ich ablege, funktioniert das Bugstrahlruder genau zehn Sekunden, dann ist wieder Schluss.

Neues Anlegemanöver. Die Moral ist im Keller.

Mit Hanspeter gehe ich in die nahegelegene Marina, wo ich ihn zum Abendessen einladen will. Er hat mir nämlich heute 18 Seekarten und ein Revierbuch für die Karibik ausgeliehen. Super ... danke!

Und weil heute ja kein guter Tag ist, finden wir das Restaurant geschlossen vor. Im nächsten Restaurant daneben kennt Hanspeter den Besitzer, Axel, einen Berliner. Ein netter Kerl, den es hierher verschlagen hat, um sein Glück zu finden. Er ist aber immer noch am Suchen!

Dann kommen Bekannte von Axel, und weil es Schweizer sind, setzt man sich an denselben Tisch. Es stellt sich aber dann bald heraus, dass der Herr ein Österreicher ist, der mit einer sehr netten, attraktiven Frau verheiratet ist. Als uns die Dame dann erklärt, dass sie bereits 76 sei, fallen uns die Kiefer herunter.

Der Herr Gemahl, einer der Größten dieser Geschichtsepoche, nervt mich mit seiner Angeberei dermaßen, dass ich es vorziehe, mich auf mein kleines Schiffchen zurückzuziehen. Hanspeter bleibt und fühlt sich wohl. Sei's ihm gegönnt.

9.9.14

Der Tag vergeht mit Zuschauen, wie auf dem Boot gearbeitet wird.

Schließlich sind auch die Winschmotoren eingebaut, der Bugstrahlrudermotor neu überarbeitet, auch wieder an seinem Platz und die Rechnung bezahlt. Es ist zu spät, um noch nach Rhodos zu kommen, also bleibe ich noch eine Nacht. Mit Hanspeter gehe ich im Kebab-Hospital essen. Er lädt mich ein, da ich keine türkischen Lire mehr habe.

Ich bin müde und gehe bald schlafen. Hanspeter wird noch von einem Mitglied eines neben mir liegenden Katamarans angesprochen. Man setzt sich zusammen, huldigt noch bis weit nach Mitternacht dem Weingott Bacchus und … ich schlafe untendrunter in meiner Kabine!

10.9.14

Mit Riza, dem Chef von Emek Marin, und seinem Assistenten Seyfi habe ich noch ein längeres Gespräch über all die Möglichkeiten, die sie anbieten. Es ist erfreulich zu wissen, dass die sich verschlechternde Politik von AMEL hier aufgefangen wird. Bei Emek Marin kann ich in Zukunft weltweit Ersatzteile bestellen, und dies günstiger als bei AMEL.

Dazu muss ich sagen, dass ich hier nicht nur einen sehr guten, kompetenten und freundlichen Service bekommen habe, nein, auch noch preisgünstig. Riza und Seyfi sind hochanständige Kerle und vollauf bemüht, die Kunden zufriedenzustellen. Und wenn mal was schiefgeht, wie mit meinem Bugstrahlruder, dann übernehmen sie die Verantwortung und sind bemüht, den Schaden schnellstens zu beheben.

Das ist eine gute Adresse und wärmstens empfohlen.

Um 1000 lege ich los und fahre bis nach Rhodos, wo ich erst um 2100 bei Dunkelheit ankomme. Ich kenne den Hafen und riskiere es deshalb, einzufahren. Dank des funktionierenden Bugstrahlruders gelingt es mir, einwandfrei zwischen zwei Booten zu parken. Die Nachbarn haben nicht einmal bemerkt, dass ich neben ihnen eingefahren bin. Schön, so ein funktionierendes Bugstrahlruder zu haben!

Rhodos-Stadthafen 36°27,00 N 28°13,66 E

11.9.14

Mein erster Gang ist zum Vodafone-Laden. Hier hole ich mir eine neue Prepaid-Karte und es funktioniert. In der Türkei hat es für viele Wochen nicht geklappt. Glücklich bin ich auch, in Griechenland zu sein. Hier bin ich nämlich wieder legal. In der Türkei musste ich ja auschecken, nach Ablauf der 90 Tage, die man innerhalb von sechs Monaten im Land sein darf. Dieses Auschecken hat in Fethiye stattgefunden, genau am Tag bevor Rita kam. Da war ich nun dreieinhalb Wochen illegal in der Türkei. Ich fühlte mich manchmal wie ein Asylant, aber man gewöhnt sich dran.

Mein nächstes Ziel heute ist die Insel Tilos, aber wie so oft, der Wind steht direkt auf der Nase, und wenn ich segeln statt motoren will, muss ich etwas ändern. Ich peile die Insel Symi an, und zwar die Bucht im Süden, wo ich den Anker in der malerischen Bucht mit dem Kloster fallen lasse. Bevor es einen Aperitif gibt, hieve ich mich mittels dem bei SWI-TEC gekauften Gerät in den Besanmast hoch, um dort den Antennenanschluss des AIS-Gerätes zu prüfen. Bei der Diagnostik hat es angezeigt, dass der Antennenanschluss nicht in Ordnung ist. Ich ziehe die Verschraubung etwas nach und schon ist alles wieder paletti.

Zum Abendessen koche ich den Fisch (der im Tiefkühler wartete) in Folie im Backofen mit reichlich Zwiebeln und Tomatensauce, dazu Spinatgemüse und Salzkartoffeln. Das letzte Caramelköpfli, das Rita gemacht hat, verschwindet auch noch.

Panormitis, Kloster auf der Insel Symi (Süden)
36°33,04 N 27°50,74 E

12.9.14
Die meiste Zeit habe ich heute den Wind auf der Nase. Die 12 bis 16 Knoten wären zwar gut für einen schönen Segeltag, aber eben, ich muss nach Westen und aus Westen bläst der Wind. Noch vor dem Einbruch der Dunkelheit erreiche ich die Insel Symi. Das ist ein Stück Fels im Meer und weder in meinem Revierbuch noch auf den Karten hat man sich dieser Insel im Detail angenommen. Ich finde eine Bucht, in der es ruhig ist, bis auf einen Nachtvogel, der hin und wieder zwitschert, und die leichten Wellen, die sich an den Felsen überschlagen, höre ich nichts. Auch das Telefonnetz ist auf dieser gottverlassenen Insel nicht vorhanden.

Ein Anlegemanöver mit Landleine, allein, bedarf einer guten Organisation. Ich lasse den Anker fallen, fahre rückwärts, bis der Anker hält, dann gebe ich mit rückwärts laufendem Motor so lange Kette, bis ich meine leichte Wurfleine mit dem kleinen Anker hinter die ersten Felsen werfen kann. Nach dem dritten Anlauf klappt's und die Wurfleine wird gespannt. Dann mit dem Dingi die richtige Landleine ausbringen und befestigen, die Wurfleine wieder einholen und die Ankerkette strammziehen. So einfach geht das.

Nun ist es Zeit zum Kochen. Nach dem Essen sitze ich im Cockpit und genieße diesen ruhigen Abend unter einem fantastischen Sternenhimmel. Hier ist Natur pur. Keine Seele scheint auf dieser Insel zu wohnen und nichts deutet auf irgendetwas aus der Zivilisation hin.

Der Tag war recht anstrengend. Ich gehe früh ins Bett und schlafe sofort ein.

Bucht Ioannis, Insel Symi 36°20,16 N 26°40,62 E

13.9.14
Um 0200 erwache ich, drehe mich nochmals um, finde aber keinen Schlaf mehr.

Der Vormitternachtsschlaf soll ja bekanntlich der gesündeste sein, und den hatte ich ja für ganze drei Stunden. Ich stehe auf, mache das Boot bereit, löse die Landleine und fahre hinaus aus der Bucht. Es ist einfach, nachts aus einer Bucht zu fahren, man muss nur der roten Trackinglinie folgen, die im Plotter von der gestrigen Einfahrt aufgezeichnet ist. Wenn man beim Einlaufen nirgends angestoßen ist, wird man das auch beim Ausfahren nicht tun.

Draußen im offenen Meer finde ich einen Wind von 12 bis 16 Knoten vor, aus nördlicher Richtung. Das heißt, heute ist ein super Segeltag, hart am Wind aber regelmäßige 12 bis 16 Knoten, und das bringt mich bis Santorin, zu der Insel, die ich noch nie gesehen habe, die man aber sehen müsse.

Es heißt, es gebe einen Hafen am Südkap.

Da will ich hin. Man könne nur schlecht irgendwo ankern, weil alles zu steil abfällt. Schließlich finde ich schon um 1500 und nach 67 SM diesen Hafen. Der ist total überfüllt und beim Einlaufen bleibe ich erst einmal in der Einfahrt stecken. Da ich aber sehr langsam aufgelaufen bin, komme ich schnell mit dem Rückwärtsgang wieder frei. Ein netter Skipper ruft mir zu, dass ich mehr am rechten Rand fahren soll, und so schaffe ich es in den Hafen. Der Hafenmeister weist mich an, am Molenkopf längs anzulegen. Später kommt noch eine weitere Jacht ins Päckchen. Costas, der Hafenmeister, kommt später vorbei und erklärt mir das Prozedere und wo Strom und Wasser ist.

Ich gönne mir nun ein Nachmittagsnickerchen, denn seit 0200 bin ich auf den Beinen (bzw. am Segeln). Gut, dass ich so früh los bin. Wäre ich wie gewohnt erst um 0800 oder 0900 losgesegelt, hätte ich Santorin nicht bei Tageslicht erreicht. So ist nun alles gut. Die Waschmaschine wird gefüllt, ein Nachmittagsbierchen trinke ich in der Taverne, dann gibt's Hähnchenschenkel und die restlichen Makkaroni von gestern.

Ich bin gespannt auf Santorin, das man scheinbar gesehen haben muss. Ein Buch, das ich mal gelesen habe, handelte von einer Deutschen, die sich in Santorin verliebt hat und dann hiergeblieben ist. Mir kann das sicher nicht passieren, denn ich habe ein längerfristiges Ziel. Übermorgen will ich in Kreta sein.

Marina Vlychada, Santorin 36°20,17 N 25°26,08 E

14.9.14
Ich habe wieder einmal lang und gut geschlafen, wache aber um 0700 auf, weil es draußen knallt wie im Krieg. Es könnte ja sein, dass in Griechenland im September Jagdzeit ist. Was die allerdings hier jagen, ist mir ein Rätsel.

Es werden noch einige Pläne für ein Loft gezeichnet, da die potenziellen Käufer einige Wünsche haben, die geprüft werden müssen. Dann ein Besuch bei Costas, dem Hafenmeister, der mir einen reduzierten Preis macht, weil ich bereits kommende Nacht abreise.

Er organisiert mir auch ein Quad, mit dem ich heute die Insel erforsche. Fünf Stunden wird mein Hintern auf diesem recht unbequemen Gerät traktiert, aber ich sehe viel und bekomme einige Eindrücke von dieser wirklich sehenswerten Insel.

Mir ist aufgefallen, dass viele Japaner-Paare sich hier trauen lassen. Dann gibt es unheimlich viele Finanzkrisen-Baugerippe, und die zum Teil an den schönsten Orten. Die Felsgesteine und Strukturen sind unglaublich abwechslungsreich, farbig und wunderschön. Die ganze Inselgruppe ist sehr malerisch und ich kann mir gut vorstellen, dass es Leute hierher verschlägt. Was in der Türkei die Gulets sind, sind hier Katamarane. 15 bis 20 Katamarane laufen jeden Tag voll besetzt aus dem Hafen und bringen die Leute an die verschiedensten malerischen Plätze. Fast jedes dritte Gebäude beherbergt eine Taverne und die Städte Firá und Oia sind mit ihren engen Gässchen richtige Touristenattraktionen. Man kann es vergleichen mit Mykonos und Amorgos.

Zurück auf dem Boot wird dieses noch vom Salz befreit und bereit gemacht für die morgendliche Überfahrt nach Kreta. Wenn die Voraussagen stimmen, sollte ich guten Wind haben für die 70-SM-Strecke.

15.9.14
Der Wecker klingelt um 0230. Ja, richtig gelesen, mitten in der Nacht. Ich reibe mir den Schlaf aus den Augen und bereite die SAMANTHA zum Ablegen vor. Die Ausfahrt aus dem Hafen ist kein Problem, da ich mich an der Seite halte, wo ich nicht auf-

laufe, und alles klappt. Bald bin ich draußen auf dem offenen Meer, wo ich einen Punkt in der Mitte der Nordküste von Kreta anpeile. Leider ist anfänglich der Wind wieder auf der Nase, aber nach zwei Stunden dreht er gegen Norden, und ich kann mit vollen Segeln durch ein ruhiges Meer pflügen. Um 1700 fahre ich in den Hafen von Rethymno ein und finde eine Marina vor, in der viel Platz ist. Uwe, ein deutscher Segler, winkt mich an den Steg neben ihm, nimmt mir die Leinen ab und reicht mir die Muringleine. Er ist etwas erstaunt, mich alleine auf diesem „riesigen" Schiff vorzufinden.

Nach einer Dusche und frisch angezogen muss ich nun ein Bierchen haben. Als ich aus dem Hafen hinauslaufe, sehe ich gleich auf der gegenüberliegenden Straßenseite eine Budget-Autovermietung. Für morgen bestelle ich einen Kleinwagen, dann gibt's in einer der vielen Promenadenbars ein Bierchen. Herrlich, wie das schmeckt.

Von der Barterrasse aus sehe ich einen endlosen Sandstrand, Sonnenschirme und Liegebetten. Allerdings gibt es nicht sehr viele Badegäste. Ich würde hier auch nicht Urlaub machen wollen. Es ist sehr mittelmäßig.

Einen Hafenmeister finde ich nicht, man versteht mich nicht, da, wo ich danach frage. Mal sehen, Uwe hat ja gesagt, der komme irgendwann mal vorbei.

Rethymno-Marina, Kreta 35°22,13 N 24°28,87 E

16.9.14

Das Auto bekomme ich um 0930. Fahre auch gleich mit einer Karte bestückt los in Richtung Osten. Bald aber ist die Straße zu Ende. Sie ist auch auf der Karte nicht eingezeichnet. Ohne klares Ziel drehe ich ab und folge irgendeiner Straße, die Richtung Berge geht.

Als erste Attraktion sehe ich einen Stausee. Dann, immer weiter in den Bergen auf einer kleinen schmalen Straße, leuchtet das Tank-Zeichen am Armaturenbrett auf. Weit und breit keine Tankstelle!

Es wird mir langsam warm und immer wärmer, je mehr die Anzeige Richtung Null geht. Dann, Gott sei gepriesen ... eine Tankstelle. Ich lasse den Tank füllen und mir auf der Karte zeigen, wo ich bin. Der Tankwart meint, das sei keine gute Karte, kann mich aber orten. Ab jetzt weiß ich, wo ich fahre, und kaum bin ich auf einer etwas höher klassierten Straße, sind die Tankstellen alle 3 bis 5 Kilometer angesiedelt.

Ich komme durch Dörfer und Städte, die allesamt gleich schäbig aussehen und ohne irgendwelchen Charakter oder Charme die Straße entlang hingebaut wurden. Viel schöner sind die Täler zwischen den zum Teil bis zu 2.400 Meter hohen Bergen. Hier fällt auf, dass Kreta scheinbar nur von Olivenbauern besiedelt ist. In einem Tal fahre ich circa 30 Kilometer lang nur durch Olivenplantagen und von oben sieht man nur Olivenbäume, Olivenbäume und nochmals Olivenbäume.

Auch die Südküste hat keinen größeren Reiz als die Nordküste. Zwischen Strand und Bergen ist überall Obst und Gemüse angepflanzt, zwischendurch auch etwas Reben. Im Osten ist die Agios Nikolaos, eine wunderschöne Bucht, dort ist es schön. Kaum bin ich da vorbei, klingelt mein Handy. Eine deutsche Nummer, die ich nicht in meinem Repertoire habe. Kurz darauf eine SMS. Robert und Iris, die ich in Kassiopi im April getroffen hatte, schreiben, dass Iris mich in Agios gesehen habe. Schade, wir können uns nicht treffen, denn wir liegen etwa 120 Kilometer auseinander.

Gegen Abend fahre ich auf der Autobahn noch nach Chania, das soll ein altes sehenswertes Städtchen sein. Da ich bis jetzt noch keine sehenswerte Häuseransammlung gesehen habe, will ich mir das dann doch nicht entgehen lassen. Die Enttäuschung ist recht groß. Es gibt zwar eine imposante Stadtmauer, aber was innerhalb dieser ist, kann meine Begeisterung nicht entflammen.

Nun ist es bereits dunkel und ich muss zurück. Das Auto ist vor 2100 abzugeben. Kurz davor erreiche ich die Ausgangsposition. Ich habe viel gesehen, viel Schönes, viele sehr schöne Gegenden (wie Nationalparks), leider keine schönen Städte und Dörfer. Alles in allem war ich elf Stunden unterwegs, davon eine

Mittagspause hoch oben auf einem Pass, wo ich ein ganz spezielles und sehr leckeres Moussaka bekommen habe. Mit 650 Kilometer mehr auf dem Tacho gebe ich das Auto zurück. Im Hafen ist noch was los. Auf einem kleinen Kreuzfahrtschiff wird schöne griechische Musik gespielt und die Leute tanzen dazu. Ich setze mich hin und genieße die Atmosphäre.

Danach wird gegessen und bald übermannt mich der Schlaf.

17.9.14
Ich wäre bereit zum Ablegen. Einen Hafenmeister habe ich nie gesehen. Einfach abhauen, ohne zu bezahlen, liegt mir nicht, ich habe doch Strom und Wasser benutzt. Ich gehe auf die Suche und werde nach einigem Fragen fündig. Es gibt ein Hafenbüro, wo viele Leute so tun als würden sie arbeiten. Hier kann ich bezahlen. Der Preis ist mit 21 Euro pro Tag korrekt. Nun muss ich noch mein Transitlog abgeben, denn Kreta ist ja mein letzter griechischer Ort. Dreimal raten, wo das Büro ist.

Ja, genau auf der gegenüberliegenden Hafenseite. Marschieren, marschieren, ich komme dann endlich an, muss aber den Beamten dort erklären, was ich will und warum ich das Transitlog zurückgeben muss, und dass ich eine Quittung dafür brauche, als Beweis dafür, dass ich es abgegeben habe. All dies scheint hier, trotz der vielen mit Papierkram beschäftigten Beamten, nicht klar zu sein. Schlussendlich wandere ich mit einer selbst geschriebenen und mit einigen Stempeln versehenen Bestätigung Richtung Boot. Es ist recht warm. Ich gönne mir für 6 Euro ein Taxi, das mich zum Boot zurückbringt. Der Fahrer findet eine Straße und ein Gässchen, in denen es weder vor noch zurück geht. Schließlich bin ich bei der SAMANTHA. Die Fahrt hat eine halbe Stunde gedauert, zu Fuß hätte ich höchstens eine Viertelstunde gebraucht. Der Fahrer hat sich auf dem ganzen Weg über die Sonne, Hitze und den Sommer beklagt. Er hasse den Sommer, und seit sieben Monaten wäre kein Regen gefallen. Ich frage ihn, was er denn machen würde, wenn Kreta kein Sonnenland wäre und somit auch keine Touristen kämen. Da gab er mir doch auch wieder recht, denn dann hätte er nichts zu tun.

Auf der SAMANTHA angelangt lege ich gleich los. Am Abend bin ich zum Teil mithilfe des Motors am NW-Kap angelangt, kann nochmals mit Rita skypen und so abdrehen, dass ich mit Ziel Südsizilien einen guten Kurs segeln kann. Die ganze Nacht durch bläst ein steifer Wind und es wird eine ruhige und gute Fahrt. Vier Tage soll es dauern, bis ich Sizilien erreiche, das kann ich auf dem Plotter ablesen.

Dann mal gute Nacht.

18.9.14

Mein Handy hat noch schwache Verbindung mit einer Station, sodass ich heute gleich zum Frühstück meinem Frauchen eine SMS schicken kann und zu unserem Hochzeitstag gratuliere. Mit dem iPad gibt es keine Verbindung mehr und bald ist auch Ende mit dem Handy. Nun bin ich alleine auf offenem Meer, ohne irgendwelche Netzverbindung. Ich glaube, nach meinen Erfahrungen, dass ein Teenager nun an lebensverkürzende Maßnahmen denken würde. Vier Tage ohne Handyverbindung!!!

Abgesehen von einigen Regentropfen, so viele ich gerade noch zählen kann, ereignet sich heute nicht viel. Mal Flaute, mal Wind auf der Nase, aber doch die meiste Zeit ein gut liegender Wind, sodass ich innerhalb von 24 Stunden ganze 115 SM hinter mich bringe. Das ist doch ein Ansatz, wenn die ganze Strecke bis Sizilien 450 SM beträgt.

19.9.14

Wenn der Wind oder das Meer sich verändern, dann gibt es nichts, was mich alarmieren würde, aber dafür hat man als Segler ja ein Gespür. Selbst wenn ich schlafe, erwache ich sofort, sobald sich im Verhalten des Bootes irgendetwas verändert, oder ein verändertes Geräusch festzustellen ist.

Leider ist seit dem frühen Vormittag das Meer wie eine Öllache und der Wind erreicht höchstens 2 bis 3 Knoten. Das ist zu wenig, um überhaupt vorwärtszukommen, ich muss den lieben treuen Yanmar zu Hilfe nehmen.

Am Abend, bei Einbruch der Nacht, bekomme ich guten Wind (nicht den, nach dem der Doktor fragt, sondern den zum Segeln). Nach einem feinen Abendessen (Kartoffelbrei, Filetsteak mit Champignonsauce und gerösteten Paprika) setze ich mich mit einem Glas Wein und einer „Krummen" draußen ins Cockpit. Es hat immer noch laue 26 °C und die Sterne am Himmel bringen einen zum Sinnieren.

Was habe ich gemacht, um solche glücklichen Momente erleben zu dürfen?

Mein ganzes Leben habe ich immer hart gearbeitet und dadurch auf vieles verzichtet. Nun habe ich den Lohn dafür, ich bin einfach „happy" und genieße diese Ruhe und Einsamkeit unter einem fantastischen Sternenhimmel. Natürlich denke ich an meine Lieben zu Hause und bin dankbar dafür, dass man mir dieses Abenteuer gönnt.

Es ist fast zu vergleichen mit Bruder Klaus. Der ist auch von zu Hause weg, hat Frau und Kinder (ich glaube, es waren sechs oder acht) verlassen und sich einsam in eine Hütte verzogen. Heute ginge das nicht mehr, denn es herrschen andere, neue Eherechte. Und nur weil er ein netter Mensch war und vielen gute Ratschläge gegeben hat und statt eines Kopfkissens einen Stein verwendet hat, wurde er heiliggesprochen. Heute würde er schuldig gesprochen und zu Unterhaltszahlungen verdonnert.

Heilig müsste eigentlich eher seine Frau gesprochen werden, denn die hat die Aufgabe übernommen, die Kinder alleine großzuziehen und zu ernähren, aber von der spricht niemand. Meine Rita ist auch eine, der höchste Achtung gebührt, denn sie ist mit meinem Wunsch zur Weltumsegelung einverstanden und meistert zu Hause alles alleine.

Gestern war unser Hochzeitstag. Sie zu Hause, ich weit draußen auf dem Meer. Ich denke fest an sie und träume mir herbei, dass sie bei mir sei. (Dieser letzte Satz reimt sich.)

20.9.14
Knapp nach Mitternacht frischt der Wind auf, dreht nach Süden und ich kann den armen Yanmar endlich zur Ruhe schicken. Der Morgen will einfach nicht kommen. Bisher wurde es so gegen 0630 hell und die Sonne blinzelte über den Horizont. Heute um 0800 ist es immer noch nicht richtig Tag. Klar … ich segle ja nach Westen und bin bereits südlich vom italienischen Stiefel. Das heißt, ich müsste die Uhr wieder um die Stunde zurückdrehen, die ich in der Türkei vordrehen musste. Wenn ich diese Stunde Differenz beachte, rückt alles wieder an seinen Platz. In Sizilien werde ich die Uhr umstellen.

Ich bin heute gut drauf und ausgeruht, ich will einiges erledigen und fange gleich nach dem Frühstück an, am PC zu arbeiten.

Dann … brrrrrrr, die Fischrute rattert. Es ist ein 60 cm langer schön fetter Thunfisch, den ich einhole. Das Biest rüttelt und schüttelt sich wie wild und bespritzt das ganze Cockpit mit Blut.

Es ist eine riesengroße Sauerei auf dem Schiff und es sieht aus wie in einem Schlachthaus, als dann das Tier endlich in zehn große Portionen geteilt ist. Zuerst muss nun das Cockpit sauber gemacht werden, dann setze ich mich wieder an den PC. Aber kaum habe ich mich hingesetzt, rasselt es wieder. Diesmal ist es ein 65 cm großer Thunfisch. Den zerlege ich nicht, nehme ihn aber aus und will ihn im Tiefkühler aufbewahren, um ihn dann einer freundlichen Person in Sizilien zu schenken. Ich hole einen Plastiksack und stecke den Fisch Kopf voran hinein. Weil ich keine weitere Sauerei im Cockpit will, mache ich das draußen bei der Reling. Thunfische haben spitze Köpfe. Der Fisch durchdringt den Sack schneller, als ich gucken kann, und schwups schwimmt er wieder im Wasser. Ich kann ihm nur traurig nachsehen. Schwimmen tut er nicht mehr, weil er ja ausgenommen ist, also habe ich auch keine Chance, den zu holen. „Fisch über Bord", das ist nun ein neues Kommando, das ich in mein Repertoire aufnehmen muss. Ich wäre ja gespannt, zu sehen, wie ein Fischer, der einen ausgenommenen Fisch in seinem Netz findet, das erklärt. Und wenn es ein Italiener ist, dann wird dieses Wunder sicher einem Heiligen zugesprochen. Ob es der heilige Rudolf sein wird?

21.9.14
Die Nacht über hatte ich guten Wind, aber die See war sehr rau und die Sicht schlecht. Es war reger Schiffsverkehr und rund um mich herum ein Schwarm von diesen riesigen Töpfen, in beiden Richtungen. Ständig klingelt mein Alarm, sodass ich kaum zur Ruhe komme.

Zum Morgengrauen erreiche ich die Südspitze Siziliens, kann aber nichts sehen, denn es ist nebelig. Ein neues Phänomen seit Beginn dieser Reise. Ich trotte noch 15 SM die Küste entlang bis zur Marina di Ragusa. Die ist neu, und als ich an der Rezeption stehe und die „bella ragazza" sehe, die mich bedient, weiß ich auch gleich, dass es nicht billig wird. Die Nacht kostet 80 Euro, das ist die Bestätigung, dass Marinas umso teurer sind, je hübscher die Rezeptionistinnen sind. In Zukunft sollte man sich ein Bild von der Rezeptionistin schicken lassen, bevor man in die Marina einfährt.

Die Fahrt von Kreta bis hier an den Platz betrug genau 496 SM und hat vier Tage und fünf Stunden gedauert. Ein neues Erlebnis für mich, so lange an einem Stück. Aber ich werde mich noch daran gewöhnen.

Marina Ragusa, Sizilien 36°46,84 N 14°32,81 E

22.9.14
Wie bereits die letzten zwei Male, als ich in der Gegend von Sizilien gesegelt bin, gibt es auch heute keinen Wind. Zeitweise zeigt der Windmesser 0,0 Knoten an. Dazu ist es neblig und diesig, sodass ich nicht einmal das Land sehe, von dem ich gerade mal 5 bis 6 SM entfernt bin. Die Existenz der Sonne kann man auch nur erraten. Welch ein Gegensatz zu den letzten Monaten in der Türkei!

Mit dem eingeschalteten AIS und Radar gleitet die SAMANTHA durch absolut ruhiges Wasser. Ich nutze das aus, sitze am Tisch im Salon und zeichne Pläne für ein neues Projekt, das mir im Kopf herumschwirrt.

In Licata komme ich um 1700 an, den Hafen erkenne ich kaum mehr. Hatten François und ich vor Jahren hier wild an einem Fischerboot festmachen müssen, weil es keine Anlandemöglichkeit gab, so ist es heute eine topmoderne Marina und seit drei Jahren in Betrieb. Auch hier wieder die gleiche Registrierungsprozedur wie gestern. Das ganze Prozedere dauert allerdings hier eine halbe Stunde. Da die Rezeptionistin nicht allzu hübsch (aber sehr nett) ist, liegt der Preis für einen Tag bei 70 Euro, da ich aber früher einmal beim ADAC war (aber keine Karte mehr habe), bekomme ich einen Rabatt von 15 Prozent. Ist doch nett von dem Mädel.

Es gibt gleich hinter der Marina eine Shoppingmeile vom Feinsten. Ich nutze das aus und kaufe bei Conad alles ein, was ich mir in den letzten Tagen notiert habe. Wie ein Packesel wandere ich dann den langen Weg zurück zum Boot. Trotz vorgerückter Stunde gibt es noch ein angemessenes Mahl. Zur Vorspeise sind sechs Crevetten mit Senf-Zitronensauce auf dem Teller. Die Hauptspeise besteht aus mit Hackfleisch und Champignons gefüllten Peperoni und Bratkartoffeln. Dazu Gurken-Tomatensalat. Mit einem Raki statt Wein wird gespült.

Morgen früh ist Aufbruch. Ich will ab nach Tunesien, hoffentlich wieder in die Sonne.

Licata, Marina del Sol 37°05,74 N 13°56,53 E

23.9.14

Schon um 0700 bin ich auf und voller Energie. Zuerst wird geduscht, dann das Bad geputzt, dann … und dann … und so das ganze Boot durchgestrippt und die SAMANTHA bekommt noch eine Süßwasserdusche. Ein letzter Plan für das neue Projekt wird gezeichnet und im Hafenbüro per E-Mail ins Büro zu Hause geschickt. 1000 zeigt die Uhr, als ich die Leinen loswerfe und aus dem Hafen trotte. Draußen ist es auch heute diesig und schon bald sehe ich kein Land mehr. Dann endlich kommt Wind auf, aber … wie immer genau von dort, wo ich hinwill. Aber: die tunesische Küste gegenüber ist ja lang und so drehe ich einfach so weit ab, bis ich den Wind in den Segeln habe und den Motor zur Ruhe schicke. Je länger der Tag dauert, umso stärker wird der Wind. Aber auch die See wird immer wilder. Schließlich segle ich hart am Wind von 23 Knoten und kämpfe gegen Wellen von zweieinhalb Meter Höhe an.

Es macht nicht so richtig Spaß, vor allem, da es nun dunkel ist. Schließlich reduziere ich die Segelflächen. Die SAMANTHA liegt nun nicht mehr so schräg und es wird gemütlicher, aber auch wesentlich langsamer. Aber ich habe ja Zeit! Die Straße von Sizilien ist nachts voller Schiffe, die alle von Nord nach Süd oder umgekehrt unterwegs sind. Ich bin aber von Ost nach West unterwegs. Ich komme mir vor wie ein Fußgänger, der eine viel befahrene Straße überqueren will. Ständig piepst ein Alarm, entweder Radar, weil einer nahe an mir vorbeifährt, oder der AIS-Sender, weil einer auf Kollisionskurs ist. Es ist eine sehr unruhige und ungemütliche Nacht.

Der Einfachheit halber koche ich Tortellini, die ich im Kasten habe. Es sind solche aus der Türkei. Die Türken haben einen anderen Geschmack, was Tortellini betrifft. Ein Italiener würde im Karree umherspringen, wenn ich ihm diese servieren würde. Ich habe nur die Hälfte gegessen, musste danach aber einen Fernet trinken, um mit meinem Magen die Freundschaft zu erhalten.

24.9.14

Weil nachts der Wind von Westen über Norden bis Süden gedreht hat, bin ich dann gleich in der Früh in Pantelleria gelandet. Schon vor dem Hafen ruft mich die Hafenkontrolle an und fragt, was ich vorhabe. Ich erkläre, dass ich einen kurzen Zwischenstopp im alten Hafen machen werde und dass ich den Platz kenne, weil ich schon einmal hier war. OK, das ist in Ordnung. So laufe ich ein, muss aber mit Buganker und Heckleinen anlegen, denn es gibt recht viele Boote.

Ich spaziere etwas umher, esse mittags einen Teller Spaghetti und versuche, etwas zu schlafen. Gegen 1800 will ich auslaufen, um in der Früh in Tunis anzukommen.

Auf dem Plotter sehe ich, dass ich nun seit Beginn meiner Reise im Januar bereits 6.000 SM gefahren bin. Die Luftlinie nach Göcek beträgt 800 SM und bis Gibraltar sind es Luftlinie noch 830 SM, also bin ich fast in der Mitte.

Kaum habe ich mich hingelegt, klopft es und ein freundlicher Nachbar macht mich darauf aufmerksam, dass mein Boot bald hinten anschlagen werde, denn der Anker hätte nachgegeben. Ich ziehe am Anker, ziehe und ziehe. Das Boot bleibt, wo es ist, und bald habe ich den Anker am Bug. Neu Anker setzen oder loslegen, das ist die Frage.

Ich lege los, segle mit mittlerem Wind, aber aus guter Richtung der Nordspitze von Tunesien entgegen. Mein Ziel: Tunis.

Aber ich werde ein Problem zu lösen haben: Weil ich mitten in der Nacht dort sein werde, bin ich doch viel zu früh losgesegelt. Mal sehen.

Zwischenstopp auf Pantelleria 36°49,97 N 11°56,58 E Anker hält nicht, daher Weiterfahrt.

25.9.14

Die Nacht ist fürchterlich. Zwei Mal werde ich so richtig geschüttelt. Stürmisch ist es und leichter Regen kommt auf. Es ist im Moment kein Vergnügen, hier draußen zu sein. Es ist schwarz und Blitze ziehen zuckend an mir vorbei. Irgendwann im Morgengrauen umrunde ich das Kap vor Tunis. Laut Hafen-Handbuch darf ich aber in Tunis nicht in den Hafen einfahren. Ich peile die nahegelegene Marina von Sidi Bou Saïd an. Die Einfahrt hier ist dem Buch zufolge sehr schwierig. Ich funke auf den Kanälen 9 und 16 die Marina an, aber wie so üblich, keine Antwort!!!

Langsam, ganz langsam fahre ich in die Marina ein. Ups … hier stehe ich. Ich bin aufgelaufen. Mit Rückwärtsgang und Bugstrahlruder gelingt es, von der Sandbank herunterzukommen. Neuer Versuch etwas mehr links. Nun klappt es.

Aber: es gibt keinen freien Platz, und kein Mensch ist da, der mich einweisen würde. Faule Säcke …

Schließlich binde ich am Ende eines halb versunkenen Steges an. Aber nicht lange, da kommt Mojid (nach seinem Namen habe ich später gefragt) angewatschelt und erklärt mir ganz nett, dass ich aus der Marina verschwinden soll, sie hätten keinen Platz.

Aber Mojid kennt Rudy nicht. Der lässt sich nicht so schnell abwimmeln. Mit tränengefüllten Augen mache ich ihm klar, dass ich nach Tunis muss, um ein Visum zu holen und dafür müsse ich hierbleiben.

Schließlich hat jeder Araber einen Ausweg, ohne das Gesicht zu verlieren. Er erkundigt sich nun, ob ich Diesel brauche. Ja, natürlich, 400 bis 500 Liter.

Ah, dann könnte ich ja an der Tankstation anbinden. Eine Tankstation gibt es zwar nicht mehr, aber man sieht noch die Sockel der alten Tanksäulen.

Ich soll rausfahren und um 1400 wiederkommen und dort anbinden. Das tue ich dann auch, und so sind alle glücklich.

In Tunis rufe ich die algerische Botschaft an und erkundige mich wegen des Visums. Nachdem ich ans Konsulat verwiesen wurde, bekomme ich die Auskunft, dass ich mich im ersten Hafen in Algerien darum kümmern soll, das müsste gehen, wenn ich nur die Küste entlangsegle und nicht ins Landesinnere wolle.

Damit hat sich schon einiges erledigt und ich bleibe nur bis morgen früh hier. Dafür bezahle ich 50 Euro Platzgeld. Das ist unverschämt, aber was soll's.

Nachmittags warte ich zwei Stunden auf den Dieselwagen, der sofort kommt …

Danach vereinbare ich mit Camel, einem Taxichauffeur, dass er mir Tunis zeigt. Zwei bis drei Stunden für 25 Euro. Das ist wiederum günstig. Wir fahren los. Ich bekomme einen Gesamteindruck von Tunis. Es ist eine Araberstadt wie jede andere, hat aber einen zentralen Markt (Souk), der zwar riesig ist, aber die meisten Geschäfte sind geschlossen. Zu meiner Sicherheit hat Camel einen Studenten organisiert, der mit mir durch diese Altstadt wandert und mir alles zeigt und erklärt. Die Krise ist schuld, dass hier so viele Läden geschlossen sind. Nach der Altstadtbesichtigung fahren wir noch durch verschiedene Quartiere. Es gibt Quartiere, da gibt es nur Armut, aber es gibt auch neue, mit super Wohnhäusern und Villen. Auch hier eine Zwei-Klassengesellschaft der Extreme.

Gut, dass der Souk überdacht ist, denn so konnte ich trockenen Fußes die Altstadt durchstreifen, denn es schüttet, was nur so vom Himmel fallen kann. Am Ende der Reise hört es auf, aber überall gibt es Pfützen und Bäche.

Tunis selbst liegt an einem Binnensee, und ist recht schön gelegen. Die Polizeipräsenz ist enorm, denn man hat Angst vor den Extremisten. Ende des Jahres soll ein neuer Präsident gewählt werden, diesmal vom Volk. Jedermann freut sich auf diese Wahl und man ist sicher, dass alles wieder zum Normalzustand zurückkehren wird. Lass sie hoffen und gönne es ihnen, denn die Tunesier sind ein sehr nettes Volk.

Am Abend bringt mich Camel dann zu einem Restaurant, wo ich Couscous mit Lamm esse.

Den Weg vom Restaurant könne ich dann alleine zurücklegen, wird mir mitgeteilt, es gebe eine Treppe, die direkt zum Hafen führt. Eine Treppe ... das war es vielleicht einmal. Nun ist es eine Jauchegrube mit steilem Abfluss. Dank der Tatsache, dass ich am Handy eine Taschenlampe habe, finde ich mich durch, komme aber unten total verschlammt an.

In Tunesien musste ich die Uhr um eine Stunde zurückstellen, und somit habe ich eine Nacht von zehn Stunden vor mir, die ich genieße und im Tiefschlaf an mir vorbeiziehen lasse.

Sidi Bou Saïd 36°51,95 N 10°21,04 E

26.9.14

Es wird 1000, bis ich endlich loslegen kann. Der Polizist, der mir einen Stempel in den Pass drücken muss, fragt danach ganz höflich, ob ich für ihn ein kleines Geschenk hätte. Was ist ein kleines Geschenk in seinen Augen?

Er ist ganz peinlich berührt und will sich nicht klarer ausdrücken. Er war aber so freundlich und nett und nicht so schweinisch wie die in Bizerta vor Jahren, dass ich ihm 50 Euro in die Hand drücke. Scheinbar zufrieden bedankt er sich herzlich und trottet von dannen. Ich lege los.

Erst gemütliches Segeln. Nachmittags kommt der Wind immer stärker auf. Ich muss nun voll dagegen anklotzen. Die Wellen bauen sich auf und erreichen eine Höhe von 2 bis 2,5 Meter. Es ist ungemütlich. Damit ich noch vor der Dunkelheit, die hier bereits um 1900 einsetzt, irgendwo unterkomme, laufe ich den Fischerhafen von Rass Es Zebib an. Welch eine Misere.

Kein Platz, nirgends. Schließlich fahre ich längs an ein Fischerboot heran. Ein paar junge Burschen kommen zu Hilfe, denn es ist nicht ganz einfach in dem engen Raum, ohne Schaden anzurichten und bei ablandigem Wind festzumachen. Schließlich ist die SAMANTHA vertäut. Ich halte noch ein Schwätzchen mit den Jungs, die sehr nett und interessiert sind, bevor ich dann eine wohlverdiente Dusche nehme. Der Hafenmeister, der Polizist und der Zöllner statten mir ebenfalls einen Besuch ab. Es ist alles unkompliziert, äußerst freundlich und es funktioniert auch ohne Bakschisch. Für den „Platz" bezahle ich 1 TD/Meter. Das heißt 16 tunesische Dinar, was 6 Euro entspricht. Also es geht doch auch normal.

Rass Es Zebib 37°16,01 N 10°04,17 E

27.9.14
0600, der Wecker klingelt. Ich hatte eine unruhige Nacht, weiß aber nicht, warum. Draußen flattert meine Fahne ganz tüchtig, das verspricht Wind. Nach dem Frühstück muss ich noch zur Polizei und mich abmelden. Das Büro ist zu. Ich klopfe und klopfe. Irgendwann streckt ein verschlafener Herr den Kopf durch ein Spähloch. Ich entschuldige mich, erkläre aber, dass der Kollege am Vorabend verlangt hätte, hier zu erscheinen. Er schaut sich die Papiere an und erklärt, dass sich der Kollege getäuscht hätte. Es sei alles in Ordnung. Er kann sich dann selbst bei seinem Kollegen für die gestörte Nachtruhe bedanken.

Zuerst bekomme ich herrlichen Wind und bis 1000 freue ich mich wie ein kleines Kind über das herrliche Bilderbuchsegeln. Dann aber ist Schluss. Der Wind stellt fast ab und der Yanmar muss helfen. Die Nordküste Tunesiens ist langweilig bis auf zwei bis drei kleine Spots, die schön sind. Ich lese und schreibe und gewinne dabei Meilen in Richtung Algerien.

Wie berechnet komme ich an meinem Tagesziel gegen 1700 an. Es ist der kleine Hafen von Sidi Mechreg. Im Hafenbuch steht nicht viel über diesen Ort, außer dass die Einfahrt und der Hafen auf mindestens 2,50 ausgebaggert seien. Trotzdem, ich fahre ganz langsam ein. Bumm … der Kiel hat etwas berührt. 10 Meter weiter wieder, bumm … das genügt. Rückwärts bringe ich SAMANTHA wieder aus dem Hafen, gehe an den nahegelegenen Strand und setze den Anker bei 6 Meter Wassertiefe. Mit über 3.500 Touren setze ich den Anker in den Grund, dann gebe ich mich gelassen der Schaukelei hin. Um 1900 werden hier die Lichter gelöscht. Es ist dunkel. Ich esse den restlichen Reis mit Hackfleisch. Vorher mache ich aber noch eine herrliche Vorspeise. Ich drehe eine Scheibe Feta-Käse (in Göcek auf dem Markt gekauft) im Ei, paniere sie und lege sie in die Bratpfanne mit Olivenöl. Die Vorspeise schmeckt fantastisch (eine Art Saganaki), aber der Reis … da habe ich schon besser gegessen.

Vor dem Hafen Sidi Mechreg 37°09,96 N 9°07,24 E

28.9.14

Nach neun Stunden Tiefschlaf stehe ich bereits um 0700 auf, frühstücke und hole den Anker hoch. Draußen steht ein Wind, genau richtig für meine Reise, zwischen 10 und 20 Knoten querab. Ich bin somit bereits um 1200 in Tabarka. Mich erstaunt es, zu sehen, was für tolle Hotelanlagen es hier gibt, sowie ein nettes Dörfchen, aber leider kaum Touristen. Der Flughafen ist nur in der Sommersaison für einen Monat in Betrieb, die Hotels nur für zwei Monate, wenn die Italiener kämen. Sonst gibt es hier nichts. Trotzdem sind die Leute auch hier unglaublich freundlich, was ich bei den Tunesiern generell festgestellt habe.

Mittags trinke ich zwei Bierchen und plötzlich gelüstet mich nach Spaghetti Frutti di Mare. Die Rechnung für alles … 15 TL = 6,5 Euro!

Tabarka wäre für mich ein Geheimtipp für günstigen Urlaub an einem schönen Strand mit schönen Hotelanlagen.

Morgen lege ich früh los. Ich habe 45 SM vor mir und werde in Algerien einlaufen. Ich bin gespannt, wie das geht, ohne Visum ...

Port de Tabarka 36°57,50 N 8°45,72 E

29.9.14
Fast den ganzen Tag konnte ich bei leichtem Wind segeln und erreiche Annaba gegen 1600.

X-Mal wurde ich von verschiedenen Anrufern auf Kanal 16 nach meinem Ziel, meiner Position, Bootsname etc. gefragt. Jedes Mal gebe ich geduldig Antwort. Dass ich mit „SAMANTHA, Sailing boat" angerufen werde, zeigt mir, dass die mich per AIS geortet haben, warum dann diese Fragen?

Zudem sind es mindestens drei verschiedene Behörden, die nachfragen. Scheinbar gibt es unter diesen Vereinen keine Koordination, aber was soll's ...

Beim Einlaufen in den Hafen ist die erste Frage per Funk: „Warum kommen Sie nach Annaba?"

Der Hafenmeister sieht mich von seinem Büro oben im Turm und dirigiert mich an einen Platz ganz in seiner Nähe.

Zwischen einem Cargo-Schiff, dessen Bordkante so hoch ist wie mein Mast, und einem Militärboot, das bis auf die Zähne bewaffnet ist, darf ich längs anlegen.

Sofort kommt ein Coast-Guard-Offizier und will aufs Boot. Bitteschön ...

Zuerst werden einige Zettel ausgefüllt, dann inspiziert er das Schiff. Jeder Schaft wird aufgemacht und überall hineingespäht. Ich weiß nicht, nach was er sucht. Ihn interessiert Zahnpasta genauso wie Mückenvertilgungsmittel oder der Inhalt des Kühlschrankes.

Erst ist er sehr reserviert, dann aber lässt er die Katz aus dem Sack. Ich hätte keine algerische Gastlandflagge und damit müsse ich mit einer saftigen Buße rechnen. Vor drei Monaten sei ein Franzose mit 900 USD bestraft worden. Ich versuche, zu erklären, dass ich eine Möglichkeit suche, eine solche Flagge zu kaufen, denn in Tunesien hätte ich keine Chance gehabt, eine solche zu erwerben.

Er werde sehen und mit dem Harbour Master reden. Ob ich ein Geschenk hätte? „Was denn?

Zigaretten habe ich keine, denn ich rauche nicht."

„Whisky?" Und schwups ist meine – bereits angefangene – Brandyflasche in einem Sakko verschwunden.

Danach geht alles wie am Schnürchen. Der Mann von der Immigration, ein fast zahnloser Spränzel (einen Zahn hatte er noch oben links), kommt vorbei, füllt einen Zettel aus und ist gleich wieder weg. Leider konnte ich ihm kein Visum aus den Rippen leiern. Der Beamte vom Zoll kommt, will aufs Boot, aber die großen Fender für Cargo-Schiffe halten SAMANTHA weg vom Kai und das ist ihm zu weit. Ich gehe raus und er fragt mich, ob ich etwas zu verzollen habe. Nein, habe ich nicht. Also gut, dann ist es das, und weg ist er.

Etwas später kommt der Hafenmeister, bringt mir eine algerische Flagge, die so groß ist wie meine Schweizer Fahne am Heck. Es ist ein Geschenk. Wir trinken noch einen Whisky, schwatzen über dies und das, und beim Abschied nennt er mich Bruder. Nochmals eine Stunde später, ich bin gerade beim Abwasch, bringt er mir algerische Dinar, die ich gegen Euro wechsle. So habe ich nun auch etwas Geld, falls ich dann mal an Land kann.

Annaba, Algerien, Commercial Port 36°53,80 N 7°45,77 E

30.9.14
1630 und ich fahre in den kommerziellen Hafen von Skikda ein. Sehr freundlich ist der Hafenmeister schon am Funk. Mit einem kleinen Pilotboot werde ich an die Pier dirigiert, wo bereits einige Uniformierte herumstehen, in Erwartung des Schweizer Schiffs.

Die ersten drei, die an Bord kommen, sind von der Coast Guard. Drei junge, sehr höfliche Kerle, von denen einer noch die Zahnspange hat, aber er hat scheinbar in der Schule aufgepasst, denn er weiß, dass Basel (Registrierhafen der SAMANTHA) in der Schweiz liegt. Die üblichen Papiere werden ausgefüllt, einer geht und macht Fotokopien von meinen Papieren, dann wird das ganze Schiff gefilzt. Mich stört es nicht, dass alle Schapps auf- und wieder zugemacht werden, lediglich, dass sie mit ihren Stiefeln im Schiff umhergehen, ist nicht angenehm, denn draußen ist es saudreckig und schon im Cockpit sind alle Sohlen abgezeichnet. Was genau sie suchen, wissen die vermutlich genauso wenig wie ich. Wenn ich etwas zu verstecken hätte, würde ich eines der zehn Geheimfächer benutzen, die es auf der AMEL gibt.

Ohne etwas zu verlangen oder zu erbetteln, gehen die drei von Bord und der Immigrationsmann kommt.

Gleiche Fragen, wieder viel Papier ausfüllen. Hier ist wirklich jeder dieser staatlichen Vereine autonom und es besteht keine Koordination.

Auffallend ist, dass der Immigrationsmann, im Gegensatz zu dem von gestern, noch zwei Zähne hat. Es sieht fast so aus, als ob nur Beamte mit verringertem Zahnbestand bei der Einwanderungsbehörde arbeiten können und je mehr es gegen Westen geht, umso mehr Zähne sind verlangt, denn so kann man sofort erkennen, wo der Beamte arbeitet. Wenn dann morgen drei Zähne zu sehen sind, stimmt meine Theorie.

Nun ist der Zoll dran, mit ebenfalls drei uniformierten und bestiefelten Kerlen. Alle auch sehr nett und zuvorkommend. Aber auch hier: Papier, Papier und noch ein Papier. Auch die filzen das Boot, allerdings nur sehr oberflächlich, vermutlich mehr zum „Gwunder" als aus beruflichem Eifer.

Der Nächste, bitte … die Polizei. Einer nur, aber auch er will ein paar Papiere ausgefüllt haben, macht aber nicht lange und wünscht guten Abend, denn nun ist es in der Zwischenzeit dunkel geworden.

Und nun, zu guter Letzt, noch der Hafenmeister. Auch ein sehr netter Kerl, dem ich die Grüße von Salim von gestern ausrichte. Er freut sich, macht es mit einem Papier kurz, will noch ein Foto von der SAMANTHA machen und ein Selfie zusammen mit mir.

Dann bin ich frei.

Erst einen Drink, dann bereite ich mir ein Stück Thunfisch mit Teigwaren und Erbsen zu. Aus dem Hafen darf ich nicht und im Hafen gibt es weder einen Laden noch ein Café.

Also lese ich noch ein paar Seiten und schlafe dann bereits um 2000 ein.

Skikda, Algerien, Commercial Port 36°53,16 N 6°54,53 E

Typisches Kykladen-Flair.

Santorin, nur eine Anlegestelle für Fähren.

Kreta. Olivenbäume so weit das Auge reicht.

Die alte Festung von Chania.

Ankunft in Tunesien. Sidi Bou Saïd.
Kein Platz im Hafen. An der Tankstelle kann ich festmachen.

Das Bett des Sultans. Hier hat er immer mit vier Frauen geschlafen.

Oktober 2014

1.10.14
Ich habe gut geschlafen und bin völlig ausgeruht, als der Wecker um 0500 klingelt.

Zuerst wird gefrühstückt, dann öffne ich den Niedergang und steige ins Cockpit. Mich trifft fast der Schlag. Tausend Federn (ja, Vogelfedern) liegen im Cockpit und auf dem Deck. Die SAMANTHA ist nicht mehr weiß, sondern schwarz. Ich vermute, dass man in der Nähe ein Schiff mit Kohle und eines mit Federvieh beladen oder entladen hat. Eine kurze Stippvisite bei der Polizei und ich lege ab.

Draußen gibt es überhaupt keinen Wind und auch keine Wellen. Ich hole den Schlauch heraus und schließe ihn an. Heute bin ich doppelt froh über meine Erfindung. Ich habe nämlich die Zuleitung zur Ankerwaschanlage aufgeschnitten und ein Drei-Weg-Ventil eingebaut. So kann ich nun mit dem Schlauch die SAMANTHA bequem abspritzen. Es ist zwar Meerwasser, aber das ist auch gut, um den Schmutz wegzuspülen. Nach einer halben Stunde sieht die SAMANTHA wieder so aus, wie es sein muss, und nicht wie ein im Dreck gewälztes gerupftes Huhn.

Das Cockpit wasche ich dann noch mit Süßwasser aus der Decksdusche ab, sodass hier kein Salz liegen bleibt.

Da der Wind auch heute ausbleibt, läuft der Motor auf Hochtouren. Ich versuche, unbedingt spätestens um 1600 in Jijel einzulaufen, damit der Immigrationschef, der um 1700 nach Hause geht, mir noch einen „Short Pass" ausstellen kann, mit dem ich dann in der Stadt versuche, eine Prepaid-Karte fürs iPad zu bekommen.

Mein Hafenhandbuch ist sehr vage, was diesen Hafen betrifft. Ich bin um 1600 vor dem Hafeneingang, will da einfahren, sehe aber eine Reihe von gelben Bojen quer über der Zufahrt schwimmen. Ich stoppe die SAMANTHA und warte auf Instruktionen per Funk. Ich habe mich ja eine halbe Stunde vor

Ankunft gemeldet und die Anweisung bekommen, auf Kanal 14 auf Instruktionen zu warten. Dann aber pfeift mir ein Soldat von der Mole her, gestikuliert und deckt eine doppelläufige Kanone ab. (So wie ich das einschätze, ist das eine typische Oerlikon-Flugabwehrkanone.) Als der beflissene Soldat dann auch noch anfängt, an dem Ding herumzukurbeln und ich plötzlich die beiden Läufe auf mich gerichtet sehe, drehe ich endgültig ab. Ein kleines Fischerboot kommt nah zu mir und gibt Zeichen, ich solle ihm folgen. Das tue ich dann auch gerne und so werde ich in einen Fischerhafen geführt, der bei mir im Handbuch so nicht vermerkt ist.

Die Coast Guard ruft mich zu ihrem Kai, wo ich festmache. Zwei Herren kommen ins Boot und natürlich beginnt die Schreiberei. Ein sehr flüchtiger Blick vorne und hinten und speziell in der Küche. Der Herr interessiert sich besonders für die Gewürze, die aufgereiht sind.

Schließlich sieht er meine Zigarillos, die neben der Bank liegen, bedient sich, ohne zu fragen und nimmt vier Stück raus, zwei für sich und zwei für den Kollegen. Ist ja okay, aber fragen könnte er ja doch schon.

Fertig mit der Coast Guard, frage ich nach dem Chef der Immigration. Den gibt es hier nicht. Bravo. Die Polizei sei zuständig. Ich werde vom Kai weggeschickt und soll auf der Gegenseite an einer Motorjacht festmachen, die ihrerseits an einem Fischerboot angebunden ist.

Klappt alles gut. Freundlich werde ich vom Motorbootbesitzer empfangen.

Nun aber ab zur Polizei, die sei am Hafeneingang. Ich muss meine Bewilligung zum Besuch in der Stadt bekommen, bevor der Chef seine Mami zu Hause begrüßt.

Ja ... das ist ein Problem ... aber man wird eine Lösung finden ... nur Geduld.

Um 1800 wird der Telekom-Shop schließen. Um 1750 stehen neun Mann mit Uniform um mich herum, aber ein kleiner stinkiger Offizier mit zwei Sternen auf den Patten schüttelt immer wieder den Kopf, obwohl ihn alle drumherum beschwören.

Schließlich gehe ich mit Fazil, einem guten Typ, der auch im Hafen arbeitet und der heftig versucht hat, eine „Lösung" zu finden, zur SAMANTHA, wo wir einen trinken und die Adressen tauschen. Er möchte mir auf Facebook folgen.

Der Vize-Hafenmeister, der sich ebenfalls heftig für mein Anliegen eingesetzt hatte, fragt mich, was ich denn alles einkaufen möchte. Ich solle ihm die Liste geben, er werde alles besorgen. Ja außer Brot, Gemüse, Salat und sonstigen kleinen Dingen – die müsste ich aber selbst auswählen können – fehlt mir nichts. Nur eine Karte für das iPad möchte ich gerne, aber die könnte er für mich nicht kaufen, denn das iPad gebe ich nicht aus der Hand. „Es macht nichts, ich verhungere nicht", lehne ich sein Angebot dankend ab.

Zwischen zwei Gewitterschauern begebe ich mich an den Hafeneingang, wo ich das WLAN des nahegelegenen Hotels empfangen könne. Leider ist das Signal zu schwach, um damit etwas anzufangen, also kehre ich zurück zum Boot. Dort bekomme ich vom Schiffsnachbarn ein Brot, das der Vize-Hafenmeister für mich gebracht habe. Ist das denn nicht rührend, eine solche Gastfreundschaft? Bis jetzt habe ich nur sehr nette Leute kennengelernt, sowohl in Tunesien, aber noch ausgeprägter in Algerien. Fischer draußen auf dem Meer, Arbeiter in den Häfen, alle Beamten, jeder grüßt, winkt und heißt einen „Willkommen in Algerien". (Wir Schweizer könnten da doch etwas lernen.)

Nach dem Abendessen telefoniere ich noch mit Philippe, der mir mitteilt, dass Sophie zu ihrer im Sterben liegenden Mutter gereist ist. Es tut mir so leid, dass ich so weit weg bin.

Der Schiffsnachbar und ein paar seiner Freunde bestehen darauf, dass ich mich noch für einen Drink zu ihnen setze. Smalltalk, aber sehr nett.

Um 2200 hau ich ab, unter die Decke, denn um 0500 wird der Wecker klingeln.

Jijel, Algerien, Fischerhafen 36°49,00 N 5°46,52 E

2.10.14
Ich erwache eine Minute, bevor der Wecker klingelt. Dusche, Frühstück, Boot bereit machen und Ablegen. Es ist 0545. Im Hafen herrscht schon heftiger Betrieb. Alle Fischerboote laufen ein, ich laufe aus.

Der Tag ist lang, die Sonne blinzelt hin und wieder zwischen den Wolken durch. Auf der Wetterstation sehe ich, dass es 26° warm ist und eine Luftfeuchtigkeit von 87 Prozent hat. Kein Wunder, dass zwischendurch auch ein paar Tropfen fallen. Ich muss heute noch den Hafen von Dellys erreichen. Dies ergibt einen Tagesritt von 92 SM. Der Motor läuft auf Hochtouren. So schnell und so lange hat mein Yanmar seit 2003 noch nie arbeiten müssen. Aber er schnurrt wie eine zufriedene Katze. Um dem Motor etwas zu helfen, ziehe ich die Segel raus. Hart am Wind, die Segel plattgezogen, macht dies doch ein bis eineinhalb Knoten aus. Ich werde in Dellys um 1700 einlaufen. Das ist gut so. Dann passiert es. Versehentlich komme ich an den Knopf vom Vorsegel, dieses rollt sich etwas ein, aber da die Schot schon voll gestreckt ist, macht es schr... und ich habe einen Riss in der Genua.

Schei...e.

Nur mit Groß und Besan geht's weiter. Eine halbe Stunde vor dem Einlaufen im Hafen surrt die Angelrute. Es hängt ein Fisch dran. Aber da ich die SAMANTHA nicht abgebremst habe, reißt der sich wieder los.

Heute ist nicht mein Glückstag.

Im Hafen werde ich von der Coast Guard mit einem Dingi abgeholt und zwischen all den Fischerbooten hindurch an einen Platz direkt vor der Guarde National gelotst. In diesem Hafen liegen sicher hundert Boote, alle an Bojen, oder im Päcklein die Mole entlang. Noch nie habe ich so was gesehen.

Die Einklarierungsprozedur ist wie gewohnt. Dreimal Formulare ausfüllen und das für die Coast Guard, dann wieder für die Polizei, dann nochmals für den Zoll. Hier gibt es keine Immigration, also etwas weniger Papier. Alle Beamten sind auch hier sehr nett, und keiner ist gierig. Der Letzte, der kommt, ist der Mann vom Zoll. Easy. Er fragt, ob er kurz ins Schiff hineinschauen dürfe. Natürlich. Er reißt die Augen auf, als er die SAMANTHA betritt, und meint: „Das ist ja alles so sauber und ordentlich." Er sähe ja oft Segelboote, aber das sei dann schon nicht immer so.

Aus dem Hafen kann ich auch hier nicht. Es gäbe auch nichts Spezielles zu sehen, und wenn ich ein Visum hätte, könnte ich auch nur in Begleitung einer bewaffneten Eskorte den Hafen verlassen. Es sei eine etwas spezielle Gegend, meint der Herr Polizist.

Nach dem Abendessen hocke ich noch einen Moment im Cockpit und genieße einfach die Ruhe.

Es war ein ermüdender Tag. Die Wellen und die dauernde Schaukelei machen einen müde. Ab 1900 ist es dunkel. Um 2000 gehe ich ins Bett und lese noch ein paar Zeilen, dann falle ich in einen Tiefschlaf.

Dellys 36°54,85 N 3°55,11 E

3.10.14

Wie schon gestern klingelt der Wecker um 0500. Der gewohnte Morgenablauf. In dem Moment, als ich den Kopf aus dem Niedergang strecke, höre ich ein paar Tropfen fallen. Das ist ja vielversprechend. Trotzdem mache ich die Leinen los und schlängle die SAMANTHA zwischen den Booten durch und aus dem Hafen.

Nach circa 20 Minuten Fahrt werde ich von einem Gewitter eingeholt. Es blitzt, donnert und schüttet wie aus Kübeln. Der Wind steigt kurz bis auf 20 Knoten und weht von achterlich, sodass es im ganzen Cockpit nass wird und ich auch den Niedergang schließen muss. Innerhalb von Minuten triefe auch ich. Ich ziehe die Klamotten aus und stecke mich in meinen geliebten Musto-Anzug, der seit März ungebraucht im Schrank hängt. Gegen 0700 fängt es an zu dämmern und so langsam kann ich etwas von der Umgebung sehen. Da sind tatsächlich zwei Fischer in einem etwa 5 Meter langen Bötchen hier draußen, bei diesem Sturm und diesen Wellen. Die haben Mut, den ich nicht hätte. Da bin ich doch mit meiner 16 Meter langen SAMANTHA wesentlich besser dran.

Etwas später sehe ich rechts vorne eine Laterne heftig blinken. Das könnte jemand mit einem Problem sein. Ich drehe etwas ab und steuere auf das Licht zu. Als ich dort ankomme, ist es auch ein kleines Bötchen mit zwei Mann. Ich fahre ran und frage, ob sie ein Problem hätten. „Mafi Mushkidl" (kein Problem). Gut, ich drehe wieder ab und gehe auf Kurs Richtung Algier. Es hätte ja sein können.

Schon recht früh bekomme ich eine SMS von Madame Laila. Laila ist ein Kontakt, den mir der Motorbootsbesitzer, mein Hafennachbar in Jijel, gegeben hat. Ich habe angefragt, ob sie mir arrangieren könne, dass ein Segelmacher mir die Genua in Sidi Ferruch reparieren kann. Sie hat mir nun Adressen durchgegeben von Leuten, die sich um mich kümmern werden. Ist doch nett.

Es wird allerdings schwierig sein, etwas reparieren zu lassen, denn morgen beginnt das Fest Al Eid, das mit unserem Osterfest zu vergleichen ist. Al Eid ist das Fest zum Ende von Ramadan (muslimische Fastenzeit). Am heutigen Tag ist es Brauch, dass in Medina der Teufel gesteinigt wird. Zwei Millionen Pilger werfen Steine gegen einen Hügel, wo der Teufel hocken soll. Das wird schon seit 1.500 Jahren getan und trotzdem gibt es diesen Teufel immer noch. Ein hartnäckiger Bursche! Morgen werden Millionen Schafe als Opfer geschlachtet und es wird gegessen, was das Zeug hergibt, Familie wird besucht und danach liegt man mindestens drei Tage mit vollem Magen faul herum. Keiner arbeitet, alle Läden, Restaurants etc. sind geschlossen. Es ist nicht der beste Moment für mich, hier anzulanden. Aber mal sehen.

Es ist 1000 und die Sonne kommt hervor, es wird alles wieder normal.

Scheinbar freuen sich auch Fliegen an dem Wetterwechsel. Ich habe eine Fliegeninvasion. Nun treibe ich etwas Sport. Mit der Fliegenklatsche bewaffnet gehe ich auf Jagd. Nach zehn Minuten sind es bereits zwölf Kadaver, die ich über Bord schmeiße als Fischfutter.

1600, ich werde angerufen von Brahim, dem örtlichen Kontakt in Sidi Ferruch durch Laila organisiert. Man erwartet mich am Hafeneingang. In drei Minuten bin ich da.

Sidi Ferruch kenne ich von einer Geschäftsreise vor 42 Jahren. Ich war damals von dem Ort sehr angetan, und so möchte ich ihn nochmals erleben.

Brahim winkt und deutet an, in der Mitte der Einfahrt zu fahren. Hoppla, aufgesessen. Nochmaliger Versuch, ganz rechts, es klappt, knapp, mit nur noch 20 cm unter dem Kiel, aber ich komme durch. Gleich dahinter ist es tief genug. Eine Sandbank mitten in der Einfahrt. Toll.

Anlegen an einem Empfangssteg. Begrüßung durch Brahim und seinemSohn Mustapha. Behördenkram, zehn Mal die gleichen Papiere ausfüllen, wie üblich. Diesmal aber wird das Boot nicht gefilzt. Scheinbar mache ich einen seriösen Eindruck. Man erzählt mir, dass eine russische Crew versucht hat, Zigaretten zu schmuggeln, die wurden erwischt und haben jetzt ein Problem. Deren Katamaran ist an der Kette und die ganze nächste Woche ist Eid-Urlaub, da geht gar nichts.

Djamel, der Segelmacher, kommt und holt die Genua ab. Mustapha geht mit ihm, um sicher zu sein, dass er die Reparatur auch ausführt.

Brahim und ich haben geplant, in einem Restaurant typisch algerisch zu essen, das geht aber nicht, weil alle Restaurants geschlossen sind. Schlussendlich koche ich, diverse Vorspeisen, Spaghetti Bolognese und Salat. Der Coast-Guard-Offizier lässt sich von Brahim überreden, auch mit an den Tisch zu kommen, sodass wir zu viert sind. Es ist eine nette Runde. Um 2100 kommt Djamel mit der reparierten Genua zurück, die wir auch gleich hissen. Gott sei Dank, ich kann ab morgen wieder segeln.

Sidi Fredj, Marina 36°45,86 N 2°50,88 E

4.10.14

Ich habe geschlafen wie ein Murmeltier. Erledige heute ein paar Kleinigkeiten und faulenze bis 1500. Gerade wollte ich einen Rundgang im Hafen machen, da kommt Brahim. Wir gehen zusammen und beschauen uns die leider sehr vernachlässigte Marina. 1972, als ich hier war, war das ein wunderschöner Ort, mit viel Flair und einem tollen Ambiente. Nun ... halb tot, alles vergammelt und die Läden zu. Wir haben Glück, dass wir in einem Café noch einen O-Saft bekommen.

Mustapha kommt um 1830 mit einer riesigen Tüte. Die Restaurants seien alle geschlossen, teilt er mir mit, also hat er von zu Hause Couscous mitgebracht. Wir sitzen wieder zu viert (Brahim, Mustapha, der Coast Guard und ich) am Tisch und genießen dieses feine, hausgemachte Couscous.

Mustapha nimmt mich mit zum Auto, er will mit mir ins Dorf fahren, um Einkäufe zu machen. Einige Läden haben trotz des Feiertags offen. Ohne Scham fährt er am Kontrollposten vorbei, raus aus dem Hafen.

Mir ist nicht ganz wohl. Ich habe keine Papiere dabei und auch kein Visum und der Polizeichef ist ein unangenehmer, rothaariger, arroganter Algerier. Der wollte mir keine Bewilligung geben, den Hafen zu verlassen. Leider finden wir nicht alles, was ich suche, aber macht nichts, verhungern werde ich nicht, denn ich habe von den beiden Mahlzeiten so viel in der Tupperware, dass ich weiß, was ich die nächsten vier Tage essen werde.

Damit ich morgen in der Früh kein Problem habe, auszulaufen, legen wir die SAMANTHA um, ohne Ankerleinen binden wir sie an einer Mole an. (Brahim hatte Angst, dass der Anker sich in der Muringkette im Hafen verfangen hat. Das war aber nicht der Fall. Wir konnten den Anker ohne Problem heben, aber besser ist es so.)

Der Abschied ist so herzlich, dass ich das Gefühl habe, die beiden super tollen Menschen schon ewig zu kennen. Wir werden uns sicher im Himmel wieder treffen.

5.10.14
Wecker um 0500. Erst noch zehn Minuten schlummern, dann ganz langsam ein Auge nach dem anderen öffnen. Ich habe tief geschlafen und kriege die Augen kaum in die richtige Position. Duschen, Frühstücken, Boot vorbereiten und um genau 0600

geht's los. Ich kenne die Ausfahrt, da ich ja eingefahren bin. Aber, was ist denn hier los? Auf der gleichen Spur, wo ich eingefahren bin, laufe ich auf. Die Sandbank hat sich verändert. Vier Mal versuche ich es, jedes Mal etwas verschoben, aber es klappt nicht. Schließlich gebe ich voll Power, die SAMANTHA schiebt sich langsam durch den Schlick und … der Tiefenmesser zeigt 20 … 30 … 40 cm unter dem Kiel. Geschafft. Die Reise zum nächsten Hafen, in 70 SM Entfernung, kann losgehen.

Die Ankunft in Tenes im Handelshafen ist unspektakulär. Die üblichen Formulare X-Mal ausfüllen, dann bin ich kaputt. Esse eine Portion der in Sidi Ferruch übrig gebliebenen Spaghetti und ab geht's in die Heia.

Port de Tenes 36°31,41 N 01°19,05 E

6.10.14

Der Wecker klingelt wieder um 0500. Ich mach mich gleich auf den Weg Richtung Mostaganem. Es sind 75 SM geplant. Das Meer ist flach, der Wind nicht stark, aber direkt auf der Nase. Es ist ein langweiliges Schippern entlang einer nichts aussagenden Küste. Einmal bekomme ich Besuch von einem Militärboot, das eine Zeitlang parallel zu mir mitfährt. Per Funk plaudern wir ein wenig, dann verabschieden sie sich und wünschen mir gute Reise.

Es ist schon 1800, als ich im Hafen einfahre. Zuerst muss ich bei der Coast Guard festmachen. Hier bekomme ich Besuch von zwei jungen Uniformierten, beide bereits in höherem Rang. Der eine erklärt mir, dass er mit neunzehn Jahren der jüngste Coast Guardist sei. Er hat die Schulen im Eiltempo durchschritten und ist hier bereit, sich auf den Beruf eines Kapitäns eines Schleppschiffs vorzubereiten.

Dann, nach dem üblichen Papierkram, verlege ich an eine Pier nahe einem Handelsschiff. Dort angebunden kommen all die anderen Staatsdiener. Zum ersten Mal rege ich mich auf. Ob ich Devisen hätte, und wie viel. „Ja ich habe etwa 500 Euro und 27.000 Dinar", gebe ich an. Wo die Devisendeklaration sei? „Was ist das?", frage ich. „Ein Formular wie dieses", was er mir unter die Nase hält. Kenn ich nicht. Ich bin nun im siebten Hafen in Algerien und sehe das zum ersten Mal. Also, es wird wieder ein Formular ausgefüllt. Dann will er meine Geldbörse sehen. Leert die aus und fängt an zu zählen. Ich hätte falsche Angaben gemacht, meint er dann, es seien nur 370 Euro und 22.400 Dinar. „Ja, die anderen Euros sind wohl in irgendwelchen Taschen. Muss ich die nun suchen gehen? Und von den Dinars habe ich ja auch schon beim Einkaufen etwas gebraucht."

Langsam aber sicher füllt sich mein Hals und der Kragen wird zu eng. Schließlich bemerkt er meine Missstimmung und sein Kollege schreitet ein. Sie hätten halt einen strengen Chef und deshalb müssten sie so genau sein, ist seine Entschuldigung. Es wird eine neue Deklaration ausgefüllt, die alte zerrissen, die Dinars nicht mehr aufgelistet und die soll ich schön verstecken. Dann hauen sie endlich ab.

Ich bin gerade daran, die letzte Portion Spaghetti aufzuwärmen und dazu ein Ei zu braten, als noch einer kommt. Ein Polizist. Der ist allerdings so easy wie noch nicht erlebt. Fünf Fragen auf einem Papier beantwortet. Gute Nacht. „Schließe alles zu und wenn es ein Problem gibt, anrufen auf Kanal 16", meint er noch. Danke und gute Nacht.

Gestört werde ich nicht durch irgendwelche Menschen, nein, es sind streunende Katzen, die mir das Leben schwer machen. Die Scheißviecher entern die SAMANTHA und verdrecken das ganze Deck mit ihren schwarzen Pfoten. Mit Wasser und einer Leine gelingt es dann, die Invasoren vom Deck zu verjagen. Danach ist die Nacht ruhig.

Mostaganem, Port Commercial 35°56,09 N 0°04,51 E

7.10.14

In den letzten Tagen habe ich viel Diesel verbraten und will heute auffüllen.

Um 0400 sollte die Tankstelle öffnen. Denkste. Als ich um 0700 dort anlege, ist keine Sau da. Ich rufe die Kapitanerie an und erkundige mich. Nach einer Weile bekomme ich die Meldung, dass der Tankwart in der Firma noch nicht erschienen sei, man hoffe, er käme in einer bis eineinhalb Stunden. „Inshallah"(so Gott will).

Ich prüfe nochmals genau den Tankinhalt und stelle fest, dass ich noch etwa 50 Liter habe. Das genügt bis Oran. Also hau ich ab, denn ich will vor Einbruch der Nacht dort sein. Per Funk melde ich mich beim Hafenkapitän ab, bekomme aber ein Verbot, den Hafen zu verlassen. Zuerst müsse nochmals die Polizei kommen. Oh ... Neues Anlegen bei der Coast Guard. Der Polizist kommt, füllt ein Formular aus und ich bekomme die Erlaubnis, auszulaufen. Das tue ich dann auch mit Vollgas.

Es ist 1700, als ich in den Hafen von Oran einlaufe. Zuerst muss ich wieder bei der Coast Guard anlegen. Hier sind wieder zwei junge Beamte. Der Höhere kommt mit den Formularen. Ich schreibe und schreibe, wie immer. Dann fragt er, ob er die Inspektion durchführen könne. „Natürlich", aber er müsse die Schuhe ausziehen. Dass er dann auch die Socken auszieht und seine nicht ganz sauberen Füße präsentiert, hatte ich nicht gemeint.

Die Inspektion ist in fünf Minuten gemacht, dann aber diskutiert er über Gott und die Welt. Ich habe das Gefühl, er müsse genügend Zeit auf dem Schiff verbringen, um seine Arbeit zu rechtfertigen.

Danach werde ich an einen Kai dirigiert, wo mein Boot jedes Mal an die Pier geworfen wird, wenn ein Schiff ein- oder ausläuft. Die restlichen Formalitäten gehen easy vonstatten. Am Schluss kommen die Herren von der Hafenkapitanerie. Die erlauben mir, die SAMANTHA zu verlegen an einen Platz, wo ich ruhiger liege. Mir wird auch versprochen, dass man morgen um 0900 vorbeikommen würde, um mein Dieselproblem zu lösen.

Ich schlafe ganze elf Stunden wie ein Murmeltier. Irgendwie bin ich müde.

Oran, Port Commercial 35°42,67 N 00°38,75 W

8.10.14
Was für ein Tag.

Erwachen tue ich erst um 0800. Nach dem Frühstück ist es 0900, Zeit, dass die Hafenkapitäne erscheinen. Ich warte und warte … Um 1100 nehme ich das Heft selbst in die Hand. Ich lege ab und verlege die SAMANTHA in den Fischerhafen zur Tankstation.

Der Tankwart meint, er dürfe mir keinen Diesel verkaufen, denn ich sei Ausländer.

Drüben am anderen Kai sei eine andere Station, wo sie fremde Schiffe bedienen.

OK, ich lege ab und fahre an den angegebenen Ort. Keine Tankstation. Einen Mann auf einem am Kai liegenden Schiff frage ich nach der Dieselpumpe. Hier, dieses Schiff sei es. Ich mache die SAMANTHA fest.

Er dürfe mir keinen Diesel abgeben. Ich müsse ins Büro, um einen „Bon de Commande" abzuholen. Ich marschiere los, in die Richtung, die man mir angegeben hat, um im Büro diesen „Bon de Commande" zu holen. Das ist aber nicht einfach (wie nichts in Algerien). Man werde mich um 1300 auf dem Boot besuchen, mit Zoll usw. Ich marschiere die fünfzehn Minuten zum Boot zurück.

Ich warte bis 1330, dann kommt der Bürochef mit seiner (sehr netten) Assistentin. Ich müsse mit ihnen zum Zoll. Ich will die Papiere holen, dann ruft der Kapitän, ich müsse ablegen, denn sie würden auslaufen. Ich lege ab. Er läuft aber nicht aus. Langsam regt mich dieses Scheißgehabe auf. Ich fahre zurück zum ursprünglichen Platz und vertäue die SAMANTHA wieder. Nun marschiere ich zurück zum Platz, wo ich vorher war und der Chef der Tankstelle wartet.

Hier werde ich mit dem Auto mitgenommen zum Zoll. Irgendwie schafft es die nette Assistentin, den störrischen Zöllner zu überzeugen, dass ich Diesel brauche. Mit fraulichem Geschick ergattert sie einen Stempel auf einem Formular. Ich unterschreibe zehn Mal irgendetwas, dann fahren wir zurück.

Ich gehe wieder zum Boot und warte. Man hat mir erklärt, dass ich 200 Euro für den Lkw zahlen müsse. Da ich nur 370 Euro Devisen deklariert hatte, konnte ich dann noch für 150 Euro Diesel bunkern. Das ergab 280 Liter insgesamt. Ich machte meinen Unmut bekannt.

Ich finde das nicht in Ordnung.

Als dann alle Formulare fertig sind, flüstert mir der Chef im Auto zu, dass er einige Liter dazugeben werde. Ich bin ja bereit, die zusätzlichen Liter zu bezahlen. Nein, das sei ein Geschenk. Der Chauffeur des Tankers meldete dann, dass 500 Liter geflossen seien. Okay, noch 50, dann ist der Tank voll. Kaum gesagt sprudelte es bereits aus dem Einfüllstutzen. Der Tank ist voll, und das nun für die 350 Euro. Das ist doch wieder korrekt.

Bei der Immigration war ich heute Morgen kurz vorbeigegangen und habe gefragt, ob ich eine Erlaubnis bekommen könnte, um Oran zu besuchen. Kein Problem. Innerhalb von zehn Minuten hatte ich ein entsprechendes Papier, musste aber meinen Pass hinterlegen. Um 1700 plus-minus eine halbe Stunde müsse ich zurück sein, und ich solle ein Taxi nehmen und nicht zu Fuß in die Stadt gehen.

Nachdem ich dann endlich um 1500 einen vollen Dieseltank hatte, verhandelte ich mit einem Taxifahrer, dass er mir die Umgebung und die Stadt zeigt und mit mir einkaufen geht. Um 1700 müssen wir zurück sein. Wir einigen uns auf 2.500 Dinar, circa 25 Euro. Ich hatte eine wunderbare Stadtrundfahrt und wir sind auch nach Santa Cruz, dem nahen Hügel mit Kirche und Burg gefahren, von wo man einen unglaublichen Blick über die Häfen und die Stadt hat.

Einkaufen waren wir an verschiedenen Orten, sodass ich voll beladen um 1700 zurück im Hafen bin.

Oran ist größtenteils vergammelt. Es gibt einige alte Gebäude, die von besseren Zeiten zeugen. Überall liegt Müll, vor allem blaue Plastiksäcke. Auch der Hafen ist voll von schwimmendem Müll. Schade, das hinterlässt keinen guten Eindruck.

Endlich einmal ein Beamter, der sich nicht geziert hat, mir einen Short Pass auszustellen. Ich fragte, warum ich bis jetzt nie einen bekommen hätte. Er meinte, das seien halt alles nur Bauern, die sich als Beamte an die Küste verpflichtet hätten. Er möge die auch nicht. Da kann ich ihm nur zustimmen.

9.10.14

Kaum ist Mitternacht vorbei, gibt es draußen ein Riesenradau, und ich werde auch noch herausgerufen. Ein neues Schiff soll neben mir anlegen, ich müsse eventuell wegfahren. Aber zuerst einmal abwarten. Nach einer halben Stunde liegt der 150 m lange Frachter hinter mir am Pier und ich kann wieder schlafen gehen.

0800, ich stehe auf, mach mich bereit zum Abreisen. Per Funk fordere ich die Polizei an, um die Ausklarierungsformalitäten zu erledigen. Gemütlich anspaziert kommen die eine halbe Stunde später, zu dritt. Das Boot wird nochmals durchsucht. Diesmal verlange ich, dass die Stiefel ausgezogen werden. Der eine Polizist fragt ganz unbekümmert nach einer Flasche Whisky. Ich antworte freundlich, aber bestimmt, dass ich in Algerien nicht bereit sei, Bakschisch zu bezahlen. Daraufhin lädt er mich ein, ihn beim nächsten Besuch zu sich nach Hause zu begleiten. Nur eine Stunde Autofahrt. Ich sage natürlich nicht, dass es vermutlich kein nächstes Mal geben wird. Ich will nur noch weg von Algerien, ich habe nun genug erlebt.

Ich muss nochmals bei der Coast Guard vorbei, bevor ich die Erlaubnis bekomme, auszufahren. Hier will der fleißige Beamte Fotokopien von all den Papieren, die ich beim Tanken bekommen habe. Ich muss warten, bis er ins Büro am anderen Hafenende gefahren ist und Fotokopien gemacht hat. Vermutlich wird dann im Winter mit all diesem Papier die Bude geheizt.

Es ist bald 1000 und ich bekomme die Erlaubnis, den Hafen zu verlassen.

Draußen habe ich guten Wind und segle ans nächste Kap. Dann aber bekomme ich den Wind auf die Nase und muss den Motor dazunehmen.

Den ganzen Tag nichts Besonderes. Ein einziges Fischerboot treffe ich an, sonst bin ich weit und breit das einzige Schiff.

10.10.14

Nach meiner Uhr ist es 0815, als ich die SAMANTHA in die Marina von Melilla einsteuere. Ein netter Bursche empfängt mich und weist mich ein, nimmt die Leinen ab und erledigt danach die Formalitäten im Büro. Kein hübsches Girl an der Rezeption und wenig Personal. Das ist vielversprechend. Und in der Tat, für acht Tage buche ich den Platz, bezahle pro Tag 15 Euro, inklusive Strom und Wasser, sonst wäre es noch günstiger.

Die Marina ist top und ruhig. Sofort beginne ich mit der Putzerei. Erst innen, dann außen und zuletzt hieve ich noch das Dingi ins Wasser und gehe die schwarzen Striemen an den Seiten, die die großen Gummipuffer in den algerischen Häfen hinterlassen haben, wegpolieren.

Das Bett ist gemacht, die SAMANTHA ist wieder sauber, Rita, du kannst kommen!

Da es noch früher Nachmittag ist und Rita erst um 1800 landet, spaziere ich in die Stadt und besuche einen Supermarkt. Mir fallen fast die Augen aus dem Kopf, als ich das Sortiment erblicke, und erst recht, als ich die Preise sehe. Eine Flasche J&B, 1 Liter, kostet circa 8 Euro. Eine Literflasche Gordon Gin 6,55.

Ich kaufe ein, was das Zeug hält, muss aber aufhören, als mein Rucksack voll ist. Zurück zum Schiff, abladen und nochmals hin.

Nach dem zweiten Mal habe ich so viel gebunkert, dass ich damit vermutlich bis in die Kanarischen genug zu Essen und zu Trinken habe.

Noch eine Stunde, dann kommt Rita. Ich schaue blöd aus der Wäsche, als sie bereits im Taxi anfährt, sowie ich zurück auf dem Schiff bin. Ich habe vergessen, die Uhr um eine Stunde vorzustellen, wie ich das hätte tun sollen. Fast hätte ich sie noch verpasst. Das wäre vermutlich nicht gut angekommen.

Zum Aperitif werden wir auf das Nachbarschiff eingeladen. Es sind zwei Franzosenpärchen, die kurz nach mir eingefahren sind. Sie sind auf dem Rückweg von der Bretagne nach Toulon.

Etwas beschwipst ziehen wir uns auf die SAMANTHA zurück, kochen noch etwas und verbringen einen schönen Abend.

Ich schlafe danach wie ein Murmeltier, denn seit gestern Morgen um 0800 war ich auf den Beinen.

Melilla, Spanien 35°17,33 N 2°56,00 W

11.-13.10.14
Ein bisschen spazieren, ein bisschen einkaufen, bummeln und einfach das Leben zu zweit genießen. Die Stadt Melilla hat einen alten Stadtkern mit recht vielen schönen, zum Teil neu renovierten Jugendstilhäusern. Ein großer Park mit vielen verschiedenen Bäumen hilft, sich zu orientieren, denn von diesem Platz aus gehen die Straßen sternförmig auseinander.

Die Läden sind von 0900 bis 1400 und von 1700 bis 2100 geöffnet.

Auffallend ist, wie viele Leute, jung und alt, die riesige lange Promenade entlang ihren Sport treiben. Wir haben noch nie eine solch sportliche Bevölkerung angetroffen. Hier ist am Abend alles auf dem Jogging- oder Fahrradtrip.

14.10.14
Für heute haben wir gestern in einem Reisebüro ein Taxi angeheuert. Für 140 Euro werden wir um 1000 am Boot abgeholt, es regnet zwar, aber im Auto macht das ja nichts. Zuerst besichtigen wir die Stadt Nador. Dazu überschreiten wir die Grenze von Melilla nach Marokko. Der Grenzübertritt ist ein Spektakel. Diese Leute! Zu Hunderten hetzen sie schwer beladen von Melilla nach Marokko zurück. Melilla ist ja eine spanische Enklave an der marokkanischen Küste. Alles ist hier billig und deshalb kommen sie alle zum Einkaufen.

Die Stadt Nador ist angeblich die reichste Stadt in Marokko, da hier das Handelszentrum liegt. An der Atlantikküste ist mehr Tourismus angesiedelt.

Es gibt wirklich einige sehr moderne Gebäude, aber auch viel billige Wohnquartiere.

Von Nador fahren wir die alte Straße durch die Berge entlang nach Al Hoceïma. Auf dem Weg queren wir einige Dörfer oder Kleinstädte, die aber alle total ausgestorben scheinen. Viele sind noch im Bau, bei anderen sind überall die Läden geschlossen. Bergstraße, so sieht es bei uns aus, wenn man von Zürich nach Bern fährt. Es gibt zwar links und rechts Hügel, aber die Straße ist meistens kerzengerade. Ganz am Schluss, kurz vor Al Hoceïma, befahren wir dann doch noch einen Pass, sodass wir den Begriff Bergstraße doch noch verstehen.

Al Hoceïma ist ein ganz spezielles Städtchen. Es thront oben auf dem Hügel, ist absolut sauber und gepflegt und all die farbigen Häuser ergeben ein anmutiges Bild.

Im Hafen bringt uns der Fahrer zu einem Fischrestaurant. Ich bestelle Crevetten, Rita Sol. Rita bekommt fünf Sols und ich einen ganzen Berg Crevetten. Dazu bringt man uns einen leckeren Salat, einen Teller Paella und Pommes. Alkoholisches gibt es nicht. Wasser und Cola müssen es tun.

Ich verlange die Rechnung. 215 Dinar. Ich möchte in Euro bezahlen. OK, 215 Euro. Ne, ne … es gibt einen Wechselkurs.

Nein, sie würden die Dinar 1:1 wechseln. Ich bin nicht einverstanden, denn so gut das Essen auch war, 215 Euro wären dann doch etwas übertrieben. Also 20 Euro. Jetzt sind wir wieder Freunde.

Patrick schickt mir eine SMS mit Angabe des Wechselkurses. Es sind 110 Dinar für 1 Euro. Also stimmen die 20 Euro für das Essen wieder, es ist sogar *sehr* günstig.

Die Rückfahrt die Küste entlang wird nun von Sonnenschein begleitet. Die Reise auf der neuen Straße bringt uns durch eine unglaubliche Natur. Die Felsformationen und die verschiedenen Farben – von Schwarz, über Grau, Ocker bis Tiefrot wird uns alles präsentiert.

Ganz zum Schluss will der Fahrer unbedingt noch einen Abstecher über den Hügel hinter Melilla machen. Ja, es ist den Umweg wert. Von oben haben wir einen wunderschönen Blick über ganz Melilla und die Gegend drumherum. Das Ganze scheint wie ein Nationalpark zu sein.

Fast zurück im Tal sehen wir ein Polizeicamp, in dem Hunderte von Schwarzen wohnen. Dies seien Immigranten, die versuchen, über Marokko nach Melilla, Spanien, nach Mitteleuropa zu kommen, wird uns erklärt.

An der Grenze verweilen wir dann wieder über eine Stunde, bis wir zurück in Melilla sind. Das Spektakel ist genauso faszinierend wie am Morgen.

15.-16.10.14
Wir nehmen es gemütlich. Basteln dies und das am Boot, spazieren in die Stadt, essen ein Eis und besuchen die alte Festung. Die Zeit rast nur so vorbei. Am Abend marschieren wir zu einem Restaurant, das von Einheimischen gern besucht wird. Es ist 2030, und wir sind die ersten Gäste. Vor zwei Minuten wurde aufgeschlossen und der Kellner ist noch nicht in seiner Arbeitskluft. Es dauert ein wenig, aber wir bekommen eine wunderbare Paella serviert. Diese mit einem Rioja begossen, wird es ein herrliches Abendessen. Als wir uns verabschieden, ist die Bude voll.

17.10.14
Noch dies und das erledigen, dann kommt das Taxi und holt Rita ab. Schade, die Zeit ist so schnell verflogen.

Heute werde ich alles vorbereiten, um morgen weiterzureisen.

18.10.14
Tief habe ich geschlafen und erwache um 0545. Draußen ist von der Disco her noch immer Halligalli. Noch schnell einen Kaffee genießen, dann wird der Strom abgekoppelt, die Leinen losgeworfen und die SAMANTHA an die Tankstelle gefahren. Hier bekomme ich 100 Liter Diesel für 109 Euro. Es ist noch dunkel und ich fahre aus dem Hafen und nehme Kurs auf das nächste Kap. Überall sehe ich kleine Bötchen, die von Melilla die Grenze umschiffen und nach Marokko fahren. Am Ufer blinken immer wieder Laternen auf und geben Zeichen. Dies sind die Anlaufstellen für die Schmuggler. Die Grenze über Land ist streng bewacht, aber hier kümmert sich scheinbar niemand um den florierenden Schmuggel.

Vorgestern wollten 300 Immigranten den Grenzzaun übersteigen. Wir hörten die Schießerei und sahen die Helikopter. Wir wussten nicht, was los war, bis Rita dies im Internet auf „20 Minuten" gelesen hat.

Erst gegen 0800 wird es langsam hell. Ich merke, dass der Herbst heranrückt und die Tage kürzer werden. In Al Hoceïma werde ich die Uhr wieder um eine Stunde zurückdrehen, dies macht dann den Tag etwas länger. Die Ankunft in Al Hoceïma ist unspektakulär. Da auf Kanal 16 niemand antwortet, fahre ich in den Fährhafen ein und suche einen Platz zum Anlegen. Platz ist knapp, aber hinter dem Schleppschiff sind die paar Meter, die ich brauche, frei. Ein Hafenmeister kommt angeschwirrt und nimmt mir die Leinen ab. Die Formalitäten mit Zoll, Immigration und Polizei sind schnell und unkompliziert erledigt. Länger dauert es, den Hafenplatz zu bezahlen. Es muss extra ein Administrator herkommen, um die 22 Euro zu kassieren. Die Wartezeit verbringe ich mit dem Hafenmeister, der mich im ganzen Hafen umherführt und alles erklärt. Nach gut einer Stunde ist auch die letzte Hürde genommen und ich gehe direkt ins Restaurant (da, wo ich schon mit Rita gegessen hatte), wenn ich schon gleich nebenan bin. Vorher aber genehmige ich mir ein Bierchen in der Bar daneben, denn da, wo ich essen will, gibt es keinen Alkohol. Die haben dafür keine Lizenz. Zum Bierchen für 2 Euro bekomme ich noch einen kleinen gemischten Salat und fünf frisch frittierte Sardinen angeboten.

Im Restaurant begrüßt man mich sehr herzlich. Ich habe doch beim letzten Besuch gesagt, ich käme vorbei zum Essen.

Für 10 Euro esse ich einen gemischten Salat, Brot, einen Teller Paella, einen Fischteller mit fünf verschiedenen Fischen, Calamari und Crevetten drauf. Zum Trinken Cola und Wasser. Danach wird mir noch ein Tee serviert. Der Chef setzt sich zu mir an den Tisch und wir plaudern über Gott und die Welt. Sicher ist, dass die Marokkaner die Algerier nicht mögen. Auch für die ist die Grenze zu und sie können nur mit einem Visum und mit dem Flieger einreisen. Das schon seit 1964.

Der Rückweg zum Boot ist kein Problem, geht aber durch den dunklen Fischerhafen. Hier soll ab 0400 volles Programm ablaufen, wenn die Boote zurückkommen und die Versteigerung der Fänge beginnt.

Al Hoceïma, Fährhafen 35°14,76 N 3°55,33 W

19.10.14
Um 0700 klingelt der Wecker. Draußen beginnt es gerade zu dämmern.

Erst frühstücke ich, dann marschiere ich zur Immigration, um den Pass zu stempeln. Keiner außer meinem sympathischen Hafenmeister ist da. Er ruft bei der Polizei an. Man sagt ihm, dass um 0830 einer käme. Mir wurde doch gestern versichert, dass um 0800 jemand da sei. Marokkaner!!!!!

Der Hafenmeister versucht, mir die Zeit so kurz wie möglich zu machen. Als dann um 0830 immer noch niemand da ist, geht er mit mir zum Fischerhafen, dort ist auch ein Polizist. Dem sehe ich schon in den Augen an, dass er meinen Pass nicht stempeln wird. Schließlich ruft er aber bei seinen Kollegen an und vermeldet, dass bald einer komme. Wir marschieren zurück in den Fährhafen. Tatsächlich, nach zehn Minuten fährt der Uniformierte an. Stempel und OK.

Nein … ich muss noch die Gendarmerie besuchen, die mir die Bootspapiere zurückgeben. Er ruft an. Ich soll zum Boot gehen, die kämen dann. Als nach weiteren 15 Minuten immer noch niemand erschienen ist, wandere ich wieder zum Herrn Grenzbeamten. Er versucht wieder zu telefonieren, zehn Mal, aber es ist besetzt. Als es nach 15 Minuten immer noch besetzt ist, frage ich, wo diese Gendarmerie sei. Ganz am anderen Ende des Fischerhafens. Wandern ist bekanntlich des Müllers Lust, aber nicht meine. Dort angelangt, gibt man mir die Papiere. Ich frage, ob einer nun käme, um das Boot zu inspizieren. Dabei hoffe ich natürlich, dass ich dann zurückfahren kann. Nein, aber wenn ich wolle, könne er einen Kollegen anrufen, der dann zum Boot käme, direkt von zu Hause. Nein danke. Das hört sich schon fast wie Mittag an. Nach zwei Stunden nerviger Prozedur kann ich endlich loslegen.

Es lebe Nordafrika. In Algerien brauchte man 1.000 Formulare, in Marokko viel Zeit.

Das Meer ist wie eine Öllache und die leichte Brise, die weht, ist natürlich auf der Nase, wie sollte es auch anders sein. Ich bin erstaunt, wie viele Fischerboote da vor der marokkanischen Küste die Gewässer leerfischen. Das kann doch nicht ewig so weitergehen, und der eine Monat Schonzeit, die es gibt, wird wohl kaum langen, um die Fischbestände nachwachsen zu lassen.

Da ich heute einen kurzen Schlag bis El Jebha, einem kleinen Fischerhafen, geplant habe, komme ich dort auch bereits um 1700 an.

Sowie ich in den Hafen einfahre, stürmt ein braun-grau Uniformierter herbei und ruft mir zu, dass ich verschwinden müsse. Dies sei ein Fischerhafen und für Privatboote verboten. So steht es aber in meinem Hafenbuch nicht. Es steht da, dass man wohl anbinden könne und dass die Behörden sehr freundlich und nett seien. Ha … das ist ja wohl ein Witz. Davongejagt werde ich, wie ein Sündiger vor dem Himmelstor.

Ich dürfe in der nahegelegenen Bucht ankern, wird mir gesagt. Danke. Ich drehe ab und bereite mich auf eine Nachtfahrt zum nächsten Tagesziel, Ceuta, in der Straße von Gibraltar, vor. Dort gibt es eine Marina, und Ceuta ist ebenfalls eine spanische Enklave, wie Melilla.

Die Nacht durch habe ich leichten Wind und kann segeln. Allerdings sind die Wellen recht hoch, woher das auch kommen mag.

Auf dem Radar und dem AIS sehe ich keine Schiffe, sodass ich mir zwischendurch doch etwas Schlaf gönne, wie immer mit der Eieruhr in der Tasche.

20.10.14

Kurz vor dem Ziel reduziere ich die Segel, damit ich etwas langsamer werde und erst vor dem Hafen stehe, wenn der Tag erwacht ist.

Die Uhr muss ich nun wieder vorstellen, von marokkanischer auf spanische Zeit.

Um 0700 spanischer Zeit kann ich die Umrisse der Halbinsel erkennen und um 0730 sehe ich klar.

Ich fahre um 0800 in die Marina ein, obwohl auf dem Funk niemand geantwortet hat. Ein winkender Marinero schleust mich an einen Platz und ich kann dort die Leinen belegen und die Muringleine aufnehmen. Ein Spaziergang ins Hafenbüro, um die Formalitäten zu erledigen, dann frühstücke ich ausgiebig und lege mich anschließend aufs Ohr. Nach zwei Stunden Tiefschlaf genieße ich die tägliche Dusche, ziehe mich an und wandere in die Stadt. Unglaublich, was hier für ein Rummel ist. Es gibt eine Einkaufsmeile wie die Bahnhofstraße in Zürich, und obwohl es Montagvormittag ist, ist die Straße voll.

Nachmittags bastle ich am Boot, räume den Dingimotor und das Dingi in die Backskiste, denn für den Atlantik brauche ich das Dingi nicht.

Morgen werde ich einen Ruhetag einlegen und übermorgen geht's los, raus auf den Atlantik. Erstes Ziel Madeira, das ich in circa einer Woche Fahrt erreichen sollte. Die Wetterprognosen sagen wenig Wind von achterlich an. Mal sehen, ich lasse mich dann überraschen. Es war ja geplant, dass Philippe mich auf diesem Abschnitt begleitet, leider ist er aber verhindert und kann nicht kommen. Kurzfristig jemanden zu finden, der diese Woche mitfahren würde, ist schwierig.

Hier in Ceuta beginnt ein neues Kapitel meiner Reise.

Zwischen Mostaganem und Oran habe ich den Meridian mittags überschritten und seitdem segle ich nicht mehr auf der Osthälfte der Erdkugel, sondern auf der westlichen.

Am 29. Januar 2014 bin ich von Porto Corallo losgesegelt, nach Italien, Kroatien, Montenegro, Griechenland, in die Türkei, nach Zypern, Israel, in den Libanon, die Türkei, nach Griechenland, Kreta, Italien, Tunesien, Algerien und nun Spanien (Straße von Gibraltar).

Ceuta-Marina, Spanien 35°53,42 N 5°18,83 W

21.-22.10.14

Völlig ausgeschlafen stehe ich um 0900 auf. Nach dem üblichen Frühstück beginne ich mit den Vorbereitungen zum Auslaufen. Strom wird abgekoppelt, der Wassertank aufgefüllt und die Passerelle eingepackt. Auf dem Nachbarschiff begrüßt mich eine Dame aus Genf. Sie ist auf einem Übungstörn mit vier anderen und dem Skipper.

Sie fragt mich, wohin ich unterwegs sei und ob ich alleine sei. Als ich ihr meine Pläne schilderte, wäre sie am liebsten gleich rübergekommen und mitgefahren.

Nach dem Ablegen steuere ich die Tankstelle an und fülle nochmals 60 Liter Diesel für 64 Euro auf. Es ist schließlich genau 1100, als ich den Hafen von Ceuta verlasse. Die Durchfahrt der Straße von Gibraltar ist immer ein Erlebnis. Vor elf Jahren fuhr ich in der umgekehrten Richtung und bei Nacht. Diesmal habe ich volle Aussicht. Unglaublich, wie viele von diesen großen Schiffen sich hier durchzwängen. Ein Containerschiff von 300 Meter Länge und 41 Meter Breite, beladen mit etwa 1.700 Containern, kommt mir ganz nahe. Beeindruckend. Entgegen allen Voraussagen habe ich den Wind nicht von hinten, sondern auf der Nase. Erst wird mit dem Motor geschoben, dann, als der Wind etwas dreht, segle ich. Trotz 10 Knoten Wind fährt die SAMANTHA nur 1 bis 2 Knoten, teilweise sogar nur 0,8 Knoten vorwärts. Habe ich etwa vergessen, die Muringleine im Hafen zu lösen?

Hin und wieder ist das Wasser ganz ruhig und glatt, dann plötzlich ganz kabbelig. Der Wind kommt von Westen, die Wellen reiten nach Osten, eine komplett verrückte Welt. Es dauert bis zum späten Nachmittag, bis ich auf der Höhe von Tanger bin und sich die Enge auftut und die Welt normalisiert. Jetzt kommt auch der Wind aus der Richtung, die den Voraussagen entspricht. Ich setze nur die Genua und lasse die SAMANTHA durch das Wirrwarr von ein- und auslaufenden Schiffen ziehen. Teilweise zähle ich bis zu dreißig Schiffe auf dem Plotter. Jetzt an Schlaf zu denken, wäre etwa zu vergleichen mit einem Spaziergang auf der Autobahn, kurz vor Zürich, mit Ohrstöpseln und verbundenen Augen.

Gegen 2300, zwölf Stunden nach dem Start, habe ich gerade mal 42 Meilen hinter mich gebracht. 600 liegen noch vor mir.

Schließlich erreiche ich das Ende der äußeren Seefahrtsstraße und es wird ruhig um mich, so kann ich dann doch noch ein paar kurze Nickerchen machen. AIS- und Radar-Alarme sind eingeschaltet.

23.10.14
Nachts hat der Wind aufgefrischt auf 16 Knoten. Die Richtung ist regelmäßig und von hinten. Die Wellen, 2 bis 3 Meter hoch, lassen die SAMANTHA schlingern. Damit die Fahrt etwas ruhiger wird, baume ich die Genua aus und setze das Großsegel auf der anderen Seite. Papillon oder Schmetterling nennt man das. Nun reitet die SAMANTHA mit den Wellen. Den ganzen Tag regelmäßiger Wind, Wellen von 3 bis 4 Meter. Mit 7 bis 8,5 Knoten tanzt SAMANTHA gegen Westen Richtung Madeira.

24.10.14
Diese Nacht habe ich recht gut geschlafen. Kein Schiff, nur ein Segelboot in 4 SM (circa 7 km) Entfernung konnte ich ausmachen. Mein Radar zeigt auf 24 SM (über 40 km) weit und breit kein einziges Schiff an. Da kann man sich schon einmal etwas Ruhe gönnen. Natürlich sind AIS- und Radar-Alarm eingeschaltet. Aber nichts, die ganze Nacht nichts, sodass ich am Morgen beim Sonnenaufgang um 0800 aus den Federn krieche.

Die Uhr habe ich seit Ceuta nicht mehr umgestellt. Die Zeit und den Tagesablauf richte ich nach Sonnenuntergang und Sonnenaufgang. Nach meiner Uhr ist Sonnenuntergang genau um 2000 und Sonnenaufgang um 0900. Je mehr ich nun nach Westen komme, umso mehr verschieben sich diese Zeiten.

Der Wind steht den ganzen Tag wunderbar und es ist ein Vergnügen, zu segeln. Gegen Abend dreht er dann über Norden nach Westen und ich muss meinen Kurs anpassen und kann nicht mehr direkt Madeira ansteuern.

Langsam überkommt mich die gleiche Gemütsverfassung, wie ich sie schon 2002 bei der Atlantiküberquerung erlebt habe. Die Zeit spielt keine Rolle mehr und geht einfach mir nichts, dir nichts vorbei. Irgendwann einmal, nach dem Sonnenaufgang, der wie immer ein Spektakel ist, kommt der Sonnenuntergang, der auch jeden Tag sehenswert ist und einen erfreut. Jedes Mal ist es etwas anders. Mal mit Wolken in Gelb, Rosa, Purpurrot oder Dunkelrot bis Violett. Manchmal ohne Wolken einfach so. Ich habe das Gefühl, dass meine Seele an einem Faden aufgehängt ist und einfach mit dem Schiff im Takt baumelt. Weit und breit keine Seele, nichts als Wasser und Himmel.

Es überkommt einen ein Glücksgefühl, das nicht zu beschreiben ist, könnte aber in etwa mit dem Gefühl nach Einnahme von Drogen vergleichbar sein (wenn die Beschreibungen, die man liest, stimmen), oder mit dem eines Bergsteigers, der oben auf einem hohen Gipfel steht und die ganze Welt vor sich hat.

Zum Abendessen koche ich ein Gulasch und selbstgemachten Kartoffelbrei. Die Kartoffeln muss ich aufbrauchen, denn die haben begonnen, auszuschlagen. Ich koche genügend Kartoffelbrei, damit ich morgen etwas ganz Spezielles machen kann.

25.10.14

Die Nacht war nicht so ruhig wie gestern. Dreimal wurde ich vom AIS-Alarm gerufen. Große Schiffe fuhren recht nahe vorbei, drehten aber jedes Mal ab, wenn sie in meine Nähe kamen. Das zeigt, dass die mich auf ihren Bildschirmen sehen und anständigerweise ausweichen.

Ein anderer Segler, mit dem ich schon zwei Tage parallel fahre, mit einer Distanz von circa 5 bis 6 SM, kam auch näher ran. Dann, mitten in der Nacht, erwachte ich, weil sich das Verhalten der SAMANTHA verändert hat. Es ist erstaunlich, wie man mit dem Boot absolut eins wird. Ich gehe ins Cockpit und stelle fest, dass der Wind nachgelassen und auf die Schnauze gedreht hat. Zuerst versuche ich es mit Kurswechsel. Dann aber fahre ich komplett gen Süden, statt nach Westen. Der Motor musste her und die SAMANTHA Richtung Madeira schieben. Auf dem Bildschirm war köstlich zu betrachten, dass der andere Segler genau die gleichen Manöver gemacht hat. Unsere Track-Linien auf dem Bildschirm verlaufen parallel, wie zwei Räder an einem Karren.

Nach dem Frühstück um 0930 hat sich die Situation noch nicht verändert. Der Wind, mit 9,8 Knoten soweit okay, steht aber genau auf meiner Kurslinie. 40° nach Süden oder Norden müsste ich abweichen, das ist viel und würde die Überfahrt um zwei Tage verlängern. Will ich das?

Mal sehen, wie es sich über den Tag entwickelt.

Ja, den ganzen Tag habe ich super Wind, der dann schließlich nach Süden dreht, sodass ich ihn querab habe. Gegen Abend flaut er ab, um dann gleich nach Sonnenuntergang nochmals bis zu 20 Knoten aufzudrehen, allerdings nur für eine Stunde, bevor er dann, wie ich, schlafen geht. Die Nacht durch muss der Yanmar arbeiten. In meinem Umfeld, genau gesagt im Umkreis von 24 SM, ist kein Boot auf einem meiner Geräte zu sehen. Obwohl der andere Segler in meiner Nähe sein müsste. So wie es aussieht, hat der seine AIS-Anlage ausgeschaltet. Das tun viele auf dem Atlantik, um Strom zu sparen. Ich finde das verrückt und nie im Leben würde ich an einem sicherheitsrelevanten Teil sparen. Heute koche ich etwas ganz Spezielles. Ich mache einen „Gummelikuchen". Das ist eine Mouotathaler Spezialität. Ein Blechkuchen mit Kartoffelbrei, Speckwürfeln und mit Käse überbacken. Dazu verwende ich den übriggebliebenen Kartoffelbrei von gestern. Gummelikuchen kenne ich aus meiner Kindheit. Die Mutter meines Freundes hat den immer gemacht und ich mochte den so gerne, konnte aber meine Mutter nie dazu bringen, auch welchen zu machen. Nun habe ich das nachgeholt. Er war lecker. Da ich auch noch etwas Teig übrighabe, backe ich noch einen Apfelkuchen. Damit brauche ich endlich den letzten Apfel im Kühlschrank auf. Äpfel hat Rita noch in der Türkei gekauft.

Nachts beginnt es leicht zu regnen, was mich aber nicht stört, denn ich bin unter Deck.

26.10.14

Einmal mehr erwache ich in dieser Nacht, weil die SAMANTHA verändert reagiert. Es ist nach meiner Uhr bereits 0715. Stockdunkel ist es noch. Der Wind ist wieder aufgestanden und ich kann erneut die Segel setzen und den Yanmar von seiner Nachtschicht befreien. Die Sonne geht um 1000 erst auf. Wir sind doch schon ziemlich weit im Westen und nur noch 40 SM von Madeira entfernt. Bald werde ich „Land in Sicht" rufen können, stupid, denn es hört ja niemand zu.

Nun aber, nachdem ich Madeira angerufen habe, um einen Platz in der Marina zu bekommen, muss ich den Kurs ändern und Porto Santo anlaufen, denn in Madeira ist alles besetzt. In Porto Santo muss ich warten.

Nach meiner noch gültigen Bordzeit ist es genau 1600, als ich in den Hafen von Porto Santo einlaufe. Der nette Marinero, der mich empfängt, erklärt mir, dass es für meine Schiffslänge im Moment keinen Platz an den Stegen gibt. Ich muss, wie etwa sechs andere Boote, im Hafen ankern. Nach einem wohlverdienten Bierchen hole ich das kleine Dingi aus der Backskiste, pumpe dieses auf und ab ins Wasser damit.

Nun stelle ich die Uhr um auf Lokalzeit und „gewinne" damit zwei Stunden am heutigen Tag. Dies gibt mir die Zeit, an Land zu rudern und mir dort im neuen Café ein Bierchen zu genehmigen und mit Philippe und Rita zu skypen.

Das Abendessen fällt spartanisch aus, da ich noch ein Stück vom „Gummelikuchen" habe. Dafür trinke ich heute zwei Gläschen Wein, was mir die entsprechende Bettschwere gibt. Ich bin müder, als ich gedacht habe. Nun, da ich sicher im Hafen liege, fällt die ganze Spannung ab und die aufgestaute Müdigkeit, die ich draußen nicht gespürt habe, kommt hervor. Ich falle wie ein Stein ins Bett.

Porto Santo, Vorhafen 33°03,72 N 16°18,89 W

27.10.14

Elf Stunden ruhigen Schlafs haben mich wieder auf Vordermann gebracht. Heute will ich die Insel besuchen und etwas sehen.

Mit dem Fahrrad, das ich aus der Backskiste hole, fahre ich los. Die Insel ist etwa drei Kilometer lang, hat einen Fahrradweg parallel zur Straße und außerhalb des Dorfes ist ein Quartier mit etwa vier Hotels.

Entlang des Weges sehe ich zum Teil sehr moderne Villen, die auch irgendwo in Zentraleuropa stehen könnten. Daneben einige typisch portugiesische alte Gebäude und viele, viele verwahrloste, halb zerfallene Gebäude. Auffallend ist, wie viele Häuser leer stehen oder geschlossen sind. Am Ende der Insel geht es nicht mehr weiter, die gleiche Strecke muss ich zurückstrampeln. Ein Wegweiser unterwegs zeigt die Richtung zu einem Golfplatz und zum Flughafen an. Dass es hier im Sommer viele Touristen gibt, wage ich zu bezweifeln, denn die Insel bietet wirklich nicht viel. Nur 40 SM entfernt liegt ja Madeira, und dort soll es besonders schön sein. Warum dann hierher reisen?

Im Dorfkern sind einige wunderschöne, neu renovierte Gebäude im portugiesischen Stil, aber es ist ein kleines, verschlafenes Dorf, mit mehr Banken als Kneipen.

Im Hafenbüro erkundige ich mich nach dem Platz in Madeira. Vor dem 1. November keine Chance, sagt man mir. Man will die Anfrage per Mail machen, denn es ist die gleiche Firma, die auch in Madeira die Marina betreibt (und die Segler ausnimmt).

28.10.14

Heute nehme ich die Wanderschuhe aus dem Schrank, ziehe sie an und stiefle den Berg hinter dem Hafen hoch. Von oben hat man einen schönen Rundblick und gute Sicht auf Madeira. Nach dem Abstieg zweige ich auf halber Höhe ab und drehe eine Runde zum Dorf und von dort zurück zum Boot. Zwei Stunden zügigen Marsches tun meinen Beinen gut.

29.10.14

Heute trödle ich einfach so dahin, bis mich die Unruhe packt und ich die Waschmaschine auseinanderbaue, um zu erforschen, warum die in letzter Zeit nicht mehr richtig gewaschen hat. Ich finde nichts Außergewöhnliches, baue sie wieder zusammen und an den Platz, wo sie nun wieder steht. Vielleicht könnte ich ja mal die Gebrauchsanweisung holen und lesen. Schnell finde ich heraus, dass ich den einen Schalter in einer falschen Stellung habe.

Nachdem das korrigiert ist, funktioniert sie auch wieder. Idiot!

Vom Hafenbüro bekomme ich die Nachricht, dass für mich ab 1.11.14 nun ein Platz in Madeira reserviert ist.

30.10.14
Warten, Scheiben polieren und sonst einige Kleinigkeiten erledigen. Fahrt ins Dorf und zurück mit dem Fahrrad. Die Zeit einfach vorbeibringen. Am frühen Nachmittag kommt eine spanische Jacht eingefahren. Die Mannschaft, zwei Frauen und vier Männer, stemmen gleich die Tassen hoch. Nach einer Stunde gehen sie ins Hafencafé, trinken Whisky-Cola, bis sie völlig besoffen sind. Eins der Weiber ist so blau, dass sie nicht mehr ohne Hilfe auf den Beinen stehen kann. Nach einer Weile bringen die anderen sie aufs Schiff, wo sie freudig über die Reling kotzt.

Sowas von primitiv! Auch das gibt es leider.

Porto Santo am Steg 33°03,70 N 16°18,92 W

31.10.14
Gleich in der Früh ins Netz und Mails erledigen, dann warten, warten, warten …

Morgen ziehe ich endlich weiter.

Die Algerien-Fahne ist größer als meine Schweizer Fahne, dafür komme ich um eine Buße von 900 USD herum.

Die SAMANTHA am Pier zwischen den Großen.

*Der Hafenkapitän von Skikda will ein Foto von uns und der SAMANTHA.
Dies stellte er dann auf Facebook.*

SAMANTHA wieder bei den Großen.

Blick über den Hafen von Oran.

In der Altstadt.

Stilgerecht renoviertes Haus.

Das moderne Oran.

Auf einem marokkanischen Markt.

Al Hoceïma, ein Fischerdorf.

Typische Fischerboote.

Die meisten sind nur zu zweit.

Auch größere Brocken verkehren in dieser Meerenge. Hier ein 240 m langes Containerschiff, 42 m breit und mit circa 1.700 Containern beladen.

Oder der mit seinen 300 m Länge. 20 AMELs könnte man längs anlegen.

Im Hafen von Ceuta, auch eine spanische Enklave.

Haus im typischen spanischen Stil.

Letzter Sonnenuntergang über Land.

Sonnenaufgang über dem Atlantik.

Im Hafen von Porto Santo.

Die bemalte Kaimauer.

November 2014

1.11.14
Endlich. Draußen gibt es schönen Wind, ich mach die Leinen los und lege ab.

Bei permanentem Wind, von achterlich und mit 12 bis 15 Knoten, baume ich die Genua auf der Backbordseite aus, setze das Großsegel auf der Steuerbordseite und so „fliege" ich mit den Wellen in Richtung Madeira. Ich hatte damit gerechnet, dass ich so gegen 1700 dort ankommen würde. Um 1300 war die SAMANTHA bereits längs am Steg festgezurrt.

Hoi … war das eine tolle Fahrt.

Unterwegs bekomme ich eine SMS von Bea, meiner Ex-Frau. Sie fragt an, ob ich in Madeira sei, sie und Fredy, ihr Partner, würden mich besuchen kommen.

Ja, ich bin heute Abend in Madeira, bleibe aber nicht lange, aber wenn ihr wollt, könnt ihr doch die Überfahrt nach Teneriffa mitmachen.

Gesagt, getan. Zwei Stunden später hatte ich wieder eine SMS. Sie kommen morgen gegen Mittag an. Das ist doch super.

Madeira, Marina Quinta do Lorde 32°44,48 N 16°42,68 W

2.11.14
Gegen Mittag betreten die beiden die SAMANTHA, richten sich ein und dann nehmen wir den Begrüßungstrunk ein.

Nachmittags wollen wir mit dem Bus nach Funchal. Wir stehen rechtzeitig an der Haltestelle, aber der nette Fahrer rauscht an uns vorbei, so als wären wir gar nicht dort. Idiot …

Im Hotel an der Rezeption können wir ein Mietauto organisieren, was wir sowieso für morgen vorhatten.

Eine Stunde später, mit Fredy als Chauffeur, sind wir Richtung Stadt unterwegs.

Beim Spazieren kommen wir an der dortigen Marina vorbei. Puh ... hier möchte ich nicht sein. Die hat überhaupt keinen Charme und ist so vollgestopft und eng, dass es nichts Schönes ist. Die Altstadt von Funchal hat sehr schöne und gepflegte Häuser im echten portugiesischen Stil. Wir bummeln und genießen es.

3.11.14
Die Marina Quinta do Lorde gehört zu einem Resort, das sehr gepflegt und schön ist. Ganz am NO-Zipfel der Insel, ist es recht kahl und gar nicht typisch madeirisch.

Wir starten eine Inselrundfahrt. Die Straßen sind im Allgemeinen recht gut. Die Insel ist mit Tunneln durchlöchert wie ein Schweizer Käse. Die Baukosten für diese Straßen müssen immens sein. Wir durchfahren viele verschiedene Gebiete, die sowohl von der Vegetation als auch landschaftlich nicht verschiedener sein könnten. Madeira ist wirklich eine Reise wert!

Das absolute Highlight ist Porto Moniz. Noch selten habe ich eine solch schöne Landschaftsszene gesehen. Mich wirft's vom Hocker.

Am Abend suchen wir lange, um ein nicht so touristisches Kneipchen zu finden. Wir sind schon fast zurück in der Marina, als wir dann doch noch fündig werden. Das Aroz-Marisco ist ein Leckerbissen und kostet uns einen Pappenstiel.

4.-6.11.14
Um 1000 Leinen los und ab geht's Richtung Teneriffa.

Nach meiner Berechnung müssten wir nach 48 Stunden dort ankommen. Die Platzreservierung wurde bestätigt und somit mache ich mir keine Sorgen.

Auf der Überfahrt erweist sich Fredy als super Crewman. Sofort schnallt er die verschiedenen Situationen und lernt, die SAMANTHA zu beherrschen.

Bea hat etwas Mühe mit den 3 bis 4 m hohen Wellen. Nachdem sie eine Tablette genommen hat, wird's besser, aber sie schläft und schläft und schläft. Erst kurz vor Teneriffa kommt das Murmeltier aus der Höhle, macht auch eine Zwei-Stunden-Nachtschicht und wird so zu einer Hilfe für Fredy und mich.

Anfang des Nachmittags sind wir vor der Marina San Miguel. Ich rufe an und will uns anmelden. Keine Antwort. Dann endlich, kurz vor dem Hafeneingang, meldet sich eine Stimme. Ich soll einen Moment warten. In den recht hohen Wellen drehe ich Runde um Runde. Erneuter Anruf. Wieder werde ich vertröstet. Nach einer guten halben Stunde habe ich genug und fahre in den Vorhafen ein. Hier ist es etwas ruhiger, aber der Wind bläst ganz schön und ich muss höllisch aufpassen auf dem engen Raum. Nur eine Minute … höre ich am Funk.

Irgendwann mal wird es mir zu bunt und ich verlange, dass nun endlich jemand kommt und uns den Platz anweist.

Endlich … nach drei bis vier Stunden Warten werden wir an den Platz gelotst. Dies ist die am schlechtesten organisierte Marina seit Langem und das sage ich auch dem Chef am nächsten Tag. Er entschuldigt sich damit, dass sein Funkgerät platt war.

Danach aber ist José, der Chefmarinero, eine große Hilfe. Er organisiert den Techniker, der innerhalb weniger Minuten meinen Wäschetrockner wieder in Gang bringt. Ein Thermoswitch hat blockiert. Um meine Gasflasche zu wechseln, fährt er sogar mit mir ins Dorf. Das nennt man Service. Vermutlich haben einige Neuankömmlinge dafür geflucht, weil er dadurch nicht in der Marina war.

Teneriffa, Marina San Miguel 28°01,21 N 16°36,75 W

7.11.14

Grosse Augen machen Philippe und Sophie. Sie wussten nicht, dass Bea (die Mutter von Philippe) hier ist. Phil und Sophie haben ihren Urlaub hier auf Teneriffa gebucht und wir wollten uns treffen. Und siehe da… da sind auch Bea und Fredy. Die Überraschung ist gelungen.

Wir verbringen einen gemütlichen Nachmittag und abends lädt Fredy alle zum Essen ein.

Es ist unglaublich, was hier in dieser Hotelhochburg abgeht. Vom Inder- über Mexikaner, Italiener-Pizzeria und Chinesen-Restaurant kannst du alles finden, nur leider kein gemütliches typisches spanisches Restaurant mit einheimischem Traditionsessen.

8.11.14
Frühstück und Packen heißt es für Bea und Fredy.

Der Flieger geht um 1100 und für 0900 organisiert Fredy ein Taxi. Nachdem wir zehn Minuten gewartet haben, ruft Fredy nochmals an. Man hat scheinbar vergessen, ein Taxi loszuschicken. Viva España. Dann aber, nach zwei bis Minuten, rauscht einer an und schwups … weg sind sie.

Um mir die Beine etwas zu vertreten, „spaziere" ich ins Industriegebiet. Ich will mal den Supermarkt inspizieren und sehen, was man da alles bekommt. Nach einer Stunde Marsch bin ich dort und staune nicht schlecht über das Angebot. Kein Problem, den Einkauf für die Überfahrt zu machen. Patrick hat bereits einen Menüplan ausgearbeitet, den ich in eine Einkaufsliste umwandle.

9.11.14
Den Tag vertrödeln, Wäsche machen, und sonst noch einiges erledigen. Wenn man sucht, findet man auf einem Boot immer etwas, was man in Ordnung bringen kann. Es kommt noch ein Techniker vorbei und schaut sich die Waschmaschine an. Der Trockner streikt seit einiger Zeit wieder. Nach drei bis vier Stunden hat er den blockierten Wärmeschalter deblockiert, die Maschine wieder zusammengebaut und alles funktioniert, wie es sein muss.

Um 1500 holt mich Philippe ab. Ich habe ein Handgepäck und ziehe um ins Hotel, wo er und Sophie den Urlaub gebucht haben. Es ist eine interessante Fahrt über die Insel. Die hohen Berge sind beeindruckend. Der höchste gleicht dem Kilimandscharo und ist stolze 3.700 Meter hoch.

Das Abendessen nehmen wir im Hotel ein. Ich bin gespannt, ob ich noch in einem festen Bett schlafen kann. Dies ist das erste Mal seit dem 3. Januar! Klein-Louis kommt auch mit Opa zum Schlafen, belegt das zweite große Bett und lässt so den Eltern etwas Ruhe.

10.11.14
Frühstücksbuffet, eine längst vergessene Variante für mich. Danach hat Philippe eine Runde Golf gebucht.

Wir sind volle sechs Stunden unterwegs, absolvieren den 18-Loch-Parcours. Natürlich verliert Papa, aber nur knapp.

11.11.14
Auschecken, dann das ganze Gepäck in dem kleinen offenen Beatle verstauen. Wir fahren über eine Panoramastraße, die durch einen Nationalpark führt. Schon interessant.

Abendessen auf der SAMANTHA. Philippe, Sophie und Louis richten sich ein. Philippe hat seinen Rückflug um vier Tage verschoben, sodass wir noch etwas segeln können.

12.11.14
Wir werfen die Leinen los, segeln die Küste entlang bis nach Los Gigantes, wo wir einen Platz in der Marina bekommen. Hier liegt man nicht gut. Trotz enger Hafeneinfahrt steht ein Schwell rein, sodass die SAMANTHA die ganze Nacht schaukelt.

Marina Porto Los Gigantes 28°14,83 N 16°50,60 W

13.11.14
Ausfahrt und Kurs Richtung La Gomera, wo wir eine professionell organisierte Marina vorfinden. Philippe geht mit Louis baden. Ich tausche acht Bücher im Hafenbüro um und erneuere somit meine Bibliothek für die anstehende Überfahrt. Im Hafen liegt ein Kreuzfahrtschiff, ein typischer Mumienschlepper. Die Passagiere, die sich drumherum tummeln, haben ein Durchschnittsalter von ungefähr 80 Jahren. Das Schiff

ist mit vielen Sprüchen beschriftet. Es fehlt nur zum Beispiel „Meine letzte Reise" oder „Mein letzter Wille", dann wäre es wirklich komplett.

Marina San Sebastian de la Gomera 28°05,36 N 17°06,48 W

14.11.14
0900, wir fahren aus. Das Meer ist aalglatt und kein Lüftchen weht. Dafür stahlblauer Himmel und herrliche Sonne. Unterwegs stoppt Philippe, legt eine Leine aus und Familie Zurkirchen Junior geht baden, bei 2.000 m Wassertiefe. Wir sehen viele Delfine, eine Attraktion, die hier stark kommerzialisiert ist.

Kurz vor Einbruch der Nacht erreichen wir wieder „unsere" Marina und können längs am Steg festmachen.

15.11.14
Philippe ruft ein Taxi, dann sind sie fort. Es bleiben schöne Erinnerungen und das Bild des strahlenden Louis, das ich auf die Reise über den Atlantik mitnehmen werde.

16.11.14
In den letzten Tagen hat die Wasserdruckpumpe Mühe gehabt. Es gab keinen regelmäßigen Wasserdruck mehr. Ich bewaffne mich mit allem Werkzeug, das ich brauche, baue die Pumpe aus, nehme sie auseinander, reinige die verkalkten Stellen, baue alles wieder zusammen und fixiere die Pumpe wieder an ihrem ursprünglichen Platz. Anstellen … und siehe da, oh Wunder, sie funktioniert wieder einwandfrei.

17.11.14
Einkaufen, zu Fuß, mit Rucksack und Tasche. Drei bis vier Stunden Fußmarsch hin und dann wieder den gleichen Weg, schwer beladen, zurück. Ich bin kaputt, als ich zurück auf der SAMANTHA bin. Der Tiefkühler ist nun voll.

Fünf Maschinen Wäsche, die in Windeseile draußen trocknet. Bett vorbereiten für Patrick, der morgen kommt.

18.11.14

Boot waschen, Wassertank auffüllen, dann hole ich das Fahrrad hervor. Den ganzen Weg bis zum Supermarkt strample ich den Berg hinauf.

3 kg Zwiebeln, 3 kg Kartoffeln, 3 kg Bananen, 2 kg Orangen, 2 kg Birnen. Das ist nur ein kleiner Teil von den etwa 20 kg, die ich heute eingekauft habe. Den prall gefüllten Rucksack am Rücken, eine große Tasche auf dem Gepäckträger und den Sack mit den Orangen hinten am Sattel angehängt sehe ich aus wie ein Tramper, als ich wie im Flug den Berg hinunterrausche. In nur zehn Minuten bin ich schon wieder in der Marina. Zu Fuß wären es mindestens 40 Minuten gewesen. Die Bremsen am Fahrrad sind zwar heiß, aber ich komme gut an. Es war doch eine gute Idee, endlich das Fahrrad hervorzuholen. Die weitere Zeit verbringe ich damit, die Früchte und das Gemüse in Tagesportionen einzuteilen und in Plastiksäcken zu vakuumieren. Hoffentlich hält das so etwas länger.

Nun ist alles voll. Der Tiefkühler, der Kühlschrank, einige Backskisten und Schapps.

Ich weiß nicht, wie es machbar ist, auf einem 13-Meter-Boot für acht Leute für die Überfahrt zu bunkern. Die meisten müssen ja auch noch das Wasser mitnehmen. Wir haben eine Seewasserentsalzungsanlage und somit nehmen wir nur ein Minimum an Wasser mit. Eine sogenannte Notreserve, falls der Wassermacher ausfallen würde und wir die 1.000 Liter verbraucht haben, bevor wir in der Karibik ankommen. Sicher ist sicher.

Kurz vor 1600 kommt Patrick an. Er richtet sich ein. Die Neugier gilt dem neuen Satellitentelefon, das er mitgebracht hat. Sofort wird dieses programmiert und getestet. Die Nummer, für Notfälle, wird an unsere Frauen durchgegeben. Wir sind bereit. Morgen Mittag wollen wir los.

19.11.14
In der Nacht hat es furchtbar gestürmt und geregnet, was das Zeug hält. In der Früh ist es draußen grau und windig, aber wir wollen heute los.

Das Schiff wird vorbereitet. Um 1200 wollen wir starten. Ich muss aber noch auf die Lieferung der bestellten Seekarten für den Plotter warten. Um 1100 sollen diese geliefert werden.

Es ist 1100. Die Karten sind nicht da. Der Flugplatz in Nordteneriffa sei gesperrt und deshalb die Lieferung nicht erfolgt. Warten heißt es nun. Wie lange, wissen wir noch nicht. Den Nachmittag vertreiben wir uns mit einem längeren Marsch zum Supermarkt und danach zwei Stunden zum nächsten Dorf und zurück. Wann geht's weiter?

20.11.14
Endlich bekommen wir die Nachricht, dass die Karten eingetroffen sind. Sofort verlegen wir die SAMANTHA an die Tankstelle, füllen 150 Liter Diesel auf, bezahlen die Karten, den Platz und die Waschmaschinenreparatur. Dann noch ein kurzes „Adios" an Juan und Eduardo (die hilfreichen Chefs) und ab geht die Post. Eben beim Ausfahren rasselt erneut ein heftiges Gewitter auf uns herab, macht aber nichts, wir wollen weiter. Alle zwei Stunden werden wir noch mit einem Gewitter gesegnet und befeuchtet. Die See ist sehr rau und der Wind hüpft von 15 bis 25 Knoten, querab, sodass wir einen Höllenritt hinlegen.

Schon früh wird es dunkel. Die See ist noch wilder. Uns schmeißt es von einem Eck ins andere. Die Winde drehen ständig, es wird eine Karussell-Nacht.

Patrick ist noch nicht an diese wilde See gewöhnt und muss sich hinlegen.

Ich übernehme die erste Nachtwache.

21.11.14
Der Tag ist grau aber es hat aufgehört zu stürmen. Der Wind etabliert sich im Norden. Wir reduzieren die Segel, damit SAMANTHA keinen Stress hat, und trotzdem fahren wir ständig nach Süden, in Richtung der Kapverden, mit 7 bis 8 Knoten. Ein leichter Regenschauer zur Abwechslung von Zeit zu Zeit, sonst nur Wasser und Himmel.

Zum Abendessen gibt es Shepherd's Pie. Patrick isst wieder, und das ist ein gutes Zeichen. Er übernimmt die Nachtwache und ich kann schlafen gehen. Wie ein Murmeltier schlafe ich die ganze Nacht.

22.11.14
Morgens um 0500 erreichen wir den „Wendepunkt". Alle Bücher sagen, dass man bis zum 20. Breitengrad Nord und zum 25. Längengrad West fahren müsse, um den Passatwind zu erreichen. Der Passatwind ist ein regelmäßig von Ost nach West wehender Wind, mithilfe dessen auch schon Kolumbus in die Karibik gesegelt ist. Kolumbus hatte noch keine Karten und meinte, er würde nach Indien segeln. Wir wissen, dass wir in der Karibik landen werden. Obwohl wir den 20. Grad erreicht haben, dreht der Wind nicht und wir halten weiter südlich.

Kurz vor dem Sonnenuntergang dreht der Wind.

Wir haben den Passatwind gefunden. Neues Ziel ist nun Grenada. Von dort können wir dann die Karibik Richtung Norden bis St. Lucia genießen. Am 18.12. geht Patrick in St. Lucia auf den Flieger und Rita kommt.

Im Jahr 2000 war Rita dabei, als ich diesen Teil der Karibik besegelt habe, und somit kann ich dann mit ihr direkt weiter nach Norden. Zuerst planten wir eigentlich, Barbados anzufahren, haben aber in den Büchern nichts gelesen, was diese Idee unterstützen könnte.

Besuch von Delfinen, die eine ganze Weile mit der SAMANTHA spielen und uns mit ihren tollen Sprüngen erfreuen.

Heute bin ich wieder für die Nachtwache eingeteilt. Wir halten es so, dass immer abwechselnd einer eine ganze Nacht übernimmt und somit der andere eine ganze Nacht durchschlafen kann. Wir haben im Radar einen Umkreis von 24 SM (circa 45 km) im Blick. Auf dem AIS sehen wir jedes größere Boot ebenfalls im gleichen Umkreis. Dann haben wir noch den Aktiv-Radar, mittels dessen uns gemeldet wird, wenn wir von einem anderen Boot im Radar erfasst werden, und das auf eine Distanz von circa 55 km. All diese Alarme erlauben uns, dass auch derjenige, der Wache hält, sich zwischendurch für eine Stunde hinlegen kann. Schließlich würde man ja auch nicht schon in Wohlen nervös, wenn sich in Baden ein Radfahrer in Richtung Wohlen bewegt. So pendelt es sich ein, dass man die Eieruhr auf eine Stunde setzt, sich hinlegt und schläft, dann aufsteht, alle Geräte kontrolliert, die Segel kontrolliert und wenn nichts ist, legt man sich wieder für eine Stunde hin, und so geht das, bis die Sonne aufgeht und Tagwache gemacht wird. Mit der Zeit wird man mit dem Boot so vertraut, dass man jede Veränderung draußen mitbekommt und sofort erwacht, wenn ein ungewöhnliches oder verändertes Geräusch oder eine Bewegung wahrgenommen wird.

Man kann mal eine Nachtschwester fragen, wie das ist. Es ist genau das Gleiche.

Heute Nacht ist es sehr ruhig, bis 0300. Für eine halbe Stunde macht SAMANTHA Ärger, danach ist alles wieder stabil. Wir fahren in sechs Stunden 45 SM, das heißt mit 6,666 Knoten Durchschnitt.

23.11.14
Der Wind ist regelmäßig und weht von NW bis N, später dann aus NE (Nordost). So wie es aussieht, treffen wir nun auf den stabilen Passatwind. Es ist Zeit, mit dem Fischen anzufangen. Obwohl es wenige Vögel gibt, die uns begleiten, beißt doch so eine Möwe in den Köder und ich fange einen Vogel statt eines Fisches. Patrick ist nicht erbaut von der Idee, diesen zu rupfen und in die Pfanne zu hauen. Wir haben noch genügend zu essen im Vorrat, sodass wir darauf verzichten können. Leider ist der Vogel tot, als ich ihn endlich an Bord habe und von der An-

gel befreien kann. Das ist nun schon das zweite Mal, dass ich einen Vogel erwische. Blöde Viecher!

Um 1600 baumen wir die Genua aus. Danach machen wir für lange Zeit dauernd 7 bis 9 Knoten. Einmal steigt der Wind und die SAMANTHA zeigt uns, dass sie auch mit 14,6 Knoten dahinrauschen kann. Ich juchze vor Vergnügen!

Ein kleines Malheur passiert uns. Die Leine am Besanmast hat sich selbstständig gemacht, als wir die Besanfock einholten. Die Nacht ist wieder grau und regnerisch. Noch nie haben wir bis jetzt einen dieser wunderschönen Sonnenunter- oder -aufgänge sehen können. Schade.

24.11.14

Heute auf dem 25. Breitengrad haben wir endgültig den Passatwind getroffen. Wir entschließen uns, den Ballooner hochzuziehen. Pluff, und der Ballooner kommt selbständig wieder runter. Das Nylon-Teil, das oben einhängen sollte, ist gebrochen. Die Leine gerissen und abgehauen. Scheiße ... großgeschrieben. Ich mache eine Notleine, mit der wir den Ballooner hissen.

Abends muss er aber wieder runter, denn mit dieser Notleine können wir nicht einrollen, falls der Wind plötzlich aufkommen sollte, und das wäre gefährlich.

Nachmittags fange ich einen Fisch, der haut aber kurz vor dem Boot wieder ab.

Da es bald Abend wird, will ich die Leine einholen und prompt hängt wieder einer dran. Diesmal kriegen wir den an Bord. Er ist circa 80 cm lang und gibt uns herrliche Filets für zwei Mahlzeiten.

Heute nicht mehr, denn auf dem Herd köchelt schon seit zwei Stunden ein Gulasch, der mit Kartoffelbrei und Salat am Abend gegessen wird.

25.11.14

Ruhiger Tag. Regelmäßige Fahrt. Selbst gefangener Fisch von gestern wird gegessen. Nur noch 1.999 SM bis zu unserem Ziel in Grenada zeigt der Plotter. Immer noch Wolken, die die Sonne verdecken.

26.11.14
Nachts um 0400 stellt der Wind ab. Nach einer halben Stunde fängt es wieder an zu blasen. Der Wind steigt bis 25 Knoten und bleibt den ganzen Vormittag. Wir machen bis 14,3 Knoten Fahrt und legen in sechs Stunden 52 SM zurück, was einen Schnitt von 8,6 Knoten bedeutet. Jeweils mittags um 1200 kontrollieren wir die Strecke, die in den letzten 24 Stunden zurückgelegt wurde. Dies nennt man Etmal. Von gestern bis heute sind dies 175 SM mit einem Schnitt von 7,29 Knoten. Wir kommen flott voran. Mit ausgebaumter Genua, gegengestelltem Großsegel und der Besan segeln wir „Schmetterling". So können wir jederzeit auf veränderte Winde reagieren.

Es ist weiterhin grau und regnerisch. Keine großen Regenschauer, aber hin und wieder ein paar Spritzer oder Nieselregen.

Es ist nun Zeit, den ersten Müll zu entsorgen, es fängt an zu stinken. Wir haben im Mülleimer eine Tüte, in der wird alles, was sich im Meer zersetzt, gesammelt. Papier, Knochen, Gemüsereste etc. Das fliegt von Zeit zu Zeit über Bord. In der Geschirrspülmaschine, die bei der Überfahrt nicht benutzt wird, liegt eine andere Tüte, in der wird alles gesammelt, was sich im Wasser nicht abbaut. Plastik, PET-Flaschen, Alu, Stanniolverpackungen etc. Diese Tüten werden in der äußeren Backskiste gesammelt und dann am Ziel entsorgt.

27.11.14
Grau, grau, grau. Immer noch keinen Sonnenauf- noch -untergang bestaunen können. Backe ein erstes Brot mit dunklem Mehl. Gelingt nicht schlecht, aber das vom Bäcker ums Eck wäre besser. Ein Riss im Ballooner wird genäht und es wird viel gelesen.

28.11.14
Der Wind beruhigt sich am Nachmittag. Ich will in den Mast hoch, um die verlorene Leine neu einzuziehen. Patrick kurbelt mich mit der Winsch hoch. Oben schaukelt es so 3 bis 4 Meter mal nach links, mal nach rechts, vor und zurück. Ich komme mir vor wie ein Trapezkünstler, der seine erste Übungsstunde hat.

Mich schlägt es um die Wanten und nur mit viel Anstrengung kann ich verhindern, halb tot geschlagen zu werden.

Schließlich muss ich feststellen, dass die Leine sich in den Mast verpisst hat, und wir eine Hilfsleine einziehen müssen. Das habe ich schon einmal mit Philippe gemacht. Es hat damals zwei Stunden gedauert. Wir werden diese Arbeit ausführen müssen, wenn wir ruhig in einem Hafen liegen, sonst riskiere ich einen verfrühten Tod. Wieder unten angelangt und sicher auf Deck, sehe ich mit den blauen Flecken überall aus wie ein Tiger, nur mit blauer statt brauner Fleckung. Heute in der Früh haben wir die 1.400-ste Meile gemacht und somit die halbe Strecke über den Atlantik hinter uns.

29.11.14
Zum ersten Mal ist das Wetter etwas angenehmer und abends bestaunen wir einen ersten schönen Sonnenuntergang. Mit weißem Mehl habe ich heute ein Brot gebacken, das supergut ist. Scheinbar habe ich es doch noch gelernt.

Abends schauen wir einen Film auf DVD.

30.11.14
Schon der letzte November. Wir sind nun elf Tage unterwegs. Der Sonnenaufgang ist zum ersten Mal so, wie ich es kenne. Die Sonne scheint. Es ist mittags 28° warm. Mit einer Hilfsleine setzen wir den Ballooner und trotten so gemütlich dem Ziel entgegen.

Madeira, typisches Haus mit Strohdach.

Zerklüftete Landschaft.

Der Strand bei Porto Moniz.

Natürliche Schwimmbecken.

Haus im portugiesischen Stil in Funchal.

Das Parlamentsgebäude.

Dezember 2014

1.12.14
Es ist bereits Dezember und wir sind schon 1.800 Seemeilen gesegelt und haben „nur" noch 1.000 vor uns.

Bis hierhin war das Wetter durchzogen. Jeden Tag hatten wir etwas Regen und Sonne. Es ist warm. Tagsüber sind es um die 28 °C und nachts 26 °C. Der Wind hat sich eingependelt zwischen 10 und 14 Knoten und bläst regelmäßig aus Osten mit 10°+ und -, sodass wir, ständig nach Westen mit voll ausgebaumten Segeln, unserem Ziel stündlich um 5 bis 6 Meilen näherkommen.

2.12.14
Heute ist ein normaler Tag. Keine Besonderheiten. Stetiger und regelmäßiger Wind ohne große Abweichungen. Wir verbringen einen „typischen" Tag.

Wir haben die Uhren nicht umgestellt seit Teneriffa und benutzen die UTC-Zeit (Coordinated Universal Time) als Basis.

Morgens, wenn es am Horizont langsam hell wird, stehen wir auf. Der Generator wird angelassen und die Batterien werden geladen, die Wasserentsalzungsanlage ist eingeschaltet, manchmal wird auch Wäsche gewaschen. (Dies sind alles Geräte, die 220 Volt Strom brauchen.) Bei laufendem Generator benutzen wir die Kaffeemaschine für unser Frühstück.

Das Frühstück, reich garniert – mit Brot, Käse, Wurst und manchmal auch einem Ei mit Speck oder einem Omelett, Butter, Marmelade, Honig, Müsli oder Cornflakes, hin und wieder auch frisch gepresster Orangensaft – lässt keine Wünsche offen.

Während des Frühstücks geht dann die Sonne am Horizont auf. Es ist immer wieder ein Spektakel.

Nach dem Abwasch ist es so gegen 1000, Zeit, mit dem Staubsauger durch die Kojen zu fahren. Erstaunlicherweise haben wir immer Staub an Bord, obwohl kein Land in Sicht ist.

Bis 1200 ist Lesen angesagt. Ich bin daran, Spanisch zu lernen, denn auf der weiteren Reise wird mir das nützlich sein. Um 1200 wird das Logbuch nachgeschrieben und das Etmal (in den letzten 24 Stunden gefahrene Meilen) festgehalten. Anfänglich waren es circa 150 SM, in den letzten Tagen nur noch 120 SM.

Mittags gibt es eine Frucht oder einen Riegel oder etwas Schokolade. Dazu koche ich einen türkischen Kaffee und genieße ein kleines Rauchöpferchen in Form einer Zigarillo.

Kleine Arbeiten und Reparaturen werden ausgeführt. Oder man putzt das Bad oder sonst etwas. Es gibt immer etwas zu tun auf einem Schiff.

Um 1600 gibt es den „Four-o'clock-Tee" mit zwei bis drei Biskuits.

1800 ist Aperitif-Zeit. Ein ganz kleiner Pastis oder ein Fingerhut voll Gin mit Tonic. Es ist gerade genug, um den Geschmack in den Mund zu bekommen und etwas Zivilisation zu lecken.

1900 Abendessen.

Bis jetzt haben wir feudal gegessen. Jeweils eine kleine Vorspeise, eine Hauptspeise mit Gemüse oder Salat, und manchmal auch ein kleines Dessert.

Um 2000 schauen wir uns gerne einen Film auf DVD an. Danach ist Schlafenszeit.

Wir wechseln uns jeden Tag mit Wache halten ab, sodass jede zweite Nacht einer voll durchschlafen kann. Das funktioniert super und keiner von uns beiden ist müde.

Und so geht es am nächsten Tag wieder gleich los, obwohl man nie weiß, ob es nicht doch plötzlich eine Überraschung gibt.

3.12.14

Es sind noch 800 SM bis Granada, unserem gesetzten Ziel. Heute ist auch Jubiläum. Ich fahre die 10.000-ste Meile dieses Jahr seit dem 3. Januar.

4.12.14
Gleich beim Frühstück rufe ich Rita über das Satellitentelefon an. Sie hat Geburtstag. Gleichzeitig ist es ein erster Test, mit dem Satellitentelefon zu telefonieren. Bislang haben wir nur SMS geschickt. Die Kommunikation ist so lala, aber die Geburtstagswünsche aus dem Atlantik kommen gut an.

Mitten in der Nacht, so circa um 0330, erklingt der Radaralarm. Ein Segelboot mit riesigem Spinnaker „rast" nur eine Meile an uns vorbei. Nach einer Stunde verschwindet sein Licht bereits wieder am Horizont. Der muss mindestens dreimal so schnell unterwegs sein wie wir. Wir machen 5,5 bis 6 Knoten, und das ist schon recht gut.

5.12.14
Wäschetag. Wir ändern zum ersten Mal seit einer Woche etwas an den Segeln. Der Ballooner wird eingeholt und alle Segel auf die Steuerbordseite gesetzt, sodass wir etwas südlicheren Kurs mit Wind querab fahren können. Als Extra hissen wir auch die Besanfock und sind damit gut unterwegs. Noch 550 SM sind es heute Mittag bis Granada.

6.12.14
Heute ist seit Langem ein richtig schöner Karibik-Tag. Die Temperatur steigt auf 30 °C, das Wasser ist 28 °C warm und nur ein paar Quellwolken hängen am Horizont. Patrick hat das Glück, endlich einmal einen schönen Sonnenaufgang zu erleben. Außerdem haben wir heute zum ersten Mal keine Regenschauer. Diese waren bisher jeden Tag einmal zu Besuch, wenn auch manchmal nur ein paar Minuten.

Am Abend, nach dem Abendessen, sitzen wir noch im Cockpit und lassen uns den warmen Wind um die Ohren streicheln.

Plötzlich stelle ich fest, dass wir trotz 10 Knoten Wind nur noch 2 Knoten Fahrt machen. Patrick ist aufgefallen, dass eben das Meer komplett flach war und keine Welle mehr sichtbar ist. Irgendetwas stimmt hier nicht. Patrick meint, wir hätten einen Teppich von diesen Büschen durchlaufen. Büsche, die wir in den letzten Tagen ständig einzeln gesehen haben. Es ist etwas, das aussieht wie Seebewuchs, aber das in einzelnen Büschen, größere oder kleinere, an der Oberfläche schwimmt und helle Sprösslinge aus dem Wasser streckt. Wir wissen beide nicht, was das ist, und schenken dem auch keine weitere Beachtung. Nun aber, wenn wir einen ganzen Teppich von diesen Büschen unter dem Kiel haben, ist das ein Problem. Das Ruder funktioniert noch einwandfrei. Ich drehe mit der SAMANTHA eine Pirouette (360-Grad-Drehung), um eventuell angehängtes Zeug loszuwerden. Es ist danach etwas besser, aber nicht so, wie es sein sollte. Ich starte den Motor. Holla, der will nicht auf Touren gehen. Das gleiche Phänomen wie wenn der Propeller voll Bewuchs ist. Zudem rumpelt das ganze Schiff, wenn ich versuche, aufzudrehen. Nicht gut! Etwas vor … etwas zurück, wieder vor und wieder zurück. Endlich wird es besser und wir können den Motor wieder gebrauchen, aber 100 % sind es nicht. Irgendetwas hängt da unten im Propeller. Ob es Büsche sind oder ob wir ein abgedriftetes Netz erwischt haben? Auf alle Fälle müssen wir tauchen gehen, sobald wir irgendwo am Anker oder an einem Steg hängen. Gut, dass wir vermutlich den Motor nicht brauchen, um an unser Ziel zu kommen. In drei Tagen sollte es so weit sein. Bis jetzt haben wir die ganze Zeit den Motor nicht eine Minute gebraucht.

Irgendwie ist die Situation da unten besser, denn wir machen wieder normal Fahrt. Uff …

7.12.14

Ein Tag wie jeder andere, nur dass wir nun langsam unseren Tagesablauf etwas mehr der Natur anpassen und die Zeitangaben auf der Uhr nur noch mit dem linken Auge betrachten. Die Karibik hat gegenüber der Schweiz fünf Stunden Zeitdifferenz und die Kanarischen sind genau auf UTC-Zeit, unsere Bordzeit seit gut zwei Wochen. Das heißt, dass wir morgens aufstehen, wenn die Uhr 0900 zeigt, das aber der lokalen Zeit von 0500 entspricht. Die Sonne geht dann eine Stunde später auf, bei uns an Bord 1000, in der Karibik 0600.

Den „Four-o'clock-Tee" servieren wir nun um 1800 (Lokalzeit 1400) und Abendessen ist um 2000 (Lokalzeit 1600), ins Bett gehen wir um 2300 (Lokalzeit 1900).

Wir haben nun noch zwei Tage, um uns ganz umzustellen, denn wer geht schon in der Karibik um 1900 ins Bett, wenn andere beim Aperitif und beim ersten Rumpunsch sind?

Ein Vogel kommt vormittags vorbei und zeigt uns, wie er Fische fängt. Er kreist um unser Boot in 10 Meter Höhe, dann zieht er die Flügel ein und saust wie ein Pfeil ins Wasser. Wenn er dann wieder auftaucht, hat er manchmal einen Fisch im Schnabel, den er dann auch gleich verschluckt. Eine Stunde dauert die Show, dann dreht er ab und verreist in die Ferne.

Am späten Nachmittag besucht uns ein kleiner Vogel, so etwas wie eine Schwalbe. Dieser sucht sich ein Plätzchen auf der SAMANTHA, um sich etwas auszuruhen und mitzufahren. Er meinte sogar, er könne es sich in meiner Kabine bequem machen. Da ich aber gerade heute Morgen das Bettlaken gewechselt habe, bin ich nicht gewillt, die Nacht mit ihm zu teilen und eventuell auf einem verschissenen Laken zu pennen.

Also wird Herr oder Frau Vogel freundlich nach draußen komplimentiert, wo er/sie es sich am Heck bequem macht.

8.12.14

Bei Tagwache sehen wir einen Mumienschlepper, der sich uns von hinten nähert. Es ist die „Costa Fortuna" (die Schwester der „Costa Concordia"). Dieser Kapitän nähert sich der Insel Barbados, am Horizont sichtbar in gebührendem Abstand. Scheinbar haben die Italiener doch etwas gelernt aus der Misere des Schwesterschiffes. Auch wir sehen nun bei anbrechendem Tag die Insel Barbados, die wir rechts von uns liegen lassen und schnurstracks daran vorbei weitersegeln, Richtung Granada. Dort müssten wir morgen anlanden. Es ist ein schönes Gefühl, so nahe am Ziel zu sein. Ein Fischerboot, das von Barbados ausfährt, dreht bei und kommt nahe an uns heran. Der Fischer winkt freundlich und zieht weiter. Es ist seit Langem ein erster Kontakt mit der Zivilisation.

9.12.14
Geschafft!!!!!!

Um 1530 legen wir in der Prickly Bay auf Granada in der Marina an.

2.810 SM und genau neunzehn Tage und zwei Stunden liegen hinter uns. Wir haben den Atlantik in 458 Stunden überquert, mit einem Durchschnitt von 6,1 Knoten. Das sind 5.204 km mit einem Schnitt von 11,29 km/h.

Alles ist super gelaufen und wir haben nur wenig an unseren Segeln ändern müssen, da wir den Passatwind erwischt haben, der uns von hinten vorwärts geschoben hat.

Wir sind stolz und es war ein tolles Erlebnis, Vater und Sohn. Ein großes Bier an der Bar haben wir uns verdient. Prost!

Patrick taucht noch unter die SAMANTHA und befreit den Propeller von einem Stück Fischernetz. Das war das Übel, das uns das Leben eine Zeitlang schwer gemacht hat.

Prickly-Bay-Marina 11°59,90 N 61°45,56 W

10.12.14
Mit einem örtlichen Minibus, der uns auf der Straße aufnimmt, fahren wir die circa 8 Kilometer nach Georgetown. Georgetown ist eine typische karibische Kleinstadt, in der auch die Mumienschlepper anlegen. Man sieht es vielen Häusern an, dass man hier einmal in einer besseren Zeit gelebt hat. In den Straßen (derer gibt es nicht viele) herrscht reges Leben. Man könnte meinen, es sei ein Straßenfest im Gange. Wir bummeln kreuz und quer durch den Ort, halten Ausschau nach einem Restaurant, aber diese sind so dünn gesät wie Brunnen in der Wüste. Einzig die Fast-Food-Schuppen sind gut vertreten. Schließlich, nach dem Flanieren im lokalen Markt, kaufen wir im Duty-free-Shop am Hafen neue Aperitif-Getränke für mehr oder weniger teures Geld. Dann ein Besuch in einem gut ausgestatteten Supermarkt und das war's. Unten am Hafen finden wir ein lokales Restaurant, das kreolische Speisen anbietet. Wir wagen uns hinein, bekommen Hähnchen mit

Gemüse und Reis. Das Essen ist typisch und nicht schlecht und wenn man es dem Vogel, der nun tot auf dem Teller liegt, gönnt, dass er ein langes Leben hatte, kann man damit leben. Zurück geht es wieder mit dem örtlichen, vollgestopften Büsschen. Unterwegs steigen noch zwei junge Mädels ein. Die eine quetscht sich neben mich auf den Sitz. Schade, dass es die Hässlichere ist, und nicht die Superschöne, die sich vorne beim Fahrer hinsetzt.

Zurück in der Prickly Bay genießen wir noch ein Bierchen und die (endlich gespielte) karibische Musik.

11.12.14

Mit herrlichem Wind segeln wir nach Tyrell Bay. Diese Bay ist recht gut besucht und viele Booties lassen hier das Boot aus dem Wasser heben, mit dem einzigen in der ganzen Gegend noch funktionierenden Travellift. Wir drehen eine kleine Runde mit dem Dingi, checken bei der Immigration aus und genießen einfach die Sonne und Ruhe.

Tyrell Bay, Carriacou 12°27,39 N 61°29,22 W

12.12.14

Nur knapp dreieinhalb Stunden weiter und wir landen in der Clifton Bay. Auf den ersten Blick ein traumhafter Ort mit blauem und türkisem Wasser. Ein Einheimischer fängt uns ab und bietet für 50 Dollar eine Boje an. Für 20 ist er dann auch noch einverstanden. Im nahegelegenen Flughafen gehen wir einchecken. Nach dem Zoll und der Polizei müssen wir noch den Stempel der Immigration haben. Dort ist aber niemand im Büro. Keiner kann uns sagen, wann der Stuhl besetzt sein wird. Die Straße entlang spazieren wir wieder Richtung Dingi-Platz. Eine Dame, mit reichlich Kurven in eine Uniform gequetscht, begegnet uns. Dame, Uniform, Immigration ... ich erkenne die Verbindung und frage sie. Ja ... sie ist von der Immigration. Wir begleiten sie zurück zum Flughafen, wo sie dann, erfreut über das Wiedersehen mit Kollegen, erst die ganzen Neuigkeiten austauscht, bevor sie unsere Pässe öffnet und dort den so wichtigen Stempel hineindrückt. Endlich ... Danke ...

Ein anschließender Spaziergang im Dorf gibt uns weiter karibisches Gefühl. Alles Bretterhütten, wenig Angebote in den Läden und Schuppen. Eine absolute Ruhe bei der Bevölkerung, die sicher nicht mit Herzinfarkten und Burnouts zu kämpfen hat. Aber ... alles sehr überteuert.

Am Abend merken wir bei stark aufkommendem Wind, dass wir hier in dieser Bucht absolut ungeschützt liegen. Die Wellen sind etwas gedämpft durch ein neben uns liegendes Riff. Ein Schiffsnachbar hat einen Hurrlibus (Windrad für Strom) an Bord und dieses Teil macht so einen Lärm, dass selbst der Wind in den Wanten übertönt wird.

Hier würde ich nicht nochmals anlanden.

Union Island, Clifton Bay 12°35,73 N 61°24,69 W

13.12.14

Nur eine Stunde weiter und wir setzen den Anker in der Salt Whistle Bay. Dies ist ein wirklich schöner, romantischer Ort, ganz so wie man sich die Karibik vorstellt. Vom Strand her dringen Steeldrum-Klänge an unser Ohr und das Wasser lädt zum Baden ein.

Das Hotel, das so super tolle Bungalows und eine schöne Bar hatte, ist geschlossen. Vor fünf Jahren sei der Besitzer gestorben und eine deutsche Lady halte die Stellung, jedoch ohne den Betrieb zu bewirtschaften. Schade ...

Mayrau-Insel, Salt Whistle Bay 12°38,86 N 61°23,49 W

14.12.14

In Rekordzeit segeln wir bei starkem Wind querab bis zur Admiralty Bay auf Bequia. Hier haben wir in das neue Jahr 2000 gefeiert. In der Erinnerung habe ich noch die super Stimmung beim Frangipani. Steeldrum-Reggae, lokale Punsch-Getränke usw. Heute ... tote Hose. Nur am Donnerstagabend gibt es dort

Live-Musik und Grillparty. Wir setzen uns in Marias Café zum Bierchen und Internetten.

Am Abend essen wir im Ginger-Bread-Restaurant. Es ist gut, aber auch hier saumäßig teuer.

Admiralty Bay 13°00,34 N 61°14,51 W

15.12.14
Etwas enttäuscht ziehen wir weiter in die Wallilabou Bay auf St. Vincent. Diese Bucht war super romantisch im Jahr 2000, aber auch hier hat die Zeit weitergearbeitet. Nachdem hier die „Fluch der Karibik"-Filme gedreht wurden, ist die Bucht verbaut und verunstaltet worden. Nichts ist mehr übrig vom alten Flair, nur die „Bimbos", die einen belästigen und einem Geld abknöpfen, sind geblieben.

Wir wollen den im Buch vermerkten Wasserfall besuchen. Einen Kilometer die Straße entlang und wir finden einen eingezäunten Park. Der Wasserfall ist so ungefähr 3 Meter hoch! Dafür müssten wir je 5 Dollar Eintritt bezahlen. Nein danke. Am Eingang ist eine Tafel angebracht, auf der steht geschrieben, dass dieser Park durch die EU finanziert wurde. Da wird wieder einmal ein auf einem Stuhl klebender hochbezahlter Politiker in Brüssel, zusammen mit einem schwarzen Kollegen, dieses Projekt ausgeheckt haben und das dann unter „Entwicklungshilfe" über die EU finanziert haben, wobei dann sicherlich einiges an Geld in verschiedene Kanäle gelaufen ist. Hierfür wählen wir unsere Vertreter in der EU!

Ein Bimbo kommt ans Schiff, klönt uns eins vor, so wegen vier Buben und teure Schule und kein Geld. Wir kaufen ihm ein paar Früchte ab. Da wir keine 15 EC$ haben, sondern nur eine 20er-Banknote, verspricht er, das Wechselgeld zu holen. Denkste ... der alte Rudy wurde wieder einmal schön brav hereingelegt!!!!

Wallilabou Bay 13°14,84 N 61°16,29 W

16.12.14
Schon um 0600 stehen wir auf. Wir wollen früh weg, um die Insel St. Lucia zu erreichen. Mit gutem Wind segeln wir voll durch bis zur Marigot Bay. Hier war ich schon am Jahreswechsel 1999 zu 2000. Die Bucht ist komplett umgestaltet. Da wo ein kleiner Holzsteg mit den Charterbooten zum Muring war, ist nun eine richtige Marina (unter Schweizer Management) mit Booten, wie man sie an den teuersten Plätzen dieser Welt sieht. Mehrere Restaurants sind gebaut worden und in der Bucht liegen Muringbojen aus. Am Nachmittag bekam ich einen Funkanruf von einer SOLO. Es stellte sich heraus, dass es Christoph ist, der mit seiner AMEL ebenfalls die Marigot Bay ansteuert.

Er hat mich auf dem AIS entdeckt, und da er selbst schon zweimal mit mir auf der SAMANTHA gesegelt ist, kennt er das Boot.

Wir legen nebeneinander an Bojen an. Aperitif und dann nach seinem Wunsch wieder einmal die Käsespätzle.

Es wird ein feucht fröhlicher Abend, aber Christoph geht früh zu Bett, denn er will morgen um 0600 los.

Patrick findet die Bay super toll, setzt sich ins Dingi und geht zur nächsten Bar mit Live-Musik. Väterchen liegt im Bett und hört, wie der Sohn um 0200 nach Hause kommt. Es ist wie früher!

St. Lucia, Marigot Bay 13°57,98 N 61°01,45 W

17.12.14
Kein Wind. Wir motoren die ganze Strecke zurück an die Südspitze, nach Vieux Fort. In Vieux Fort ist der Flughafen für Internationale Flüge. Die Bucht bietet leider nicht das, was im Buch steht.

Wir setzen den Anker in der südlichen Bucht. Ein Einheimischer kommt mit seinem Motorboot vorbei und bietet uns alles Mögliche an Service-Leistungen an. Sein Name ist Mathias. Wir einigen uns darauf, dass er uns morgen um 1500 vom Boot abholt, in den Hafen bringt, wo er ein Taxi organisiert, das Patrick und mich zum Flughafen bringt, danach geht die gleiche Reise umgekehrt zurück mit Rita und zum Boot. 70 EC$ sind vereinbart. Mathias erklärt uns, dass genau da, wo wir den Anker liegen haben, letztes Jahr ein Engländer auf dem Schiff überfallen wurde, mit tödlichem Ausgang. Wir heben daraufhin den Anker wieder und verlegen uns direkt vor die Hafeneinfahrt, wo zwar laut Buch Ankerverbot besteht, aber Mathias meint, hier lägen wir ruhig. Nun beginnt die Putzerei, denn das Boot muss ja in Ordnung sein, wenn morgen Rita kommt.

Bei Einbruch der Nacht spazieren wir noch ein wenig im Dorf umher. Es gibt hier nichts, außer einer sehr belebten Hauptstraße und einem riesigen Fischmarkt.

Vieux Fort 13°43,35 N 60°57,41 W

18.12.14
Den letzten Schliff am Boot erledigen und wir sind bereit. Es ist 1500. Kein Mathias. Schließlich lassen wir das Dingi ins Wasser und beladen es mit allem Gepäck. Am Ufer hat Mathias jede erdenkliche Ausrede. Ich ärgere mich!

Elvis, der mit seinem Auto wartet, ist voll okay. In fünf Minuten sind wir am Terminal. Der Flieger kommt mit 50 Minuten Verspätung an. Wir warten auf Rita, die kommt und kommt nicht. Schließlich dann doch, aber Patrick kann nur noch kurz „Hallo" sagen, denn sein Flug (gleicher Flieger zurück) wird bereits ausgerufen.

Elvis bringt uns zurück zum Hafen. Mathias weigert sich, uns zum Boot zu fahren (ein Riesenar…). Ich muss mit dem Dingi das Gepäck hinausfahren, dann Rita holen.

Rita ist nicht sehr glücklich über diesen Empfang und darüber, dass das Boot vor Anker liegt und leicht schaukelt.

19.12.14
Halbe Zeit segeln, halbe Zeit motoren. Ich wollte eigentlich nur einen kurzen Schlag machen und in der Soufriere Bay anlegen. Dort schaukelt es an den Bojen aber ganz schön. Wir legen wieder

ab und bewältigen den Rest bis in die Marigot Bay. Am Steg bei Doreen (Hotel Moyo) legen wir an. Ich hatte Doreen, die Besitzerin, das letzte Mal gefragt, was sie für einen Platz nimmt. Wenn wir dort essen, würde sie nichts nehmen, meinte sie. Also, dann haben wir schon 81 EC$ fürs Essen, statt für die Boje zu bezahlen.

Wir essen auch gut, aber günstig ist es auch nicht, wie nirgends in der Karibik. Die Preise sind einfach überall unverhältnismäßig. Für das gleiche Geld kann man selbst in der Schweiz in einem guten Restaurant essen, dort stimmt dann aber auch die Leistung. Taxis sind so teuer wie in der Schweiz. Die Leute fahren Autos, die in der Schweiz gut und gerne 90.000 CHF kosten, dafür leben sie aber in Bretterhütten mit Wellblechdach. Es stimmt einfach nichts.

Marigot Bay, Steg bei Doreen 13°57,93 N 61°01,50 W

20.12.14
Für 160 USD haben wir uns mit Mikel geeinigt, für einen Ausflug auf der Insel.

Pünktlich um 0900 holt er uns ab, ist sauber gekleidet und das Auto ist geputzt.

Mikel ist der Erste, den ich nur empfehlen kann. Er ist höchst anständig, hat gute Manieren und ist überhaupt nicht aufdringlich und er ist korrekt. Wir fahren zur Soufriere Bay, zum Vulkan, in den Diamond Garden (ein wunderschöner tropischer Garten) und zu einem Wasserfall, wo wir uns durch das herunterfallende Wasser massieren lassen. Mikel hält an allen schönen Spots an, sodass ich eine ganze Reihe von Fotos machen kann. Mittags essen wir eine Kleinigkeit in einem örtlichen Restaurant.

Das Essen ist sehr gut und der Preis vernünftig. Es ist ein schöner, erlebnisreicher Tag. Am Abend bringt uns Mikel an eine Boje, an der wir die Nacht hängen, die uns aber nichts kostet. Am Abend genießen wir das richtige karibische Flair mit CD-Musik, die ich von Mikel gekauft habe.

21.12.14
Um 0800 bin ich vor dem Zollbüro. Ich muss mich noch abmelden, denn wir verlassen St. Lucia.

Um 1000 endlich (am Anschlag steht 0800) kommt endlich ein mürrischer Beamter angetrottet. Stempel und 100 EC$ bezahlen. Im Pass bekomme ich keinen Ausreisestempel, denn der Herr von der Immigration ist nicht erschienen. Das mache nichts, meint der mürrische Beamte. Dann hätte ich mir ja gleich den ganzen administrativen Scheiß und 140 EC$ sparen können!

Man lernt immer wieder dazu.

Von 1000 bis 1600 schaffen wir es bis Le Marin auf Martinique. Es ist eine heikle Anfahrt mit vielen Untiefen. Meine Navionics-Karte konnte ich nicht updaten, so habe ich nur das Hafen-Handbuch zum Navigieren und prompt sitzen wir plötzlich auf. Rückwärts geht's wieder zurück ins tiefe Wasser und an eine Boje. Danach hole ich das große Dingi hervor und verpacke das kleine. Nun können wir auch größere Strecken mit dem Dingi bewältigen. Am Abend finden wir Christoph am Steg vor. Er ist in einem guten Zustand (Christoph, nicht der Steg). Wir gehen in einem französischen Restaurant essen. Endlich wieder etwas Zivilisation.

Noch ein Absacker bei Christoph und zurück zum Schlafen.

Martinique, Bucht Le Marin 14°27,89 N 60°52,19 W

22.12.14
Christoph wollte, dass wir nochmals zusammen zu Mittag essen, bevor er heute nach Hause fliegt. Bei der AMEL hole ich das Teil, das ich brauche, um den Ballooner hochzuziehen, dieses ist uns unterwegs gebrochen.

Im Supermarkt genießen wir so richtig die Möglichkeit, wieder einmal in einem guten Sortiment auszuwählen, was das Herz begehrt. Das Angebot ist riesig (mit Ausnahme von Fleisch, da gibt es nur Schweineschwänze und solches Zeug), und die Preise sind vernünftig. Wir füllen das Dingi bis an den Rand.

Abends muss ich nochmals ans WLAN, um meine Karten auf den neuesten Stand zu bringen. Außerdem wollen wir unseren Lieben zu Hause noch Weihnachtsgrüße mailen.

Obwohl wir beide nur ein Bierchen hatten, fällt Rita beim Einsteigen ins Dingi daneben und geht baden.

„Ist nicht lustig!", sagt sie, weil ich mich vor Lachen krümme.

Zurück auf dem Boot sehen wir, dass ein Segler bei einer Untiefe gestrandet ist und das Boot versenkt hat. Es liegt ganz schräg im Wasser und ist halb vollgelaufen. Für die sind die Weihnachtsferien vorbei.

23.12.14

Gemütlich frühstücken, dann legen wir los. Der Wind ist voll dabei und wir erreichen schnell eine Bucht, die schön und ruhig sein soll. Schön ja, ruhig nein. Rita dreht fast durch, legt sich hin und will einfach abwarten. Wir sind an einer Boje festgemacht, aber es schaukelt ganz schön. Im anderen Eck der Bucht scheint es etwas ruhiger zu sein, aber dort sind alle Bojen besetzt. Einige kennen sich scheinbar aus.

Hoffen wir, dass es am Abend ruhiger wird. Leider nur ein bisschen. Leichtes Schaukeln bleibt die ganze Nacht.

Les Anses-d'Arlet 14°30,29 N 61°05,38 W

24.12.14

Weihnachten.

Nur ums Eck, und wir setzen den Anker direkt vor der Stadt und neben einem Kreuzfahrtschiff bei Fort-de-France.

Es ist kaum Mittag vorbei, sodass wir noch Zeit haben, einen Bummel in die Stadt zu machen. Fort-de-France ist recht charmant, eine Reißbrett-Stadt. Alle Straßen sind im rechten Winkel, so wie die Ami-Städte und La Chaux-de-Fonds. Rita stöbert in den Klamottenläden herum und wird auch fündig. Im Carrefour-Supermarkt decken wir uns auch noch ein, denn hier ist das Angebot riesig und variiert, aber auch hier gibt es nichts an richtigem Fleisch. In der Karibik habe ich bisher noch nirgends einen Metzger gesehen. Schweineschwänze eingelegt könnte man an jedem Eck kaufen, aber nicht mit Rita.

Fürs Abendessen lassen wir uns etwas einfallen.

Nach dem Aperitif gibt es Lachsbrötchen, dann Avocado mit Cocktailsauce, dann Crevetten an Senf-Zitronensauce. Als Hauptspeise werden Steaks, Pommes und Gemüse serviert. Als Nachtisch bekommt jeder einen Schokoladenpudding. Das Ganze wird abgerundet mit einem Cognac und einer Zigarre (für mich) und einer Zigarette (für Rita).

Eine etwas andere aber schöne Weihnacht ist es.

Fort-de-France 14°36,03 N 61°04,19 W

25.12.14

Schon in der Nacht hat es dauernd geregnet. Den ganzen Tag lang geht es weiter mit Regen, Sonne, Regen. Um 1600 wollen wir in die Stadt und einen Eisbecher essen. Nichts ist, alles ist zu, nur verregnet werden wir und kommen patschnass zurück aufs Boot.

Den Abend gestalten wir richtig romantisch, kochen ein Fondue (das hatte Patrick mitgebracht), hören Weihnachtsmusik und genießen das Zusammensein.

26.12.14

Schon früh sind wir beide wach. Nach dem Frühstück, bereits um 0800, heben wir den Anker und segeln zurück nach Le Marin. Hier hängen wir uns an eine Boje nahe der Stege, gehen mit dem Dingi an Land, trinken einen Aperitif und danach genießen wir eine Rösti und Bratwurst.

Morgen sollten wir Rainer treffen. Rainer ist als Skipper mit Crew unterwegs. Rainer war mein Segellehrer und Skipper-Kurs-Lehrer. Auch Rita hatte vor zehn Jahren bei ihm mit Barbara auf Elba einen Lernkurs gemacht. Wir freuen uns auf das Wiedersehen.

Le Marin, Reede 14°27,93 N 60°52,23 W

27.12.14
Heute ist Waschtag. Ich bin gerade dabei, die Wäscheleine zu montieren, da fährt ein Katamaran neben uns vorbei und der Skipper ruft mich beim Namen. Es ist Rainer!!!

Mit seinem Kat legt er an einem Steg an. Wir folgen ihm mit dem Dingi. Das Wiedersehen ist wunderschön. Muss man doch wirklich um die halbe Welt segeln, um alte Freunde zu treffen.

Am Abend gehen wir alle ins „Tic Toc", zum Essen. Hier haben wir Zeit, zu plaudern und von den alten Zeiten zu berichten. Spät gehen wir zurück zum Boot.

28.12.14
Von Le Marin segeln wir zurück in die Bucht von Fort-de-France, nach der Mitan Bay. Es kommt keine Freude auf bei Rita, denn es schaukelt ziemlich stark. Das Örtchen bringt auch nichts Besonderes, außer Klamottenläden für Touristen. Es gelingt mir auch nicht, irgendwo in ein Netz zu kommen, um diese Homepage hochzuladen. Überall auf der ganzen Insel gibt es nur Probleme mit WLAN, und das in einer französischen Kolonie! Dabei sind die Froggies doch so gut in Sachen Computer. Hier scheint Herr Hollande kein Geld hinzuschicken für eine anständige Infrastruktur.

Anse Mitan (Fort-de-France) 14°33,26 N 61°03,32 W

29.12.14
Am Abend sind wir in Saint-Pierre, einer letzten Bucht in Martinique. Kein Kommentar. Rita schaut mich dauernd von oben bis unten an, weil es anders gar nicht geht, wegen der Schaukelei. Zufällig liegen noch zwei andere Schweizer Schiffe gleich neben uns. Die einen wohnen in Sion, die anderen in Champéry, wo Philippe sein Hotel hat. Da gibt es natürlich etwas zu reden. Bei René und Ginette aus Champéry trinken wir dann auch noch einen Kaffee.

Bucht Saint-Pierre (Martinique) 14°44,28 N 61°10,67 W

30.12.14
Von Saint-Pierre legen wir gleich in der Früh los. Rita hat wegen der Schaukelei kaum geschlafen. Wir müssen aber heute noch zur Insel Dominica. Das heißt, wir werden das volle Atlantik-Programm zwischen den Inseln bekommen. Gute drei Stunden, dann sind wir wieder in Landabdeckung, ohne große Wellen, aber drei Stunden sind für Rita äußerst hart. Sie versucht zu schlafen, so gut es geht, während ich draußen versuche, so sanft wie möglich zu segeln. Schließlich haben wir es geschafft und gehen an die Bar und später zum Abendessen. Es soll sehr gut sein, haben uns René und Ginette versichert.

In der Tat, wir reservieren für 1900 einen Tisch, vertreiben uns die Zeit mit Baden und Skip-Bo-spielen.

Um 1900 besteigen wir das Dingi (Rita nennt es unser Auto), fahren an den Steg und betreten das Restaurant. Kein Mensch, weit und breit. Wir sind die einzigen Gäste.

Der Kellner weist uns an einen reservierten Tisch, nimmt die Bestellung auf, während er ständig einen Kaugummi im Mund dreht.

Es gibt nur drei Menüs. Fisch, Huhn und vegetarisch. Rita bestellt einen Dominica-Salat zur Vorspeise, ich eine Suppe. Als Hauptspeise bestellt Rita den Fisch, ich das Huhn.

Ritas Salat ist nichts anderes als ein gewöhnlicher, gemischter Salat mit schönem Namen und meine Suppe etwas Undefinierbares. Beides ist aber gut.

Auf die Hauptspeisen warten wir fast eine Stunde. Als dann endlich serviert wird, sind die Speisen bereits ausgekühlt. Vermutlich hat der Koch hier in diesem Hotel noch einen Nebenjob, zum Beispiel als Tankwart an der gegenüberliegenden Tankstelle. Das Essen ist wirklich sehr gut, nur schade, dass es mit Lufttemperatur serviert wird.

Roseau, Dominica 15°17,24 N 61°22,70 W

31.12.14
Nur etwa 7 SM sind es bis Batalie Beach, wo das Sunset-Bay-Hotel angesiedelt ist. Es ist ein Belgier, der dieses Hotel führt und es soll sehr bekannt und extrem gut sein für Hummer.

Ich telefoniere, um für den Abend zu bestellen und eine Boje zu reservieren. Alles OK, kein Problem.

Wir haben etwas Mühe, das Hotel zu finden, können uns aber dann per Telefon einweisen lassen zu einer Boje (es gibt nur drei) und nur ein einziges anderes Boot liegt dort in der Bucht.

Rita ist glücklich, weil es hier recht ruhig zu sein scheint.

Am Nachmittag steigen wir ins Dingi und binden am Steg an. Das Hotel ist etwas zwischen den Palmen versteckt, aber sehr nett und scheint auch gepflegt zu sein.

Ich klinke mich erst ins Netz ein und mache alle Updates.

Während dieser Zeit lernt Rita Judith und Karin aus Liechtenstein kennen. Ich finde die drei Damen etwas später beim Rumpunsch. Ich setze mich auch dazu, und die nächsten Runden werden aufgetischt und die Gesellschaft fröhlicher und fröhlicher.

Wir vereinbaren, dass wir heute Abend an einem gemeinsamen Tisch essen, was auch beim Management kein Problem darstellt.

Als es schon langsam dunkel wird, hole ich die beiden Ladys am Steg ab zum Aperitif auf der SAMANTHA.

Wir bestellen unser Essen so gegen 2000, werden auch recht schnell bedient, aber plötzlich kommt die Kellnerin nochmals vorbei, nimmt die drei Teller mit der Ente wieder weg und stellt sie vor die Gäste am Nachbarstisch. Gut war, dass mein Hummer noch nicht serviert war, denn deswegen wollten Judith und Karin noch nicht mit dem Essen anfangen und die Ente war noch unangetastet. Alle drei Damen haben die Ente „medium" bestellt, das, was aber auf dem Teller liegt, ist sehr, sehr gut durchgebraten. Dann kommt auch mein Hummer. Ich traue meinen Augen erst nicht. Ein Baby-Hummer liegt auf dem Teller, und das für 60 Dollar.

Dann aber kommt „meine süße" Gabriele, so heißt und ist unsere Bedienung, mit einer Platte voller Hummer. Ob ich die alle möchte? Nun werden die 60 Doller wieder sehr vernünftig!

Es ist dann beim Dessert schon 2200, Judith kann ihre Augen kaum mehr vor den davor vorgesehenen Öffnungen halten. Die beiden Liechtensteinerinnen verabschieden sich. Rita und ich bleiben noch einen Moment, warten aber Mitternacht auch nicht ab, denn es herrscht keine besondere Feststimmung und es gibt keine gute Musik, die diese aufhellt. Viele der mehrheitlich dunklen Gäste sind schon stark angetrunken und grölen an den Nachbartischen. Der Chef, ein älterer Herr, erfreut sich an einigen vollbusigen Damen und wirbelt von Tisch zu Tisch zum Smalltalk.

Die Überraschung haben wir, als wir ins Dingi steigen wollen. Das Bötchen hat sich unter die Badeleiter geschoben und als ich versuche, dieses zu befreien, pfeift es plötzlich und die Luft entweicht aus einer der drei Kammern mit lautem Zischen. Schnell einsteigen und noch zum Boot fahren, bevor die Luft ganz raus ist und wir noch schwimmen müssten. Es klappt. Wir kommen gut an, steigen sofort aus und heben das Dingi an Deck.

Mit einem letzten Schluck an Deck verabschieden auch wir uns kurz vor Mitternacht von dem ereignisreichen Jahr 2014. Zu Hause sind unsere Lieben und Freunde vermutlich schon am Pennen, denn dort ist es nun bereits 0500 im Jahr 2015.

Sunset Bay (Batalie Beach, Dominica) 15°27,09 N 61°26,87 W

Januar 2015

1.1.15
Happy New Year.

Das hört man heute überall. Die Leute hier in der Karibik sind ja bekannt für ihre Freundlichkeit und Fröhlichkeit.

Als Erstes in diesem Jahr muss ich das Dingi flicken. Die Klebestelle muss 24 Stunden trocknen, bevor ich es wieder aufblasen kann. Für mich heißt das, dass ich das kleine Dingi aus der Kiste holen und aufblasen muss, sonst müssten wir 24 Stunden an Bord bleiben oder an Land schwimmen.

Nach getaner Arbeit segeln wir die 7 SM bis nach Portsmouth.

Hier angekommen, nach nur zwei Stunden, versuche ich den Anker zu setzen. Nach dem ersten Mal verkatte ich einen zweiten Anker in der Hoffnung, damit Halt zu bekommen. Auch der zweite und dritte Versuch scheitert. Ich ziehe ganze Büschel Seegras hoch und das heißt, mein Bügelanker hält hier nicht.

Schließlich „kaufen" wir uns an einer Boje ein. 10 US$ kostet das, ist aber besser als ein unsicherer Anker. Gegen Abend fängt es an, fürchterlich zu stürmen und zu regnen. Ich danke Rita, dass sie insistiert hat, eine Boje zu nehmen, ansonsten hätte ich keine ruhige Minute bei diesen Böen.

Auch die Nacht ist sehr stürmisch, trotzdem ist die erste Nacht im neuen Jahr angenehm, denn es schaukelt kaum und das gefällt meiner Rita und somit ist sie auch gut drauf.

Portsmouth 15°34,92 N 61°27,83 W

2.1.15
In der Früh wird unsere SAMANTHA so richtig gewaschen, wie in einer Autowaschanlage. Danach wird das große Dingi aufgeblasen und das kleine Dingi wieder in die Kiste verräumt.

All das ist keine besondere Anstrengung, aber ich bin patschnass, denn draußen ist es sehr schwül und feucht.

Wir fahren in die „Stadt". Hier finden wir ein richtig typisches karibisches Dorf. Allerdings bekommt man das Gefühl, dass hier die Armut ziemlich allgegenwärtig ist. Wir kaufen ein paar Früchte und etwas Gemüse bei den lokalen Marktfrauen am Straßenrand, spazieren einmal das Dorf nach links und einmal nach rechts ab. Das war es dann. Zurück auf der SAMANTHA bäckt Rita einen Kuchen mit Ananas etc.

Der Wind mit starken Böen ist nach wie vor präsent. Morgen ziehen wir dann weiter zu den nächsten Inseln.

3.1.15

Les Saintes ist eine Inselgruppe, Guadeloupe vorgelagert und nur circa 15 SM vom jetzigen Liegeplatz entfernt. Kaum sind wir aus der Bucht und aus der Landabdeckung heraus, erwischt uns der Wind mit 18 bis 25 Knoten. Das wäre ja OK, vor allem, da er querab bläst und somit die SAMANTHA auf volle Touren kommt. Aber ... die Wellen sind heftig. Richtiges Atlantik-Segeln zwischen den Inseln, und das gefällt Rita gar nicht. Sie schiebt sich Pillen gegen die Seekrankheit ein und legt sich unten aufs Bett.

Da es draußen so richtig spritzt, müssen die Luken geschlossen bleiben und die Luft wird innen stickig. Das ist nicht gut und fördert das Unwohlsein. Ich reduziere die Segel so weit wie möglich, um etwas ruhiger zu laufen, aber die SAMANTHA braucht so auch mehr Zeit bis zum Ziel. Rita legt sich dann doch oben auf die Bank und hält die zweieinhalb Stunden Überfahrt tapfer durch. In der Bucht von Le Bourg fangen wir eine Boje, merken aber bald, dass es hier sehr unruhig ist. Am anderen Ende des Bojenfeldes mache ich eine freie Boje aus, die in etwas ruhigerem Wasser zu liegen scheint. Wir verlegen uns, und in der Tat, es ist etwas ruhiger. Zum ersten Mal lasse ich die SAMANTHA lediglich am Tau mit dem Bojenhaken hängen.

Ich bin gerade damit beschäftigt, unten in meiner Koje Ordnung zu machen und das Bett neu zu beziehen, als mich Rita mit eindringlicher Stimme nach oben ruft. Hoppala ... Wir liegen fast am Ufer zwischen den kleinen Fischerbötchen, und ziemlich weit weg von unserer Boje. Der Haken hat sich ausgehängt und die SAMANTHA hat sich selbständig gemacht!

Rückwärts und mit Hilfe des Bugstrahlruders kann ich die SAMANTHA wieder zurück an die Boje bringen.

Diesmal wird sie mit einer separaten Leine festgebunden. Die Leine mit dem Haken darf man wirklich nur zum Bojenfangen benutzen, danach muss mit einer richtigen Leine angebunden werden. Man lernt immer wieder etwas dazu! (Eigentlich stünde das ja in der Gebrauchsanweisung, aber eben!)

Nachmittags spazieren wir ins Dörfchen. Es gibt eine Einkaufsstraße mit vielen Boutiquen, eine Freude für Rita. Ich schlendere halt mit, wie das ein guter Ehemann eben tun muss. Dann aber finden wir einen kleinen Laden mit schönen Sachen und Rita kommt in Fahrt. Vergessen ist die Überfahrt ob der schönen Kleider, die sie hier günstig erstehen kann.

Der Tag ist gerettet! Am Abend gewinnt sie dann auch noch beim „Phase 10"-Spiel, danach ist die Welt endgültig im Lot.

Da heute der 3. Januar ist, stoßen wir mit einem speziell gut gestampften Drink an, denn es ist heute genau ein Jahr her, seit Rita und Brigitte mich nach Genua gefahren haben, wo ich meine Reise begonnen habe.

Allerdings bin ich ja in Porto Corallo noch bis zum 28. Februar gelegen, bevor die SAMANTHA in See stechen konnte. Seit diesem Tag sind ziemlich genau 11.000 SM (20.000 km) Seegrund unter der SAMANTHA durchgeflossen.

Le Bourg (Les Saintes, Guadeloupe) 15°52,39 N 61°35,08 W

4.1.15

Vor dem Frühstück schaue ich aufs offene Meer in Richtung Guadeloupe. Das Meer ist sehr aufgewühlt. Ich will es nicht riskieren, mit Rita die 10 SM heute zu bewältigen.

Wir mieten uns einen Scooter, der allerdings mit unseren Kilos etwas Mühe hat, den Berg hochzukommen, sodass Rita hin und wieder absteigen muss. (Es sind ja ihre Kilos, die zu viel sind.) Nach drei Stunden haben wir die ganze Insel gesehen. Es gibt einige nette Strände, aber überall viel Wind. Mittags setzen wir uns in ein Strandcafé, bestellen einen „Antillen-Salat" und ein Fischtatar. Die beiden Gerichte sind super, aber so reichhaltig, dass wir vermutlich aufs Abendessen verzichten müssen.

5.1.15

Es sind nicht viele Meilen bis zur Hauptinsel Guadeloupe. Unser Ziel, die Marina Rivière Sens, ist auch fast am südwestlichen Eck der Insel. Auf Kanal 16 antwortet niemand am Funk. Die Marina ist in meinem Hafenbuch als meistens voll beschrieben. Plätze seien kaum zu bekommen, steht da. Dazu kommt, dass die Marina sehr eng ist und ich somit keine Lust habe, einfach einzufahren und zu sehen was passiert. Wir legen die SAMANTHA vor dem Hafen an eine Boje und mit dem Dingi fahre ich ein und treffe den Hafenmeister am Kai. Ja, es gibt Platz, gleich neben einer anderen AMEL. Draußen wartet Rita gespannt auf meine Rückkehr und ist natürlich hell erfreut, als ich ihr die gute Nachricht bringe.

Wir legen uns an den Steg. Es ist das erste Mal, dass ich in einer Marina eine Boje am Bug aufnehmen und mit Heckleinen am Steg festmachen muss. Rita fängt die Boje und ich versuche, die SAMANTHA möglichst genau an den Steg zu manövrieren. Es klappt! Mit einem gut gestampften Cola-Rum wird diese Aktion dann begossen.

Nachmittags haben wir Zeit und marschieren in die etwa 2 Kilometer entfernte Stadt Basse-Terre. Den richtigen Weg haben wir nicht gefunden, denn plötzlich wanderten wir auf der Autobahn. Nach kurzer Strecke aber sehen wir, dass es eine schön angelegte Promenade gibt, die wir leider verpasst haben.

Macht nichts, wir kommen schließlich in der Stadt an, kaufen ein und wandern zurück. Wir waren zu spät dran, alle kleinen Shops waren bereits geschlossen.

Marina Rivière Sens 15°58,93 N 61°42,96 W

6.1.15
Eigentlich wäre heute Dreikönigstag, aber wir spüren nichts davon. Der König auf dem Schiff bin noch immer ich und Rita ist meine Königin. Wir nutzen es aus, Strom und Wasser am Kai zu haben und waschen, was das Zeug hält. Rita macht drei Maschinen, dann gibt es nichts mehr, was eine Wäsche notwendig hat. Das Wetter spielt heute verrückt. Sonne und Regen wechseln sich im 5-Minuten-Takt ab. Nachmittags gibt es einen Slot ohne Regen, sodass wir wieder in die Stadt trotten. Genauer gesagt, ich trotte und Rita fährt mit dem Fahrrad nebenher. Die Läden, die gestern alle zu waren, haben hinter den Rollläden alle das Gleiche versteckt gehabt, nämlich Klamotten.

Im Supermarkt kaufen wir dann zum Trost noch 12 Liter Wein ein, denn der ist hier besonders günstig. Wein und Rita zusammen drücken das Hinterrad dann ganz schön in die Federn, aber wenigstens muss ich nicht wie ein bepackter Esel zurückmarschieren.

Den restlichen Tag, bis abends um 2000, nutzen wir das Internet und laden alles hoch und runter, was in den letzten Tagen nicht geschehen konnte.

7.1.15
Wir gehen es ruhig an, füllen noch den Tank und ich mache einige kleine Reparaturen, weil ich Strom habe, um die Maschinen laufen zu lassen. Das Boot waschen müssen wir nicht, das wurde seit gestern X-Mal heftig abgespült.

Mittags kommt der Hafenmeister und meint, wir müssten nochmals einen Tag bezahlen, wenn wir länger bleiben würden. Nun ist es Zeit, loszulegen. Nur zwei Stunden und wir sind bereits wieder an einer Boje in der nächsten Bucht. Ein Versuch, einen kleinen Ausflug zu machen und ein Bierchen zu zwitschern, misslingt. Hier gibt es gar nichts, außer schöner Natur.

Anse à la Barque 16°05,30 N 61°46,10 W

8.1.15
Rita ist nicht gut gelaunt. Scheinbar hätte es ziemlich geschaukelt die ganze Nacht. Da uns hier sowieso nichts hält, legen wir gleich nach dem Frühstück ab und motoren gemütlich zur nächsten Bucht. Es ist sehr ruhig und gibt kaum Wind.

In Deshaies, einer Bucht mit gutem Namen, finden wir eine Boje. Diesmal klappt es mit dem „Bojenfangen" auf Anhieb und wir sind stolz, dass wir nicht mehr zur Belustigung aller Mitsegler eine Hafenkino-Einlage präsentieren.

Ich gehe im „Pelican" einklarieren, das erste Mal wieder seit St. Lucia. Das funktioniert auch gut, an einem PC bei einer sehr netten Dame in einem Eck ihres Shops. Rita spricht wieder einmal Leute an, die ebenfalls beim Einklarieren sind, mit Schweizer Pässen. Ein Wort ergibt das andere und so verabreden wir uns für morgen zum Aperitif bei uns und danach zum Abendessen im Restaurant „Savanna".

Rita und ich haben heute keine Lust zum Kochen zu Mittag und so gehen wir in der Pizzeria essen. Es ist sehr gut, was wir aufgetischt bekommen, nur das Bier, das ich zum Essen bestellt hatte, konnte ich dann als Dessert genießen, obwohl ich die Serviererin dreimal darauf aufmerksam gemacht hatte. Mir war es schon ganz peinlich, denn alle rundherum amüsierten sich köstlich.

Deshaies 16°18,36 N 61°47,77 W

9.1.15
Auto mieten. Fahrt zum Botanischen Garten. Ein Spaziergang durch diesen ist ein besonderes Erlebnis. Es ist einfach nicht zu glauben, was da alles wächst. Hier könnte man vermutlich einen Apfelkern ausspucken und am nächsten Tag würde ein Apfelbaum wachsen.

Weiter geht die Fahrt durch den Nationalpark bis nach Pointe-à-Pitre. Wir schlendern in der Stadt umher, zwischen all den vielen Touristen, die von zwei riesigen Kreuzfahrtschiffen an Land gespuckt wurden. (Wieder ist die „Costa Fortuna" dabei.)

Die Ostküste und der östliche Teil der Insel sind komplett anders gestaltet. Kaum etwas vom karibischen Flair ist zu spüren und zu sehen, außer hin und wieder eine Palme. Das Industriegebiet und die Wohnsiedlungen sind hochmodern und haben nichts mit den Bretterbuden gemeinsam.

Große Ebenen werden landwirtschaftlich genutzt und sind mit immensen Zuckerrohrfeldern bestückt.

Nach 200 Kilometer Fahrt haben wir einen Eindruck von der Insel, geben das Auto zurück, bereiten uns vor für den Aperitif. Um 1900 kommen Peter, Monika und Tochter Claudia zum Drink. Sie sind abwechselnd sechs Monate unterwegs auf Weltenbummel, dann zu Hause in der Schweiz und im Burgund und dann wieder sechs Monate auf dem Meer.

Im „Savanna", das uns zwei Basler in Rivière Sens empfohlen haben, gehen wir essen. Das Restaurant wird von einer Schweizerin aus Yverdon geführt. Das Essen ist super. Dieses Restaurant kann man wirklich weiterempfehlen.

10.1.15
Ein Faulenztag. Etwas baden, etwas shoppen und einiges aufräumen. Aperitif bei Peter und Monika, danach macht Rita wunderbare exotische Hackfleischspieße mit Avocadosalat und Minzsauce. Lecker ...

11.1.15
Es windet ganz ordentlich und wir legen ab. Nach fünf Stunden Schaukelei mit achterlichem Wind und hohen Wellen, mit denen die SAMANTHA ständig zwischen 7 und 8 Knoten fährt, erreichen wir Antigua und fahren in den English Harbour ein. Das Becken scheint uns recht versifft und zu eng, um zu ankern. Wir fahren wieder weg und ankern schließlich in der Nachbarsbucht, Falmouth Bay. Ruhig ist es hier nicht, aber wir müssen nun mindestens eine Nacht hierbleiben, denn zum Umverlegen ist es zu spät. Mit dem Dingi fahre ich zu den Marinas und frage nach Platz und Preis. Ich bin immer etwas skeptisch, wenn so viele Boote vor den Marinas am Anker hängen. In der Nelson-

Dock-Marina im English Harbour gibt man mir den Preis von 35 US$ an. Da werden wir uns morgen hinlegen.

Falmouth Bay, Antigua 17°00,88 N 61°46,56 W

12.1.15

Nach einer stürmischen Nacht mit unheimlich viel Regen fahren wir in den English Harbour und legen in der Marina an. Strom bekommen wir keinen, denn hier brauche ich einen speziellen Adapter und einen solchen haben sie nicht mehr.

Zuerst muss ich zur Immigration. Hier werde ich von einer ersten Dame abgefangen, denn ich müsse mich bei EC-Clear im PC registrieren. Als sie fast fertig ist und ich bis auf meine Kragenweite alles angegeben habe, was man in einen PC eintippen kann, zeigt sie mir einen 20-US$-Schein, der unter ihrer Tastatur liegt und meint, dass das ein Trinkgeld ist, das sie gerne haben möchte. Ich lache sie nur aus und frage, wo ich denn hier gelandet sei. Daraufhin macht sie schnell einen Rückzieher und erklärt, dass ich nichts bezahlen müsse, nur bei der Immigration.

Am nächsten Schalter werden Papiere ausgefüllt und gestempelt, mit denen muss ich dann an den nächsten Schalter und dort 16 US$ pro Person bezahlen, dann zurück zum vorherigen Schalter, Pass stempeln und fertig ist die Prozedur nach circa einer halben Stunde.

Mittags treffe ich einen Engländer, der an seinem Auto Reklame für Computertechnik hat. Ich frage ihn, ob er mir eventuell das Inmarsat-Telefon als Modem einrichten könnte. Natürlich.

Gegen Abend kommt er dann, versucht eine Stunde lang, das Telefon an den PC anzuschließen. Schließlich muss er aufgeben, es funktioniert nicht. Mit meinem PC ist irgendetwas nicht OK, das habe ich auch schon bei verschiedenen Programmen gemerkt. Wenn dann Philippe aufs Boot kommt, muss er das in Ordnung bringen. Ich kann das nicht.

Nelson's Dockyard Marina 17°00,52 N 61°45,90 W

13.1.15
Ich gehe ins Hafenbüro, um zu zahlen. 90 US$ möchte die Dame. Ich meine, mich hätte ein Pferd getreten. Ich mache ihr klar, dass man mir 70 Cents/Fuß angegeben hätte. OK, sorry (man kann es ja probieren), wenn das so ist, dann berechnen wir das so. Schließlich kostet der Platz tatsächlich 37 Dollar, dazu kommt eine minimale Charge für Wasser von 20 Dollar, eine Umweltabgabe von 5 Dollar und noch eine Personengebühr, sodass die Schlusssumme etwas über 60 Dollar beträgt. So wird man hier richtig elegant abgezockt! Nur 15 Seemeilen bis Jolly Harbour.

Kaum aus dem Hafen, rattert meine Fischrute und ein schöner Marlin hängt dran.

In Jolly Harbour fahren wir in die Marina ein, werden freundlich empfangen und man hilft uns, das Boot zu vertäuen. Das erste Mal, dass ich zwischen Pfosten liege.

Jolly Harbour ist eine Anlage wie Port Grimaud an der Côte d'Azur. Kanäle und Häuser, je mit einem Bootsplatz. Ganz nett, aber viel gibt es nicht zu sehen. Gegen Abend spazieren wir an der Mole umher. Rita sieht einen Friseursalon, geht direkt hinein und lässt sich die Haare schneiden. Es ist sehr lustig, denn die Friseurin ist gut drauf.

Nach einem sehr leckeren Fischtatar sitzen wir im Cockpit und hören bis 2300 einer Live-Band zu, die im Café nebenan ein super Nonstop-Konzert gibt.

Jolly Harbour Marina 17°03,94 N 61°53,05 W

14.1.15
Es regnet und regnet. Dazwischen mal fünf Minuten Pause.

Gegen Mittag verlegen wir an die Tankstation, wo ich auftanke. Der Liter kostet hier nur 1 Euro. Das muss man ausnutzen.

Nach einer Stunde fahren wir bereits im Hafen von St. John's ein. Versuchen, in einer Bucht zu ankern, geben es aber bald auf, denn der Anker hält nicht.

Mit dem Dingi gehe ich auf Entdeckungsreise. James, ein richtiger Einheimischer mit nur noch vier Zähnen aber anständigen Augen, erklärt mir, dass ich mich hier vor den Kreuzfahrtschiffen an den Steg längs legen könne. Erstens verstehe ich den kaum, und zweitens kann ich es fast nicht glauben, was ich schließlich doch verstehe. Wir binden das Boot nun an den Steg, sind somit direkt am Puls des Geschehens. Hier wandern alle Kreuzfahrttouristen an uns vorbei. X-mal werden wir gefragt (meistens von Deutschen), ob wir den Rhein hinuntergefahren seien, denn die Schweizer Flagge scheint zu irritieren.

Abends verschließen wir die Luken und machen die Klimaanlage an, denn es melden sich einige Mücken zum Blutsaugen an. Weder Rita noch ich haben heute Sprechstunde und mit „Brumm" ... „Brumm" ... wird das auch klargemacht.

St. John's Harbour 17°07,20 N 61°50,76 W

15.1.15

Bereits um 0600 ist draußen auf dem Steg ein Auflauf wie ein Wald voller Affen. Die „Boys" streiten sich um die Jobs bei der Ankunft der nächsten Schiffe. Um 0700 klopft so ein Knacker ans Boot und meint, ich müsse weg, es würden vier Schiffe kommen und der Platz würde für die Katamarane gebraucht, die die Leute an die verschiedenen Strände zum „Deliriumsaufen" bringen.

Der kann mich mal. Nichts wird umverlegt.

Im Kanal zum Hafen kann man bereits die vier Mumienschlepper ausmachen, die wie Gänse schön in der Reihe einlaufen.

Um 0800 legt der erste Dampfer an und ab 0830 werden die Leute an Land gespuckt. Von den vier Riesenkähnen werden heute ungefähr 10.000 Leute an Land gebracht. Jeder kann sich ein Programm aussuchen und Hunderte von Einheimischen warten auf die Beute wie Katzen vor den Mauselöchern.

Wie die Leute an Land kommen!!! Es ist zum Schreien, was man da so alles sieht! Beruhigend ist, dass um 1800 alle wieder auf ihren Schiffen sein müssen und totale Ruhe einkehrt, bis morgen früh.

Rita und ich gehen zum Supermarkt, um die Vorräte aufzustocken, dann spazieren wir durch die „Stadt", die aus mehrheitlich vergammelten Bretterbuden besteht. Die Einkaufsmeile (für Touristen) ist gut aufgepeppt mit zum Teil modernen Läden. Rita findet auch einige „Schnäppchen", die duty-free gekauft werden können. Kleider zu finden, die gefallen und die passen, das macht Frauen glücklich!

16.1.15

Die Sonne ist noch nicht aufgestanden, die Einheimischen aber schon. Das hören wir.

Kurzes Frühstück, während dem schon der erste Mumienschlepper anlegt, dann legen wir los. Etwa eine Stunde muss ich den „Kanal" raus motoren, um dann die Segel zu setzen. Es weht ein schöner Wind genau querab und die SAMANTHA läuft mit 7 bis 8 Knoten der Insel Barbuda entgegen. Noch eine Stunde vor der Insel und ich kann immer noch kein Land sehen. Diese Insel ist maximal 46 m hoch und somit kaum sichtbar. Dann aber fahren wir unter Motor in die Bucht ein. Rita hält vorne Ausschau, denn es soll hier viele Korallenstöcke geben und das könnte unangenehm werden.

Nach nur drei Stunden haben wir heute das Tagesziel erreicht. Rita musste nicht allzu lange leiden.

Ich will mein iPad mit den detaillierten Karten zu Hilfe nehmen, aber … das iPad streikt. Gestern noch waren wir am Abend im Internetcafé und haben wie wild gesurft und heute reagiert das verfluchte Teil überhaupt nicht. Ich muss mit den Navionics-Karten vom Plotter vorliebnehmen. Das geht, ist aber nicht so genau wie die Karten vom iPad. Ich fahre nur ganz, ganz langsam in die Bucht und setze den Anker auf gleicher Distanz vom Strand wie unser Nachbar.

Die Landschaft hier ist wunderschön. Palmen an weißem Strand, ein Vorgeschmack auf die Südsee. Mit dem Dingi fahren wir an einen ruhigen Ort und genießen ein Bad in strahlend klarem Wasser.

Zum Abendessen macht Rita ein Curry-Geschnetzeltes mit Reis. Nach ein paar Runden Skip-Bo geht's ab in die Heia.

Coco Point, Barbuda 17°33,13 N 61°46,14 W

17.1.15
0630 und ich wache auf. Rita ist ebenfalls schon wach und am Lesen. Die SAMANTHA wird vorbereitet und Rita macht das Frühstück. Es gibt heute „nur" Müsli, denn keiner von uns beiden hat großen Hunger.

Anker hoch und Ausfahrt, weg von den Korallenstöcken. Eigentlich war geplant, nach St. Kitts zu fahren, aber der Wind hat gedreht und wir müssten gegen den Wind fahren. Ich entscheide, St. Barth anzupeilen. Dahin fahren wir circa 60 SM am Wind. Viel hilft dieser mit 5 Knoten nicht und Herr Yanmar wird heute gefordert.

Da Motoren langweilig ist, hänge ich die Fischerleinen raus. Es dauert nicht lange und der erste Biss ist da, aber der Fisch hängt nicht. Der zweite Biss kurz danach, aber auch kein Petri Heil.

Der dritte Biss sitzt und ein etwa 40 cm langer Marlin hängt und wird eingeholt. Kurz danach noch einen 50-cm-Bonito, das gibt schon eine gute Fischplatte heute Abend.

Rita kann nicht zusehen, wenn ich einen Fisch reinhole. Sie legt sich in die Koje und bald schon schläft sie. Die Seekrankheitspillen machen müde.

Abends wird der erste Fisch gegessen. Auf dem Grill im Backofen gemacht schmeckt er lecker.

Gustavia-Marina, St. Barth 17°53,91 N 62°51,14 W

18.1.15
Nach einer Schaukelnacht motoren wir nach Sint Maarten.

In der ersten Bucht, bei Philipsburg, fahren wir ein, setzen den Anker vor der Marina, die uns unser belgischer Bootsnachbar empfohlen hat. Kein Mensch. In der Nachbar-Marina kostet der Platz 85 US$, und das ohne Strom und ohne Wasser.

Wir fahren weiter bis zur Simpson-Brücke. Hier muss ich erst einklarieren und die Passagegebühr von 82 US$ hinlegen, dann bekomme ich die Bewilligung, in die Lagune einzufahren, wenn um 1700 die Brücke aufgemacht wird.

Endlich in der Lagune, suchen wir einen Ankerplatz mitten im „Kuchen", dabei setze ich zweimal auf, kann mich aber rückwärts wieder freischaufeln.

Seit heute Morgen habe ich zwar wieder Karten, aber auf dem iPhone sind die ziemlich klein und die Untiefen sind nicht auszumachen. Nach einigen Runden setzen wir den Anker bei nur noch 60 cm unter dem Kiel. Der Platz ist total ruhig und Rita ist wieder glücklich. Uff …

Simpson Bay, Sint Maarten 18°02,42 N 63°05,52 W

19.1.15

Mitten in der Nacht bin ich aufgewacht, weil ich starke Schmerzen im rechten Ellbogen fühle. Der Arm ist geschwollen und sehr heiß. Was zum Teufel ist denn das? In den letzten Tagen verspürte ich zwar schon einen leichten Schmerz im Ellbogen, wenn ich den berührte, aber dramatisch war das nicht. Und nun das … Morgens wird gekühlt und Rita reibt Salbe ein und verbindet den Ellbogen. Ich liege als Patient an Deck und Rita putzt das Schiff innen. Alles sieht danach wie neu aus. Schön …

Nachmittags fahren wir mit dem Dingi auf die französische Seite der Insel, finden einen Shop, wo das iPad repariert werden kann. Danach etwas umherflanieren, Kaffee trinken, Interneten und 20 Minuten Fahrt zurück zum Boot.

20.1.15

Rita entscheidet, dass heute Waschtag ist, dann aber habe ich eine bessere Idee. Wir mieten ein Auto und besichtigen die Insel. Nach vier Stunden sind wir schon wieder am Ausgangsort, haben die ganze Insel gesehen und in Philipsburg, der holländischen Stadt, ein feines Mittagessen genossen. Nun beginnen wir die zweite Runde, aber nur bis zu dem Ort, wo wir einige größere Supermärkte ausgemacht hatten. Das Angebot ist toll und wir füllen den Kofferraum mit allem, was unsere Herzen begehren.

Um 1700 bringen wir das Auto zurück, laden alles ins Dingi. Ich frage noch nach, ob mein iPad fertig sei. Nein, morgen um 1300. Dann fahren wir zum Boot zurück. Schwer beladen kommen wir nur langsam vorwärts und können die SAMANTHA nicht erreichen, bevor es beginnt zu regnen. Patschnass und kurz vor Sonnenuntergang entladen wir „unseren Transporter".

21.1.15
Rita siegt heute und darf waschen. Drei Maschinen werden gefüllt und da es stark windet, trocknet alles, bevor die nächste Ladung zum Hängen bereit ist.

Mit dem Dingi mache ich mich auf den Weg, um das iPad abzuholen. Ich schaffe es gerade noch kurz vor die Tankstelle beim Dorf, als der Johnson anfängt zu spucken, da im Tank gähnende Leere herrscht. Mit reduzierter Geschwindigkeit schleiche ich an die Tankstelle und fülle auf. Noch einmal Glück gehabt.

Das iPad ist natürlich nicht fertig. Wir sind ja in der Karibik und das Gegenteil wäre ja wohl eher ein Wunder.

Eine Stunde muss ich noch warten. Die Zeit vertreibe ich mir mit einem kleinen Imbiss und einem Bierchen. Das ist ja nicht allzu schlecht.

Danach bekomme ich mein iPad wieder und ziehe glücklich von dannen.

Den restlichen Nachmittag verbringen wir in der Bar bei der Ziehbrücke, denn hier haben wir gutes Internet.

Jedes Mal, wenn die Brücke aufgeht und Schiffe ein- oder ausfahren, stehen alle am Zaun und winken den Schiffen zu. Ein richtiges Spektakel.

Rita bestellt sich zum Ausgleich für mein Mittagessen ein paar Shrimps mit einer kreolischen Sauce. Dazu trinken wir ein Carib-Bier. Das Carib-Bier schmeckt wie das Corona und wird auch mit einem Zitronenschnitz getrunken.

Am Abend spielen wir mit dem neu gekauften Domino. Deprimiert hau ich danach ab ins Bett, denn Rita hat mich böse besiegt. Ob ich noch schlafen kann?

22.1.15
Geruhsamer Tag. Es ist total windstill und sehr heiß. Wir hocken an Deck und betrachten die Nachbarschaft. So langsam werden wir wie die „Alten", die den ganzen Tag hinter dem Vorhang herausschauen, um zu sehen, was draußen geht.

Die einen Nachbarn – wir nennen sie „Brig's", denn ihr Boot heißt so – sind schon vor uns an diesem Platz gewesen. Madame geht morgens rechtzeitig weg und kommt erst spät nachmittags wieder.

In dieser Zeit sitzt er im Cockpit und macht nichts. Dann wäre da noch der „Kettenfritz", der heißt so, weil er jeden Tag irgendetwas an seiner Ankerkette rumwurschtelt.

Auch er ist schon vor uns da gewesen. Zwei bis drei Mal am Tag geht er mit dem Dingi weg und kommt dann so nach zwei bis drei Stunden wieder. Vermutlich geht er ein Bierchen zwitschern.

Rechts von uns liegt „Köbi". Warum Rita ihn so genannt hat, weiß ich nicht. Er ist ein Holländer, war auch schon vor uns da, hatte für die ersten zwei Tage auch eine Frau an Bord. Danach haben wir sie nicht mehr gesehen. Wir vermuten, dass sie weggegangen ist, warum auch immer, aber nun ist er seit Tagen alleine, hockt ein bis zwei Stunden am Tag im Cockpit (einmal habe ich gesehen, dass er gelesen hat), sonst ist er unter Deck. Was er da macht, so die ganze Zeit, ist schleierhaft. Weg geht er auch nur selten. Dann sind gestern „Neue" gekommen. die sind etwas weiter weg und haben noch keinen Namen bekommen.

Es lohnt sich ja auch nicht, wenn die eventuell nicht länger bleiben. Wie ihr merkt, können wir die Zeit verbringen wie eben die „Alten", es fehlt nur noch, dass Rita anfängt zu stricken.

Zeit, endlich weiterzureisen!

23.1.15
Mein Arm ist immer noch geschwollen. Dank der Pillen, die ich aus der Bordapotheke schlucke, schmerzt er nicht.

Wir wollen nun nochmals nach Marigot zum Wochenmarkt. Rita steigt in das Dingi mit einem eleganten Sprung, hält aber auch die Leine fest in der Hand! Schwups, und das Dingi erfreut sich seiner Freiheit, entfernt sich dann von einer leichten Brise getrieben von der SAMANTHA. Ich versuche, Rita noch den Dingischlüssel nachzuwerfen, der aber landet irgendwo zwischen Dingi und SAMANTHA im Meer und schwimmt gemütlich umher. (Gut, dass ein Korkball daran befestigt ist.) Ich rufe Rita zu, sie solle die Ruder lösen und zurückrudern. Das ist ja leicht gesagt, aber Rita zuzuschauen, wie sie rudert, das könnte eine Vorstellung beim Zirkus Knie sein. Einmal eine Drehung ganz nach rechts, dann nochmals und nun eine nach links, und so geht es weiter und die Entfernung zu mir wird immer größer und Ritas Laune entsprechend schlechter. Ob wir uns je wiedersehen? Da müsste schon fast ein Wunder geschehen.

Und es geschieht!

Frau Brig sieht das anschwellende Drama, hüpft in ihr Dingi und holt den Schlüssel, den sie Rita bringt. Nun müsste Rita nur noch den Motor starten und zurückfahren.

Müsste ... In der Panik und mit dieser Wut über die ganze Welt weiß sie nicht mehr, was sie tun soll. Frau Brig erfasst die Situation und bringt Rita im Schlepptau zu mir zurück. Rita wird nie mehr im Leben ins Dingi hüpfen, mit der Leine in der Hand. Das ist so sicher wie das Amen in der Kirche.

Erst später, beim Schlendern durch den lokalen Markt, verbessert sich die Laune wieder bis auf ein annehmbares Niveau.

Im Städtchen besuchen wir die nette Apothekerin, denn die soll mir eine gute Salbe für meinen Arm geben. „Sie müssen sofort zum Doktor" meint sie, als sie den Corpus Delicti inspiziert hat.

Wie befohlen, hocken wir bald darauf beim Arzt. Auf der Tafel steht, dass er in Paris studiert hat, das lässt hoffen.

Um 50 Euro erleichtert und mit einem Rezept für Pillen gehen wir dann weiter des Weges. Es sei eine bakterielle Gelenkentzündung, die in der Karibik häufig anzutreffen sei. In einer Woche müsse ich wiederkommen, dann werde das Wasser aus dem Ellbogen gezogen. Ich freue mich schon riesig!

Wir haben heute genug gesehen und erlebt, also geht's zurück. Mit keinem der beiden Schlüssel am Bund kann ich das Schloss beim Dingi aufmachen. Dieses ist festgebunden und mit einem Stahlseil gegen (häufig vorkommenden) Diebstahl gesichert. Die Gäste im Restaurant nebenan schauen schon ganz komisch, wie ich da so verzweifelt versuche, das Schloss aufzukriegen.

Dann endlich kommt die Erleuchtung: Ich habe das falsche Schloss mitgenommen und da es schon offen war und sich ohne Schlüssel schließen ließ, hat es eingeschnappt und unser Dingi so sicher gemacht, dass auch ich ohne den richtigen Schlüssel nicht mehr wegfahren kann. Der richtige Schlüssel zu diesem Schloss ist aber auf dem Boot! Und zum Boot sind es sicher 1 bis 1,5 km, also zu weit zum Schwimmen.

Ein Herr steht bei einem Jet-Ski nicht weit weg. Ich frage ihn, ob er mich zum Schiff und zurück fahren könnte. Ja, gerne, für 10 US$. 20 Minuten später macht es schnipp und das Schloss springt auf und wir können zurückfahren zur SAMANTHA. Gut, dass uns das nicht spätabends passiert ist!

Es war nicht Ritas und auch nicht mein Tag!

24.1.15
Wenn wir schon eine Woche hier liegen bleiben müssen, dann versuche ich doch wenigstens, den längst fälligen Service am Generator machen zu lassen. In einer Werkstatt finde ich einen Engländer, der behauptet, das zu können, aber erst am nächsten Donnerstag (zu viel Arbeit). Wir vereinbaren also den nächsten Donnerstag.

Den Aperitif trinken wir wieder bei der Brücke, danach das übliche Programm mit Spiel, Essen und rechtzeitig schlafen gehen.

25.1.15
Sonntag, und somit Faulenz-Tag. Wir beobachten, wie in der Marina gegenüber, wo all die riesigen „Dampfer" liegen, die Mannschaften am Putzen sind. Diese Schiffe werden tagtäglich auf Hochglanz poliert. Ein Job auf einem solchen Schiff wäre für mich die Hölle. Es ist schon erstaunlich, wie Männer Putzgene entwickeln, sobald sie Wasser unter dem Arsch haben. Zu Hau-

se muss vermutlich die Frau putzen und kein Lappen oder Besen wird angerührt.

Am Abend, kurz vor dem Sonnenuntergang, sieht Rita einen in einem Dingi, halb liegend, sich vor unserer SAMANTHA ständig im Kreis drehen. Was ist denn mit dem los? Irgendwann einmal fährt er wieder mehr oder weniger geradeaus und weg von uns. Der Matrose, der ist so was von besoffen, dass es schon fast beängstigend ist. So wie es aussieht, weiß der überhaupt nicht mehr, wohin er gehört. Beim Sonnenuntergang sehen wir den nochmals weit weg am Horizont, sicher nicht auf dem richtigen Weg zu „seinem" Schiff.

Zur Feier des Tages kehren wir bei einer Griechin zum Abendessen ein. Ich bekomme ein Sirloin-Steak von bester Qualität. Ich frage den Koch, wo er das Fleisch einkaufe, denn wir haben bis auf ein einziges Mal nur Tiefgefrorenes und Schweineschwänze gesehen. Er lässt das Fleisch direkt aus New York einfliegen, sagt er, denn hier auf der Insel gäbe es überhaupt kein gutes Fleisch. Die Einheimischen seien zu faul für Landwirtschaft und würden nur Schweine essen.

26.1.15
Rita insistiert, dass heute das Dingi endlich mal sauber gemacht wird. Nach fünf Stunden Schrubben habe ich das Gefühl, ein neues Dingi zu haben. Dass es so schmutzig war und dass das alles mit einem billigen Putzmittel so sauber werden konnte, erstaunt mich dann schon. Das letzte Mal hatte Claudi in der Türkei dieses Dingi sauber gemacht. Lange hat es ja in der Backskiste gelegen, da ich alleine unterwegs nur das kleine Dingi gebraucht habe. All dieser grüne Bewuchs ist nur von der Karibik.

27.1.15
Schrubb, schrubb, schrubb ... und auch das Verdeck ist wieder schön. Rita hat einfach ein gutes Händchen. Ich hocke daneben und schaue staunend zu ... denn mein Arm muss doch geschont werden. Es windet heute sehr stark und meine Badehose, die Rita nach dem Waschen an die Leine gehängt hat, ist plötzlich verschwunden!

28.1.15
Voller Tatendrang steige ich in den Motorraum und wechsle das Öl beim Motor. Morgen wird dann der Generator gewartet, und so haben beide Motoren dann neues Öl. Heute ist es genau ein Jahr her, dass ich in Sardinien diese Reise angefangen habe, mit dem ersten Ziel, den Liparischen Inseln.

Viel habe ich gesehen, an vielen Orten habe ich angelandet, viele Leute kennengelernt und auch viel gesehen, auf das ich gerne verzichtet hätte.

29.1.15
Es ist 0900. Der Mechaniker ist nicht da wie vereinbart. Um 1000 kommt er. Hier in der Karibik ticken die Uhren anders. Raffael ist sein Name und aus Brasilien stammt er. Ein netter Kerl, der mir auch gerne alles zeigt und erklärt, sodass ich in Zukunft selbst einen Service am Motor machen kann. Am späten Nachmittag ist der Generator wie neu, Rost und Schmutz sind ebenfalls entfernt und laufen tut er wie ein Neuer.

Raffael meint, dass mein Motorraum und alles in sehr gutem Zustand sei. Das freut mich. Ich denke, er sieht viel anderes bei seinem Beruf.

30.1.15
Um 0700 ist Tagwache. Um 0800 öffnen die Shops und ich will noch Gas holen und meine Ankerwaschpumpe, die bei Peter in der Werkstatt auf Teile wartet, abholen. Gas bekomme ich keins, da der Stationsbesitzer nicht gewillt ist, mir die Flasche zu tauschen. Trotz Tränen und Heulen kann ich den nicht dazu bewegen, mir die Flasche zu tauschen, und bis morgen auf das Auffüllen warten will ich nicht. Also keine dritte Gasflasche für den Moment.

Die Teile, die Peter für die Pumpe braucht, bekomme ich auch nirgends, obwohl ich über eine Stunde von einem Laden zum anderen renne. Schließlich flickt Peter die Pumpe irgendwie mit anderen Teilen zusammen und ich kann zurück zum Schiff. Rita ist nach zwei Stunden Warten schon ganz aufgeregt, denn vor

Mittag muss ich in Marigot beim Doktor sein. Es klappt dann doch und der Doktor meint, dass mein Arm so weit gut sei und dass er nichts mehr daran machen müsse. Uff …

Wir mieten danach einen Wagen und gehen auf große Einkaufstour. Alles wird aufgefüllt, denn morgen wollen wir weiter Richtung BVIs (British Virgin Islands).

Zum Aperitif fahren wir dann noch zur Griechin, trinken einen heftig gestampften Planter's Punch und holen die DHL-Sendung ab, die ich hierher habe schicken lassen. Nun habe ich meine neue Visa-Karte, ein beruhigendes Gefühl.

Eigentlich hatten wir geplant, am letzten Abend in Simpson Bay, nach 14 Tagen, noch Libanesisch essen zu gehen, aber der feine Duft, der von einem Ragout, das Rita heute früh gekocht hat, liegt immer noch in der Nase und lässt uns den Plan ändern. Zum Ragout will Rita Kartoffelbrei kochen. Auf dem Paket ist die Anleitung auf Spanisch geschrieben. Dass ein „Y" das Wörtchen „und" ist, habe ich bei meinen ersten Lektionen noch nicht gelernt. So wird der Kartoffelbrei in nur 400 ml Milch angerührt, ist dann auch so hart und fest, dass man damit eine Backsteinmauer mörteln könnte. Da uns das etwas suspekt ist, wird nun das Wörterbuch konsultiert. Mit 400 ml Milch und 400 ml Wasser hätte der Kartoffelbrei vermutlich besser ausgesehen und das Risiko, den Erstickungstod zu erleiden, wäre geringer gewesen.

Zu allem Übel putzt mich die Rita noch beim Kanaster und beim Domino so richtig ab. Gute Nacht!

31.1.15

In der Nacht hat es wieder einmal so richtig geschüttet. Regnen tut es ja sowieso fast alle Tage einmal in der Karibik, aber nicht immer so heftig wie heute Nacht. Trotzdem fühlen wir es recht angenehm hier, besonders nachdem wir gestern Abend im Internet gelesen haben, dass es zu Hause bald bis -30 °C werden sollen!!! Wir überlegen, heute nochmals baden zu gehen, bevor wir uns von Simpson Bay verabschieden und zu den BVIs ablegen.

Um 1600 passieren wir die Brücke, die aus der Simpson Bay führt. Das offene Meer ist wieder einmal vor uns.

Ich peile die BVIs an und setze die Segel. Das heißt, ich will. Das Groß kommt nicht aus dem Mast. Mit der Winschkurbel haue ich an den Motor, dann geht's. Das AIS schaltet nicht ein. Irgendwie bin ich an den Schalter vom Ladegerät gekommen und habe unbewusst das Gerät abgeschaltet. Nun geht auch das wieder. Die Geschwindigkeitsanzeige funktioniert auch nicht mehr. Rausnehmen, reinigen und wieder einsetzen, denn es haben sich irgendwelche Unterwasserbewohner daran angesetzt. Nun funktioniert auch das wieder. Scheinbar darf man nicht 14 Tage an einem Ort liegen bleiben, sonst funktioniert nachher nichts mehr.

Die erste Stunde der Überfahrt wird per Motor zurückgelegt. Danach kommt ein schöner Wind auf, etwas mehr als querab. Die SAMANTHA läuft mit 7 bis 9 Knoten, schaukelt aber ganz schön. Rita gefällt's nicht. Sie findet kein Plätzchen, wo sie sich wohlfühlt. Ich dagegen genieße die herrliche Fahrt. Wenn es so weitergeht, sind wir zu früh am Ziel. Ich werde nicht bei stockdunkler Nacht zwischen diesen Inseln umherkurven.

Deshaies, auf Guadeloupe.

Jolly Harbour ist wie Port Grimaud in Südfrankreich.

In Georgetown fahren wir zwischen den großen Klötzen ein ...

... und legen uns an den Steg.

Einfahrt in die Simpson Bay bei der Ziehbrücke.

In der Bay schwimmt ein Chalet. Dies ist eine Bar.

Februar 2015

1.2.15
Die ganze Nacht durch hatten wir guten Wind von achterlich. Die SAMANTHA lief zum Teil bis 9 Knoten, sodass ich gegen Morgen die Segel reduziere, weil wir sonst bei Dunkelheit zwischen den ersten Inseln umherkurven müssten. Bei Tagesanbruch fahre ich bei der ersten Insel der British Virgin Islands in eine Bucht und lasse den Anker fallen. Nun kommt auch Rita aus der Koje und schaut ganz skeptisch, was ich da wohl im Sinne habe. Sie hat die meiste Zeit während der Überfahrt irgendwo im Boot gelegen. Wohl war es ihr nicht, aber mit genügend Tabletten war es gerade so erträglich.

Nun gibt es erst mal Frühstück.

Ich mache danach ein Nickerchen, denn ich war die ganze Nacht wach. Es gab viele Schiffe unterwegs und ich musste höllisch auf die Segel aufpassen und verhindern, dass das Boot zu heftig krängt oder schaukelt.

Gegen Mittag heben wir den Anker und verlegen uns an unser eigentliches Etappenziel, Westend-Marina auf der Insel Tortola. Hier legen wir längs an einem Steg an.

Wie üblich beginnt nun der Büromarathon. Hier 40 Euro, dort 20 Euro, Hafenplatz und so weiter. Endlich, nach zwei Stunden, bin ich wieder auf dem Boot und wir gehen unser Bierchen trinken.

Auffällig ist, dass hier, obwohl es British Virgin Islands heißt und die Inseln zu England gehören, alles sehr amerikanisch ist. Fast alle Crews sind Amis und wegen ihrer Postur nicht zu verwechseln. Die Weiber kreischen beim Sprechen wie aufgescheuchte Hühner und die Herren scheinen immer einen Kaugummi oder eine Kartoffel im Mund zu haben. Schlimmer aber noch sind die Einheimischen, deren Englisch versteht man erst beim dritten Anlauf. Die Queen hat scheinbar hier das Oxford English nicht durchgeboxt.

Der Ort besteht aus dem Kai, einigen verstreuten Hütten in der Hintergasse und vor allem aus der Bar, in der die unfreundlichsten Bedienungen einen Job gefunden haben.

In der Hintergasse finden wir eine Bretterhütte, die sich „Rita's Restaurant" nennt.

Strom und Wasser sind bei einem hohen Hafenplatzpreis nicht inbegriffen. Strom kann ich sowieso nicht anzapfen, denn die haben hier ganz spezielle Stecker, und Adapter gibt es keine.

Soper's Hole Marina, Tortola 18°23,14 N 64°42,08 W

2.2.15
Heute segeln wir nur zwei Stunden, dann angeln wir uns eine Boje in der Great-Harbour-Bucht auf der Insel Jost Van Dyke. (Hört sich sehr holländisch an, ist aber britisch.) Mit dem Dingi fahren wir an den Strand zum Baden. Am Strand gibt es außer den üblichen Bretterbuden, zum Teil als Bar deklariert, nichts. Das nennt sich „Großer Hafen". Ganz am hinteren Ende der Bucht entdecken wir schließlich die Foxy-Bar, die uns Barbara angegeben hatte. Diese Bar ist einen Besuch wert. Hier gehen wir heute Abend essen.

Es ist schon dunkel. Wir haben für 1900 reserviert und sind etwa eine Viertelstunde später dran. Rita bestellt Fettuccine mit Meeresfrüchten, ich die Spareribs. Das Essen ist gut, aber die Sauce an den Spareribs ist so scharf, dass ich gleich ein zweites Bier brauche. Vorne neben dem Eingang spielt ein Einheimischer super Musik. Wir setzen uns noch an die Bar und genießen diese. Vor unseren Augen beginnen einige Ami-Töchter zu tanzen. Langsam aber sicher gesellen sich dann auch männliche Wesen dazu.

In der einen Hand einen Drink und mit dem Hinterteil wackeln, so geht das. Mit der Zeit artet es dann so aus, dass Männlein und Weiblein gegenseitig den Unterleib aneinander reiben. Ich nenne das „Sex on the Stage". Bei einigen Herren werden dann auch die Folgen dieser Aktionen deutlich sichtbar und falls einer seine Geldbörse vorne in der Hose hat, sieht man, dass er immer reicher wird.

Great Harbour, Jost van Dyke Island 18°26,51 N 64°45,08 W

3.2.15
16 SM und vier Stunden weiter legen wir in der Wickham-Marina 2 an. Hier liegen wir so ruhig, dass ich das Gefühl habe, wir würden aufgebockt an Land liegen. Das gefällt Rita natürlich. Mit dem Dingi quer durch die Marina in die Stadt. Road Harbour heißt sie. Bestehen tut sie aus einigen wenigen modernen Gebäuden (meist Banken) und einigen wenigen Steinhäusern und drumherum die Bretterbuden. Auffallend sind die vielen Hühner, die überall frei umherlaufen. Keine streunenden Katzen, keine Hunde, nein, Hühner. Hier wird wohl keiner verhungern müssen, außer er hätte Hühnerfleisch nicht gerne. Selbst der Friedhof ist voller gackernder Hühner. Wir finden zwei Supermärkte, die gut bestückt sind und decken uns ein. Der beste Laden ist ein „Beauty Shop". Hier gibt es so viele Haarteile in allen Variationen und Farben, dass man damit vermutlich jedem Glatzkopf in den USA eine neue Frisur verpassen könnte.

Wickham's Cay II Marina, Tortola 18°25,57 N 64°36,92 W

4.2.15
Nächste Insel. Vier Stunden und wieder nur 17 SM, dann legen wir im Gorda-Jachthafen an. Als ich die Segel einfahre und den Motor starte, um in die Marina einzufahren, merke ich, dass der Motor nicht auf Touren kommt. Ich hebe den Motorraumdeckel. Schwarzer Rauch qualmt heraus. Das ist nicht gut. Mit offenem Deckel fahre ich behutsam in die Marina und lege an. Schnell finde ich heraus, dass der „Schwanenhals" beim Auspuff durchgeschmolzen ist.

Chris, in der nebenanliegenden Werft, hat einen Ersatz. Morgen schickt er einen Mechaniker, der untersuchen soll, was die Ursache ist.

Gorda-Jachthafen 18°27,00 N 64°26,17 W

5.2.15
Rita hat mich diese Nacht geweckt. Ihr war „kotzübel". Der Grund ist, dass in dieser Marina ein leichter Schwall steht. Das Boot am Steg zieht ständig an den Leinen und wenn die gestreckt sind, geht es ruckartig in die andere Richtung, und das die ganze Nacht. Mit zusätzlichen Leinen und Verspannungen versuche ich so gut wie möglich, dem Übel zu begegnen, mit mäßigem Erfolg.

Wegen des Motors werden wir noch eine zweite Nacht hierbleiben müssen, das gefällt Rita nicht, aber leider ist nichts zu machen. Nach zwei Stunden Arbeit vormittags hat der Mechaniker das defekte Teil ersetzt, den Impeller (Wasserrad in der Pumpe) ersetzt und alle Filter sauber gemacht.

Der Motor ist wieder OK und ich bin 450 Euro los.

Nachmittags fahren wir mit dem Dingi zu den Bath's. Das ist eine Steinküste, wie in den Seychellen. Wir müssen das Dingi 100 Meter vor dem Strand an einer Boje anbinden und den Rest schwimmen. Der Besuch dieses Steinlabyrinths ist es wert. Schwimmend erreichen wir nachher wieder unser Dingi. Da aber wieder reinzukommen ist ein besonderer Akt. Ich nehme an, dass sich einige amüsiert haben bei dem Anblick, wie wir beide ständig vergeblich versuchen, uns da hochzuhieven. Schließlich schaffe ich es dann doch und Rita steigt hinten ein, indem sie den Flügel des Außenborders als Trittbrett benutzt. Mit Ziehen und Würgen schaffen wir auch sie ins Bötchen und können zurückfahren. Wie es allerdings einige Ami-Kolosse (XXXXL) in ihre Bötchen zurückschaffen, ist uns ein Rätsel. Vielleicht hätten wir warten müssen, um uns das Schauspiel anzusehen. (Gemein, nicht?)

Heute Abend wollen wir in die Bar und uns die schöne Musik anhören, die wir gestern vom Cockpit aus genossen haben. Nichts ist. Heute keine Musik, keine Leute in der Bar. Nur im Hinterhof eine Karaoke-Veranstaltung, bei der sich einige bis morgens um 0300 bei Katzenmusik erfreuen. Dann, kaum haben die endlich aufgehört, fängt der erste Gockel an zu krähen. Ich frage mich, warum muss ein Gockel nachts um 0300 in der Gegend umherschreien, es ist doch noch dunkel und man sieht ja sowieso nichts.

6.2.15
Rita hat zwar diese Nacht dank meines Leinensystems schlafen können, aber die Moral ist tief. Es stinkt ihr und sie möchte so schnell wie möglich nach Kuba, wo wir zwei Wochen Landurlaub geplant haben, aber … das sind noch 650 SM … und das ist weit!

Zuerst verlegen wir uns noch in eine schöne Bucht, die wir bereits nach zwei Stunden erreichen. Wir müssen nun überlegen, wie es weitergehen soll. Rita leidet zu sehr. Die Überfahrten sind für sie eine Qual und Buchten gefallen wegen des Schaukelns nicht, und wenn es dann auch noch in der Marina unruhig ist, wird es unerträglich.

Überlegen …

Mit dem Dingi gehen wir an Land. An der Bar, beim Bierchen, vernehmen wir, dass heute Abend Live-Musik ist und eine Tanzshow. Ein leckeres Büffet soll es auch geben. Wir entschließen uns, das zu genießen und buchen für 1900 einen Platz am Pool.

Als wir dann um 1900 anlanden, sollten wir irgendwo hinten Platz nehmen. Ich mache der Bedienung klar, dass wir am Pool reserviert haben. Prompt wird der Namenszettel daraufhin ausgetauscht und wir können an einem gemütlichen Plätzchen essen. Die Drinks werden in Plastikbechern serviert. Amüsiert schauen wir, wie am Nachbartisch eine Gruppe Franzosen den Wein mit Plastikbechern serviert bekommt. Diese Gesichter hätte man fotografieren müssen! Für einen Franzosen ist Wein in einem Plastikbecher eine Todsünde.

Irgendwann hören wir, wie der „Sänger" einem Schweizer zum Geburtstag gratuliert. Ritas Ohren werden ganz spitz. Kurz darauf ist der Kontakt hergestellt. Den Abend lassen wir dann mit dieser Gruppe auf unserer SAMANTHA ausklingen. Es ist eine Gruppe von sechs Leuten, einer sympathischer wie der andere. Alex ist der Skipper und hat viel Erfahrung. Seine Partnerin Beatrice ist eine begeisterte Seglerin (oh, wie ich Alex beneide), dann sind Jörn, Mathias, Denis noch dabei. Das Geburtstagskind hatte sich früher schon auf das Boot zurückgezogen und feierte seinen Geburtstag alleine.

Alex fragt mich, ob ich Schokolade an Bord hätte. Ich muss gestehen, dass ich nur noch schwarze Kochschoki habe. Daraufhin zückt er zwei Tafeln feinster Schweizer Schokolade und schenkt sie uns. Ist das nicht einmalig?

Little Leverick Bay (Mosquito Island) 18°30,03 N 64°23,35 W

7.2.15

Das Aufstehen macht heute etwas Mühe. Die Nacht war nach diesem super Abend recht kurz. Nach dem Frühstück sehe ich die Mannschaft von gestern Abend sich unserem Schiff nähern. Sie kommen nahe heran, bedanken sich nochmals für den netten Abend und werfen uns eine Tüte herüber, als „Dankeschön" und mit E-Mail-Adresse.

Wir staunen nicht schlecht, als wir sehen, dass in der Tüte ein Paket echter Landjäger und ein Pack echtes Bündnerfleisch sind. So was gibt es!!! Ich bin überzeugt, dass wir nochmals Gelegenheit bekommen, uns zu revanchieren!

Nach einem kurzen Mittagsschläfchen motoren wir nach Road Harbour.

Hier suchen wir einen Flug für Rita nach Sint Maarten.

Von dort hat Patrick ihr von zu Hause aus einen Flug nach Zürich gebucht. Für Rita geht übermorgen die Reise erst einmal zu Ende. Bis nach Kuba wären es noch 650 SM Luftlinie und das ist ihr nicht zuzumuten. Sie hat sich bis hierher gut geschlagen, aber es war Stress für uns beide, denn jede noch so kleine Welle war zu viel. Man muss den Tatsachen in die Augen sehen, auch wenn's nicht schön ist. Meine Moral geht in den Keller und auch die feine selbstgemachte Pizza heute Abend kann mich nicht aufmuntern. Es war zu schön zu zweit und ist schwer vorzustellen, nun wieder alleine unterwegs zu sein.

Mal sehen, wie es weitergeht.

Bucht vor Marina Wickham 2, Road Harbour, Tortola
18°25,51 N 64°37,01 W

8.2.15

Damit Rita morgen beim Abflug keine Schwierigkeiten bekommt, gehen wir zur Immigration, um auszuchecken. Was wir hier erleben, geht unter die Haut. Eine äußerst unfreundliche, fette, gähnende Beamtin behandelt uns wie den letzten Dreck, schläft beim Stempeln der Papiere fast ein und schickt uns zum Zoll. Sie erklärt das in einem Englisch, das ich nicht verstehe, und schnauzt mich dann noch an, als ich die falsche Türe nehmen will. Beim Zoll steht „vor dem Eintreten anklopfen". Warum das so ist?

Klar, damit der Beamte sich in seinem Stuhl aufrichten kann, den Finger aus der Nase nehmen oder das Schundheftchen weglegen kann, bevor man ihn sieht.

Rita packt fleißig ihre Tasche. Ich schaue mit gemischten Gefühlen zu.

Zum Abendessen bereitet sie ein superleckeres Essen zu, das hilft aber nicht, den Abschied zu versüßen.

9.2.15

Ich staune nicht schlecht, als ich den Kopf aus der Luke strecke. Vier Boote haben sich gestern noch um uns herum gelegt. Einer, ein riesiger Katamaran, liegt genau über meinem Anker. Mit dem Skipper vereinbare ich, dass er sich versetzt, wenn ich dann wegfahren will. Ein netter Franzose, der mich einlädt, das Boot zu besichtigen.

Vielleicht.

Um 1100 wird Rita samt Taschen an Land chauffiert. Mit dem Taxi geht's dann weiter zum Flughafen. Morgen gegen 1700 wird sie in Zürich sein. Die Reise geht von Tortola nach Sint Maarten, über New York nach London, Flughafenwechsel in London, dann nach Zürich.

Viel Spaß.

Mich hält nichts mehr zurück. Der Nachbar bugsiert seinen Kat zur Seite und ich kann wegfahren. St. John's, eine USA-Insel, ist mein Ziel. Um 1500 fahre ich bei Cruz Bay ein, finde kaum

einen Platz und warte, bis einer wegfährt. Dann übe ich mit dem Anker. Etwa sechs Mal muss ich neu ansetzen und schließlich verkatte ich den zweiten Anker. Dann endlich sitzt die SAMANTHA sicher. Kurze Fahrt zur Immigration. Holla, kein Visum. Ich werde weggeschickt, darf nicht einmal über Nacht bleiben und muss unterschreiben, dass ich sofort die USA verlasse.
Scheißnation!

Da es schon spät ist, muss ich Gas geben, um noch eine der nächsten Inseln der BVIs vor Einbruch der Nacht zu erreichen. Am nächsten ist Jost Van Dyke. Also Kurs Richtung Foxy-Bar.

Eine Viertelstunde vor dem Dunkelwerden fahre ich bei Great Harbour ein, sehe das Schiff von Alex und Co. Beim zweiten Mal, mit verkattetem Anker, hält die SAMANTHA. Abendessen und ab in die Bar, wo ich Alex und seine fröhliche Gruppe beim Aperitif treffe. Die Welt ist doch klein.

Per Internet bestelle ich dieses ESTA (ein Visumsantrag für die USA).

10.2.15
Der Berg ruft!

Mit dem Dingi fahre ich an den Steg, mit Wanderschuhen ausgerüstet beginne ich den Aufstieg zum Berg (nach Schweizer Maß ein Hügel), dieser beginnt gleich hinter den letzten Bretterbuden.

Dass auch ein Rudy hier eine Bar hat, sehe ich beim Vorbeigehen. Das bin nicht ich! Nach „Rita's Restaurant" in Soper's Hole nun auch noch „Rudy's Bar", das ist wohl ein Wink mit dem Zaunpfahl. Aber nichts, ja gar nichts könnte mich dazu bewegen, mich hier niederzulassen. Zu schön ist da die Schweiz dagegen. Je mehr man von dieser Welt sieht, umso mehr wird man darin bestätigt, dass unsere Heimat der schönste Fleck Erde ist. Wir dürfen uns glücklich schätzen, dort hineingeboren zu sein, auch wenn man manchmal das eine oder andere bemängelt.

Von oben habe ich eine schöne Aussicht über das ganze Gebiet. Schwitzend, bei 30 °C, geht's wieder runter und direkt zum Bierchen. Das habe ich mir verdient. Diesen Hügel habe ich

X-mal angeschaut, als ich mit Rita hier war, aber sie war nicht bereit, mitzugehen.

Nun ist es geschafft.

Abends bekomme ich per Mail meinen bewilligten Visumsantrag zugeschickt. Ich muss ihn ausdrucken und dann bei der Einreise in die USA vorlegen.

11.2.15
Es hat die ganze Nacht getobt und geschaukelt. Rita hätte mich umgebracht. Losfahren kann ich nicht, denn es hat sich gestern Abend noch ein großer Kat über meinen Anker gelegt. Scheinbar haben es große Kats auf meine arme kleine AMEL abgesehen. Der Skipper bestätigt mir, dass er über meinem Anker liegt, aber er werde gleich wegfahren. Danach kann auch ich den Anker lichten und ab geht's Richtung Gordon Sound, da weiß ich, dass ich bei diesem drehenden Wind ruhig liege. Die Strecke dorthin beträgt circa 15 SM und ist ein Traum. Segeln pur!

In Gordon Sound, hinter der Moskito-Insel, setze ich den Anker, dann sehe ich, dass auf dem Nachbarschiff ebenfalls eine Schweizer Fahne vom Wind gestreichelt wird.

Irgendwann am Nachmittag kommt ein Dingi vom Nachbarschiff. Eine Dame sitzt darin. Sie wollte mal guten Tag sagen. Isabelle aus Thun ist ebenfalls alleine unterwegs. Wir verabreden uns zur „Happy Hour mit Show" an der Bar im nahegelegenen Restaurant, wo Rita und ich Alex und seine Mannschaft getroffen hatten. Nach einem Bierchen entscheiden Isabelle und ich, dass diese Show und das ganze Drumherum nicht nach unserem Geschmack sind. Wir ziehen uns auf ihr Boot zurück zum Aperitif und danach serviert sie noch ein herrliches Risotto mit Wiener Würstchen. Lecker.

Wir beide finden heraus, dass wir Partner haben, die nicht gerne segeln, wir beide haben den Wunsch, die Welt zu umsegeln und beide finden wir es beschissen, es alleine zu tun.

Inzwischen ist es dunkel geworden. Ich fahre zur SAMANTHA, um die Lichter anzumachen. Danach habe ich weniger Schwierigkeiten, mein Boot wiederzufinden.

12.2.15
Nachts hat es so richtig am Anker gerissen. Ich bin froh, dass ich gestern zwei Anker verkattet und mit 3.000 T/Min. eingedampft habe, so kann ich gut schlafen und der heftige Regen und die Böen stören mich nicht.

Nach einem spartanischen Frühstück (seit Rita weg ist, fehlt mir irgendwie der Appetit) beschäftige ich mich mit Putzen der Schale, mache Wäsche und nähe einen Knopf an ein Hemd. So geht der Tag vorbei. Vor der Aperitif-Zeit genieße ich noch ein Bad im immer noch warmen Wasser. Allerdings ist das Wasser in der Karibik nicht so klar wie im Mittelmeer (besonders in der Türkei).

Dann kommt Isabelle angedampft mit ihrem Dingi. Nach einem Aperitif liegt es an mir, heute etwas Essbares auf den Tisch zu bringen. Das tue ich auch.

Morgen ziehe ich weiter nach Anegada und Isabelle holt ihren Mann am Flughafen ab. Er kommt für zwei Wochen Urlaub. Da hatte ich doch Glück mit meinem Schatz. Sie ist ganze sieben Wochen bei mir gewesen.

Isabelle und ich überlegen, ob wir nicht eventuell unsere beiden Ziele zusammenstecken sollten, denn beide wollen wir das Gleiche, die Weltumsegelung, und beiden stinkt es, dies alleine zu tun.

Es kommt auch noch dazu, dass in der Südsee oft die schönsten Plätze durch Korallenriffe angefahren werden müssen, und das kann man nicht alleine, denn einer muss vorne Ausschau halten. Alleine muss man auf viele schöne Orte deswegen verzichten. Mal sehen.

13.2.15
Der Wind hat wieder auf die gewohnte Seite, nach Osten, gedreht. Heute kann ich nach Anegada segeln. Wieder ein Traumsegeln. Jedoch, am Ankerplatz ist es äußerst unruhig. Nach einer Weile des Schaukelns verlege ich in die nächste Bucht, wo es etwas ruhiger ist. Am Strand herrscht tote Hose. Ich bekom-

me nicht einmal ein Bier und das Internet funktioniert nicht gut genug, um mit Rita zu skypen.

Setting-Point-Bucht, Insel Anegada 18°43,20 N 64°23,02 W

14.2.15

Sauwetter, keine Sonne, nichts, was mich dazu bringen würde, diese Insel zu besichtigen. Eigentlich hatte ich vor, mit einem Scooter für 15 $ zwei Stunden die Insel zu befahren, nicht aber bei diesem Wetter.

Ich pack's und segle zurück nach Gorda Sound. Hier toure ich in der riesigen Bucht umher und schaue mir die verschiedenen Ankerplätze an. Zwei große Hotelkomplexe, nur für ganz Betuchte, mit Marinas voller Megajachten, sind hier angesiedelt. Ich setze den Anker da, wo in meinem Buch steht, dass es ein Immigrations-Büro gibt, denn ich möchte wieder einklarieren, nach einer Woche „illegalen" Aufenthalts.

Nur, das Büro gibt es hier nicht. Fehlanzeige. In einer anderen Bucht setze ich wiederum den Anker, fahre ans Ufer und finde die Immigrationsbehörde. Geschlossen, bis morgen um 0900. Super.

Zurück an meinen „alten Ankerplatz". Etwas Schwimmen und Lesen.

Mit dem kleinen Dingi fahre ich ans andere Ende der Bucht, werde patschnass, aber habe dort super Internet, sodass ich eine volle Stunde mit Rita schwatzen kann. Sie erzählt mir von ihrer Odyssee bei der Heimreise. Von Road Harbour über Sint Maarten und New York bis London hat es mit den Flügen gut geklappt. Dann, beim Transfer von einem Flughafen zum anderen in London, blieb das Taxi im Verkehr stecken und der Flieger war schon weg, als Rita endlich im Terminal ankam. Hier musste sie sich mit ihrem rudimentären Englisch durchboxen, um kostenlos in einen anderen Flieger gesetzt zu werden. Nach mehreren Stunden hat das dann auch funktioniert.

Diese Frau ist einfach eine Wucht, wie sie sich schlägt und all die Schwierigkeiten meistert!

Am Abend schaue ich den alten Film „Der Pate" und träume danach von bösen Verbrechen und Morden.

Biras Creek, Gorda Sound North 18°30,04 N 64°23,45 W

15.2.15
Gestern bin ich mit dem kleinen Dingi wieder richtig nass geworden. Es muss nun das große Dingi wieder hervorgeholt werden. Kleines Dingi hochhieven, trocknen, Luft ablassen und in der Backskiste verstauen. Großes Dingi aus der Backskiste hochwinschen, aufblasen, ins Wasser lassen, Motor aufsetzen und endlich nach einer Stunde Arbeit habe ich wieder den Komfort, trockenen Weges ans Ufer zu können. Nun kann ich auch in die Nachbarsbucht und dort einklarieren. Keiner hat gefragt, wo ich in der letzten Woche gewesen sei.

Früher Nachmittag. Ich bin an Deck beim Lesen und bemerke gar nicht, dass Isabelle mit ihrem Schiff sich neben mir vor Anker gelegt hat. Etwas später kommt sie rüber und lädt mich zum 5-Uhr-Aperitif ein.

Ich lerne ihren netten Mann, Peter, kennen. Was Isabelle zum „Apéro" auf den Tisch zaubert, nenne ich ein deftiges Abendessen. Reissalat, mexikanische Tips, orientalische Hühnerflügel, Kabissalat.

Das soll ihr einer nachmachen!

Um 2000 verziehe ich mich. Schließlich ist Peter erst angekommen und die beiden brauchen sicher etwas Zeit für sich, Isabelle war nun fünfeinhalb Monate alleine unterwegs und hat sich riesig auf ihren Mann gefreut. Ich kann es nachvollziehen!

16.2.15
Nach elf Stunden Schlaf ziehe ich den Vorhang auf. Grau, Grau und nochmals Grau. Es reizt mich nicht, aufzustehen, und doch ist nun genug geschlafen.

Während des Frühstücks fängt es an zu regnen. Es regnet so wie tropische Regen sein können. Das gleiche Gefühl hat man, wenn man im Auto sitzt und durch die Waschanlage geschoben wird. Eigentlich müsste ich mit dem Schrubber raus und das Deck fegen. Ich habe aber keine Lust. Den ganzen Tag regnet es mit nur kurzen Unterbrechungen. Mir rutscht die Moral in die Hose. Ob ich alles abbrechen soll und über die Azoren das Boot zurück nach Marseille verlegen? Eigentlich schade, den lang gehegten Traum aufzugeben.

Rita schreibt mir eine SMS, in der sie für morgen wieder Sonne ankündigt, dann sehe ja alles wieder anders aus!

17.2.15
Es scheint tatsächlich wieder die Sonne. Ich hole den Anker hoch und segle mit Wind querab nach Tortola, wieder in die Bucht bei den Murings. Dann geht es los. Mit dem Fahrrad trampe ich in die nächste Bucht, Nanny Cay, weil dort die Budget-Jachtausstatter einen Laden haben. Ich muss unbedingt einen Adapter finden, mit dem ich auf die amerikanischen Gasflaschen umstellen kann, sonst gibt es dann irgendwann nur noch kaltes Buffet. Nirgends finde ich einen solchen Adapter.

Nun noch einkaufen. Ich finde einen tollen Supermarkt, den ich halb ausraube. Voll bepackt geht's zurück zum Dingi und zur SAMANTHA. Ich finde auch einen Sanitärbedarf. Hier kaufe ich verschiedene Teile, mit denen ich einen Adapter selbst bauen kann.

Road Harbour, Bucht vor der Marina 18°25,54 N 64°37,00 W

18.2.15
Mit all den verschiedenen Einzelteilen radle ich zu einem Spezialatelier, wo diese zusammengesetzt werden, und so gelingt es schließlich, dass ich einen Adapter habe. Auf dem Weg dorthin werde ich von einem Auto von hinten angefahren und vom Fahrrad geworfen. Glücklicherweise lande ich auf den Füßen und dem Fahrrad hat es auch nichts gemacht. Gezittert habe ich noch eine ganze Weile als ich bereits in dem Laden stand und erklärte, was ich brauche. Die müssen wohl gedacht haben, ich hätte schon Parkinson in einem fortgeschrittenen Stadium. Dann aber düse ich zurück zum Boot, hebe den Anker und segle die 18 SM wieder zu-

rück dahin, wo ich gestern war. Es ist eine mühsame Fahrt. Der Wind dreht ständig und wechselt von 12 bis 18 Knoten.

Ich muss voll dagegen ankämpfen und bei einer Wende reißt die Unterliekstreckerleine beim Großsegel. So geht es etwas langsamer, aber ich komme dennoch rechtzeitig in die Bucht zurück.

Ich habe nämlich für heute Abend Isabelle und Peter zum Abendessen eingeladen.

Es wird ein netter Abend, und meine mit Reis und Hackfleisch gefüllten Peperoni kommen gut an.

19.2.15
Wieder segle ich los. In der nächsten Marina, nur 8 SM entfernt, ankere ich und gehe in den Laden, um die Leinen zu kaufen. Die haben aber nichts, was passt, also segle ich weiter und zurück dahin, wo ich gestern schon war. Dort bekomme ich die bestimmt. Um einzukaufen ist es zu spät. Ich hocke im Cockpit bei einem Bierchen und höre mir die Musik an, die aus der nahegelegenen Bar herüberkommt. Danach koche ich Fisch. Darauf habe ich nun echt Lust.

Gordo-Jachthafen-Bucht 18°25,43 N 64°34,01 W

20.2.15
Um 0900 fange ich an, in den verschiedenen Geschäften meine Runden zu drehen, um alles einzukaufen, was ich noch brauche. Ich werde fündig und bekomme die notwendige Leine. Dann kaufe ich auch noch eine amerikanische Gasflasche. Denn Isabelle hat mir gesagt, dass es schwierig werde, eine solche zu finden.

250 US$ muss ich für eine kleine Flasche hinlegen. Das ist doch Wahnsinn. Aber ... wer warm essen will, muss da durch.

Dann ist es Zeit, den Anker zu lichten und weiterzufahren. Ich setze mir das Ziel, in die Bucht bei der Foxy-Bar zu segeln, das dürfte nicht allzu lange dauern, bei schönem achterlichem Wind. Es ist ein herrliches Vergnügen. Um 1600 hat es hier 37,3 °C im Schatten. Wenn es heute Nacht so richtig gewittert, würde mich das nicht wundern.

21.2.15
Großes Gewitter gab es keins, aber starke Böen und Regen … Regen …Regen. Die halbe Nacht durch hat's geschaukelt und gezerrt. Mehrmals bin ich aufgestanden, um zu kontrollieren, ob der Anker auch hält. Er hat gehalten. Heute will ich nach Anegada, zu der Insel, die man sehen müsse. Anfänglich steht der Wind gut, sodass ich, zwar hart am Wind, aber gut vorwärtskomme. Dann dreht er leicht nach Süden und das war falsch. Nur noch als Motorsegler komme ich dagegen an und erreiche die Insel knapp vor dem Abend. Der Anker hält nicht und ich drifte ab Richtung Riff, bis ich nur noch 20 cm Wasser unter dem Kiel habe. Auch das zweite und dritte Mal will der Anker nicht fassen. Es bleibt mir nichts anderes übrig als den zweiten Anker zu verkatten. Dann hält's. Eine Crew auf dem Nachbarschiff scheint mir zuzuschauen. Später kommen sie mit dem Dingi vorbei und fragen, ob ich alleine sei. Ja, das bin ich.

Sie hätten mir zugeschaut und gesehen, wie ich einen super Job gemacht hätte mit dem Ankern, sagen sie.

OK, wenn das so ist!

Setting Point, Anegada 18°43,29 N 64°23,15 W

22.2.15
Gegen 1030 miete ich einen Scooter für zwei Stunden. Ich will die Insel sehen und ausklarieren, damit ich morgen weiterfahren kann, Richtung Kuba. Es ist Zeit, endlich weiterzuziehen. Ich war nun über drei Wochen in den BVIs. Es ist ein schönes Segelgebiet, aber eben, irgendwann langt's. Ich fahre die Insel ab, sehe zwei bis drei schöne Plätze, das war's dann auch schon. Die ganze Ostküste entlang führt eine Sandpiste durch Mangrovenbüsche. Hier und da eine Kneipe, wo die Leute davor schnorcheln gehen. Mich reizt es nicht. Ausklarieren kann ich am Flughafen nicht, der Beamte weiß nicht, wie das geht.

Obwohl man mir gesagt hatte, dass ich dort klarieren könne. Na was soll's. Ich lichte am Nachmittag den (die) Anker und segle mit Wind querab zurück nach Gorda Sound, bei der Moskito-Insel. Hier ankere ich im Osten der Bucht, weil es da etwas geschützter ist. Der Wind ist immer noch stark und regnen tut es alle halben Stunden einmal.

Little Leverick Bay 18°30,34 N 64°22,45 W

23.2.15

Schönes Segeln mit achterlichem Wind bis ans westliche Ende der BVIs. Im Westend, da, wo ich mit Rita den ersten Stopp in den BVI eingelegt hatte, ankere ich in der Bucht. Es ist geschützt und ruhig hier. Da ich bereits mitten am Nachmittag hier bin, gehe ich ausklarieren, einkaufen und ein Bierchen trinken.

Hier habe ich Internet und kann mit Rita eine Stunde schwatzen. Es tut so gut.

Leider ist es noch nicht gelungen, mit der Firma „Mouse Imaging" die Internetseite wiederherzustellen. Die haben bei sich mit dem Server ein Problem gehabt und scheinen sich aber nicht zu bemühen, meine Seite zu reparieren. Rita will sich nun der Sache annehmen.

Rita fragt, warum ich mich so betrübt anhöre. Ich bin im Moment in einem Dilemma. Einerseits möchte ich die Reise fortsetzen, andererseits stinkt es mir fürchterlich, weiter alleine zu reisen. Ich weiß noch nicht, was ich weiter machen werde. Vorerst geht es nun weiter Richtung Kuba. Dann … werden wir sehen. Schön wäre es, wenn ich jemanden finden würde, mit dem ich die Reise gemeinsam machen könnte. Bei einigen Abschnitten ist es sogar gefährlich, alleine zu sein, besonders in der Südsee. Wie bereits gesagt kann man dort nicht an die „wilden, schönen Plätze", weil die Anfahrten gefährlich sind und jemand vorne Ausschau halten muss.

Vielleicht meldet sich ja eine nette segelbegeisterte Dame, die mit mir die Reise fortführen könnte!

Nachdem ich ein Bierchen getrunken habe, steige ich ins Dingi. Der Boden ist ganz weich und die Luft ist entwichen.

Zurück auf der SAMANTHA nehme ich den Boden heraus und untersuche ihn auf eventuelle Löcher. Nichts finde ich.

Nun will ich den Boden wieder aufblasen, hole meine elektrische Pumpe hervor, aber die versagt den Dienst. Was ist denn nun wieder los?

Nach längerem Suchen entdecke ich, dass bei der Kabelverbindung ein Kurzschluss entstanden ist. Das wird repariert und danach kann ich den Boden wieder aufpumpen.

Rudy, der Elektriker!

Soper's Hole, Tortola Westend 18°23,17 N 64°42,27 W

24.2.15
Ausgecheckt habe ich ja schon. So kann ich gleich loslegen. Es ist eine tolle Segelfahrt mit achterlichem Wind in Richtung St. Thomas. Hier will ich es nun versuchen, in die USA einzureisen.

Auf dem Weg dorthin gibt es eine Passage zwischen zwei Inseln, die ist sehr eng und auf der Karte zeigt es 7,6 m Wassertiefe an. Müsste eigentlich kein Problem sein. Sicherheitshalber rolle ich die Segel ein, um unter Motor dort sicher zu manövrieren. Eben als ich in die enge Passage einfahre, kommt mir ein Motorboot mit vollem Speed entgegen und kreuzt mich. Dann ... der Tiefenmesser zeigt 7 Meter, dann 5, dann 4, 3, 2, 1, Nullkomma 2, dann 0. Mir rutscht das Herz in die Hose und das Adrenalin spritzt aus allen Löchern. Ich kann es nicht fassen. Dann ... 5 Meter, 6, 7, 8 ... uff ... was war das? Ich bin durch!

Die Erklärung ist die: Das Motorboot hat bei seiner rasanten Fahrt den Boden aufgewühlt und meinen Tiefenmesser blind gemacht. Im Moment aber weiß man das ja nicht und es gibt auch Fehler auf diesen elektronischen Karten. Diesmal ist es gut gegangen. Die Weiterfahrt bis Amalie, dem Hauptort von St. Thomas, ist wieder eine Butterfahrt. Beim Einlaufen in den Hafen kann ich vier Mumienschlepper zählen. Ein beeindruckendes Bild.

Die Suche nach der Immigration geht wie üblich vonstatten. Ich werde zuerst von einigen Leuten in die falsche Richtung geschickt, dann muss ich den ganzen Weg zurück und bis ans Ende der langen Bucht marschieren. Angekommen, fülle ich die Papiere aus, wobei mir die Dame am Schalter sehr behilflich ist. Dann lege ich mein ESTA-Papier vor. Nun wird es etwas komplizierter. Sie ruft einen „Officer" zu Hilfe. Der kommt aus dem Nachbarbüro, schaut mich an, ich schaue ihn an und beide müssen lachen. Es ist der Gleiche, der mich in Cruz Bay weggeschickt hatte.

Er sagt, er könne mich mit diesem Papier nicht einlassen.

Ich hätte die Wahl zwischen zwei Möglichkeiten:

1. Ich fahre mit dem Boot zurück, nach Westend, checke dort wieder ein und komme mit der Fähre wieder hierher, dann würde der Pass gestempelt. Mit der Fähre wieder zurück zum Boot, dort ausklarieren und dann mit dem Boot in die USA einreisen und einklarieren.
Oder:
2. Ich kaufe ein Visum für 580 US$.

Ich bin für Option 1.

Die Nacht bleibe ich erst noch hier.

25.2.15

Heute geht's den gleichen Weg retour. Gut, dass der Wind so weht, dass ich segeln kann. Diesmal fahre ich ganz behutsam in die Passage ein und sehe, dass der Tiefenmesser nie unter 5,5 Meter anzeigt.

Ich hatte von Isabelle eine SMS bekommen, dass sie in der Francis Bay ankern würden, ob ich auch käme.

In Annaberg auf St. John's sei am Donnerstag ein Fest mit viel Drumherum. Also steuere ich die Francis Bay an. Auf dem Weg sehe ich plötzlich Isabelles Schiff an einer Boje hängen. Ich drehe ab und nähere mich. In ebendiesem Moment fährt sie mit Peter los, kommt an mir vorbei und meldet, dass es hier zu unruhig sei, wir sollen in eine Nachbarbucht gehen. Das tun wir dann auch. Sie sind vor mir dort, legen sich an eine Boje und Isabelle kommt mit dem Dingi und hilft mir beim Aufnehmen meiner Boje. Das ist Service!

Danach Aperitif und Schwätzchen.

Eigentlich bin ich illegal in dieser Bucht, weil sie auf USA-Boden ist. Das macht mir aber nichts aus.

Durloe Channel 18°20,87 N 64°47,41 W

26.2.15

Vormittags segeln wir beide los und fahren in die Watermelon Bay. Dort liegt Annaberg und ab 1000 soll das Fest losgehen. Diesmal kommt Peter mit dem Dingi und hilft mir beim Boje aufnehmen. Um besser an die Boje ranzukommen bei dem starken Wind, lasse ich das Bugstrahlruder hinunter. Dumm ... denn ich bemerke erst später, als das Bugstrahlruder nicht einfahren will, dass sich die Muringleine verhakt hat. Mit einer Entlastungsleine ziehe ich die SAMANTHA an die Boje ran, tauche hinunter und entwickle die Muringleine. Nichts ist passiert, und alles funktioniert wieder.

Um 1100 holen die beiden mich ab. Wir marschieren ein Stück den Uferweg zwischen den Mangroven entlang bis zu der besagten Zuckermühle in Annaberg. Hier sind die Ruinen der Anlage aus dem Jahre 1750 restauriert worden und ein Volksfest ist im Gange. Es sind viele Schulklassen hier und die Kinder bringen zum Teil sehr schöne Darbietungen. Es gibt Stelzentänzer, Tanzgruppen, eine Trommlergruppe. Die Einheimischen haben Stände aufgebaut und bieten lokale Produkte und vor allem Süßigkeiten an.

Es ist eine nette Abwechslung und wir genießen diesen Besuch.

Um 1500 sind wir zurück auf dem Boot, zwitschern noch ein Bierchen und Peter als Elektroingenieur gibt mir noch gute Tipps zu WLAN-Installationen auf dem Boot.

Wir verabschieden uns und ich fahre noch hinüber nach Westend, wo ich wieder ankere und einklariere.

Watermelon Bay 18°21,85 N 64°43,36 W
Soper's Hole 18°23,17 N 64°42,27 W

27.2.15
Die Nacht habe ich schlecht geschlafen. Zwei Wecker sind auf 0530 gestellt, aber ich bin nervös. Dann klingelt's. Frühstücken mag ich nicht und esse nur eine Schüssel voller Cornflakes. Beim ersten Tageslicht fahre ich zur Fährstation und beziehe einen Platz auf dem Oberdeck.

Die erste Anlaufstelle ist St. John's, die Cruz Bay. Ob es nun klappt? Ich bin immer noch nicht sicher, denn es steht im Buch, dass man einen biometrischen Pass haben müsse, und den habe ich nicht. Meiner läuft im August ab und ich will versuchen, in der Dominikanischen Republik zur Botschaft zu gehen, um einen neuen Pass zu bekommen. (Ob das dann auch klappt, darauf bin ich gespannt.)

Nun, in der Cruz Bay bekomme ich den Stempel und das Visum für 90 Tage.

Es hat geklappt!!!!!!!!!!!!!!!!!!!!!!!!!

Warum man diesen komplizierten Weg über eine Fähre nehmen muss, wissen wohl auch nur die Götter!

Bereits um 0930 bin ich wieder im Westend. Hier wird erneut ausklariert. Ich bezahle nur 1 US$. Warum man jedes Mal eine andere Summe bezahlt (letztes Mal waren es 9,15 US$), weiß Herr Obama wohl auch nicht.

Leinen los und wieder auf den Weg durch die Passage und nach Amelia.

Ankern und Fußmarsch zur Immigration. Der gleiche Beamte ist wieder dort und freut sich genauso wie ich, dass nun alles doch geklappt hat. Das Einklarieren ist null Problemo und kostet auch keinen Pfennig. Wenn die Amis auch kompliziert sind, geldgierig sind sie scheinbar nicht.

Es bleibt noch etwas Zeit und ich mache einen Spaziergang durch das Städtchen. Das ganze Hafengebiet ist ein einziger Verkaufsladen. Vor allem werden hier „Schweizer Produkte", Uhren aller bekannten Marken und Rum und Schmuck (vor allem Diamanten) angeboten.

Es ist eine zollfreie Stadt und das scheint die Amis in Massen anzulocken.

Draußen im Boot genieße ich eine Schaukelpartie vom Feinsten. Macht mir aber nichts aus. Zum ersten Mal übernachte ich legal in den US-amerikanischen Virgin Islands. Ich hisse auch die Ami-Flagge unter der Steuerbordsaling und trinke einen Whisky auf diese administrative Odyssee.

St. Thomas Harbour, Amalie 18°20,08 N 64°55,80 W

28.2.15

Bereits der letzte Februartag! Die Zeit läuft wie verrückt. Es weht eine steife Brise, die ich nutzen will, um weiterzukommen. Ziel Culebra, die Insel vor Puerto Rico. Die gut 20 Meilen segle ich herrlich vor dem Wind mit andauernd 6 Knoten. Schon zu Beginn des Nachmittags segle ich in die Ensenada Honda, eine riesige Bucht, ein. Es gibt hier genügend Platz und ich stecke 40 Meter Kette bei nur 8 Meter Wassertiefe. Das ist beruhigend, denn es sind starke Winde angesagt. Nachmittags beginnt es zu stürmen und regnen, was das Zeug hergibt. Bei einer kleinen Aufhellung gegen 1600 setze ich mich ins Dingi und gehe auf Erkundungsfahrt. Es gibt nichts, was man ein Städtchen oder Dorf nennen könnte. Nur vereinzelte Häuser und eine Bar, die heißt Dingi-Dock. Hier ist Betrieb. Einige kuriose Gestalten hocken hier beim Bier (zum Teil nicht das erste). Auch ich genehmige mir eins und bin erstaunt, dass hier das Fläschchen wieder, wie in Sint Maarten, nur 2 US$ kostet. In Westend waren es 4,5 US$. Dann schüttet es wieder und ich muss abwarten, bis ich einen trockenen Slot finde, um zurückzufahren. Am Abend schaue ich noch einen Film, denn die Tage sind lang, wenn man bereits um 1400 am Ziel ist und es nichts gibt zum Anschauen. Nur in einer Bar zu hocken und mich volllaufen zu lassen, wie das viele andere tun, ist nicht mein Ding.

Honda Bay, Culebra 18°18,25 N 65°17,03 W

Adé, Simpson Bay. Es geht zu den BVIs.

Great Harbour. Die erste Marina in den BVIs.

*In Leverick ist am Freitag der Bär los.
Wir treffen eine Gruppe Schweizer.*

Die Foxi-Bar auf Jost Van Dyke. Ein Erlebnis, typisch karibisch.

Seychellen. Schöne Anwesen zwischen den Blöcken.

Ein Hotelkomplex in der Bucht.

 März 2015

1.3.15
Schon März, bald ist der Winter vorbei (in der Schweiz), hier ist es warm und schwül. Der Wind ist recht stark und vor allem böig. Die Nacht war sehr bewegt und es schaukelte heftig, obwohl ich hier auf der Leeseite des Hügels bin. Draußen regnet es bereits wieder.

Ich nutze eine kurze Aufhellung aus und segle auf die andere Seite der Bucht, direkt vor der Dingi-Dock-Bar. In dieser Bar gibt es eine gute WLAN-Verbindung und ich kann wieder einmal mit meinem Frauchen schwatzen.

Ensenada Honda, Culebra 18°18,25 N 65°17,03 W

2.3.15
Ich will das gute WLAN-Netz ausnutzen und rufe Philippe per Skype an. Ich habe Glück, es ist bei ihm 1400 und er hat einen Moment Zeit für mich. Wir klinken uns mit dem TeamViewer ein, sodass er bei mir auf dem PC die Homepage neu einrichten kann. Ruckzuck ist es geschehen und die Seite steht wieder, ist aber noch leer. Den restlichen Tag bin ich dran, die einzelnen Dateien hochzuladen. Das geht einigermaßen, bis mittags, dann ist das WLAN überfordert und ich bekomme keine brauchbare Verbindung mehr mit dem Server. Schließlich gebe ich es auf. Morgen früh mach ich weiter. Im Moment schüttet es wieder wie aus Kübeln, ich muss warten mit dem Übersetzen zur SAMANTHA, wenn ich nicht patschnass werden will.

Nun ... schnell ab und zum Boot.

Cayo Pirata, Ensenada Honda 18°18,18 N 65°17,92 W

3.3.15
Es ist noch kaum 0800, als ich bereits in der Bar hocke, was sonst nicht so ganz meine Art ist. Die Netzverbindung ist super und ich lade alles hoch, bis auf die Fotoreiseberichte, die sind zu groß, da brauche ich einen festen Anschluss. Mittags bin ich fertig und auch das WLAN fängt wieder an zu streiken.

Zurück zum Boot, Anker hoch und um das Kap in eine Ankerbucht, die mir Isabelle angegeben hatte. Hier kann ich wieder einmal bei 7 m Wassertiefe den Grund sehen, was schon lange nicht mehr der Fall war. Mit Flossen und Schnorchel ausgerüstet paddle ich das Riff entlang. Es ist recht schön und es gibt auch einige Fische, denen man guten Tag sagen kann.

Während des Badens arbeitet die Waschmaschine und ich denke, dass es heute, weil wieder einmal etwas schöneres Wetter herrscht, auch gut trocknen wird.

Beim Skypen heute früh hat mir Rita mitgeteilt, dass sie es vonnöten sieht, dass ich für einen Sprung nach Hause käme, um einige geschäftliche Dinger zu erledigen, bei denen sie keine Ahnung hat und weil Gabi, die Sekretärin, uns in sechs Wochen verlässt.

Ich überlege.

Pta Tamarindo Grande (Culebra) 18°19,37 N 65°19,70 W

4.3.15
In der Bucht, in der ich am Anker hänge, war es die ganze Nacht eine einzige Berg- und Talfahrt. Gut, dass ich alleine bin und es mir nichts ausmacht. Ich schlafe trotzdem gut, obwohl der Wind wie verrückt um die Wanten heult. Ich hänge ja an einer Boje, und das ist beruhigend. Trotzdem lege ich gleich in der Früh ab, mit Ziel Puerto Rico. Der achterliche Wind bläst mit 15 bis 18 Knoten und ich lasse mich nur von der Genua vor dem Wind herschieben. Die SAMANTHA läuft, es ist eine wahre Freude. Dass die Wellen ziemlich hoch sind, stört mich nicht.

Gigel Gagel und nach vier Stunden fahre ich in die Marina del Rey ein und werde von den Marineros an einen Platz dirigiert. Einer der Marineros meint dann, dass ich bei diesem starken Wind sehr souverän eingefahren sei, und das noch alleine an Bord. Er sehe da viel anderes, selbst bei schwächeren Winden, meint er. Meine Brust wölbt sich daraufhin natürlich etwas mehr nach außen.

Im Marina-Büro gehe ich mich anmelden und werde per Telefon mit der Einklarierungsbehörde verbunden. Um 1500 soll ich ins Büro kommen, dann würden die Herren von der Behörde zum Einklarieren hierherkommen. Die Kosten betragen 19 US$. Um 1500 ist keiner da. Ich schlendere durch die Werft und treffe Erick an. Er hat eine Bude, die mein Unterwasserschiff neu machen kann. Er macht mir ein Angebot. Komplettes Reinigen und Schleifen des Rumpfes bis auf die Basis. Zwei Epoxid-Anstriche und drei Antifouling-Anstriche. Das Ganze für 6.000 US$. Dann verhandeln wir und er macht schließlich auch noch die Reinigung der Schale, Wachsen und Polieren im Preis inbegriffen.

Ich schlage ein.

Zurück auf der SAMANTHA warte ich noch immer auf die Behörde. Um 1700 kommen sie dann endlich. (Wir sind in Puerto Rico!!!!!) Die 19 US$ würden nicht stimmen, wird mir gesagt, es seien 37. Der, der das am Telefon gesagt hätte, sei noch am Lernen. Schön … dafür bekomme ich aber kostenlos auch noch die Cruising License, die sonst 25 US$ kostet. Die Rechnung geht wieder auf. Danach bekomme ich noch Besuch von Will, einem Amerikaner, der drei Schiffe neben mir auch mit einer AMEL liegt. Ob ich mal schauen könne, er kann nicht kochen, weil er nicht weiß, wo der zentrale Gasabstellhahn sei. Er hat das Boot „Occasion" vor vier Wochen gekauft. Ich gehe rüber, und nach zehn Minuten jauchzt die Frau, denn auf dem Gasherd brennen wunderschöne Flämmchen. Der zentrale Gasschalter bei ihm ist in der Küche und auf Französisch beschriftet. „O" steht nicht für Null, sondern für „ouvert", und das „F" für „fermé". So einfach ist es. Gut, ein wenig musste ich noch den einen Brenner entschlacken, aber das war wohl keine Hexerei. Man muss halt die Sprachen können. Nebenbei bemerke ich auch, dass seine Ankerwinsch nicht richtig funktioniert. Er muss unbedingt die Schaltknöpfe auswechseln, denn wenn diese einen Kurzschluss machen, ist die Ankerwinsch unkontrollierbar (kenne ich aus der Vergangenheit).

Abends kann ich nicht schlafen.

Es ist Vollmond und stark windig. Die kleinen Wellen klatschen gegen das Bootsende unter meinem Bett. Ich ziehe um und versuche es in der Vorderkabine. Hier ist es ruhiger, aber ungewohnt und schmal. Ich setze mich in den Salon und befördere mit gutem WLAN-Empfang einige verbleibende Dateien ins Internet.

Marina del Rey, Puerto Rico 18°17,27 N 65°37,95 W

5.3.15
Als Erstes will ich die SAMANTHA am Platz drehen, sodass der Bug im Wind steht. Ich rufe die Marineros. Sie sollen mir helfen, denn es windet recht stark. Das Manöver gelingt 1A und auch diese Marineros erteilen höchste Komplimente. Amis sind doch manchmal recht nett.

Dann kommt Will vorbei mit der Frage, ob ich wisse, wo er diese Ankerwinschschalter finden könnte. Ich biete ihm an, zwei von meinen abzutreten, denn ich hatte in der Schweiz einmal ganz günstig eine ganze Serie davon gekauft. Er zahle jeden Preis. Danke, Will, wenn du mich dafür morgen zum Gashändler karrst, ist es OK. Also morgen um 0800.

Den restlichen Tag verbringe ich mit diesem und jenem. 1.000 Kleinigkeiten, die ich nun erledigen kann. Den Flug habe ich gebucht und werde am Samstag in einer Woche über Frankfurt nach ZH fliegen und Rita zur Hand gehen, um die verschiedenen Probleme zu lösen, die ihr so Kopfzerbrechen machen.

6.3.15
Will kommt um 0800. Wir fahren in die nahegelegene Ortschaft. Zuerst zum Gashändler. Hier wird die Flasche gefüllt und das Adapterteil auf Dichtigkeit geprüft. Puuuh ... es rinnt. Deshalb war meine Flasche nach zwei Tagen leer. Der Gashändler ver-

kauft mir dann auch noch eine brandneue Stahl-Gasflasche für sage und schreibe 45 US$. Ich erinnere daran, dass ich für die Aluminiumflasche 250 US$ bezahlen musste. Und weil er nett ist, dichtet er auch noch das Adapterteil ab. Danke, das ist doch beruhigend, eine dichte Gasleitung zu haben.

Ein kurzer Stopp noch bei Westmarine, dem Schiffsbedarf-Laden und zurück geht's zum Boot. Einen Spezialisten, der meine Feuerlöscher prüft, finde ich auch noch und wenn ich schon dran bin, alles zu prüfen, zieh ich auch am Testhebel meines EPIRB-Notsenders. Nachdem ich den Test gemacht habe, merke ich, dass die Boje aktiviert wurde. Hoppla ... nun, was tun, bevor wegen mir eine internationale Rettungsaktion ausgelöst wird? Ich rufe bei SARS in Bremen an. Das ist die internationale Koordinationsstelle für Seenotfälle. Ich melde, dass es einen Fehlalarm gegeben hat. Man bedankt sich dafür, dass ich angerufen habe. Um den Sender auszuschalten, gibt es nichts. Ich schraube das Gerät auseinander und trenne die Batterien ab. Jetzt hat's aufgehört zu blinken.

Nach kurzer Zeit kommt ein Marinero und sagt, dass von meinem Boot ein Notruf abgegangen sei und ich solle die US-Küstenwache anrufen. Ich erledige das auch und bekomme die Bestätigung, dass alles OK sei. Als Drittes meldet sich Rita per SMS, ich müsse dringend zurückrufen. Auch das mache ich. Sie hat einen Anruf vom Züricher Rettungsdienst bekommen, die wissen wollten, wo ich sei und ob sie etwas wisse. Sie beruhigt den Mann und sagt, dass ich in einer Marina liege. Wir klären das, und Rita ruft den Herrn zurück. Dann geht's weiter, ich bekomme einen Anruf und eine SMS, dass ich mich in ZH bei dem Rettungsdienst melden soll. Auch das mache ich und beruhige auch die. Alles ist OK. Die SARS in Bremen weiß Bescheid. Die US-Küstenwache weiß Bescheid und nun wisst auch ihr Bescheid.

Und ich? ... Ich weiß nun Bescheid, dass meine Notrufboje und das System funktionieren, wenn es mal notwendig wäre (Gott bewahre), den Notsender zu gebrauchen.

Zum Abendessen mache ich eine Lasagne, habe aber, sobald sie fertig ist, keinen Hunger mehr. Also werde ich die nächsten Tage wohl Lasagne essen, bis ich Italienisch fließend spreche.

7.3.15
Diese Nacht habe ich supergut geschlafen, warum, weiß ich auch nicht, aber erst in der Früh erwache ich zum ersten Mal. Es ist lange her, dass ich eine ganze Nacht durchgeschlafen habe. Schön, und das tut gut.

Weil ich so brav geschlafen habe, bekomme ich zum Frühstück heute eine Extraportion Speck zum Spiegelei. Mmhhh ...

Voller Tatendrang gehe ich die Arbeiten an. Ich habe eine To-do-Liste erstellt. Als Erstes will ich nun das Fahrrad flicken. Ein Kranz bei den Pedalen aus Plastik ist gebrochen und somit kann ich nicht mehr in die kleinen Gänge schalten, ohne dass sich die Kette aushängt. Auf einem Stück Aluminium habe ich die Form aufgezeichnet und nun muss ich sie aussägen. Bewaffnet mit der Stichsäge hocke ich auf dem Steg und fange an. Kaum die ersten Zentimeter geschnitten, muss ich das Blatt auswechseln. Das wäre einfach, aber nun will die Halteschraube nicht mehr. Sie hat den ewigen Umgang. So muss ich nun zuerst die Stichsäge flicken. Nach einer halben Stunde tut sie wieder. Als das Teil auf dem Alublech vor mir liegt, finde ich, dass ich es etwas schleifen müsste. Dazu gibt es ja einen Winkelschleifer. Nach circa einer Minute gibt auch der den Geist auf. Heute ist wirklich der Wurm drin. Als die Maschine auseinandergeschraubt ist, sehe ich, dass die Kohlen blockiert sind. Eine kleine Sache, und nach zehn Minuten tut auch der Winkelschleifer wieder. Auf dem Boot hat man ja viele Ersatzteile, Schrauben und Sonstiges. Natürlich fehlen genau die Art Schrauben, die ich nun bräuchte. Mit Hilfe der Eisensäge werden Schrauben so zugeschnitten, dass sie passen.

Als Nächstes werden am Unterliekstreckermotor die Schraubenlöcher nachgebohrt und neue Gewinde geschnitten. Die alten Gewinde sind nämlich ausgeleiert. Dann kommt der Generator dran. Hier muss ich den Impeller anschauen. Oh ... da fehlen ja einige Lamellen. Ein Austausch ist notwendig. Kein Problem, habe ich schon X-Mal gemacht.

Aber, wie es so ist: Erstens krieg ich den Impeller kaum raus. Nachdem ich einige Teile abmontiert habe, um besser ranzukommen, klappt es dann. Neuen Impeller einsetzen und nun den Grobfilter prüfen, denn dort müssten die abgefressenen Lamellen gestaut sein. Um an den Grobfilter zu kommen, muss der Ölfilter abmontiert werden. Kein Problem, nur eine große Sauerei. Nun, alles fertig, Impeller montiert, alle Teile wieder an ihrem Platz, Ölfilter wieder fest, nun ausprobieren. Schei … der Deckel vom Grobfilter pisst wie eine Kuh auf der Alp. Das Ganze nochmals von vorne.

Dann mit Silikon eine Dichtung machen und alles wieder hinschrauben. Gut, jetzt scheint es dicht zu sein. Der Probelauf ist zufriedenstellend, würde ein Beamter melden.

Zu guter Letzt muss ich das halbe Schiff und besonders das Cockpit sauber machen. Überall Spuren von Öl und Schmiere. Dann geht's ab unter die Dusche. Ich stinke wohl wie ein Ferkel. Heute war es zwar nicht schön, aber sehr schwül und das hat meinen Schweißdrüsen den Befehl erteilt, volle Kanne zu spritzen.

Nebenbei, heute nach dem Frühstück habe ich eine Wäsche ob getan, aber die Waschmaschine stellte nach zehn Sekunden ab. Erneuter Versuch. Wieder nichts. Dann die Erleuchtung! Die Amis bieten hier zwar 230 V Strom an, aber mit 60 statt 50 Hertz, und das mag meine Waschmaschine nicht. Der Generator hilft dann aus und gibt der Waschmaschine die 230 V und 50 Hz. Gut, dass die Kaffeemaschine nicht so heikel ist. Sie mahlt einfach etwas schneller! Ja, ja, im Amiland zu segeln, hat so seine Gesetze, die man lernen muss. Langsam aber sicher kriege ich alles auf die Reihe.

8.3.15
Sonntag = Putztag.

9.3.15
Wieder wird so allerlei am Boot gebastelt. Besonders dran ist heute die Schale. Einige Macken im Gelcoat werden ausgebessert, d. h. erst einmal gefüllt, dann muss es erst trocknen, bis ich weiterarbeiten kann.

Am Abend schaue ich noch einen James-Bond-Film, um die Zeit totzuschlagen.

10.3.15
Bei der Büroöffnung um 0800 stehe ich beim Autovermieter. Für heute ist eine Tour über die Insel geplant. Nachdem ich sicher 20 Unterschriften auf vielen Papieren hingekritzelt habe, bekomme ich den Schlüssel. Bewaffnet mit Karte und Fotoapparat geht die Reise los. Erstes Ziel ist der El-Yunque-Nationalpark mit seinem Regenwald.

Es ist gewöhnungsbedürftig, hier mit der Karte herumzufahren. Wenn man das System erst geschnallt hat, geht das relativ einfach. Jede Straße und größere Kreuzung hat eine Nummer. Man muss nur zusehen, dass man die richtige Nummer auf der Karte findet und dann auch, wo diese an der Straße angeschrieben ist, dann ... ohne Problem. Fehlt die Nummer an der Straße, was oft der Fall ist, dann fährt man nach der Sonne, bis man wieder eine bekannte Nummer findet. Es ist doch wie beim Lotto-Spielen am Turnerabend im Rössli.

Ich finde nach zwei Anläufen den Regenwald-Park. Es ist schon recht interessant, wie die Natur den Kampf der Pflanzen zeigt. Zum Teil ist es unter den Pflanzen so dunkel, dass ich das Licht einschalten muss.

Hunderte von Bussen mit Touristen kurven hier herum und speien Japsen, Chinesen und Amis aus, die sich an den markanten Punkten, wie Alter Turm, Wasserfälle etc. gegenseitig fotografieren sollen.

Dann, nach diesem Park, nehme ich die südliche Route. Es nennt sich zwar Highway (übersetzt Autobahn), ist aber größtenteils eine einfache, zwei-, drei- oder vierspurige Straße, ohne mittlere Abtrennung. Zudem gibt es Schlaglöcher, die, wenn man sie nicht rechtzeitig sieht und ausweicht, dem Auto fast die Federn sprengen.

Die Ortschaften, an denen ich vorbeikomme, sind meistens nur eine Ansammlung von einstöckigen Häusern, vollständig mit Reklamen überklebt. Reklamen gibt es überall und in solchen Mengen, dass man vor lauter Reklamen die Reklamen nicht mehr sieht oder überhaupt erfassen kann.

Scheußlich.

Hin und wieder sieht man an größeren Orten auch einige wenige hohe Häuser, 6 bis 8 Stockwerke. Was mich schockiert, ist die Tatsache, dass praktisch alle Häuser und Geschäfte komplett eingegittert sind. Entweder sperren die Leute sich ein oder andere aus. Viel Häuser sehen dadurch aus wie Gefängnisse. Bei hohen Häusern sind zum Teil auch die Balkone bis oben hin genauso vergittert. Es muss ein tolles Lebensgefühl sein, auf dem Balkon die Sonne und den Grill zu genießen, und das hinter Gittern. Den Gittern zum Trotz fühle ich mich hier wohl. Man sieht auch kaum einen Polizisten, oder Militär oder sonst so was, was für Ruhe und Ordnung sorgen sollte. Einen einzigen Polizisten habe ich an einer Kreuzung gesehen, auf einem Motorrad, auf das sogar unser Tom Lüthi neidisch gewesen wäre … ein Schlitten … nicht zu vergleichen mit den gemütlichen Harleys aus den Filmen.

Was weiter auffallend ist: je näher man an einem Ballungsgebiet ist, umso dichter sind die Autohäuser und die dazugehörigen Garagen, Reifenbuden und Ersatzteilgeschäfte aneinander. Ich bekomme den Eindruck, dass für jeden Puerto Ricaner ein Auto irgendwo angeboten wird. Die Häuser, in denen nicht Autos feilgehalten werden, sind Fast-Food-Läden. McDonald's, KFC, Wendy's, Burger King, Church's und wie sie alle heißen. Die stehen zum Teil in Reih und Glied und das alle paar hundert Meter. Ich glaube, ich habe nur wenige Strecken von mehr als 1 km abgefahren, wo kein Fast-Food- oder Grill- oder BBQ-Laden stand. Kein Wunder, dass die Leute hier alle so massig sind, dass man sie mit Seeelefanten vergleichen könnte.

Gut ist, dass fast alle neben Spanisch auch Englisch können. Ein Englisch, das man versteht, nicht wie in den BVIs.

Traurig ist, dass viele, sehr viele Geschäfte geschlossen sind, viele Häuser aufgegeben, und nur noch Skelette stehen und überall das Schild mit der Aufschrift „Zu verkaufen" hängt. Scheinbar trügt der Schein, den man in der Marina – die größte in der Karibik – mit über 1.000 Plätzen, von denen fast alle belegt sind, bekommen könnte.

Eine Straße befahre ich, an der ungefähr 40 bis 50 Häuser, eins neben dem anderen, von Doktoren (Mediziner) jeder Art belegt sind und jeder macht Reklame für seine Dienste.

Im Landesinneren gibt es Gegenden, die vom Dschungel verschont geblieben oder gerodet wurden. Hier sind Farmen mit Rindern angesiedelt. Tausende von Rindern fressen das fette Grün von den Weiden. Dann profitierten wieder andere von dem tropischen Klima und haben weitläufige Bananenplantagen angelegt.

An der Nordküste gibt es einige schöne Strände, wild und wellig. Hier wurde versucht, etwas Urlaubsstimmung zu kreieren, aber da die Natur auch hier unerbittlich ist und alles, was nicht ständig geputzt und gepflegt wird, auffrisst und überwuchert, ist der Versuch kläglich gescheitert.

Keinen Tag möchte ich dort Urlaub machen.

Im Großen und Ganzen kann ich den Schluss ziehen, dass diese Insel ein sehr südamerikanisches Bild vermittelt. Die Leute sind nett, dick, halbschwarz und sehr zuvorkommend.

Es ist bereits dunkel, als ich zum Boot zurückkehre, trotzdem mache ich mir noch Tagliatelle con frutti di mare.

11.3.15

Geplant für heute war, die Schale vom Boot fertig zu machen, aber der Petrus, der hier auch das Sagen übers Wetter hat, macht mit dauerndem Regen vorerst einen Strich durch die Rechnung.

Ich hocke mich ins Café und internete erst einmal, was das Netz hergibt.

12.3.15

Schon in der Früh blinzelt die Sonne durch die Luke und ruft: „Rudy, hoppla, raus, es ist schön draußen." Tatsächlich, seit Langem wieder einmal richtig schönes Wetter! Heute kann ich alle Arbeiten draußen erledigen. Schale flicken, Deck sauber machen etc. Es ist richtig heiß, 34,5 °C im Schatten!

Zum Abendessen mache ich die Meeresfrüchte, die ich noch im Tiefkühler habe und dazu ein Rotbarschfilet, das auch noch einsam in der Kälte liegt. Ich habe gedacht, dass die Meeresfrüchte, wenn ich sie paniere und in der Pfanne in Butter brate, etwas weicher würden als letztes Mal mit den Teigwaren. Aber weit gefehlt, es ist wieder, als würde ich Stücke eines Fahrradreifens kauen, nur dass der Geschmack anders ist. Dafür gibt der Fisch wieder alles, was man genießen kann. Zur Sicherheit schütte ich nach dem Essen noch einen tüchtigen Schluck Fernet hinterher, der soll helfen, zu verdauen.

13.3.15
Mein letzter Tag vor der Abreise. Eigentlich bin ich schon bereit, alles ist so weit erledigt. Trotzdem mache ich mich in der Küche breit und putze, was das Zeug hergibt. Komisch … neben der Kaffeemaschine windet sich ein Würmchen, ein weißes mit einem schwarzen Punkt und etwa 1 cm lang. Woher kommt denn dieser Mitbewohner?

Ich suche alles ab, finde nirgends solches Viehzeug, bis ich die Kaffeemaschine hochhebe. Da hat sich eine ganze Familie eingenistet.

Nun kommt die Kaffeemaschine dran, die wird in alle Einzelteile zerlegt, gewaschen, geputzt und wieder zusammengebaut. Hier ist kein Platz für ungebetene Mitbewohner. Ich wage mir nicht vorzustellen, wie sich die wohl gefühlt hätten in dieser Wärme, vier Wochen lang ungestört!

Heute gehe ich keinen Schritt „vors Haus", denn es regnet und nieselt den ganzen Tag wieder. Ist das karibisches Wetter?

Ich hoffe, dass es wieder schön und warm ist, wenn ich zurückkomme. Für morgen um 1300 habe ich das Taxi bestellt. Ich muss morgen noch die Motoren und Leitungen mit Süßwasser spülen, Bilge auspumpen und in den Wassertank Chemie reinschütten, damit das Wasser bei dieser Wärme nicht kippt. Der Wassertank ist bei der AMEL ja im Kiel und dort drumherum ist das Meer circa 27 °C warm, da könnte das stehende Wasser im Tank schon kippen, wenn man nichts macht.

Nun, ich freue mich auf die morgige Reise. Es ist dann ein Jahr, zwei Monate und zwei Wochen her, seit ich von zu Hause abgereist bin.

Ich bin mal auf Frauchen, die Söhne und deren Familien und Freunde gespannt, die ich nun schon lange nicht mehr gesehen habe. Spannend ist es schon.

Am 11. April fliege ich zurück, dann schreibe ich auch wieder, was es Neues gibt.

Geplant ist, das Schiff am 13.4.15 aus dem Wasser zu heben, das Unterwasserschiff neu zu machen und die Schale zu putzen. Mit Erick, einem hiesigen Unternehmer, habe ich das alles ausgemacht. Ob es dann auch wirklich klappt?

In Puerto Rico, in der Stadt.
Vor lauter Reklamen sieht man die Häuser nicht mehr.

Alle Häuser sind vergittert. So möchte ich nicht wohnen.

Im Nationalpark. Ein richtiger Dschungel.

Bambus überdeckt die Straße.

April 2015

Vier Wochen war ich zu Hause. Erst musste ich mich wieder an die große Loftwohnung gewöhnen und kam mir die ersten Tage etwas verloren vor. Doch so nach und nach habe ich mich eingelebt und wieder an ein geschäftiges Leben gewöhnt.

Da wir einige Freunde trafen und die Söhne mit Familie im Wallis besuchten, war die Zeit voll ausgefüllt. Praktisch alles, was ich vorhatte, konnte ich erledigen und so am 11. April um 0400 meine Rückreise nach Puerto Rico antreten. Über Zürich und Frankfurt erreichte ich San Juan am frühen Nachmittag. (Die Zeitdifferenz beträgt nun sechs Stunden.) Auf demselben Flug saß auch Isabelle und sie hatte ein Auto reserviert. Zusammen trafen wir im Hafen ein, luden das Gepäck aus und profitierten vom Auto, um im nächsten Supermarkt einen Großeinkauf zu machen.

Danach fiel ich buchstäblich halb tot ins Bett.

Die Reise:

Um 0430 setze ich mich ins Auto und lasse mich von Rita zum Flughafen Zürich chauffieren.

Hier muss ich mich an einen Automaten stellen und einchecken. Der Automat macht mir aber eine lange Nase und druckt einen Zettel aus, auf dem steht, dass ich mich bei Schalter 106 melden soll.

Der ist natürlich am anderen Ende der Halle. Vor dem Schalter 106 steht eine lange Schlange, nebenan beim Business-Check-in ist keiner und die zwei Angestellten gähnen sich einen ab. Mit den Worten „Euch ist doch sicher langweilig, wenn keiner kommt" stelle ich mich hier an und werde auch freundlich bedient. Nur, die Boarding-Karte von Frankfurt nach San Juan kann nicht ausgedruckt werden, das Gepäck aber geht durch.

Der Flug nach Frankfurt ist kurz und angenehm.

Da ich mich beim Transitschalter in Frankfurt melden soll, um die Bordkarte für den Weiterflug zu bekommen, suche ich den. Dabei laufe ich mir fast die Füße wund, denn der Flughafen Frankfurt ist riesig. Ein junger Mann von dunkler Farbe scheint zu wissen, was ich tun muss, denn er ist bestimmt aus der Gegend, wo ich hinfliegen will. Ich soll direkt zum Gate gehen, dort würde ich die Bordkarte bekommen. Also, weiter geht's, in den nächsten Terminal.

Hier treffe ich auf einen Kontrollposten, der die Bordkarte zu sehen wünscht. Ich erkläre das, was man mir gesagt hat. Nein, ich muss zum Check-in zurück. Auch das schaffe ich noch, sehe aber auch eine Riesenschlange vor dem Schalter. Das könnte knapp werden.

Ein freundlicher Uniformierter zeigt mir einen Platz, wo nicht viele Leute stehen, und meint, ich könne dorthin und mich anstellen. Eine etwas barsche junge Dame bedient mich dann auch und verlangt, mein Visum zu sehen. Mein alter Pass mit dem USA-Stempel macht bei ihr keinen Eindruck. Ich bräuchte ein neues ESTA. Man könne mir das besorgen, es kostet aber 35 Euro. Was soll's, machen Sie das bitte.

Nach einer halben Stunde Wartezeit bekomme ich das ESTA auf meinen neuen Pass ausgestellt, auch die Bordkarte wird mir ausgehändigt. Der Rest bis zum Gate und in den Flieger ist nur noch Routinesache. Im Wartebereich treffe ich Isabelle, die ebenfalls heute reist, aber in einer besseren Klasse als ich. Wir sehen uns wieder in San Juan, beim Aussteigen.

Nach der Gepäckannahme muss ich zur Immigration, wie jeder andere auch. Nur, mein Pass und mein ESTA werden konfisziert und ich werde in ein Büro begleitet, denn irgendetwas scheint nicht OK zu sein.

Im Büro treffe ich auf zwei Beamte, die hin und her überlegen, ob ich mit diesem ESTA einreisen könne, denn ich sei ja schon mit meinem Boot in den USA. Dass ich mit meinem Boot samt einem ESTA nicht einreisen kann, weiß ich seit St. Thomas schon.

Schließlich entscheiden die beiden, dass sie mir einen neuen Stempel für 90 Tage in den Pass drücken, und somit bin ich in den USA. Freundlicherweise gibt mir der eine Beamte, ein passionierter Segler, noch gute Tipps für Ankerplätze entlang Costa Rica.

Nun nur noch eine Hürde, dann bin ich durch. Aber ... im letzten Büro hat man mir all meine Papiere abgenommen und nur den Pass zurückgegeben. Ich muss nochmals den Weg zurück, samt Gepäck, um den fehlenden Zoll-Zettel zu holen. Schon von Weitem streckt man mir diesen entgegen mit dem gewohnten „Sorry".

Nun steht mir nichts mehr im Weg und ich bin endgültig auf der Insel.

12.4.15
Die SAMANTHA finde ich in tadellosem Zustand. Zuerst wird Wasser gebunkert und die Extraleinen nehme ich weg. Danach ist Faulenzen angesagt. An die 32 °C muss ich mich erst wieder gewöhnen.

13.4.15
Tagwache um 0700. Frühstücken wie gewohnt, dann die SAMANTHA vom Steg abkoppeln und ablegen. Bis zur Werft sind es nur fünf Minuten, aber die SAMANTHA kommt trotz hoher Touren kaum in Fahrt.

Pünktlich um 0830, genau zu dem Zeitpunkt, wo ich beim Kran sein muss, werde ich von einem Platzregen überrascht.

Das Herausheben aus dem Wasser funktioniert ohne Probleme, wenn man davon absieht, dass ich im Büro wegen einer Unterschrift eine gute Stunde warten musste, weil deren EDV-System nicht funktionierte.

Schließlich steht die SAMANTHA in der Werft bei Erick aufgebockt und die Arbeiter beginnen mit der Reinigung. Nun weiß ich auch, warum die SAMANTHA keine Fahrt machen wollte. Ein dicker Pelz von Muscheln und anderem Meereszeug hat sich in den vier Wochen Ruhezeit unten angesetzt. Solange man mit dem Boot auf Fahrt ist, hat man kaum Probleme mit Bewuchs, auch wenn das Antifouling nicht mehr OK ist. Liegt aber das

Boot in stillem Gewässer, so freuen sich die Meeresbewohner und siedeln sich haufenweise an.

Abends lädt mich Isabelle zu sich zum Essen ein. Wir plaudern danach noch eine ganze Weile über unsere Pläne. Sie wird wieder südlich fahren und die ganze Karibik hinunter bis Grenada die Inseln nochmals besuchen. Peter, ihr Mann, wird sie dabei ein großes Stück begleiten. Ich werde wie geplant nördlich weiterziehen mit erstem Ziel Kuba, allerdings allein.

14.4.15

Ich weiß nicht, was mir Isabelle gestern ins Essen getan hat, aber nachts musste ich sechs Mal aufstehen, um zu pinkeln. Wenn man oben auf dem Bock lebt, ist das jedes Mal ein Akt, außer man würde einfach über die Reling pinkeln. Das liegt mir aber nicht und so geht's die Leiter runter, Leiter hoch, und das nach kurzer Zeit wieder und wieder.

Um 0900 habe ich mich mit Isabelle verabredet. Sie hat ein Auto organisiert und damit wollen wir nach San Juan in die Altstadt, ein UNESCO-Welterbe.

Die Festung um das alte geschichtsträchtige San Juan ist monumental. Einfach riesig, leider aber nicht mehr möbliert, sondern nur als kahle Räume präsentiert. Dafür imponiert die Größe umso mehr.

Nach einer Mittagspause in einem netten Straßencafé (einmal kein Fast Food) fahren wir ans Meer, um bei einem Bad etwas Abkühlung zu finden. Isabelle hat etwas Mühe mit der Sonne, mir tut diese nur gut.

Etwas später, im El-Yunque-Nationalpark bewandern wir einen Trail, der zu einem Wasserfall führt. Isabelle kann es nicht lassen und mischt sich unter die vielen Badenden, obwohl sie weder Badehose noch Wäsche zum Wechseln hat. Jedem das Seine. Die 40 Minuten Rückwanderung zum Auto wärmen dann die nasse Großmutter Isabelle wieder einigermaßen. Im Auto hat sie dann doch etwas Trockenes zum Überziehen.

Es ist bereits dunkel, als wir nach einem ereignisreichen Tag zurück auf unseren Schiffen sind.

15.4.15
Bei Tagesanbruch kann ich feststellen, dass die Arbeiter gestern die gesamte Farbe unten abgekratzt haben. Heute ist Schleifen, Spachteln und Putzen angesagt.

Abends kommt Isabelle zum Essen. Es gibt Pellkartoffeln (Geschwellte) mit Butter, Käse etc.

Im Cockpit ist es wie in einem Restaurant am Strand. Wir haben einen schönen Rundblick mit Sonnenuntergang.

16.4.15
Die Arbeiten am Boot gehen etwas langsam voran. Eigentlich wollte Erick heute die beiden Epoxid-Anstriche und einen ersten Antifouling-Anstrich aufbringen. Mittags ist aber erst ein Epoxid-Anstrich auf der einen Seite gemacht. Erick erklärt, dass die Lieferung der Farbe nicht funktioniert hätte, ich aber beruhigt sein soll, er würde das Tagesziel erreichen.

Tatsächlich, sowie die Farbe angeliefert wird, holt Erick fünf Arbeiter herbei, die wie im Akkord bis abends um 1800 die verschiedenen Farbschichten aufbringen.

17.4.15
Erick setzt heute genügend Leute dran, um das Boot wie besprochen am Samstag, das ist morgen, ins Wasser zu lassen. Ich reserviere den Krantermin für 1030. Ich habe fast Tränen der Freude in den Augen, als ich sehe, wie schön die Schale beim Reinigen und Polieren wird. Die SAMANTHA sieht am Abend aus wie neu. Die Mannschaft hier macht einen sehr professionellen Job und das zu einem akzeptablen Preis.

18.4.15
Pünktlich um 1030 kommt die Kranmannschaft und holt die SAMANTHA ab, setzt sie ins Wasser und um 1200 schwimmt sie endlich wieder. Ein kurzer Stopp bei der Tanksäule, um Diesel aufzufüllen, dann geht's ab aufs offene Meer. Ein herrliches Gefühl.

Isabelle hat mir mitgeteilt, dass sie in der Ensenada Honda bei der Nachbarinsel ist, und es dort wunderschön sei. Den größten Teil muss ich mit dem Motor gegenarbeiten, erreiche aber noch vor Dunkelheit die besagte Bucht. Hier ist es so ruhig, dass ich immer noch das Gefühl habe, auf dem Bock zu liegen.

Ensenada Honda, Isla de Vieques 18°07,05 N 65°20,74 W

19.4.15

Die Nacht habe ich geschlafen wie ein Baby, und das ganze elf Stunden.

In der Tat, diese Bucht ist einmalig. Rundum nur Mangroven, so weit das Auge reicht.

Spätnachmittags holt mich Isabelle ab und wir fahren durch die Mangroven, zu einem kleinen Fluss, so lange bis es nicht mehr weitergeht. Ein Naturschauspiel, die Mangroven, die sich im Wasser spiegeln, es ist etwas ganz Spezielles. Dies ist mit der Salt Whistle Bay der schönste Ankerplatz, den ich in der Karibik gesehen habe.

Leider spuckt heute meine Wasserpumpe wieder einmal. Morgen muss ich da ran.

Abends lädt mich Isabelle zum Essen ein. Es gibt einen feinen Gratin nach karibischer Art und Steaks dazu. Mit meinen Griessköpfli als Dessert lassen wir den Abend ausklingen.

20.4.15

Gleich in der Früh nehme ich mir die Wasserpumpe vor. Beim Schalter hat sich ein Kontakt gelöst. Mit Lötzinn und genügend Geduld krieg ich auch das gebacken, danach genieße ich eine feine Dusche, um das Salzwasser, das sich beim morgendlichen Bad angesetzt hat, abzuwaschen.

Mein Weg geht nun weiter.

Isabelle möchte, dass ich noch einen Tag bleibe und mit ihr ihren heutigen Geburtstag feiere.

Es bleibt aber beim Gratulieren, denn mich zieht es weiter. Ich muss wieder segeln können und mein Ziel Kuba bald erreichen.

Der Segeltag ist ein Genuss. Ich denke an die arme Isabelle, die nun gegen den Wind die ganze Karibik wieder hinunterziehen will. Das wäre nichts für mich!

Am späten Nachmittag setze ich den Anker hinter einer Insel bei Santiago, Puerto Rico. Diese Insel soll voller Rhesusaffen sein, die von einigen Universitätlern beobachtet werden.

Affen, das ist nichts für mich, ich halte mich in gebührendem Abstand von der Insel.

Bucht Santiago, Puerto Rico (Affeninsel)
18°09,24 N 65°43,55 W

21.4.15

Eine tolle Fahrt heute. Der Wind bläst achterlich, das heißt aus dem Osten, wie hier üblich, mit 12 bis 15 Knoten. Die Genua baume ich aus und die SAMANTHA rauscht mit 7,5 bis 8 Knoten die Küste entlang.

Salinas ist mein heutiges Ziel. Es soll hier besonders schön sein und so ist auch meine Erwartung entsprechend. Nach 44 SM erreiche ich die Einfahrt. Ich muss durch einen engen Kanal in die Bucht einfahren. Im Kanal ist die Wassertiefe auf meiner Karte mit 3,5 bis 2,1 m angegeben. Bedenkt man, dass ich 2,1 m Tiefgang habe, kann das noch spannend werden.

Und ... es wird spannend.

Ganz langsam pirsche ich mich in der Mitte des Kanals an die Bucht heran. Plötzlich steigt der Grund an und zeigt nur noch 0,1 m unter dem Kiel an. Dann aber, nach einigen Metern, steigt es wieder an und ich bekomme 1,5 bis 1,9 m unter den Kiel.

Das ist gut.

Nachdem der Anker gesetzt und mit 3.000 Touren eingedampft ist, lasse ich das Dingi zu Wasser und fahre an Land. Ein kühles Bierchen tut gut. Benzin für den Dingimotor kann ich auch noch tanken. Weiter aber sehe ich nichts, was mich vom Hocker hauen würde.

Klar, die Bucht ist sehr schön und ruhig. Deshalb sind auch viele Boote hier verankert.

Ich bin nun gespannt, wie ich morgen die Ausfahrt wieder schaffe.

Bucht Salinas, Puerto Rico 17°57,28 N 66°17,56 W

22.4.15

In aller Ruhe gehe ich den heutigen Tag an. Die Spannung wächst, als es Zeit wird, den Anker zu lichten.

Wieder sachte pirsche ich in der Mitte des Kanals dem offenen Meer entgegen. Heute finde ich eine etwas bessere Linie und habe nie weniger als 0,5 m Wasser unter dem Kiel.

Super.

Nun weiter, nach Nordwesten, die Küste entlang. Das Navigieren ist recht anspruchsvoll, denn es gibt viele Untiefen und Inselchen, die es zu umschiffen gilt.

Es gibt ja kaum einen Tag ohne Überraschung.

Heute ist es der Großsegel-Einroll-Motor, der streikt. Gut, bei achterlichem Wind brauche ich das Großsegel nicht unbedingt, aber heute nach der Ankunft in Ponce werde ich mir das Teil vornehmen. Es sind sicher wieder die Kohlen, die verhockt sind.

In Ponce im Jachtclub ankere ich und gehe gleich ins Büro. Hier werde ich aufs Allerfreundlichste empfangen und man gibt mir gute Hinweise zu meinem Besuch in Ponce, bestellt auch das Taxi und lässt mich mit der Coast Guard telefonieren. All das ist in ein paar Minuten erledigt und ich sitze im Taxi, um Ponce zu besichtigen. Die „Altstadt" ist nicht sehr groß und in zwei Stunden habe ich das Viertel durchwandert und viele Eindrücke bekommen. Ponce hat Tradition und pflegt viele (nicht alle) Gebäude aus der Kolonialzeit. In einem Burger King schiebe ich mir einen Apple Pie hinein und unterdrücke den Durst dazu mit einem Eistee. Danach geht's nochmals kreuz und quer durch die Innenstadt, Fotos werden geschossen und vielen Polizisten wird zugekuckt. Hier herrscht erstaunlich viel Polizeipräsenz, obwohl alle Leute sehr freundlich sind, und wenn sie einem mit den Augen begegnen, gehen automatisch die Mundecken nach hinten zu einem netten Lächeln.

Ein Taxi kann ich endlich anhalten und bitten, mich zurück in die Marina zu fahren.

Hier wartet Arbeit auf mich. Der Hauptsegelmotor ist dann auch nach weniger als 20 Minuten geflickt. Eine Kohle war gebrochen und somit der Kontakt unterbrochen.

Alles paletti, jetzt gibt es einen kleinen Pastis zum Aperitif, bevor die Sonne untergeht.

Ponce, Jachthafen 17°57,96 N 66°37,08 W

23.4.15

Wieder ein Segeltag wie aus dem Büchlein. Wie schon die Tage vorher baume ich die Genua aus, befestige das Groß und den Besan mit den Bullenstandern, sodass kein Segel in der leicht rollenden See umherschlägt. Lesen und den Tag genießen ist angesagt. Bereits am frühen Nachmittag wird es wieder spannend, als ich zwischen den vielen Mangroveninseln nach La Parguera einfahre. Dank der super präzisen Navionics-Karten auf dem iPad manövriere ich die SAMANTHA an einen ruhigen Platz hinter einer Insel und vor dem Jachtclub. Bei nur 3 m Wassertiefe lasse ich mit dem Anker 30 m Kette auslaufen. Platz gibt es hier ja überall genug und je mehr Kette, umso sicherer ist es.

Nun das Dingi wassern, den Motor aufsetzen und ab geht's in den Jachtclub, einerseits, um ein Bierchen zu zwitschern und andererseits, um das Passwort für das WLAN zu bekommen. Ich habe nun auf dem Boot mit der neuen WLAN-Antenne super Empfang, aber ohne Passwort nutzt das nichts.

Im Club sprechen mich zwei Herren an, die daran interessiert sind, woher ich komme und wohin ich gehe. Wir führen ein nettes Gespräch, bis ich dann per Skype mit Rita eine halbe Stunde schwatzen kann.

Das tut so gut!

Einer der Herren spendiert mir dann sogar noch ein Bierchen zum Abschied. Es war sehr nett. Die Leute hier sind im

Allgemeinen sehr freundlich und die Landschaft, besonders diese Lagune, ist von ganz besonderer Art. Die Häuser sind auf Stelzen direkt aufs Wasser hinaus gebaut und in bunten Farben angemalt. Die üppigen Mangroven geben dazu noch den besonderen Touch.

Bucht vor La Parguera, Puerto Rico 17°58,17 N 67°02,40 W

24.4.15
Nur 24 SM feinstes Segeln und ich setze den Anker in der Bucht von Boquerón bei 3 m Wasser unter dem Kiel.

Es windet recht stark, trotzdem liegt die SAMANTHA sehr ruhig. Ich lasse das kleine Dingi zu Wasser und rudere zur nahegelegenen Marina und zum Jachtclub. Gegen den Wind ist das Rudern ein richtiger Fitness-Akt.

Im Jachtclub-Büro treffe ich auf eine sehr, sehr, sehr nette Mittvierzigerin, die mir sofort behilflich ist und die Coast Guard anruft, damit ich aus Puerto Rico ausklarieren kann. Normalerweise müsste ich in den nächsten Hafen etwa 10 SM weiter, da Boquerón kein Klarierungshafen ist. Aber ... die nette Lady schafft es, einen Offizier ans Telefon zu bekommen, der das nicht so kompliziert sieht und mir meine Absicht, auszuklarieren, abnimmt.

Boquerón ist ein Feriendorf mit einem sehr schönen Strand und vielen kleinen Bars und Restaurants. Ich wandere etwas den Strand entlang, bis mir die Kehle trocken genug ist, um ein Bierchen zu trinken. Es ist Freitagnachmittag und da sind bereits viele Puerto Ricaner (besonders die Beamten) bereits im Wochenendurlaub.

In einem kleinen Laden finde ich dann auch noch frisches Gemüse und Früchte sowie Brot für meine Weiterreise morgen.

Zurück auf dem Boot genieße ich noch ein Bad im 30 °C warmen Wasser. Herrlich.

Bucht Boquerón, Puerto Rico 18°01,46 N 67°10,64 W

25.4.15
Ich wiederhole mich, wenn ich von tollem Segeln rede. Aber es ist einfach kaum zu glauben. Solche Bedingungen!!

10 cm Welle, 1 m Dünung, Wind querab mit 12 bis 15 Knoten und die SAMANTHA läuft mit ausgebaumter Genua, dem Groß, dem Besan und dem Besanfock ständig zwischen 7,5 und 8,5 Knoten. Was kann ein Seglerherz denn höher schlagen lassen, wenn dazu noch blaues Meer und ein hellblauer Himmel voller Sonne dazukommt. Das reine Paradies wäre es, wenn da noch mein Engel (Rita) dabei wäre.

Eigentlich hatte ich vor, auf direktem Weg Jamaika in 550 SM Entfernung anzulaufen, aber ... da taucht gegen Abend plötzlich die Insel Mona auf und lockt mich in eine mehr oder weniger geschützte Bucht zum Ankern. Hier sehe ich den Grund auf 15 m Wassertiefe, so sauber ist das Wasser. Da muss man baden gehen, nicht?

Heute koche ich mir ein Schinkensteak mit Ananas, dazu trockenen Reis und einen Karottensalat. Zum Dessert gibt es Vanilleeis aus der Tiefkühltruhe.

Punta Arenas, Insel Mona 18°05,50 N 67°56,65 W

26.4.15
Bereits um 0600 stehe ich auf. Um 0700 ist Abfahrt.

Ich sage nun nichts mehr zum Segeln, um nicht einige Leute neidisch zu machen, aber es ist wieder wie an den Tagen zuvor.

Erneut habe ich lange Zeit das Gefühl, ich wäre alleine auf dieser Welt. Nichts, ja gar nichts begegnet mir, bis mich dann um die Mittagszeit ein großer Frachter per Funk anruft und mich fragt, ob ich meinen Kurs etwas ändern könnte, damit ich bei ihm am Heck vorbeifahren würde. Wir als Segler haben zwar Vorfahrt, aber wenn man so höflich gefragt wird, kann man ja dem Wunsch auch entsprechen. Da ich den Wind querab habe, liegt eine kleine Kursänderung im Bereich des Möglichen. So fährt dann nach kurzer Zeit der Frachter etwa 200 m vor mir durch.

Knapp nach 1600 sehe ich vom offenen Meer her ein kleines Fischerbötchen (circa 5 m lang) direkt auf mich zusteuern. Es sitzen zwei Mann drin und die kommen mit Vollgas auf mich zu.

Ich hole sicherheitshalber schon mal meinen Totschläger ins Cockpit.

Man weiß ja nie.

Aber die beiden fahren knapp hinter mir durch und winken und grüßen wie wild. Scheinbar haben sie schon lange niemanden mehr gesehen. Auch ich grüße zurück und schnaufe tief durch.

Was die beiden hier draußen mit diesem kleinen Schiffchen und nur einem Außenborder zu tun haben, ist mir schleierhaft. Bis zur Insel (Dominikanische Republik) sind es noch 30 SM, das heißt, dass auch die noch mindestens drei Stunden Vollgas geben müssen, um nach Hause zu kommen. Gott behüte, dass denen der Motor Schwierigkeiten macht. Mich würde man mit diesem Schiffchen nie so weit vom Land wegbringen. Und dann sind wir erstaunt, dass Fisch auf dem Markt relativ günstig ist, wo doch unter Einsatz des Lebens danach gejagt wird.

27.4.15

Die Nacht war ohne besondere Vorkommnisse. Kein Schiff in der Umgebung von 24 SM! Der Wind, sehr schwach, bringt mich nur 50 SM weiter. Die meiste Zeit konnte ich schlafen und so den neuen Tag ausgeruht angehen. Der Tag ist auch nicht aufregend. Der Wind hält sich auch heute sehr zurück. Eigentlich hätte ich um die Mittagszeit die südlichste Spitze der Dominikanischen Republik erreichen sollen, aber dem ist nicht so. Mein Plotter zeigt, dass ich abends so gegen 2000 dort passieren werde. Das passt mir nicht. Ich nehme den Yanmar zu Hilfe und motorsegle zu diesem Wegpunkt, um den noch bei Tageslicht zu erreichen. Dann will ich den Anker werfen und ruhig schlafen gehen. Danach habe ich dann noch 300 SM bis Jamaika, ohne Halt. Das sind dann zwei Tage und zwei Nächte. Da kann man sich doch eine ruhige Nacht davor gönnen. Mit Fischen war auch heute nichts. Ein erster Versuch scheiterte wieder an dem vielen Gemüse (Seaweed), das überall umherschwimmt. Schade.

So wird der Tag ziemlich langweilig. Vormittags habe ich zur Abwechslung einige Zeit mit der Bearbeitung der Homepage verbracht und den Januar fotografisch dokumentiert. Sobald ich dann wieder einmal Netz habe, kann ich das alles hochladen.

„Just in time" erreiche ich vor Sonnenuntergang die südlichste Spitze der Dom Rep und schleiche zwischen den Inseln hinter ein Riff, wo ich relativ ruhig liege. Ein Fischerboot nähert sich mir von der einen Insel her. Es sind drei Gestalten darin. Offensichtlich Fischer, die das Netz auswerfen wollen. Sie kommen heran und begrüßen mich freundlich. Der Chef scheint ein netter Mensch zu sein, aber der eine Gehilfe, der ist so schwarz und unter einer Kapuze versteckt, dass er gut und gerne als Knecht Ruprecht (Schmutzli) mit dem heiligen Nikolaus hätte unterwegs sein können. Der Dritte macht auch keinen besseren Eindruck. Schließlich, nach kurzem Geplänkel, fahren sie weiter, um ihre Arbeit zu erledigen. Hier sehe ich kein Haus oder sonst etwas, was Leben andeuten könnte. Ich bin scheinbar am Arsch der Welt angelangt. Nein, es kommt nochmals ein Boot angefahren. Drinnen sind drei junge Burschen, offensichtlich nicht auf Arbeit, sondern nur neugierig. Sie fragen nach Rum oder sonstigem Alkohol. Mir sind diese umherlungernden Kerle nicht geheuer. Als sie dann endlich wieder wegfahren, beobachte ich noch eine ganze Weile die Gegend, sehe aber nichts. Kein Licht, kein Lebenszeichen, bis auf eine kurz aufleuchtende Laterne am Strand. Nach dem Abendessen schließe ich alles ab, sichere auch das Dingi und den Motor mit Schlössern und … ich nehme meinen Totschläger mit in die Koje. Das erste Mal, dass mir nicht ganz wohl ist. Aber nach einer Weile Lesen schlafe ich ein und habe eine ruhige Nacht.

Gott sei Dank.

Insel Beate 17°35,74 N 71°29,10 W

28.4.15
Vor 0700 stehe ich schon auf. Draußen ist es ganz schön windig. Das ist es, was ich brauche für meine nächsten 300 SM nach Jamaika. Zuerst umrunde ich die Insel. Am nördlichen Ende sehe ich dann ein Fischerdorf und in der Bucht davor zwei andere Segelboote vor Anker.

Hier wäre mir sicher auch wohler gewesen als an meinem einsamen Platz. Vom Nordkap aus lege ich den neuen Kurs an, direkt nach Jamaika.

Den Wind habe ich genau von hinten. Das heißt, ich werde den Ballooner aufziehen und die Genua ausbauen. Der Ballooner macht mir recht viele Schwierigkeiten, denn er ist seit unserer Atlantik-Querung nicht mehr gebraucht worden. Warum er in dem Sack komplett verwickelt ist, verstehe ich nicht. Schließlich gelingt es mit so viel Anstrengung, dieses Segel zu setzen, dass mir kotzübel ist und ich mich einen Moment hinlegen muss.

Man ist schließlich nicht mehr 20. Blöderweise wollte der Schlüssel oben wieder nicht einhaken (wie auf dem Atlantik) und die Leine reißt ebenfalls wieder ab. Trotzdem gelingt es, den Ballooner zu setzen, indem ich ihn einfach mit der Genua zusammen leicht einrolle. Danach geht die Fahrt rasant los. Ständig zwischen 7,5 und 8,5 Knoten Fahrt macht die SAMANTHA durch die 3 m hohen Wellen. Es sind richtig atlantische Verhältnisse und das macht Spaß. Nur einmal werde ich mitten am Nachmittag von meinem AIS benachrichtigt, dass in 2 SM Distanz ein Schiff an mir vorbeifahre. Sonst nichts. Kein Fisch, kein Vogel, kein Mensch … ich bin, glaube ich, alleine auf dieser Welt.

29.4.15
Was auch immer ich erzähle, es wird nichts Neues sein. Die Nacht durch habe ich recht viel schlafen können und meine elektronischen Augen (AIS und Radar) haben gut funktioniert. Mir wurde ein annäherndes Schiff gemeldet, das ich aber draußen im Cockpit mit bloßem Auge nicht mal sehen konnte. Innerhalb

von 24 Stunden habe ich eine Strecke von 170 SM zurückgelegt, das ist eine ganz schöne Strecke für einen Fahrtensegler. Man nennt die Strecke, die innerhalb von 24 Stunden zurückgelegt wird, das Etmal.

Jamaika nähert sich. Da es aber recht diesig ist, kann ich erst 7 SM vor der Küste etwas am Horizont ausmachen und so, wie es sich ergeben wird, muss ich abends um 2100, das heißt bei Dunkelheit, in die Bucht einfahren. Das ist etwas, was ich überhaupt nicht mag, aber hier nochmals eine Nacht vor der Küste abzuwarten, stinkt mir auch. Mithilfe der auf meinem iPad geladenen Navionics-Karte pirsche ich mich langsam an die Bucht heran. Auf der Karte ist ein Richtungsfeuer angegeben (das sind zwei Lichter, die so liegen, dass sie auf der Einfahrtslinie genau übereinander sind), die es aber nicht gibt. Rote und grüne Bojen sollen die Einfahrt zwischen den Riffs markieren. Es gibt aber nur eine einzige grüne Boje.

Das ist Jamaika.

Schließlich finde ich den Ankerplatz, setze den Anker und gehe schlafen, nachdem ich noch geduscht habe.

Scheinbar hat mich die Anspannung bei der Einfahrt ins Schwitzen gebracht.

Gute Nacht.

Bowden, Port Morant, Jamaika 17°51,29 N 76°19,34 W

30.4.15

Bei Tageslicht sieht die Bucht recht groß aus und ich liege mittendrin.

Ein kleines Bötchen nähert sich mir.

Es sind zwei Uniformierte drin. Sie geben sich als Coast Guard zu erkennen und fragen, ob sie an Bord kommen dürfen.

Einer kommt, der andere bleibt mit Gewehr bewaffnet im Boot sitzen. Es werden Papiere ausgefüllt, wie, das ist zum Schießen, aber was soll's, mit diesen Papieren weiß sicher auch hier niemand etwas anzufangen. Aber der Kerl ist äußerst höflich und nett. Wir halten danach noch ein Schwätzchen über Jamaika und zum Abschied gibt er mir die Hand und wünscht gute Weiterreise. Es ist besser, ich verlege nach Kingston, der Hauptstadt, um einzuklarieren, denn sonst müsste ein Immigrationsoffizier hierherkommen und das kostet recht viel. Zu sehen gibt es hier auch nichts, außer zwei bis drei Häuser und das Coast-Guard-Gebäude.

Nach dem Frühstück nutze ich das gute WLAN aus, das ich dank meiner neu installierten WLAN-Antenne empfange, um mit Rita zu skypen.

Eine gute Nachricht hat sie für mich!

Sie will mich auf Kuba besuchen und das Land mit mir zusammen bereisen. S U P E R. Ich bin im siebten Himmel!

Dieser Tag ist noch nicht zu Ende.

Gegen 1700 laufe ich in Kingston ein. Dieser Hafen ist riesig. Es ist der siebtgrößte Naturhafen der Welt.

Ganz am anderen Ende peile ich die Royal-Yacht-Marina an. Dazu brauche noch eine ganze Stunde, um dann davor den Anker zu setzen.

Nun beginnt's:

Zuerst suche ich das Marina-Büro auf, finde dort die Chefsekretärin, Pat, eine charmante Lady. Ich frage nach dem Einklarieren und nach der Möglichkeit, eine Inseltour zu machen. Pat fängt an zu telefonieren.

Zuerst kommt Ingrid. Sie ist Tourguide und will mich morgen um die Insel fahren.

OK, wir sollten um 0800 starten. Als Ingrid vernimmt, dass ich Schweizer bin, bringt sie mich an den Pool, wo Moritz und Regula sitzen. Es sind zwei Schweizer Lehrer, die sich Jamaika als zweite Heimat auserlesen haben. Sie liegen hier schon Jahre mit ihrer AMEL. Wir halten ein Schwätzchen. Morgen fliegen sie in die Heimat zurück.

Nun wird ein Termin (in einer Stunde) mit der Immigration vereinbart. Die kommen dann auch, erklären aber, dass sie mich nicht einklarieren könnten, bevor die „Quarantäne" gemacht sei. OK, die Quarantäne wird organisiert, der Beamte ist bereit, noch heute Abend zu kommen. Ich soll warten. Mit Rupert, einem lokalen Segler, vereinbaren wir, dass er mich anruft, wenn die Quarantäne da ist. Ich bekomme dann eine Stunde später den Anruf auf Kanal 68.

Aber ... ich müsse mit dem Boot an die Tankstation kommen. Scheiße ... es ist dunkel.

OK, ich hebe den Anker und peile die Marina an, gerate aber auf eine falsche Linie und setze auf. Rückwärts, mit Vollschub, schaufle ich mich wieder frei.

Der zweite Anlauf etwas mehr rechts gelingt und ich kann die SAMANTHA am Fuel Dock anbinden. Der „Quarantäne-Offizier" will zwei Papiere ausgefüllt haben, dann ist es OK, die Immigration und der Zoll können nun auch kommen.

Ingrid fängt an zu telefonieren, denn die Klarierung soll noch heute Abend geschehen, denn morgen wollen wir um 0800 losdüsen. Schließlich kommen Zoll und Immigration noch am selben Abend vorbei und erledigen die Formalitäten, wobei ich beim Zoll ganze zwölf Papiere ausfüllen und alles unterschreiben muss. Probleme gibt es, weil ich kein Ausklarierungsformular aus den USVI habe. Ich habe mich, gemäß Anweisung dort per Telefon, bei der US-amerikanischen Coast Guard abgemeldet und die Ausreiseerlaubnis bekommen.

Nun fehlt das Papier ... und das ist ein Problem.

Endlich gibt es Ruhe. Ich bin einklariert und habe den Stempel im Pass.

Dann aber ... ich sehe, dass mein Dingi verkehrt rum hinter der SAMANTHA schwimmt und am Benzinschlauch den Tank nachzieht. Hoppala, da ist vermutlich beim Rückwärtsfahren vorher das Dingi unter den Spiegel (Schwanz des Bootes) gekommen und wurde umgekippt. Der Außenborder ist unter Wasser und das ist gar nicht gut. Das gibt wieder Arbeit als Mechaniker, aber erst übermorgen.

Schließlich kommt Moritz noch für ein Bierchen und einen Schwatz aufs Boot. Zu allem Überfluss gibt er Ingrid am nächsten Morgen noch eine richtige Cohiba, die ich in ruhiger Stunde und im Andenken an die beiden irgendwann genüsslich rauchen werde. Schön, etwas zu chillen und Schwyzerdütsch plappern zu können.

Es ist schon nach 2300, als ich dann endlich in die Koje falle. Das war ein verrückter Tag.

Kingston, vor der Royal-Yacht-Marina 17°56,84 N 76°46,53 W

Ein Leguan. Solche gibt es überall.

Blick über San Juan.

Eine gewaltige Festung.

Früher war die ganze Stadt innerhalb der Mauern.

Ein neuer Unterwasseranstrich ist notwendig.

Die SAMANTHA geht wieder ins Wasser.

Ein unglaubliches Mangrovengebiet.

*Ponce ist eine schöne Stadt mit Tradition.
Hier die alte Feuerwehrstation.*

Die Kathedrale.

Mai 2015

1.5.15
1. Mai. Hier in Jamaika gibt es keine Feiern und keine Krawalle. Tag der Arbeit wird nicht gefeiert, wozu auch, die meisten hier haben eh keine Arbeit. Es gibt hier viele Arme, die, wenn sie Arbeit haben, für 1 USD arbeiten und auch viele Reiche, die sich Häuser von einer halben Million kaufen oder bauen. Die Mittelschicht besteht kaum. Es gibt einige größere Industrien und etwas Landwirtschaft (vor allem Zuckerrohr), aber ein Hauptzweig ist der Tourismus. Es gibt im Nord-Westen viele Ferienresorts und die sind recht schön.

Ingrid holt mich um 0800 ab und wir fahren los. Zuerst durchqueren wir die Stadt Kingston. Es gibt da nicht viel, was meine Aufmerksamkeit regt. Einige größere Bürobauten und viele alte, renovierte Häuser. Alles ist wie ein Schachbrett ausgelegt. Man könnte die Stadt mit einer etwas ärmlicheren europäischen Stadt vergleichen.

Dann fahren wir in die Berge. Die Straße ist größtenteils ein Schotterweg mit vielen tiefen Schlaglöchern.

Oben auf den Hügeln finden wir eine Militärgarnison, die noch von den Engländern gegründet wurde. Danach kommen wir in das Gebiet der „Blue Mountains". Das ist die Kaffeegegend. Hier wird der weitbekannte jamaikanische Kaffee angebaut. Man bietet mir diesen in einem Straßenladen zum Kauf an. Ich verzichte aber, denn umgerechnet kostet das Kilo sage und schreibe 100 CHF. Japan ist mit 80 Prozent der größte Abnehmer von Jamaika-Kaffee.

Weiter geht's, den Berg hinunter Richtung Nordküste. Hier durchqueren wir ein wunderschönes Tal. Die Natur ist hier besonders auffällig wegen ihrer Vielfalt von Pflanzen, Büschen und Bächen.

Der Nordküste entlang sehen wir größere Zuckerrohr- und Bananenplantagen und etwas Landwirtschaft. Aber der größte

Teil der Landflächen, und das sind riesige Gebiete, liegt brach und unbebaut.

Im Nordwesten reihen sich Ferienresorts an Hotels und Villenviertel. Hier lebt man vom Tourismus.

Mittags stoppen wir in einem Restaurant, wo wir gegrilltes Hähnchen und gegrilltes Schweinefleisch nach Jamaika-Art essen. Es ist lecker. Schade nur, dass alles in Alufolie serviert wird, ohne Teller und ohne Kultur.

Über die Hügel geht's dann wieder Richtung Südküste. Auch hier viele interessante Spots, kleine Dörfer und Weiler. Die Leute ballen sich in wenigen Kleinstädten (bei uns Dörfer), und da sind sie sehr beschäftigt. Überall sind richtige Menschenansammlungen, obwohl es ja Freitagnachmittag ist.

Als es dunkel wird, fahren wir auf einer Autobahn, die in einem Top-Zustand ist. Diese Autobahn wurde von einer französischen Firma gebaut und wird nun seit 30 Jahren von denen bewirtschaftet und unterhalten. So bekommen die ihre Investition wieder zurück.

Ein absolutes Highlight ist die Fahrt durch das Zentrum von Spanish Town. Ehemalige Hauptstadt. Hier drängen sich die Menschen wie bei uns an einem Straßenfest. Überall stehen mit Maschinenpistolen ausgerüstete Polizei und Militär. Es ist zum Fürchten, aber diese Gegend ist eben bekannt für Schießereien und Kämpfe zwischen Gangs. Das EDA (Eidgenössisches Departement für auswärtige Angelegenheiten) schreibt im Internet, dass man dieses Gebiet unbedingt meiden soll. Aber Ingrid beruhigt mich.

2000 und wir sind zurück im Club. Zwölf Stunden waren wir unterwegs, haben viel gesehen und nun bin ich todmüde.

Danke, Ingrid, es war wirklich ein tolles Erlebnis und hat mir die Größe und Schönheit von Jamaika gezeigt.

2.5.15

Eigentlich wollte ich heute weiter, aber ich muss zuerst meinen Dingimotor, der unter Wasser war, wieder zum Laufen bringen. Nach zwei Stunden Arbeit läuft der auch wieder und den Rest vom Tage verplempere ich mit anderen Dingen.

Mit dem Zoll habe ich immer noch ein Problem, denn man will mir wegen des fehlenden Ausreisepapiers von den USA die Ausreisebewilligung aus Jamaika nicht geben. Eine etwas übereifrige Dame, die Chefin, hat damit ein Problem, obwohl ich schriftlich die Erklärung dafür abgegeben habe.

Morgen sei es sicher OK, meint der freundliche Beamte.

Gegen Abend schwimme ich noch etwas im Pool des Jachtclubs (Pat, die sehr liebenswürdige und hilfsbereite Sekretärin, hat mir das erlaubt).

3.5.15

Per Funk werde ich angerufen. Ich soll zum Büro kommen, der Zoll sei da.

In der Tat, ein anderer freundlicher Beamter schreibt mir die Ausreisebewilligung, so als wäre das nie ein Thema gewesen. Hier heißt es „Eile mit Weile".

Danach hebe ich den Anker und segle los bis zur Pigeon-Insel, wo ich in einer malerischen Bucht den Anker fallen lasse. Es sind noch zwei Motorboote und ein Fischerboot vor Anker. Die Motorboote verlassen den Platz spätnachmittags. Ich nehme erst ein Bad. Das Wasser ist fast 30 °C warm und sauber. Danach lasse ich das Dingi ins Wasser und rudere ans Ufer. Hier treffe ich auf zwei Fischer, die unter einer Palme auf der faulen Haut liegen. Ich versuche, ein Schwätzchen zu halten, aber mein Spanisch ist noch so schlecht wie deren Englisch. Schließlich verstehe ich, dass sie letzte Nacht nichts gefangen haben.

Zurück auf der SAMANTHA ist es Zeit fürs Abendessen und eine ruhige Minute. Ich hole die von Moritz geschenkte Zigarre hervor und trinke dazu einen Schluck Rum von Jamaika. Appleton ist die Marke für den, nach meinem Geschmack, besten Rum. Prost!

Pigeon Islands, Portland, Jamaika 17°47,95 N 77°04,68 W

4.5.15

Duschen. Nein, das geht heute nicht. Die Wasserpumpe streikt. Bis 1100 beschäftige ich mich mit diesem störrischen Teil. Nun muss ich aber warten, bis die Klebemasse trocken ist, und das dauert bis morgen früh.

Dank meiner Not-Handpumpe kann ich aber trotzdem normal leben, waschen, abwaschen etc. Es ist halt etwas umständlicher, das Wasser aus dem Tank von Hand zu pumpen.

Danach segle ich 35 SM weiter westlich, wo ich hinter dem Alligator Reef ankere. Diesen Platz hat mir Allen aus dem Club angegeben. Das Wasser ist relativ ruhig, aber der Wind pfeift höllisch.

Mal sehen, wie sich die Nacht gestaltet. Der Ankerplatz scheint mitten im Meer zu liegen. Ich sehe kaum zur Küste, so weit bin ich draußen. Und natürlich mutterseelenalleine.

Alligator Reef, Alligator Pond Bay 17°48,75 N 77°32,09 W

5.5.15

Die Zeit hat sich wieder etwas verschoben. Ich bin nun doch schon ein ganzes Stück nördlicher. Um 0600 ist es bereits heller Tag, aber um diese Zeit aufzustehen, kommt mir nicht in den Sinn. Ich drehe mich nochmals um und döse weiter.

Ob nun meine Wasserpumpe funktioniert?

Hurra!! Ja, sie funktioniert, aber trotzdem bestelle ich bei Rita eine Ersatzpumpe, für alle Fälle.

Der Wind bläst mit über 20 Knoten, als ich den Anker hebe. Dazu bläst er genau in die Richtung, in die ich fahren muss. Die SAMANTHA läuft ständig mit 7,5 bis 8,5 Knoten, sodass ich entscheide, gleich den westlichen Zipfel Jamaikas anzufahren, statt noch einen geplanten Zwischenstopp zu machen.

Auch heute ist das Wetter richtig diesig. Ingrid hatte mir erklärt, dass das Sand und Staub aus der Sahara sei, der hier über die Karibik geblasen wird. Da ich zusätzlich ziemlich weit draußen segle, um all die Untiefen rund um Jamaika zu vermeiden, sehe ich nichts. Kein Land, keinen Vogel, keinen Fisch, keinen

Menschen. Ich scheine nach wie vor alleine auf dieser Welt zu sein. Wie groß die ist! Ich bin gespannt auf ein nächstes Gespräch mit einem „Grünen", wenn der oder die mir etwas von Übervölkerung erzählen will.

Fischen kann ich leider auch nicht, denn es ist überall dieses Seaweed-Kraut, das sich in der Leine verfängt. Und das nun schon seit Wochen!

North-Negril-Bucht 18°20,60 N 78°20,35 W

6.5.15
Es gibt Tage, da sollte man besser nicht aufstehen. Der heutige ist so einer. Zwar habe ich eine ruhige Nacht gehabt und bestens geschlafen, aber dann, gleich nach dem Frühstück, fängt es an. Zuerst meldet mir das iPad, dass das Ladekabel nicht zertifiziert sei und eventuell nicht richtig laden würde. Dieses Kabel habe ich nun schon seit eineinhalb Jahren und es hat immer funktioniert. Aber der Wurm ist drin. Ich will mit Rita skypen, mache auf dem PC die Seite auf, die mich mit meiner WLAN-Antenne verbindet. Der PC macht die lange Nase und sagt, er könne die Seite nicht aufmachen. Jetzt hat doch dieses Teil seit drei Wochen wunderbar funktioniert. Heute gibt es den Geist auf. Stundenlang versuche ich, das zu reparieren, neu installieren, etc. Keine Chance.

Zu allem Überfluss meldet auch mein neuer PC, dass die Lizenz für Excel abgelaufen sei. Ich müsse die Nummer eingeben, sonst werde er streiken. Ich weiß nicht, was da von Philippe, unserem Computerspezialisten, gekauft wurde, aber das mit der Lizenz scheint mir komisch. Rita soll mir diese Nummer mitbringen, damit dann auch der PC wieder OK ist.

Es ist ruhig draußen, sodass ich auf den Mast hochkann, um die abgerissene Leine neu einzufädeln. Diese kann ich auf der Überfahrt nach Kuba gebrauchen, wenn ich den Ballooner setze.

Da ich beim letzten Versuch, auf den Mast zu kommen, stecken geblieben bin, weil sich die Leinen unten verheddert haben, installiere ich alles so, dass das nicht mehr passieren kann.

Nach der üblichen Anstrengung schaffe ich es, bis nach oben zu kommen, muss aber feststellen, dass die Leine bereits im Mast verschwunden ist und ich hier nichts machen kann. Also geht's wieder runter. Bis auf die Höhe des Dampferlichtes funktioniert es einwandfrei, dann aber stecke ich fest. Hoch kann ich noch, aber nicht weiter runter. Die Leine oben steckt irgendwie fest. Ich hänge da, etwa sechs Meter über dem Deck, der warme Wind trocknet mich aus wie ein Stück Trockenfleisch in der Räucherkammer. Ich versuche verzweifelt, mich irgendwie freizubekommen. Ohne Erfolg. Ich muss versuchen, mich zu lösen und abzuseilen. Mit den verschiedenen Seilstücken und dem Tauwerk, das ich bei mir habe, gelingt es nach Längerem, den Maststuhl auszuklinken und mich an den Aufzugsleinen abzuseilen. Hin und wieder geht es etwas zu schnell und ein beachtlicher Teil meiner Haut an Händen und Oberschenkeln bleibt an den Seilen hängen.

Nun, ich bin unten und Gott sei Dank noch einigermaßen heil. Total ausgetrocknet trinke ich gleich eine ganze Wasserflasche ex.

Jetzt hole ich den Aufzug runter und sehe, dass sich eine Achse mit dem Schutztuch eingerollt und verklemmt hat. Das ist doch super!

Nächstes Mal werde ich die Schutzhülle zurückbinden, damit das nicht wieder passieren kann. Wenn ich 100 Jahre alt sein werde, habe ich es dann vielleicht im Griff mit diesem Aufzugsgerät.

Nachdem ich mich beruhigt und erholt habe, bereite ich mich auf die Überfahrt vor.

Nach meiner Berechnung ist es gut, so zwischen 3 und 4 nachmittags loszulegen, dann käme ich im Laufe des Vormittags übermorgen an.

So wie es sich in der Bucht anfühlt, kommt der Wind aus der gleichen Richtung wie gestern und die Tage zuvor, das heißt, dass ich ausbaumen und den Ballooner setzen kann. Der Wind wäre genau in der Richtung, in die ich fahren muss.

Die Bäume werden aufgebaut und alles zum Ausbaumen vorbereitet, dann hebe ich den Anker und fahre aus der Bucht.

Hier traue ich meinen Augen nicht. Der Wind hat gedreht und kommt jetzt ganz genau aus der Richtung, in die ich fahren muss.

Das glaubt doch keiner.

Es bleibt mir nichts anderes übrig als den Motor zu starten. Jetzt habe ich eine ganze Woche lang immer den Wind von SO gehabt und heute bläst er aus NW.

Der Ärger ist so groß über diesen verfluchten Tag, dass ich etwas mache, was ich noch nie auf Fahrt gemacht habe: Ich trinke ein Bier!

Dann nehme ich an Deck eine Dusche und lasse mich vom Fahrtwind abkühlen. „Chillen" heißt das in der modernen Sprache.

Jeder Versuch, etwas Wind in die Segel zu bekommen, scheitert, da der Wind ständig um 90° vor meiner Nase herumtanzt, mal von links, mal von rechts, es ist zum Verrücktwerden.

Dann aber, als es schon bald dunkel wird, dreht der Wind nach Osten, da wo er auch hingehört.

Jetzt kann ich die Segel setzen und SAMANTHA nimmt Kurs und Fahrt auf. Mit 7,5 bis 9 Knoten schießt sie durchs Wasser. Die Wellen sind etwa 3 m hoch, aber langgezogen und SAMANTHA fährt wie auf Samtpfötchen Kuba entgegen.

Mit aufsteigendem Mond verstärkt sich der Wind noch und die Fahrt wird rasant. Niemand ist in der Gegend. Ich gehe nach dem Abendessen schlafen. Um Mitternacht klingelt der Wecker, ich schau umher. Nichts, nicht auf dem AIS, nicht auf dem Radar und die Caymaninseln werde ich erst morgen früh kreuzen.

Also wieder gute Nacht.

7.5.15

Noch bei Dunkelheit ist die SAMANTHA bereits an den Caymaninseln vorbeigefahren.

Circa 20 SM östlich davon und ich bin weiter gekommen als gehofft.

Nach dem Frühstück plötzlich der Geistesblitz. Ich hatte gelesen, dass in meiner WLAN-Antenne ein kleiner Computer integriert ist. Ich nehme die Antenne auseinander und finde tatsächlich einen Reset-Knopf.

Einmal gedrückt, dann funktioniert die Antenne wieder. Ist doch herrlich, wie wenig es braucht, um glücklich zu sein. Nur an einem kleinen Knöpfchen am richtigen Ort mal drücken, süß, nicht? Aber darauf musst du erst mal kommen!

8.5.15

Wie geplant nähere ich mich bei Tagesanbruch der Küste von Kuba, und kurz nach Sonnenaufgang fahre ich in die große Bucht von Cienfuegos ein. Zuerst beeindruckt mich, wie viele ganz kleine Fischerbötchen, die von Hand gerudert werden, recht weit draußen anzutreffen sind. Es darf kein Wind noch Welle aufkommen, sonst sind die verloren. Wie viel Risiko die Leute auf sich nehmen, um etwas Fisch auf den Familienteller zu bekommen! Weiter beeindruckend ist, wie freundlich die hier alle sind. Jeder, an dem ich innerhalb von 100 m vorbeifahre, winkt und ruft „Bienvenido in Kuba".

Ich stelle mir vor, wie wir in der Schweiz auch jedem, der unser Land betritt „Willkommen in der Schweiz" zurufen würden. Ich glaube, die Obrigkeit der CVP würde sich eher erhängen!

Weiter in der Bucht kreuze ich einen Segler mit einer Schweizer Fahne. Mit dem Feldstecher kann ich den Namen „Wingis" ablesen und rufe Wingis per Funk an. Eine nette Damenstimme gibt Antwort und wir unterhalten uns einen Moment. Ich bekomme ein paar gute Tipps zu meiner Anlandung. Danke und gute Fahrt, Wingis.

Wie empfohlen lege ich mich vor der Marina zwischen den anderen etwa zehn Booten vor Anker.

Kaum fertig, kommt der Hafenmeister per Dingi angebraust, begrüßt mich freundlich und erklärt mir, dass ich auf dem Schiff bleiben müsse, bis die Behörde da gewesen sei.

Kurz darauf kommt er mit dem Doktor, der fragt nicht viel, füllt seine Papiere selbst aus, ich unterschreibe und werde gebeten, die gelbe „Q"-Flagge (Quarantäne) einzuholen.

Warten soll ich, bis in circa 20 Minuten der Zoll und die Immigration kämen.

Es sind dann nicht 20 Minuten, sondern eher eine Stunde, dann kommen die zu dritt. Marlen, eine witzige Frau in den

Fünfzigern, scheint der Chef zu sein. Sie untersucht alle meine Esswaren und sucht nach Ungeziefer und solchem Zeug.

Auf die Frage, ob ich ihnen ein Glas Wasser oder Cola anbieten könne, meint Helen, sie hätten wohl lieber ein Bier, das sie im Kühlschrank gesehen hat. Um 0900 in der Früh Bier! Na wenn's dann Freude macht!

Die anderen beiden füllen fleißig Papiere aus, ich brauch dann auch nur noch zu unterzeichnen.

Von meinem Essen, Gemüse und Fleisch, das im Tiefkühler liegt, habe ich nichts erwähnt.

Nun, alle Papiere fertig, wünscht der eine junge Mann, vermutlich der vom Zoll, das Schiff zu durchsuchen.

Er fängt vorne an und guckt in alle Schapps. Als er in den Salon kommt, setze ich mich auf die Bank über dem Tiefkühler. Irgendwann wünscht er dann doch, unter meinen Hintern zu sehen. Mir wird heiß. In dem Moment, als er das Kissen anheben will, erregt sein Kollege die Aufmerksamkeit wegen der Fernsehantennen, die in dem einen Kasten liegen. Das Kissen kommt wieder an seinen Platz und ich hocke mich schnell wieder drauf, denn darunter ist der fast volle Tiefkühler.

Weiter geht die Suche, nach hinten ins Schlafzimmer, uff. Schließlich bekomme ich einige Zettel und die drei ziehen von dannen. Helen meint noch, ob ich eventuell irgendwelche Pastillen hätte, damit sie nicht mit einer Bierfahne ins Büro kämen. Ich gebe denen je ein „Fisherman's Friend", amüsiere mich aber köstlich bei den Grimassen, die sie schneiden. Dann sind sie weg und ich bin einklariert.

Nun muss ich noch zum Harbour Master, um ein Visum zu holen. Bevor ich in dessen Büro ankomme, fängt mich nochmals der Zoll ab (die haben eine andere Uniform) und ich werde noch eingehend über meine Reise befragt und man will wissen, ob ich in Jamaika denn kein Marihuana mitgenommen habe.

Ich lache nur und mache auf mein Alter aufmerksam. Dann geht's zum Harbour Master, Ramos Torres. Er erledigt das mit dem Visum schnell und ich bezahle alles in allem 90 USD, lasse ihm aber die 10, die von den 100 übrig wären. Er bedankt sich höflich, hilft mir danach mit Auskünften und organisiert mir gleich per Telefon eine Unterkunft in Havanna für den 11. und ein Auto für morgen. Auf der Straßenkarte zeigt er mir auch alle sehenswerten Orte und leiht mir sein Reiseführer-Buch, damit ich mich gut orientieren könne.

Was mich erstaunt: Die Leute hier sind nicht, wie auf den vorher besuchten Inseln, schwarz, nein hier habe ich mehr das Gefühl, in Spanien gelandet zu sein.

Bevor ich zurück auf die SAMANTHA fahre, genehmige ich mir noch ein Bier in einer Straßenbar, treffe dort einen Kubaner an, der etwas Englisch und Italienisch kann. Wir verständigen uns recht gut damit. Morgen Abend will er mich treffen im Restaurant „Pelicano" und mir kubanische Zigarren verkaufen. Das Restaurant wurde mir übrigens mit einer vorbereiteten Visitenkarte von Marlen beim Vorbeigehen empfohlen. Ich soll diese dort der Dame, deren Namen sie auf die Karte geschrieben hat, abgeben. Vermutlich bekommt sie dafür einen Kickback.

Abends falle ich ins Bett und schlafe wie ein Murmeltier. Die SAMANTHA liegt hier so ruhig wie in einem Schwimmbadbecken.

Cienfuego, vor Marina Gorda 22°07,48 N 80°27,26 W

9.5.15
Beim Frühstück läuft der Generator und ich benutze den Strom gleich, um Wäsche zu waschen.

Als alles im Boot zum Trocknen aufgehängt ist, fahre ich an Land und nehme ein Taxi in die Stadt, wo ich vor 1000 das Auto abholen soll. Wie das Taxi aussieht, kann man nicht beschreiben. Müllwagen wäre etwas, was dem recht nahekäme, aber der Fahrer ist sehr nett und hat seinen kleinen Sohn mit dabei. Vermutlich darf er am Samstag mit Papa auf Tour gehen, da er keine Schule hat.

Wir finden den Autovermieter, ich muss aber noch warten, weil der „Functionario" noch nicht da ist. Um mir die Zeit zu vertreiben, suche ich eine Bank, um Geld abzuheben. Es gibt hier drei Währungen, mit denen man bezahlen kann, aber es kommt drauf an, was.

Mit USD kann man offizielle Sachen bezahlen (z. B. die Hafengebühr, Visum etc.). Mit den CUC (Cuba convertible) bezahlt man fast alles, außer die kleinen Sachen wie Früchte, Gemüse etc., die werden mit den Cuba-Pesos (CUP) bezahlt. CUC werden zwischen 0,80 bis 1,0 zum USD gewechselt.

Für 1 CUC bekommt man zwischen 24 und 25 CUP. Wechseln darf man nur in Hotels oder Banken, ja nicht auf der Straße. Woher ich das schon alles weiß? Marlen war meine Lehrerin!

Ich finde einen Geldautomaten und bediene mich hier erfolgreich, jedoch nur mit einem limitierten Betrag von 300 CUC. Um CUP zu bekommen, gehe ich zur Western Union. Dort verweist man mich aber an eine Bank. In der nächsten Bank lässt man mich nicht rein, es waren schon zu viele Leute, die drinnen warten. Ich soll später wiederkommen.

Inzwischen ist das Büro beim Autovermieter mit einem behäbigen Kerl besetzt. Der Vertrag wird ausgefüllt, aber das Bezahlen mit der Kreditkarte funktioniert nicht. Das ist in Kuba mit deren veraltetem Telefonnetz nichts Unübliches. Ich muss zurück zur Western Union, um Cash zu holen. Das funktioniert auch ohne Problem. Auf die Frage, ob ich auch CUP haben könne, bekomme ich die erstaunliche Antwort „No problem". Das Mädel am Schalter nebenan hatte mich weggeschickt!

Das ist Kuba, wie es ist!

Mit Cash bewaffnet regeln wir das mit der Autovermietung. Ich bekomme einen kleinen Kia, der in recht gutem Zustand ist.

Am Abend gehe ich zu Fuß ins Restaurant „Pelicano", welches mir Marlen empfohlen hatte. Die Vorspeise, ein Fish-Shrimps-Cocktail, ist gut, der Fisch, der mir empfohlen wird, riecht leicht nach Pisse und kann mich nicht begeistern, aber das Dessert, ein Flan mit Eiscreme, ist wieder super. Überall gibt es Musik.

Kubaner scheinen mit Musik zu leben.

Die Mädels, denen ich begegne, sind gar nicht schüchtern und schauen einen richtig provokativ an. Eine fragt sogar, ob ich sie zu einer Party oder Disco mitnehmen würde. Alle haben ein süßes Lächeln bereit, das so viel sagt wie „Mit dir würde ich mitkommen, gib mir doch nur ein Zeichen".

Gut, dass ich glücklich verheiratet bin, sonst wäre ich nicht sicher, ob ich die Weiterreise von Kuba allein fortsetzen würde.

10.5.15

Zwei Stunden sauber machen und die SAMANTHA ist bereit, Rita zu empfangen. Dann fahre ich los, quere die Stadt Cienfuegos kreuz und quer. Überall etwa das gleiche Bild, Häuser, an denen der Anstrich aus alten Zeiten ist, aber im Allgemeinen ist es recht sauber. Einige Straßen sind ohne Asphalt und Schlaglöcher gibt es zur Genüge, um die Geschwindigkeit der Fahrzeuge unter Kontrolle zu halten. In einigen Außenquartieren finde ich Wohnblocks, die erinnern mich an die Plattenbauten aus der DDR. Soweit ich mich erinnere, hat damals Herr Ulbricht seinen Freund Fidel mit Hilfe unterstützt. Diese Bauten scheinen von dieser Zeit zu zeugen. Weiter draußen, aus der Stadt raus, sind die Häuser meist Einfamilienhäuschen in besserem Zustand und alles ist etwas gepflegter.

Das Pferd ist die große Konkurrenz zu den Autos. Es gibt vermutlich etwa gleich viele Pferdekarren wie Autos. Dazu kommen einige Fahrräder und wenige Motorräder als Transportmittel dazu. Große Felder mit Landwirtschaft und Viehzucht sind um die Stadt herum angelegt. Die Kühe, obwohl sie auf den Feldern grasen, sind zum Teil so mager, dass man an denen die Anatomie der Kuh studieren könnte.

Die Leute sind überall sehr freundlich und scheinen, obwohl hier vieles fehlt, recht zufrieden zu sein. Die schwarze Hautfarbe ist nicht die dominante. Wie schon in der Marina bemerkt, könnte ich hier in Spanien gelandet sein. Die Haare sind auch von Schwarz, Braun bis Blond vertreten, sogar eine Rothaarige habe ich gesehen.

Bis jetzt strahlt dieses Kuba etwas aus, das bei mir eine Faszination auslöst. Ich bin mal gespannt auf die weiteren Tage und die Reise durchs Land.

11.5.15
Damit ich heute Abend Rita nicht verpasse, fahre ich los nach Havanna. Hier finde ich die Adresse der Behausung, die mir der Hafenmeister telefonisch organisiert hat, natürlich nicht. Havanna ist groß und es sind fast keine Straßen angeschrieben. Schließlich miete ich ein dreirädriges Kleintaxi, das vor mir herfährt. Auch die Chauffeuse findet das Haus in der Altstadt nur nach mehrmaligem Fragen.

Schließlich bin ich da und beziehe das Zimmer. Die offiziellen Unterkünfte in Kuba heißen „Casa Particular" und sind mit Bed & Breakfast zu vergleichen. Im siebten Stock, den ich über einen Lift aus dem letzten Jahrhundert erreiche, der von einer sehr dicken Mamsell bedient wird, komme ich in die Wohnung, wo links das Zimmer und rechts das Bad ist. Es ist sauber und somit auch akzeptabel.

Damit ich heute Abend den Flughafen finde, fahre ich schon mal los. Angeschrieben ist kaum etwas, aber ich finde den Flughafen, jedoch nicht den Terminal 3. Erst nach mehreren Hinweisen von Passanten schaffe ich es, den Terminal zu finden. Nun will ich auch den Weg zurück zum Haus erkunden. Ich verfahre mich in Havanna total und finde schließlich das Haus erst nach zwei Stunden Irrfahrt. Das Problem dabei ist, dass einige Straßen dorthin aufgerissen und gesperrt sind, und die anderen sind Einbahnen, aber in der falschen Richtung. Nun habe ich's und merke mir einige Eckpunkte.

Es ist inzwischen Zeit, dass ich nun wieder zum Flughafen fahre. Eine Stunde vor Ankunft des Fliegers bin ich dort und warte ungeduldig.

Eineinhalb Stunden nach der Landung kommt endlich mein Täubchen fix und fertig durch das Tor. Der Rest der Reise klappt dann auch gut und ich bin froh, dass ich den Weg vorher rekognosziert habe.

Als ich Rita zu unserer Unterkunft geleite, verfinstert sich ihr Gesicht zusehends. Für Rita ist es nicht ganz nach ihren Erwartungen. Dass wir durch das Wohnzimmer der Familie zum

WC/Bad müssen, ist für uns etwas ungewohnt, die Familie aber lässt sich durch uns vor dem Fernseher nicht stören.

12.5.15

Da die Dame des Hauses heute nicht anwesend ist, bekommen wir kein Frühstück, aber den Hinweis, dass wir im nahegelegenen Hotel Frühstück essen können. Das klappt auch gut und ist gar nicht teuer.

Nach dem ausgiebigen Frühstück machen wir eine Fahrt mit einem City-Tour-Bus. Danach schlendern wir durch halb Havanna, trinken hier und dort etwas. Zuerst ist es Wasser, dann ab späterem Nachmittag sind es Mojitos, das kubanische Nationalgetränk. In Bars, wo Musik gespielt wird, genießen wir die Zeit bei mehreren Mojitos.

Ein netter Junge bringt mich dann zu einem Schwarzmarkt, wo ich Zigarren einkaufen kann.

Eigentlich ist es verboten, die nicht legalen (eventuell auch gestohlenen) Zigarren zu kaufen, aber ich werde diese im Boot so verstecken, dass die niemand findet, wenn beim Ausklarieren das Boot wieder durchsucht werden sollte.

Zurück im Zimmer fallen wir buchstäblich ins Bett und schlafen den Schlaf der Gerechten. Dabei hilft wohl auch die Anzahl der Cocktails, die wir getrunken haben.

13.5.15

Die Dame des Hauses ist heute wieder da und so bekommen wir ein wunderschönes Frühstück mit Eiern, Wurst, Käse und vielen frischen Früchten. Maisbrötchen, Butter, Marmelade und Honig sind auch auf dem Tisch. Danach machen wir uns auf, um die Umgebung von Havanna zu erkunden. Mitten am Nachmittag sind wir zurück, machen eine Siesta und ab geht's wieder in die Bars mit Musik und Mojitos. Ein gediegenes Abendessen bekommen wir im Innenhof eines Hotels mitten in der Stadt. Auf dem Heimweg nochmals Musik und Mojitos ...

14. 5.15

Los geht's. Die ganze Bagage wird ins Auto verfrachtet, dann geht's über Land und eine Autobahn, die wir mit Kühen, Spaziergängern, Pferdewagen und Fahrrädern teilen. Zu schnell fahren ist kaum ein Problem bei so vielen Schlaglöchern.

Unser Tagesziel, Pinar del Rio, erreichen wir bereits zu Mittag. Bei der Einfahrt in die Stadt muss ich an einer Kreuzung anhalten. Uns spricht ein Radfahrer an und fragt, was wir suchen. „Ein Casa Particular", antworte ich. Er heißt Daniel. Er meint, wir sollen ihm folgen. Er bringt uns um zwei Ecken herum zu einem Haus, wo wir auch wieder von Nonna sehr freundlich empfangen werden. Man habe gerne Schweizer, meint die Wirtin und zeigt uns gleich zwei Visitenkarten von Schweizern, die hier Gäste waren.

Nach dem Zimmerbezug bringt uns Daniel zu einer Zigarrenfarm. Es sei die Nummer 1 in Cuba und die Beste der Welt.

Zur Begrüßung bekomme ich gleich eine Zigarre zum Testen. Tatsächlich sind die sehr lecker. Wir können danach nicht widerstehen und kaufen einige, obwohl diese um Welten teurer sind als auf dem Schwarzmarkt. Sie sind aber auch besser, das muss man gestehen.

Auf dem Rückweg machen wir Halt bei einer Rum-Fabrik. Ein zweites Standbein der lokalen Industrie. Hier lerne ich, dass Rum wie Wein gegoren wird und nicht destilliert, wie ich das dachte. Es werden dazu Früchte (Beeren) eingelegt, tüchtig mit Rohrzucker vermischt und dann drei Monate in Holzfässern gegärt. Danach wird umgeschüttet, gefiltert und in Flaschen abgefüllt. Alles in Handarbeit und trotzdem kostet eine Flasche nur 4 USD. Ich kaufe fünf Flaschen, das dürfte mein Lager auf dem Schiff für etliche Monate auffüllen.

Am Abend kommt Daniel vorbei, bringt seine Freundin Jarita mit und wir genießen zusammen in einem Café einen Mojito und plaudern über Kuba. Wir lernen viel über Land und Leute, aber nie hört man jemanden klagen, obwohl es an vielem fehlt. Es heißt dann einfach „Das ist Kuba".

15.5.15
Tagesausflug nach Viñales. Viñales ist in den Hügeln, sauber rausgeputzt und ein wichtiges Ziel für Touristen. Es gibt Höhlen und eine interessante Landschaft. Nach Viñales steuern wir die Küste an. Hier ist ebenfalls alles bereit für Touristen. Leider aber auch die Mücken, die in großer Zahl auf Frischfleisch warten. Die Straße die Küste entlang kann man nicht mehr als Straße bezeichnen. Über 50 km Geländefahrt machen mich kaputt.

Abends sind wir zurück bei Nonna und bekommen ein gutes Abendessen.

16.5.15
Rückfahrt nach Cienfuegos. Etwa 450 km, davon ein großer Teil Autobahn, die wieder mehr von Pferden, Fußgängern, Fahrradfahrern als von Autos benutzt wird. Unterwegs sehen wir, wie mit Ochsengespannen die Felder gepflügt werden. Mit einer Machete wird hier und dort gemäht. Es ist wie im letzten Jahrhundert zu Hause.

Überall stehen Leute neben der Straße und als Anhalter. Der öffentliche Verkehr ist angeblich miserabel und die Leute darauf angewiesen, dass man sie mitnimmt. Wir sehen Viehtransporter, die mit Leuten vollgestopft sind. Scheinbar haben Private eine Marktlücke gefunden.

Die alten Autos, Chevrolet, Plymouth, Ford und Opel sind allgegenwärtig und zum Teil in einem Zustand, der einen staunen lässt, dass diese Vehikel überhaupt noch fahren.

Mitten in der Pampa, unter einem Baum oder an der Böschung, sieht man Leute sitzen. Die warten. Auf was die warten, wissen die vermutlich selbst nicht. In Kuba wartet man einfach und man hat Zeit.

Endlich sind wir auf dem Boot angelangt und genießen den schon fast unverschämten Komfort.

17.5.15
Heute lernen wir Martin und Iris kennen. Sie sind mit dem Kat KALEA unterwegs. Sie haben in der Schweiz die Zelte abgebrochen und leben auf ihrem sehr schönen Katamaran. Von ihnen habe ich schon von Isabelle gehört und wir genießen es, von und über Bekannte zu schwatzen. Die Welt ist manchmal wirklich klein.

18.5.15
Etwas dies, etwas das, die Zeit zu zweit vergeht zu schnell.
Im Restaurant „Terrasse" nahe der Tankstelle bei der Marina gehen wir auf Empfehlung von Martin und Iris essen.
Unglaublich.
Vorspeise, Bier, Hauptspeise mit Salat und Bananenchips, Dessert und ein Rum für mich und Kaffee für Rita kosten alles zusammen keine 20 USD.

19.5.15
Tagesausflug in das Städtchen Trinidad. Auch ein Touristenziel mit einem netten Markt, wo die Einheimischen Selbstgemachtes anbieten. Rita kauft sich für 10 USD eine bestickte Bluse. Abends sind wir zurück auf dem Schiff und haben beide Lust auf eine Platte Spaghetti. Teigwaren findet man in den Restaurants kaum auf der Menükarte.

20.-23.5.15
Diesmal geht die Reise nach Süden. Verschiedene Städte besuchen wir und enden am südlichsten Zipfel in Santiago de Cuba. Hier erleben wir viele schöne Momente. Unter anderem treten wir in ein Lokal ein, wo mehrere Leute sitzen, einer mit Gitarre und drei Frauen singen lokale Lieder, dies mit einer Inbrunst und Hingabe, die einem das Herz höherschlagen lassen. Hier sind keine Touristen außer uns. Es erinnert an die versteckten Keller in Lissabon mit den Fado-Sängern.
Am Abend essen wir im Casa Particular „Girasole", wo wir Quartier bezogen haben. Auf dem Teller sind zwei große gebratene Hummer und alles Drum und Dran.

Irgendetwas ist Rita nicht gut bekommen. Sie leidet die ganze Nacht an Magenkrämpfen und besucht öfter als üblich die Toilette.

Die Dame des Hauses gibt ihr in der Früh Tabletten gegen Durchfall und nach nochmaligen Besuchen der Toilette wagen wir uns auf den Weg. Heute führt uns der Weg erst die Küste entlang, dann über die Berge mit einem recht hohen Pass. Diesen bezwingen wir unter heftigstem Gewitterregen, um danach wieder an der Küste zu landen. Noch ein Stück und wir sind in Holguín, wo wir wieder Halt machen. Diesmal sind wir bei einem netten Herrn einquartiert. Er sieht auf meinem Pass, dass er sechs Tage älter ist als ich. In einem von ihm empfohlenen Restaurant gibt es wieder ein gutes Abendessen, ebenfalls sehr günstig, mit netter Bedienung und schönem Ambiente. Wir sind die einzigen Ausländer.

Scheinbar gibt es auch in diesem sozialistischen System Klassenunterschiede, denn nicht alle, die wir kennengelernt haben, könnten sich so einen Abend im Restaurant leisten. Ob das Fidel weiß?

Am 23. abends sind wir zurück. Viele neue Eindrücke und vieles nochmals gesehen. Nun haben wir einige eindrückliche Erinnerungen an dieses mysteriöse Kuba.

24.5.15

Geburtstag. Ein Tag, den wir zusammen genießen und an dem wir in der Stadt einkaufen und uns auf dem Markt umsehen. Die Schweinsköpfe beim Metzger sind nicht so ganz nach Ritas Geschmack. In verschiedenen Läden kramen wir Proviant für meine Weiterreise zusammen. Hier bekommen wir Mehl, hier in diesem Laden Teigwaren, auf dem Markt Gemüse, und hier noch dies und dort noch das. Es gibt keinen Laden, der ein ganzes Sortiment hat. Scheinbar bekommen die schubweise verschiedene Sachen. So gibt es in einem Laden ein ganzes Regal mit Cornflakes, dafür aber kein Mehl, keine Teigwaren, während im anderen Laden die Gestelle kistenweise mit Teigwaren gefüllt sind. Was es überall gibt, sind Eier. Eier scheinen eine Hauptnahrung der Kubaner zu sein. Jeder läuft mit 30 bis 40 Eiern aus den Läden. Ein Ei kostet auch nur 9 Cent.

25.5.15
Abfahrt nach Havanna gleich in der Früh. Ziel ist erst ein Hotel, in dem ich Internetanschluss habe. Das finden wir auch, aber zwei Stunden Internet kosten 14 USD, und ich kann nicht einmal 58 Megabytes Seekarte in zwei Stunden herunterladen, so langsam ist das. Gut, dass wenigstens der wichtigste Teil der Karte nun auf meinem iPad ist, denn ohne Karte könnte ich nicht in Belize einlaufen. Es ist dort sehr kompliziert mit vielen Untiefen. Risiko ist nicht mein Ding.

Dann geht's zum Flughafen. Abschied ... Scheiße ... Nun bin ich wieder alleine ohne meine Rita. Der Abschied ist schwer. Die Zeit hier in Kuba war zu schön. Nun noch zurück die 230 km nach Cienfuegos, dann ist Kuba bald Geschichte.

26.5.15
Auto zurückbringen. Über 3.000 km mehr sind auf dem Tacho. Ausklarieren, Boot vorbereiten, noch 120 Liter Diesel einfüllen, um die letzten CUC (lokales Geld) zu verbrauchen.

27.5.15
Um 0700 klopft der Immigrationsoffizier am Boot. Ich muss mit dem Pass ins Büro.

Um 0800 will ich loslegen. Der Motor kommt nicht auf Touren. Das ist klar, ich muss tauchen und den Propeller sauber machen. Kein Akt. Mit Spachtel bewaffnet steige ich ins Wasser und kratze die Muscheln vom Propeller.

Danach funktioniert alles normal und ich kann aus der Bucht ausfahren.

Kaum bin aus der Bucht draußen, richtet sich der Wind gegen mich und steht genau auf der Nase. Motorsegeln. Nach 30 SM merke ich, dass ich den Bootsschlüssel, der in der Marina deponiert war, vergessen habe. Auf einen Tag früher oder später kommt es ja nicht an. Ich drehe um. Einen ganzen Satz Ersatzschlüssel zu bekommen, wäre ein Ding der Unmöglichkeit in diesen Breitengraden. Weil ich nicht nachts einfahren will, drehe ich den Motor an, damit ich noch vor der Dunkelheit in der Marina bin. Aber eben, wenn der Wurm drin ist, ist er drin. Der Motor zeigt plötzlich eine viel zu hohe Temperatur an. Ich muss ihn abschalten und segeln.

Ohne Motor und gegen den Wind kann ich nicht in die enge Einfahrt einfahren. Ich peile die nächste Bucht an, um zu ankern. Die Küstenwache hat mich auf dem AIS verfolgt und ruft mich über Funk an, um mir zu sagen, dass ich nicht dort ankern dürfe und in die Marina fahren müsse. Ich erkläre, dass ich einen Motorschaden habe und erst den Motor reparieren muss. Morgen würde ich dann in die Marina fahren.

Ich dürfe aber nicht an Land gehen, war noch der letzte Befehl, dann ließen sie mich in Ruhe.

Bucht Ensenada Arimao, Kuba 22°01,55 N 80°24,58 W

28.5.15

Nach zwei Stunden Arbeit sind die wasserführenden Leitungen und die Filter gesäubert, die Impeller kontrolliert und der Motor läuft wieder, genauso auch der Generator, der nämlich ebenfalls gestreikt hat. Es sind Reste von Seegras und kleine Müschelchen, die sich während der drei Wochen Liegezeit in diesem trüben Wasser ins System eingeschlichen und die Filter verstopft haben. Nun ist ja alles wieder okay und ich kann die Marina anfahren.

Hier bekomme ich meine Schlüssel wieder. Der Generalmanager persönlich geht noch zur Tankstelle und kauft für mich Kühlflüssigkeit, von der ich den Rest verbraucht habe. Um 1000 bin ich bereits wieder auf dem Weg nach Belize.

Diesmal habe ich super Wind und kann den ganzen Tag und die Nacht durch mit achterlichem Wind und ausgebaumter Genua auf gewünschtem Kurs segeln.

29.5.15

Die Nacht durch habe ich gut und viel geschlafen, denn es waren keine Schiffe irgendwo im Bereich meines Radars auszumachen. Alle drei Stunden bin ich ins Cockpit und habe mich umgesehen. Der Wind ist so geblieben, wie er schon den ganzen gestrigen Tag geblasen hat. Die SAMANTHA pflügt ruhig durchs Wasser. Um

0700 wache ich wegen eines lauten Knalls auf. Draußen ist es immer noch dunkel. Schwarze Wolken ringsum und Blitze zucken auf allen Seiten. Zudem schüttet es wie aus Kübeln. Kein schönes Segelwetter, wie ich das seit Wochen gewohnt bin. Ich gebe dem Musto-Regenanzug wieder einmal die Ehre, regle den Autopiloten und verkrieche mich im Salon. Nun ist es Zeit, meiner ältesten Enkelin, Samantha (die Namensgeberin meines Schiffes) zum Geburtstag zu gratulieren. Sie ist heute 15. Dank des Inmarsat-Satellitentelefons kann ich auch von hier draußen eine SMS schicken, denn mit dem Handy habe ich kein Netz mehr.

Mit raumem Wind von 15 bis 20 Knoten rauscht die SAMANTHA mit 8 bis 9 Knoten durch die vier Meter hohen Wellen, bleibt aber recht ruhig, da diese sehr langgezogen sind. Es ist eine tolle Fahrt, wenn nur das Wetter etwas besser wäre. Als die Blitze direkt neben mir einschlagen, schalte ich alles ab, was mit der Elektronik zu tun hat. Ich möchte ja nicht gerne als Blitzableiter dienen und die ganze Ausrüstung verbraten. Wie alle Gewitter geht auch dieses bald vorbei und gegen Mittag hellt es für einen Moment etwas auf.

Am späten Nachmittag bekomme ich Besuch. Ein weißer Vogel setzt sich aufs Boot und zieht den Kopf zwischen die Flügel ein. Da hockt er vorne am Bug und gleicht die Bootsbewegungen aus wie ein alter Seemann. Ich nenne ihn Friedrich, denn er hat so etwas von einem Friedrich.

Am Abend wird es ruhig. Kein Schiff ist in der Nähe auszumachen, also lege ich mich um 2000 ins Bett, lese noch eine Stunde und schlafe dann ein. Um Mitternacht klingelt der Wecker.

Es ist Zeit, nach draußen zu schauen und den neuen Tag im Bordbuch anzufangen. Draußen ist immer noch nichts zu sehen, das heißt weiterschlafen.

30.5.15
Alarm. Es ist 0600 und das AIS-Gerät meldet sich. Ein Schiff, näher als 3 SM, ist entdeckt worden. Ich schaue nach, korrigiere den Kurs und schlafe noch ein Stündchen. Als ich wieder erwache, habe ich das Gefühl, in einem Zimmer zu liegen. Es ist

völlig ruhig und die SAMANTHA scheint keine Bewegung zu machen. Klar, es weht kaum ein Wind, die Fahrt ist sehr langsam und ruhig. Die Wellen von gestern sind verschwunden und ein wolkenloser Himmel lacht mich an. Gestern habe ich wegen des schlechten Wetters geflucht. Man hat mich scheinbar gehört und nun habe ich schönstes Wetter, aber keinen Wind. Auch das ist kein Segelwetter.

Wo ist eigentlich Friedrich? Zuerst sehe ich ihn nicht mehr, bis ich ihn dann zufällig im Dingi finde. Hier hat er es sich gemütlich gemacht und fährt einfach so mit, Richtung Belize.

Niemandem dürfte ich sagen, dass ich einen Vogel hätte. Viele würden dem vermutlich zustimmen, aber ich meine ein richtiges Federvieh und nicht eine Schraube locker!

Den ganzen Tag dümple ich mit 2 bis 3 Knoten dahin, mehr ist bei den 5 bis 6 Knoten Wind nicht drin für die SAMANTHA, schließlich müssen 18 Tonnen durch das Wasser geschoben werden. Einige Kleinigkeiten werden erledigt, die schon länger auf der Liste sind, und so geht auch dieser Tag vorbei. Kaum 50 SM bin ich näher an Belize rangekommen. Aber was soll's?

Am Abend genieße ich ein Konzert mit Freddy Quinn und Captain Cooks Saxophon. Dazu ein kleiner Rum und eine kubanische Zigarre. All das unter einem Sternenhimmel.

Was ist eigentlich Glück, wenn nicht das?

31.5.15

Weiter geht's. Grauer Himmel, aber dafür guter Wind. Es ist Sonntag und das heißt Putztag. Nach nur wenigen Minuten ist die SAMANTHA durchgesaugt und Staub gewischt. Sonst gibt es kaum etwas zu tun.

Lesen und faulenzen.

Friedrich hockt nun im Dingi unter der Sitzbank. Fressen will er nichts.

Nach dem Abendessen, ein Linseneintopf mit Zwiebeln und Speck, schalte ich einen Film ein. Kaum hat der angefangen, knallt es draußen fürchterlich. Eine höllische Böe schüttelt das ganze Boot. Ich muss raus, um Segel zu reduzieren.

Zu spät!

Die Besanfock, ein leichtes Nylontuch, flattert in Fetzen im Wind. Schei… Die restlichen Segel werden reduziert, aber nach zehn Minuten ist der Spuk vorbei und alles wieder normal. Bei meinem nächsten Kontrollgang entdecke ich einen weiteren Vogel an Deck. Bin ich nun zum Vogeltransporteur avanciert?

Die Nacht ist ruhig, ich schlafe viel und gut. Die SAMANTHA zieht ruhig ihre Bahnen, Belize entgegen.

In Kingston, der Hauptstadt von Jamaika.

Ein typisches Haus in den Hügeln.

Überall die Straßenhändler.

Schön verzierte Fischerboote.

Die Stadt bei Nacht, nicht ungefährlich.

Unter vollen Segeln geht's Richtung Kuba.

Kuba

Anfahrt von Cienfuegos auf Kuba.

Der Sozialismus grüßt bei der Einfahrt.

Havanna hat viele schöne alte Gebäude.

Eine reich bestückte Bar.

*Plattenbauten wie einst in der DDR. Verkommen.
Es lebe der Sozialismus!*

Das Bicitaxi, ein weit verbreitetes Gefährt.

Überall Pferdegespann. Zweiräder, Vierräder, Kutschen, mehr solche Gespanne als Autos.

Wunderschöne Strände. Wenn nur die Mücken nicht wären.

Echte Schweine laufen überall frei herum.

Die Ernte wird heimgebracht.

Lkws im Einsatz.

Personentransport. Überall sind solche Fahrzeuge, die auf Touristen warten.

Hotel der Moderne.

Hauptplatz in Holguín.

*In einem Musikschuppen in Santiago de Cuba
singen die Leute mit Herzblut.*

Draußen wird mit Eifer Domino gespielt.

Fischer mit einem aus Styropor gebastelten Bötchen.

Das Hotel in Cienfuegos. Schön und sauber, aber keine Gäste.

Juni 2015

Das ist Friedrich, der lange als blinder Passagier mitgefahren ist.

1.6.15
Friedrich ist tot.

Am Morgen entdecke ich ihn im Dingi. Da liegt er und bewegt sich nicht mehr. Es war seine letzte Reise, vermutlich hat er es bei den Mumienschleppern abgeschaut und sich gesagt, dass auch er in seinen letzten Tagen noch eine Reise auf einem Schiff machen könnte.

Ich habe kein schlechtes Gewissen, denn ich habe versucht, ihm Futter zu geben, aber er wollte ums Verrecken nichts zu sich nehmen. Um ihn mit lebensrettenden Maßnahmen durchzubringen, habe ich zu wenig Ausrüstung und künstlich ernähren konnte ich ihn ja auch nicht.

Nun ist er über Bord gegangen und wird vermutlich so lange schwimmen, bis der Hai kommt und sich Geflügel auf den Speiseplan schreibt.

Der andere Vogel hat nur einige Häufchen auf dem Verdeck hinterlassen und sich in der Früh abgesetzt. Jetzt bin ich im wahrsten Sinne des Wortes wieder vogelfrei.

Die Anfahrt von Belize ist sehr kompliziert, ein langer geschlängelter Kanal, der gut betonnt ist, führt um all die Untiefen herum. Es ist bei mir 1600, als ich vor der Stadt bin und mich bei der Behörde melde. Dann entdecke ich auf dem Handy, dass es in Belize erst 1400 ist. Ich habe wieder einen um zwei Stunden längeren Tag heute. Der Beamte am Funk sagt mir, ich solle an der Steganlage beim Hotel Radisson festmachen, aber 50 m davor laufe ich auf Grund. Meine Karte auf dem iPad ist doch genauer als der Belizer Beamte. Schließlich ankere ich vor dem Steg, mache das Dingi bereit und fahre an den Steg. Der Beamte, der mich hier in Empfang nehmen wollte, ist bereits wieder weggegangen.

Draußen beginnt es richtig stark zu blasen und die SAMANTHA reißt heftig an der Ankerkette.

Mir ist nicht wohl und entscheide mich, zurück aufs Boot zu gehen.

Die Wellen sind nun so stark, dass ich mit dem Dingi beinahe kentere. Wasser spritzt über mich und als ich auf der SAMANTHA ankomme, bin ich so nass als wäre ich geschwommen.

Eine Dusche reinigt mich vom Salz und bringt alles wieder ins Lot. Per Funk melde ich der Behörde, dass es zu gefährlich ist, an Land zu kommen, ich würde mich morgen wieder melden. Das sei okay, ist die Antwort und so kann ich mich der nun wichtigeren Angelegenheit widmen, dem Kochen des Abendessens, denn ich habe fürchterlich Hunger.

Belize Town, vor dem Hotel Radisson 17°29,56 N 88°10,63 W

2.6.15

Vollbepackt mit Dokumenten, PC, iPad und iPhone mache ich mich auf die Reise an Land.

Hier kommen mich fünf Beamte besuchen und jeder füllt Papiere aus. Jeder will eine Kopie von meinen Dokumenten, das sind: Pass, Clearance von Kuba, Passagierliste und die Schiffspapiere. Ich muss ins Hotel Radisson, um die 20 Kopien zu machen und bezahle damit so ungefähr die Hälfte der Anschaffungskosten des Kopiergerätes.

Dazu will jeder der fünf Beamten noch die Auslagen (welche das auch sind) bezahlt haben. Zusammen mit der offiziellen Gebühr von 75 USD bin ich am Schluss fast 300 USD los. Dafür bekomme ich ein warmes Willkommen und ein Visum für einen Monat. Ob ich das brauchen werde?

Nach dieser Prozedur setze ich mich in die Lobby im Radisson und die nette Dame Caterine loggt alle meine Geräte ins WLAN des Hotels ein (kostenlos). Auf allen Geräten lade ich hoch und runter, was das Zeugs hergibt. Das WLAN ist im Gegensatz zu Kuba sehr gut und ich kann alle meine Karten auf das iPad und zusätzlich auch auf das iPhone laden. Es ist beruhigend, die Karten auf zwei Geräten zu haben, denn Elektronik kann ja auch mal streiken. Nach vier Stunden Interneten habe ich alles, was ich will und mache noch einen Spaziergang in die Stadt. Hier finde ich einen nicht schlecht bestückten Supermarkt, wo ich schon mal einiges (so viel ich tragen kann) einkaufe. Den Rest auf meiner Liste hole ich dann morgen.

Bei der Rückfahrt mit dem Dingi ist es wieder wie gestern, ich komme pudelnass zurück auf die SAMANTHA. Es ist nun Aperitif-Zeit und es hat draußen aufgehört, zu stürmen.

3.6.15

Das Wasser ist ruhig, der Himmel wolkenlos. Bereits um 0800 ist es richtig warm. Von Zeit zu Zeit werde ich etwas geschaukelt, da die Passagierboote zwischen Hafen und dem neu angekommenen Kreuzfahrtschiff pendeln und die gut tausend Passagiere an Land bringen. In der Stadt ist man mit Souvenir-Ständen, Bussen und Sonstigem vorbereitet auf diesen Massenandrang. Gestern, heute und morgen sind Kreuzfahrtschiffe angesagt. Belize scheint ein beliebter Anlaufpunkt zu sein. Diese Schiffe ankern weit draußen, wegen der Untiefen, und die Leute werden mit eben den kleinen Booten, von denen man viele bereit hält, an Land gefahren.

Mein erster Gang ist zum Hotel, wo ich mit Rita und mit Philippes Familie skypen kann.

Vier Stunden lang spaziere ich kreuz und quer durch die Stadt, besichtige auch ein sehr interessantes Museum über die Geschichte von Belize und sehe viele schöne, moderne wie auch alte verfallene Gebäude.

In einem weiteren großen Hotel, dem Ramadan, gibt es auch ein Casino, nach der Art von Las Vegas, das reizt mich aber nicht.

Auf dem Rückweg hole ich noch im Supermarkt, was von gestern auf der Liste übriggeblieben ist. Kaum etwas, was ich nicht gefunden habe.

Beim Bootssteg halte ich noch in der Hotelbar an, um mir ein Bierchen zu gönnen. Es ist gerade ein Fotoshooting für die Speisekarte im Gange.

All die leckeren Sachen werden nicht gegessen, sondern nur fotografiert. Die Bedienung bringt mir ein übriggebliebenes großes Bier als Zugabe und fragt, ob ich auch gerne etwas von den Salaten essen möchte. Dankend lehne ich ab, denn ich habe wirklich gar keinen Hunger. Eine Angestellte freut sich dann an meiner Stelle, packt das Ganze ein und schwänzelt damit glücklich davon.

An der Rezeption habe ich die gleiche Person gesehen wie gestern Nachmittag. Die Mädels haben eine 24-Stunden-Schicht und wechseln sich nur ab, wenn diese vorbei ist. Sollte das doch mal ein Gewerkschafter in der Schweiz hören, der würde gleich umfallen.

4.6.15

Totenstille. Kein Lüftchen, das Wasser wie Öl. Nur die Pendelschiffe, die die Neuankömmlinge von den Kreuzfahrtschiffen holen, bemerkt man.

Ich bereite mich auf die Abfahrt vor, hole den Dingimotor an Bord und hole den Anker hoch. Richtung Süden geht's per Motor.

Vorsichtiges Navigieren ist angesagt, denn überall lauern Untiefen.

Nach 10 SM setze ich den Anker bei der Robinson-Insel, genieße ein Bad im 29,5 °C warmen Wasser, lese und vertreibe mir die Zeit.

Ich hätte weiterziehen können, aber habe keine Lust, den ganzen Tag zu motoren.

Die Hitze – es hat heute 38 °C im Schatten – treibt meine Schweißdrüsen zu Höchstleistungen an.

Ich bin so nass, dass ich die Hose regelrecht auswinden kann.

Da hilft doch sicher noch ein Bad im 30 °C warmen Wasser. Gesagt, getan. Ich entferne mich aber nicht vom Boot.

Kaum bin ich wieder die Leiter hoch und am Duschen, als ich gleich unter mir bei der Badeleiter einen etwa 2 m langen Hai sehe. Auf ein weiteres Bad verzichte ich dann an diesem Nachmittag.

Morgen gibt es sicher wieder Wind, dann geht's weiter.

Insel Robinson 17°21,14 N 88°11,69 W

5.6.15

Herrlicher Wind querab den ganzen Vormittag. Segeln vom Feinsten.

Mittags lasse ich den Anker vor einem Dorf fallen.

Mit dem Dingi erreiche ich den nahegelegenen, halb zerfallenen Steg.

Es ist nicht weit zum Dorfkern.

Hier scheint mir eine riesige Schule den Hauptteil des Dorfes auszumachen.

Woher kommen die vielen Kinder?

Es muss wohl große Familien geben hier.

Das Dorf bietet nichts Besonderes und gleicht allen anderen Dörfern in der Karibik. Nirgends finde ich eine Kneipe oder Bar, wo ich mir ein Bierchen gönnen könnte. Die wenigen Spelunken, die ich sehe, reizen mich nicht, um einzukehren, die sehen zum Teil sehr dubios aus.

Bis spät abends sitzt eine Masse junger Leute auf dem Steg und angelt. Dies scheint hier ein Volkssport zu sein.

Dangriga (Stann Creek) 16°58,55 N 88°13,22 W

6.6.15
Es ist wieder so früh, 0600, als ich erwache. Der Tag ist irgendwie verschoben. Um 0500 wird es hell und um 1900 dunkel.

Draußen weht kein Lüftchen.

Trotzdem starte ich nach dem Frühstück.

Mit dem Motor, statt den Generator anzuwerfen, lade ich die Batterien auf, während ich ganz gemütlich südwärts ziehe.

Es gibt einen sogenannten inneren Kanal, der auf der Karte vermerkt ist und in dem es keine Untiefen gibt.

Um 1200 beginnt es zu blasen.

Mit vollen Segeln kann ich den ganzen Nachmittag mit Wind von 10 Knoten querab zwischen Küste und Reef in genanntem Kanal toll segeln. Das Herz schlägt hoch.

Doch mitten am Nachmittag erfasst mich das Bedürfnis, endlich die Reling zu putzen. Schlimm sieht sie nicht aus, aber matt und an einigen Stellen findet sich Flugrost. Die Backbordseite schaffe ich, dann habe ich genug. Es gibt ja noch mehr Tage in diesem Leben.

Dann, um 1600, lässt der Wind etwas nach und ich drehe ab, Richtung Land. Es gibt dort ein Dorf, das heißt Placencia (hat nichts mit der Plazenta zu tun). Eine geschützte Bucht mit recht nett anzusehenden Gebäuden finde ich hinter einer Insel. Fünf Boote liegen hier vor Anker und hinter mir kommt ebenfalls noch eins.

Zum ersten Mal seit Kuba sehe ich wieder andere Boote. Am Ufer ist ein Dorf, das auf Tourismus getrimmt ist.

Alles ist recht sauber und in gutem Zustand. Viele kleine Künstler bieten ihre selbstgemachten Waren an.

Am Ende des Dorfes, direkt an einem schönen Strand, setze ich mich in eine Bar, die voller Einheimischer ist. Hier ist gerade ein Wettbewerb im Gange. Wer am schönsten mit dem Arsch wackeln kann, gewinnt. Was dann abgeht, würde Khomeini aus dem Grab steigen lassen. Es wird förmlich Sex angeboten, nur dass Weiblein und Männlein noch wenigstens die Hosen anhaben. Viele der Mädels müssen bestimmt täglich mehrere Stunden trainieren, um die untere Rückenhälfte in solchen Bewegungen kreisen und wippen zu können.

Ich kriege fast einen steifen … Hals beim Schlucken des sehr kalten Biers.

Draußen stand auf einer Tafel, dass hier das kühlste Bier angeboten werde, und das stimmt.

Zurück auf der SAMANTHA genieße ich die Ruhe und das Dasein, mit einem Whisky und einer Zigarre.

Wie schön und unbeschwert kann doch das Leben sein.

Placencia Harbour 16°30,66 N 88°21,91 W

7.6.15

Endlich wieder einmal schlafe ich etwas länger. Ich habe die Vorhänge zugezogen und somit bleibt es etwas länger dunkel in der Kabine.

0800 und draußen hat es bereits 37 °C und es weht kein Lüftchen. Das ist vielversprechend!

Erst genehmige ich mir eine gründliche Körperpflege und stutze den Bart, dann wird das Bad geputzt (es ist doch Sonntag) und Wäsche gemacht. Um 1000 ist alles trocken und weggeräumt. Ein leichter Wind kommt auf und ich hole den Anker hoch und gehe auf Kurs Richtung Süden.

Wieder ist das Segeln ein Traum.

Am Nachmittag gibt es ein Gewitter mit viel Regen, aber ohne Blitz und Donner. Genau während des stärksten Schüttens rattert die Fischerrute. Endlich wieder ein Fisch, aber der muss erst mal warten. Ich reduziere die Geschwindigkeit, nicht, dass er noch abreißt.

Als der schlimmste Regen vorbei ist, hole ich den Kerl an Deck. Es ist eine 60 cm lange spanische Makrele. Mmmhh … das gibt ein feines Fischtatar heute Abend und eine Portion feinen gebratenen Fisch morgen.

Nun muss ich mich noch zwischen vielen Untiefen hindurchschlängeln, dann setze ich vor dem Zollbüro in Punta Gorda den Anker auf 3 m Wassertiefe. Morgen kann ich dann gleich um 0800 aus Belize ausklarieren.

Jetzt ist es halb sechs und somit Aperitif-Zeit.

Punta Gorda, Belize 16°05,94 N 88°48,02 W

8.6.15
Nach dem Frühstück sattle ich das Dingi und lege am Steg der Zollbehörde an. Ich bräuchte sechs Crew-Listen, meint der nette junge Beamte. Die kann ich bei einem Laden ganz in der Nähe bekommen. Also los in den Laden.

Ich müsse eine Viertelstunde warten, wird mir gesagt.

OK, ich schlendere durch das Dorf. Auch wieder so ein Karibik-Type-Dorf. Was ich dann sehe, ist, dass eine Markthalle gebaut wird, und dies finanziert durch die EU!

Wieder so ein Örtchen, wo des Steuerzahlers Geld in komischen Kanälen verschwindet!

Nach der Viertelstunde bekomme ich meine Crew-Listen gegen 20 USD. Man hält sich hier gegenseitig die Stange.

Der Rest der Ausklarierung geht dann zügig vonstatten.

Was mir hier noch aufgefallen ist, ist die Tatsache, dass der Großteil der Bevölkerung so typisch peruanisch aussieht. Ich weiß, dass die Inkas hier durchgestreift sind, aber scheinbar haben sie auch heftig an der Bevölkerungsvermehrung gearbeitet.

Um 1000 lege ich los, gebe richtig Gas, damit ich bei Hochwasser um 1200 Livingston erreiche. Meine Tidenkarte zeigt, dass ich um 1200 circa 40 cm Flut habe, und das brauche ich, wenn ich dort einfahren will.

Kaum vor Livingston angekommen, mit der Navionics-Karte den besten Kurs ausgesucht, stecke ich nach kurzer Zeit im Schlamm fest. Es kommt bereits ein Boot, um mir zu helfen.

Dieses ist aber zu klein und schafft es nicht, mich über die Bank zu ziehen. Der Kollege mit einem größeren Boot kommt, hängt mein Spifall an und krängt die SAMANTHA mit 30°, während sein Kollege vorne zieht. Es ist fast ein Massaker, wie die SAMANTHA hier vergewaltigt werden muss. Irgendwann zeigt der Tiefenmesser wieder etwas mehr als 0, und die SAMANTHA bekommt wieder eine Handbreit Wasser unter den Kiel.

Uff ...

Nun den Anker fallen lassen, Leinen einholen und 100 USD abdrücken, das ist der Preis, den die hier dafür nehmen, einen über die Sandbank zu schleppen.

Man könnte ja auch einen Kanal ausbaggern, dann wäre der Zu- und Abgang einfacher, aber wie würden dann die Leute hier ihr Geld verdienen?

Die Behörde kommt mit vier Leuten an Bord. Dies ist aber nur das Empfangskomitee. Ich werde unglaublich freundlich empfangen und instruiert, dass ich den Behördengang danach absolvieren muss.

Ich bekomme einen Plan, wo ich mich melden und wie viel ich an all den Stellen abdrücken muss. Dafür bekomme ich ein Visum für 90 Tage und eine Zulassung für das Boot für ein ganzes Jahr.

Ich könne das alles selbst erledigen, aber auch einen Agenten beauftragen, dies für mich zu erledigen.

Auch hier reicht man sich die Klinke in die Hand. Ich habe ja nichts Besonderes zu tun und so spaziere ich nachmittags durchs Dorf und besuche all die Beamten, die schon bei mir auf dem Boot waren, in ihren Büros und bezahle die Gebühren.

Einzig den Doktor habe ich noch nicht gesehen. Der hat aber keine Zeit und schickt eine nette Krankenschwester zum Einkassieren.

Kein Papier, keine Untersuchung, nur die 100 Quetzals (circa 12 USD) will man sehen. Ich hätte mich gerne von diesem Mädchen etwas genauer untersuchen lassen.

Auffällig ist, dass ich außer beim Zoll nirgends eine Quittung bekomme.

Zurück auf der SAMANTHA genieße ich die Ruhe und einen Cola-Rum, den ich verdient habe nach diesem ereignisreichen Tag.

Morgen will ich den Río Dulce hochfahren. Es liegen 20 SM vor mir.

Livingston, Guatemala 15°49,29 N 88°44,92 W

9.6.15

Der erste Gang um 0800 ist der zum Zoll. Hier muss ich noch ein Papier abholen, das gestern nicht ausgestellt werden konnte, weil der Chef nicht da war. Mit diesem Papier darf ich das Boot dann bis zu ein Jahr in Guatemala lassen.

Danach, Anker hoch und los geht's, den Río Dulce hinauf. Der Río Dulce ist ein Geheimtipp für Segler, um die Hurrikansaison zu überstehen.

Ich lasse den Anker ungesichert am Bug hängen, sodass ich ihn jederzeit fallen lassen könnte, wenn der Motor im Fluss aussetzen würde.

Die Strömung im Fluss beträgt etwa 1,5 Knoten und die Wassertiefe variiert zwischen 10 und 15 Meter. Das Panorama durch die Schlucht ist einmalig und ein tolles Erlebnis. Nach zwei Stunden komme ich oben an den ersten See. Es sind noch weitere 12 SM bis zur Marina.

Ich suche die Monkey Bay Marina, bin aber nicht so ganz sicher, ob ich den richtigen Platz gefunden habe. Es gibt hier eine ganze Menge von kleineren und größeren Marinas. Da wo ich die Marina laut Buch vermute, lasse ich den Anker runter und fahre an Land. Auf dem Steg kommt mir ein netter junger Mann entgegen. „Bin ich hier in der Monkey Bay Marina?" lautet meine Frage. „Nein, Sie sind bei Luvin, wir haben Platz für Ihr Boot."

Ich fahre zurück zur SAMANTHA und manövriere sie an den Steg, wo ich längsseits anlege. Luvin erklärt mir, dass er pro Monat 200 USD verlangt. Dafür wird das Boot auch einmal im Monat gereinigt und Strom ist auch inklusive. Winde über 30 bis 35 Knoten sind nicht zu erwarten und Luvin wohnt mit seiner Familie direkt neben dem Steg und hat somit immer ein Auge aufs Schiff.

Was kann man sich da Besseres erträumen? Ich schlage ein und werde das Boot bis mindestens Oktober dalassen und je nach Programm zu Hause, eventuell sogar bis März 2016. Danach kann ich dann weiter Richtung San-Blas-Inseln und Panama.

Luvin-Marina, Río Dulce 15°39,93 N 88°59,43 W

10.6.15

Horst, aus Hamburg, ist mein Schiffsnachbar. Er ist mit seiner Frau (die ist im Moment in Europa) seit sechs Jahren hier in der Gegend und kennt Gott und die Welt. Nachmittags gehen wir zwei über den See zum Casa Perico, wo Bruno und Florian, auch zwei Schweizer, eine Lodge, Bar und ein gutes Restaurant betreiben.

In der Stadt selbst gibt es das Restaurant „Sundown", da ist ebenfalls ein Schweizer, Tom, drauf.

Es wimmelt hier scheinbar nur so von Schweizern. Viele machen hier Station und überwintern während der Hurrikansaison, das Boot, und zum Teil auch sich selbst.

Es ist eine recht schöne Gegend, die Leute sind angenehm und das Klima ist auch nicht schlecht.

Ich habe mit Luvin, der direkt links neben der Monkey Bay Marina liegt, einen richtigen Volltreffer gelandet. Er ist um ganze 30 USD günstiger als die Monkey Bay Marina gleich nebenan. Mein Boot mit 53 Fuß ist besser platziert als dort und gegenüber der nächsten größeren Marina kostet es sogar 120 USD weniger. Ganz besonders toll ist die (kostenlose) Hilfestellung und der Nebenbei-Service, den Luvin bietet sowie seine Hilfsbereitschaft.

luvis.marina@hotmail.com ... 15°39,93 N 88°59,43 W

11.6.15

Luvin fährt mit mir in die Stadt zu einem Schlosser, der ein gebrochenes Teil schweißen soll. Danach sitze ich im Salon, schließe alle Luken und lasse die Klimaanlage laufen. Draußen hat es wieder 37 °C mit 61 Prozent Luftfeuchtigkeit. Die Brühe läuft einem nur so herunter, auch wenn man nichts tut.

12.-13.6.15

Die Tage zerrinnen ohne Zeitgefühl. Hin und wieder fahre ich per Dingi nach Frontera, gehe einkaufen oder bei Tom ein Bierchen trinken und sein gutes Brot kaufen. Mal gehe ich mit Horst, meinem Bootsnachbarn, zu Bruno und Florian zum Bierchen.

Ansonst wird ständig am Boot etwas verbessert, geflickt oder geputzt. Viel Lust zum Arbeiten hat man bei diesem Klima nicht und so wird nur alle Tage etwas erledigt.

14.6.15
Heute entscheide ich, am Wochenende wegzugehen. Ich buche über Fluege.de zwei Flüge. Einen von Guatemala City nach Panama, dann einen von Panama nach Santiago de Chile.

15.-16.6.15
Nach zwei Tagen habe ich immer noch weder eine Flugbestätigung noch E-Tickets bekommen. Ich versuche über Internet, an die Service-Line heranzukommen. Das ist eine Farce. Bei der Buchung habe ich eine siebenstellige Buchungsnummer bekommen. Bei der Service-Line muss man eine sechsstellige eingeben. Mit sieben Stellen geht das nicht. Dann habe ich Rita gebeten, aus der Schweiz die Hotline von Fluege.de anzurufen. Dort hat sie keine Antwort bekommen, nur von einem Automaten, der auf die Internetseite verweist. Da sind wir wieder am Anfang!!!!! Toll, so ein Service.

17.6.15
Endlich, heute habe ich die Flugbestätigung für den Flug von Panama nach Santiago de Chile bekommen. Oh Wunder.

Vom Flug nach Panama habe ich noch immer nichts gehört, bis dann heute Abend eine Mail von einer Marketing-Person bei mir landet, in der steht, dass ich einen Flug nach Panama gebucht hätte. Man bedankt sich dafür und möchte gerne, dass ich den Service von Fluege.de bewerte. Das habe ich dann auch getan: 0 Punkte, für diesen Scheißservice, mit deren stupidem Hilfs-Service.

18.6.15
Es ist bei uns 1200 mittags. In Europa 1800 und ich habe immer noch keine Flugbestätigung.

Ich fange trotzdem an zu packen. Zwei Drittel der ausgewählten Sachen sind im Rucksack, dann ist er voll. Alles noch mal raus.

Brauche ich fünf Paar Unterhosen? Oder langen drei? Geht ja auch, zweimal nach vorne gedreht und zweimal nach hinten, das macht vier Tage!!! Ich muss genauer und weniger wählerisch sein und alles noch mal überdenken.

Schließlich gibt es solche, die ein ganzes Jahr umherreisen, dazu noch Zelt und Kochgeschirr dabeihaben und auch nur einen Rucksack.

Ich bin scheinbar nicht der erfahrene Backpacker.

Das muss ich erst noch lernen in den nächsten Wochen. Ich möchte ja gerne Chile, Bolivien und Peru bereisen, so vier bis sechs Wochen, denke ich. Man wird sehen, ich bin selbst gespannt auf dieses neue Experiment.

Die eine Tasche werde ich in Panama in einem Hotel lassen und die dann erst beim Heimflug mitnehmen.

Als Abwechslung trete ich eine Reise nach Südamerika an. Ohne Boot, aber mit Rucksack als Backpacker.

20.6.15

Es ist 0700, als mich der Wecker aus dem Schlaf holt. Nun gilt es noch, die letzten Dinge an Bord zu erledigen, bis dann Luvin kommt und mich und die beiden Texaner vom Nebenboot mit der Lancha (einfaches Motorboot) nach Frontera zur Bushaltestelle fährt.

Seit Jahren wieder einmal reise ich mit einem Rucksack. Im Bus sitze ich in der ersten Reihe und habe einen guten Blick auf die Gegend, die wir fünf Stunden lang durchfahren.

Der Bus ist gut, bequem und gekühlt.

Während der Fahrt werden nacheinander auf dem Bordbildschirm zwei Filme gezeigt.

Ich verstehe natürlich nichts, aber so lernt man die Sprache.

Die Gegend, die wir durchfahren, sieht genauso aus wie alles, was ich bis jetzt unterhalb des 40. Breitengrades gesehen habe.

Karibikinseln, Kuba, Belize, alles sieht gleich aus. Gleiche Vegetation, gleiche Hütten, gleiche Dörfer und überall schlechte Straßen.

In Guatemala City bringt mich ein Taxi vom Busterminal zum Hotel. Hier erlebe ich die erste Überraschung. Der Preis, den ich im Internet gebucht habe, wird um 22 Prozent erhöht. Das sei die Steuer. Davon stand aber nichts bei der Internetbuchung.

An der Rezeption arbeitet eine nette Dame. Monica heißt sie. Sie verbindet mich mit der Fluggesellschaft, Copa.

Hier werde ich belehrt, dass auch meine zweite Buchung nach Panama nicht erfolgt ist. Zwar findet mich der wirklich bemühte Angestellte im Computer, aber ohne Bestätigung.

Am Ende der Homepage von Fluege.de ist die Nummer einer Hotline angegeben.

Aus Guatemala nach Deutschland in ein Call Center anzurufen, bei dem 1,15 Euro pro Minute berechnet werden, könnte mich ein Vermögen kosten. Ich bitte Rita, der ich alle Angaben per Skype durchgebe, dort anzurufen.

Die liebe Rita hat es nach drei Stunden aufgegeben. Zudem wurde sie immer wieder auf die Internetseite verwiesen, und da braucht man eben wie schon gesagt eine sechsstellige Zahl und nicht eine siebenstellige.

Die Katz beißt sich in den Schwanz und ich bin da draußen und komme mit dem Schei...portal nicht weiter.

Ich habe noch versucht, direkt Kontakt mit der Airline aufzunehmen. Dort wurde ich in einen Chatroom geleitet, wo ich mit Klara gechattet habe.

Klara fand heraus, dass ich nirgends erfasst bin.

Also keinen Flug nach Panama habe.

Ich soll es erneut probieren und einen neuen Flug buchen.

Das mache ich wieder bei Fluege.de, aber leider mit dem gleichen Resultat.

Keine Rückmeldung.

Nun, der nette Angestellte findet mich wenigstens im Computer, aber ohne gebuchten Flug.

Nach fünfzehn Minuten freundlichster Bedienung und zehnmaligem Buchstabieren meines Namens bekomme ich eine Flugnummer, eine Buchungsnummer und dann sogar auch noch eine E-Mail mit dem E-Ticket.

Super, nur leider muss ich bereits um 0500 den Shuttlebus vom Hotel zum Flughafen nehmen, damit ist natürlich auch das Frühstück weg, aber ... ich habe einen Flug, halleluja.

Am Abend schlendere ich um den Häuserblock und esse ein Steak in einem nahegelegenen Restaurant, dann ab ins Bett, denn um 0400 wird der Wecker klingeln.

21.6.15
Das mit dem Aufstehen klappt.

Das Taxi kommt auch um 0510 und nach weiteren zehn Minuten bin ich am Flughafen.

Übliche Prozedur, nur etwas langsamer als es in Europa zugeht.

Schließlich sitze ich im Flieger, am Fenster, wie gewünscht, nur das nutzt nichts.

Die ganze Zeit fliegen wir in den Wolken, die eine obere Schicht (Nimbostratus) bilden. Nach nur einer Stunde und 45 Minuten landen wir in Panama.

Aussteigen?

Bitte noch warten, es gibt da ein kleineres Problem.

Schließlich, nach einer weiteren Dreiviertelstunde im Flieger sitzend, können wir endlich das Flugzeug verlassen. Bis ich draußen im Taxi sitze, dauert alles nur knappe 20 Minuten. Das ist nun wieder positiv.

Im Hotel „Principe" bekomme ich das vorgebuchte Zimmer, genieße erst die Ruhe und dann noch ein Stündchen am Hotelpool.

Abends finde ich in der Nähe ein Chinesenrestaurant, bestelle eine Portion Nudeln mit allerlei Zeug drin und eine Portion Rindfleisch.

Die beiden Portionen sind so groß, dass damit eine ganze Familie hätte gefüttert werden können. Vielleicht ist das auch der Grund, weshalb die Servierinnen ständig lächeln, oder ist das einfach das chinesische Dauergrinsen?

Nächstes Mal werde ich nur eine Portion bestellen.

22.6.15
Ob man es glaubt oder nicht, ich wache erst um Viertel vor neun auf.

Da das Hotel keinen Frühstücksservice hat, finde ich gleich ums Eck einen kleinen Supermarkt, der auch zwei Tischchen hat, wo man etwas essen kann.

Ich bestelle einen großen Kaffee, der herrlich schmeckt, dazu kaufe ich eine Portion frische Früchte und zwei Brötchen.

Um 1000 kommt Filipe, der Taxifahrer, mit dem ich gestern im Hotel noch eine Stadtrundfahrt vereinbart habe.

Er zeigt mir die ganze Umgebung.

Zuerst fahren wir zum Panamakanal.

Bei der ersten Schleuse ist ein Museum und alles für Touristen organisiert.

15 USD kostet der Eintritt, aber es lohnt sich.

Ich sehe, wie ein Tanker in die erste Schleuse geführt wird, dann hochgehoben und in die zweite Schleuse bugsiert wird. Ich bekomme einen Vorgeschmack für meine Kanalbefahrung im nächsten Frühjahr.

Über mehrere interessante Orte in der Stadt geht es zur Neustadt.

Hier fällt mir buchstäblich die Kinnlade herunter.

Was ich da an Gebäuden sehe, Hochhäuser von unglaublicher Schönheit und Eleganz, kann man nicht beschreiben.

Nach dreieinhalb Stunden bin ich wieder im Hotel. Lege mich hin und verdaue erst mal diese unglaublichen Eindrücke.

Dann wieder etwas Ausruhen am Pool und schon ist es wieder Abend.

23.6.15

Heute gibt es nichts Besonderes, außer dass ich das Frühstück in einem Café neben dem Hotel einnehme und drei Stunden durch die Stadt wandere. Mein Ziel sind die anderen, alten Viertel, nicht die mit den fantastischen Hochhäusern.

Dabei komme ich an eine Kreuzung, wo ich einen Arbeiter, der an einem Strommast arbeitet, nach dem Weg zur Altstadt frage.

„Da lang geht's, aber hier dürfen Sie nicht durch, es ist lebensgefährlich. Man wird Ihnen die Tasche wegnehmen und Sie eventuell killen."

Schöne Aussichten!

Über einen Umweg, wo ich mich immer an Straßen halte, die stark bevölkert sind, erreiche ich mein Ziel.

Unterwegs stoppe ich bei einem McDonald's, trinke einen Kaffee und entleere meinen unteren Teil des Rückens.

Gestern Abend war ich bei einem Libanesen essen.

Es schmeckte irgendwie komisch.

Die müssen ein mir unbekanntes Gewürz fürs Fleisch verwendet haben. Heute Morgen hatte ich den „Orientexpress" vom Feinsten.

Ich bin sonst kein eifriger McDonald's-Besucher, aber ich weiß, dass die Toiletten haben und genau das war es, was ich brauchte.

Den halben Kaffee habe ich in das Waschbecken geschüttet, denn der war nicht gut, aber günstig und für mich ein Grund der Freude, eine Toilette zu finden.

Der weitere Weg war dann schon angenehmer, denn mit ständig zusammengeklemmten Arschbacken macht keine Wanderung Spaß.

Für den Rückweg nehme ich ein Taxi, denn weitere drei Stunden Wandern sind nicht drin.

Zum Abendessen gehe ich wieder zum Chinesen.

Diesmal will ich nicht so viel bestellen und wichtig ist für mich Reis.

Reis hilft ja bekanntlich bei Durchfall. Etwas Leichtes dazu, das wäre zum Beispiel Hühnchen.

Ich bestelle und warte.

Dann wird mir ein Schüsselchen Reis gebracht und eine größere Schüssel mit etwas Undefinierbarem.

Ich probiere. Das, was ich hier bekommen habe, kann ich nicht essen. Es ist Knoblauch mit so schleimigen Pilzen dazwischen. Ich habe alles stehen lassen. Das war ein totaler Reinfall.

24.6.15

Mit dem Haartrockner wird die noch verbleibende Feuchtigkeit aus der gestern gewaschenen Wäsche herausgeholt, dann wird der Rucksack gepackt und die Reisetasche an der Rezeption zur Aufbewahrung abgegeben. Ich darf die Reisetasche, die ich nicht mit auf die Chilereise mitnehmen will, hier im Hotel lassen, um sie später abzuholen, wenn ich in Panama zurück bin, um den Flug in die Schweiz zu nehmen.

Filipe, der Taxifahrer, bringt mich zum Flughafen.

Das Einchecken geht schnurstracks und schon bald wird man in das Flugzeug gebeten. Per Internet hatte ich mir einen Sitz am Notausgang gebucht.

Hier habe ich alle drei Plätze für mich und so viel Platz, dass ich die Beine strecken kann.

Copa-Airline, die größte Gesellschaft in der Gegend, bietet viele Filme und eine riesige Auswahl an Musik und Spielen kostenlos an.

Während des sechsstündigen Flugs schaue ich drei Filme an, nehme zwei Mahlzeiten und Zwischengetränke zu mir und bin schon in Chile.

Der Flug war wirklich super.

Aus der Halle und ich merke den Temperaturunterschied von 20 °C weniger.

Ich fange gleich an zu schlottern.

Mit einem Minibus werde ich zum Hostal „Pines Azules" gebracht, wo ich für fünf Nächte ein Einzelzimmer reserviert habe.

Meine Spannung löst sich, als ich das kleine, aber saubere Zimmer betrete.

Noch nie bin ich so gereist, bloß ähnlich in Kuba. Hier habe ich das Bad mit vielen anderen Bewohnern zu teilen.

Am ersten Abend suche ich ein Restaurant.

Ich finde einen Chinesen.

Das Essen ist OK, erstaunt bin ich nur, weil mich die Bedienung in einem Daunenmantel mit Pelzkragen bedient.

Der Temperaturschock ist recht happig und ich schlottere, bis ich schließlich im Hotel unter einer Daunendecke und drei Fleecedecken endlich langsam wieder erwärme.

25.6.15
Zehn Stunden habe ich geschlafen.

Ich trau meinen Augen nicht, als ich erwache und auf die Uhr schaue.

Fürs Frühstück setze ich mich dann in ein Café und esse ein Croque Monsieur und trinke einen Caffé Americano.

Es schmeckt so lala.

Als Erstes will ich mich mit einer Prepaid-Karte fürs Internet ausrüsten. Ich schaffe das auch bis am Ende des Tages, und fünf Stunden Marsch durch die große Stadt dazu.

Die Chilenen sind ja unglaublich freundlich und hilfsbereit, nur kaum jemand spricht Englisch und man wird dauernd an einen falschen Ort geschickt.

Aber ... bis am Abend habe ich, was ich will und zur Rückreise zur Unterkunft gehe ich ein neues Abenteuer ein: Ich setze mich in die U-Bahn.

Vor U-Bahnen und Bussen habe ich Horror, muss aber gestehen, dass hier die U-Bahn so bezeichnet ist, dass sogar ich mich damit zurechtfinde.

Im Supermarkt, auf dem Heimweg, kaufe ich einiges ein, um etwas für den Abend zum Kochen und fürs Frühstück zu haben. Im Hostal gibt es eine Gemeinschaftsküche und einen Aufenthaltsraum. Eine typische Absteige für Backpacker.

26.6.15
Wieder habe ich zwölf Stunden geschlafen.

Ich weiß nicht, was mit mir los ist.

Ich fühle mich pudelwohl, habe aber scheinbar Schlaf nötig. Macht ja nichts.

Heute will ich mich in einem „Tourist office" schlau machen, betreffend Santiago und die Weiterreise. Eins nach dem andern.

Um ein „Tourist office" zu finden, brauche ich trotz vieler hilfsbereiter Leute mehrere Stunden.

Schließlich ist es in einer Apotheke, wo ich den richtigen Hinweis bekomme.

Dann ist es so weit.

Ein junger Mann, der Englisch spricht, gibt mir alle Auskünfte und entsprechendes Kartenmaterial, nur betreffend der Automiete schickt er mich auch an einen falschen Ort.

Aber danach finde ich Hertz, wo ich die Reservierung vornehmen kann.

27.6.15
Heute fahre ich mit der U-Bahn zu einer Haltestelle des doppelstöckigen City-Busses.

Hier kaufe ich ein Ticket, mit dem ich die geführte Stadtrundfahrt machen kann.

Ich hätte eine Mütze mitnehmen sollen, denn oben an Deck des offenen Busses ist es zügig und kalt.

An zwölf Orten kann man zu- und absteigen.

Alle halben Stunden fährt ein Bus. Beim Monte Lucia steige ich aus, kaufe ein Ticket für die legendäre Funicular und fahre hoch.

Oben hat man einen fantastischen Ausblick über die ganze Stadt. Hier sieht man, wie groß Santiago ist und dass die Stadt in einem von einer Bergkette umschlossenen Talkessel liegt.

Die Stadt ist riesig.

Es gibt verschiedene Stadtviertel, jedes mit seiner eigenen Geschichte.

Wohnhäuser mit 2 Stockwerken, solche mit 5-6 und solche mit 25-30 sind in den verschiedenen Vierteln zu finden.

Es gibt über 100 Hotels in Santiago.

Alle Straßen sind schachbrettartig angelegt und viele mit Platanen als Alleen gebaut.

Die Altstadt ist ein einziger Einkaufsmarkt mit vielen historischen, gut erhaltenen Gebäuden.

Zu Fuß steige ich wieder ab und nehme den Bus zur Altstadt, zum Plaza de Armas.

Hier bummle ich in den alten Straßen und bewundere die vielen Leute, die sich hier tummeln.

Es ist wie bei einem Straßenfest bei uns.

Nach dem Plaza de Armas mache ich nochmals halt beim Mercado Central.

Ursprünglich war das eine Markthalle mit allerlei.

Heute findet man praktisch nur Fischstände mit einem unglaublichen Angebot und ... der Rest der Halle ist in hundert kleine Restaurants unterteilt, wo die Leute bereits um drei Uhr nachmittags irgendwelche Fisch- oder Meeresfrüchtegerichte verzehren.

Die Halle ist voll!

Auf dem Weiterweg gibt es ein kleineres Problem. Der Bus kann wegen einer Demonstration nicht die gewollte Route fahren, sondern muss einen Umweg machen.

Ich muss nun anderswo aussteigen und die U-Bahn, an die ich mich ja bereits gewöhnt habe, nehmen, um nach Hause zu kommen.

In der Unterkunft koche ich mir ein Geschnetzeltes mit Pilzsauce, dazu Nudeln und Erbsen und ein Glas Rotwein. Die drei Mitbewohner (alles junge Student/innen) schauen mich etwas befremdet an, denn die sind Mikrogrill-Futter und Cola gewohnt.

Ein Match zwischen Paraguay und Brasilien im Fernseher verschiebt etwas die Bettzeit.

28.6.15

Heute ist Faulenztag.

Abgesehen von etwas Wäsche waschen werde ich in der Unterkunft bleiben, Mails erledigen, lesen und einfach das Leben genießen.

Der Himmel ist blau und das verspricht ein paar wärmende Sonnenstrahlen.

Morgen hole ich das Auto ab und setze die Reise fort.

29.6.15

Als Erstes hole ich bei Hertz das Auto ab.

Ich bekomme einen kleinen Toyota.

Zurück in der Unterkunft lade ich das Gepäck ein. Hier muss ich nicht alles in den Rucksack stopfen und kann einen Teil einfach so im Kofferraum mitführen.

Die Fahrt geht über die Autobahn nach Valparaíso.

Kaum ist man aus der Stadt raus, ist die Landschaft bereits wüstenartig. Sand, Stein und Büsche. Dann aber fahre ich durch einen Tunnel und finde mich in einem Tal, das hauptsächlich mit Reben bepflanzt ist, wieder.

Es gibt hier riesengroße Weingüter mit herrschaftlichen Häusern.

Ansonsten bietet die Fahrt nichts Besonderes.

Nach 125 km erreiche ich die Stadt Valparaíso. Es ist die wichtigste Stadt am Meer mit großem Hafenbecken, wo auch Kreuzfahrtschiffe anlanden.

Ich finde dank Waze (Naviprogramm auf dem iPad) sofort die Unterkunft.

Die scheint okay und derjenige, der mich empfängt, spricht Englisch.

Ein Spaziergang durch einen Teil der Stadt, den Hafen entlang, zeigt, was für fanatische Fußballfans die Chilenen sind.

Überall werden Fan-Artikel verkauft, denn heute Abend ist das Halbfinale im American Cup 2015. Chile spielt gegen Peru.

Fürs Abendessen kaufe ich im Supermarkt einen gegrillten Gummiadler (Grillhähnchen) und eine Flasche chilenischen Wein.

Vor dem Fernseher am Abend ist der Teufel los. Es ist eine Gruppe von Arbeitern, die hier Quartier bezogen haben und die sind richtig fanatisch!

Im Bett ist es fürchterlich kalt. Mit dicken Wollsocken und meinem Kapuzen-Sweater gelingt es dann aber doch, einzuschlafen.

30.6.15

Fünf Stunden kurve ich durch das ausgedehnte Valparaíso, rauf und runter, denn die Stadt liegt an einem Hügelzug.

Sehr steile Straßen gibt es hier und zum Teil sind sie auch nur gestampfte Erde.

Hinter der Stadt fahre ich durch ausgedehnte Eukalyptuswälder.

Die Holzindustrie ist hier groß angesiedelt. Eukalyptus ist schnellwachsend und wird für die Papierherstellung gebraucht.

Das Museum von Pablo Neruda, dem chilenischen Schriftsteller und Nobelpreisträger, ist sehr interessant.

Ich bin zwar nicht so der Museumsbesucher, aber hier hat es mich hingelockt.

Dann, kreuz und quer durch die Gassen.

Ein totales Gemisch aus modernen Gebäuden, alten Bauten aus der Erstzeit und vielen Bretterhütten, besonders am Rande der Stadt, wechselt sich ab.

Viel Farbe wurde verwendet und so hat die Stadt ein einzigartiges Flair.

Nachher hocke ich auf dem Balkon vor dem Zimmer und genieße die wärmenden Sonnenstrahlen.

In der Altstadt Belize gibt es einige Überbleibsel aus der Kolonialzeit.

Eine Kirche.

Saubere Anlagen in Placienta warten auf Touristen.

Ein Fußweg durch die Stadt. Sauber und beschildert.

Guter Hinweis am Wegrand.

Hier investiert die EU!!!!!!

Um über die Sandbank zu kommen, wird SAMANTHA von einem Boot seitlich gekrängt und vom anderen vorwärts gezogen. Die Schräglage beträgt circa 30°.

Einfahrt in den Río Dulce.

Am Ende des Flusses, bei der Einfahrt in den See haben sich viele angesiedelt.

*Hier liegt die SAMANTHA und wartet,
bis ich wieder zurückkomme.*

Chile

Rundfahrt in Santiago.

Alt Panama.

Weiter nördlich eine Kakteenlandschaft.

In den Bergen von Chile.

Eine Hochebene in der Atacama-Wüste.

Unglaublich schön, auf über 4.000 m über dem Meer.

Juli 2015

1.7.15
Kaum ist das Frühstück im Magen, fahre ich los. Es liegen etwa 500 km vor mir bis zu meinem nächsten Ziel, La Serena.

Auf der Strecke will ich noch drei Orte besuchen, die mir Andres empfohlen hatte.

Zuerst fahre ich von der Autobahn ab, Richtung Nationalpark Le Foyes.

Es sind 17 km bis zum Park.

Was bin ich enttäuscht, als ich nach einer Fahrt auf Sandpiste vor dem Eingangstor stehe und dort lese, dass der Park geschlossen sei.

Die hätten ja wohl bei der Abfahrt von der Autobahn ein Schild hinhängen können, dass der Park geschlossen ist, dann hätte ich mir die 34 km gespart.

Das zweite Ziel ist ein wunderschöner Strand, der absolut weißen Sand hat.

Das ist eine Seltenheit in Chile, wo doch alles mit schwarzem Vulkansand bestreut ist.

Drittes Ziel ist das Kreuz des dritten Jahrtausends, eine unglaubliche Konstruktion.

Das Kreuz ist 95 m hoch und die Seitenarme können mit einem Lift erreicht werden. Von da oben hat man einen weiten Ausblick über die ganze Stadt und die Buchten.

Nach diesem Besuch geht es weiter nach La Serena, wo ich eine Stunde lang in der Stadt umherkurve und trotzdem das Hostal nicht finde.

Schließlich fährt ein Taxifahrer voraus, der dann nach einigem Suchen die Absteige findet.

Victor, der Besitzer, ist sehr freundlich und hilfsbereit, was meine Laune etwas bessert.

Ich verlängere den Aufenthalt um einen Tag, denn morgen will ich die Umgebung erkunden.

Das Zimmer ist schön und sauber. In der Küche gibt es nur drei Pfannen, sodass ich die 3-dl-Sauce für die Nudeln in einer 5-l-Pfanne kochen muss.

Dafür ist das Frühstück okay.

2.7.15

Draußen ist es kalt und stark bewölkt.

Trotzdem nehme ich die „Route der Sterne".

Bald bin ich in den Hügeln und unter strahlender Sonne.

Die Fahrt durch die Hügel ist zwar etwas anstrengend und über 400 km auf Sandpisten verlangen volle Konzentration.

Dafür werde ich durch eine sehr abwechslungsreiche Landschaft belohnt.

Der Weg führt mich auf Pässe, die bis 2.200 m hoch sind und durch Wüsten und Täler, in denen keine Seele lebt.

In anderen Tälern und Ebenen gibt es Orangenplantagen und Weinbaugebiete, die bis an den Horizont reichen.

Viele kleine Goldgräberstätten sehe ich, die meisten sind jedoch still gelegt. Hier sind die Goldgräber kaum reich geworden, wenn man das an den armseligen Behausungen messen kann.

3.7.15

Auch heute auf der Fahrt zum nächsten Ziel wechseln die Landschaften wieder regelmäßig.

Die Farbpalette geht von Schwarz, Grau bis Weiß, Beige, Braun, Gelb, Rosarot, Tiefrot, Ocker, Hell- und Dunkelgrün und zum Teil auch Blau.

Es ist einfach schwer zu beschreiben, wie schön das ist.

Für mich hat die Wüste die gleiche Faszination wie das Meer.

Man hat stundenlang das gleiche Bild vor Augen, nur kleine Details wechseln ab.

So haben das Auge, der Geist und die Seele Zeit und Muße und muss nicht wie bei uns zu Hause alle paar Sekunden neue Bilder aufnehmen und verarbeiten.

Leider habe ich beim Sinnieren eine Abzweigung verfehlt und bin immer weiter in die Hügel hineingefahren, bis die Straße praktisch nur noch ein Bachbett ist.

Ein Blick auf Google Maps, mein Naviprogramm, zeigt, dass ich weit weg von irgendeiner erfassten Straße in den Bergen bin.

Mir wird heiß.

Ich drehe um und fahre den Weg zurück. Dabei stelle ich plötzlich fest, dass die Benzinanzeige erschreckend tief steht.

Dann leuchtet auch noch die Tankanzeige auf.

Uff, ich schwitze.

Bei einer Baustelle frage ich die Arbeiter, wo die nächste Tankstelle sei.

35 km entfernt auf meinem Weg.

Okay, das müsste gehen, denn meistens kommt man noch 50 km weit, wenn die Anzeige aufleuchtet.

Nach den besagten 35 km finde ich zwar einen Ort, aber keine Tankstelle.

Im Minimarkt erkundige ich mich nach einer solchen.

50 km in die eine und 300 km in die andere Richtung.

Gut, ich muss in die Richtung, wo die Tankstelle in 50 km ist, aber wie komme ich dahin?

Es gabe im Dorf einen, der das Benzin literweise verkaufen würde, wird mir gesagt.

Das ist meine Rettung und mit den erstandenen 5 Litern schaffe ich es dann auch bis zur nächsten Tankstelle.

Nach dem Tanken noch einige hundert Meter und ich finde das gebuchte Hotel.

Dieses ist putzig, hat schöne Zimmer und ... eine Badewanne.

Seit Monaten habe ich keine Badewanne mehr gesehen und somit freue ich mich kindisch auf ein Bad.

Die Freude kann man mir auch nicht nehmen, als ich mich in die Wanne lege.

Wenn der Oberkörper im Wasser ist, sind die Beine vorne an der Wand neben der Dusche und wenn die Beine im Wasser sind, sitze ich in der Wanne. Die Wanne ist nämlich nur 1,40 m lang.

In einer solchen Wanne kann man auch wunderbar die Wäsche waschen, und mit dem installierten Heizlüfter trocknet diese auch noch über Nacht.

Die letzte Wäsche musste einen Tag lang auf dem Rücksitz des Autos trocknen.

In einem Hotel gibt es, im Gegensatz zu den Hostals, keine Kochgelegenheit.

So wandere ich in die Stadt und suche ein Restaurant.

Es ist schwierig, etwas zu finden, wo man nicht nur Sandwiches und Hamburger bekommt.

Chilenen haben keine Esskultur.

Es gibt keine gewohnten Zeiten für Mahlzeiten und wenig anständige Restaurants.

Überhaupt fehlt es mir etwas an chilenischer Tradition und Kultur.

Keine Musik, kein Essen.

Stolz auf ihr Land sind sie aber schon.

Überall sieht man Fahnen und alle erzählen, wie schön Chile sei.

Letzteres kann ich mittragen.

4.7.15

Rechtzeitig starten.

Nach einem guten und reichhaltigen Frühstück im Hotel fahre ich gleich los.

Es sind etwas über 500 km bis zum heutigen Tagesziel.

Eigentlich wollte ich die Strecke halbieren, konnte aber keine Unterkunft in der dazwischenliegenden Stadt finden.

Unterwegs nehme ich einen Burschen mit, der per Anhalter unterwegs ist.

Ginchil heißt er. Er schwatzt zuerst, wie die Chilenen eben schwatzen, schneller als bei uns ein Maschinengewehr schießen kann.

Dann aber mäßigt er die Geschwindigkeit und so wird es möglich, dass wir hin und wieder auf der fünfstündigen Fahrt etwas Konversation machen können.

Wie die meisten Chilenen spricht er natürlich kein Wort Englisch.

Die Fahrt geht über 400 km durch verschiedenartige Wüsten, über Pässe von bis 2.200 m und etwa 100 km Küstenlandschaft von ganz besonderer Schönheit.

Ich erreiche die Unterkunft, auch ein Hotel, gerade rechtzeitig um das Finale im America's Cup zwischen Chile und Argentinien zu schauen.

Chile gewinnt nach Elfmeterschießen und somit ist in der Stadt der Teufel los.

Nur mit dicken Ohrenstöpseln ist an Schlaf zu denken.

5.7.15

Nach einem spartanischen Frühstück im Hotel mache ich eine Stadtrundfahrt mit dem Auto.

Antofagasta ist eine der großen Städte und auch Hafenstadt.

Ich entdecke zum ersten Mal einen Jachthafen mit Jachtclub.

Hier hätte ich wohl Station machen können, wenn ich per Schiff Südamerika umsegelt hätte.

Ansonsten ist die Stadt uninteressant.

Die Fahrt geht dann wieder durch die Wüste bis Calama.

Calama ist eine typische Bergbausiedlung. Kleine Häuser in Camps, sonst nichts.

Das Hostal finde ich sofort, aber muss mich etwas gedulden, bis sich jemand um mich kümmert.

Eine Köchin vom dazugehörigen Restaurant nimmt sich schließlich meiner armen Seele an.

Das Zimmer ist okay.

Nach einer Dusche gehe ich auf den Markt, den ich beim Vorbeifahren gesehen habe.

Die Stände, vor allem Fisch- und Gemüsestände, reihen sich auf einer Länge von etwa 500 m eine Straße entlang aneinander.

Wer kauft das alles?

6.7.15

Es sind heute nur 120 km, die ich bis San Pedro de Atacama zurücklegen muss.

San Pedro ist eine reine Touristenstadt.

Die Stadt ist Ausgangspunkt für viele Ausflugsziele in die Atacama-Wüste.

In jedem zweiten Haus in der Stadt preist eine Tourenagentur ihre Dienste an.

Alle haben die zehn gleichen Ausflugsziele im Angebot.

Es werden auch Fahrräder angeboten, mit denen die näheren Ziele erreicht werden können.

Das Hostal mit dem Namen „Corvatsch" ist einem schon fast heimisch.

Es ist gut ausgerüstet für solche, die selbst kochen wollen und hat einen netten Aufenthaltsraum.

Das Auto kann ich auch im Hof stehen lassen, was bequem ist, denn mein Kofferraum ist auch meine Speisekammer.

Alles, was ich zum Kochen brauche, ist dort eingelagert.

Da es draußen auf dieser Höhe von 2.400 Meter nachts um die 0 °C hat, dient der Kofferraum auch als Kühlschrank.

In der Touristen-Information hole ich mir alles Wissen und die Empfehlung für eine Agentur.

Die nahegelegenen Ausflugsziele kann ich alle mit dem Auto erreichen.

Um die Uni- Städte in Bolivien zu besuchen, buche ich eine Vier-Tages-Tour mit Start am nächsten Samstag.

Bis dahin will ich die hiesige Umgebung erkunden.

Den ersten Ausflug ins Valle de la Luna mache ich noch heute Nachmittag.

Am Abend lerne ich Klaus, einen Australier mit deutscher Mutter, kennen.

Er ist auch alleine unterwegs mit dem Motorrad und ist in Südamerika bereits 20.000 km gefahren.

Wir beschließen, morgen zusammen in meinem Auto die ersten Ziele zu besuchen.

7.7.15

Klaus treffe ich beim Frühstück.

Danach fahren wir los und besuchen die „Geysire", die sprudelnden Löcher in 70 km Entfernung.

Der Weg geht bis auf 4.200 m Höhe und führt durch Landschaften, deren Schönheit und Farbvielfalt man gar nicht beschreiben kann.

Ich habe ja schon viel gesehen und bin mit der Schweiz ja sehr verwöhnt, muss aber gestehen, dass mich diese Welt hier vom Hocker haut.

Nach den Geysiren besuchen wir noch mehrere andere wunderschöne Orte, so auch den Salzsee mit der Flamingoherde.

Hier verlaufen wir uns und werden von einem Parkwärter zurückgeholt.

Der heutige Tag hat mir so viele schöne Sachen beschert, dass ich kaum einschlafen kann.

Morgen werde ich einen Ruhetag einlegen.

8.7.15

Es ist mir nicht gelungen, den Tag ruhig zu bleiben und nichts zu tun.

Nachmittags fahre ich hinaus in die Wüste, an eine Lagune.

Hier verlangt man 20 USD Eintritt.

Man könne hier auch baden, deshalb sei es so teuer, lautet die Erklärung.

Ich fahre weiter zur nächsten Lagune, wo der Eintritt nur 3 USD kostet. Der Wärter fragt nach meinem Alter. Daraufhin bekomme ich Seniorenrabatt und bezahle nur die Hälfte.

Der Platz ist schön, aber eine Wiederholung von anderen bereits gesehenen Gewässern.

Es war ein Trip, um die Zeit zu verkürzen.

Abends schaue ich einen Film auf Englisch im Fernsehen. Zu Hause würde ich diesen Mist nicht schauen, aber man wird bescheiden, wenn man so in der Welt umhertrampt.

Klaus und Daniel, beides nette Australier, die jeder für sich mit dem Motorrad seit Monaten unterwegs sind, schlafen in einem 6-Bett-Zimmer. Das kostet die gerade mal 8 USD pro Nacht.

Ich ziehe es dennoch vor, ein Einzelzimmer für 20 USD zu haben.

9.7.15

Zuerst gehe ich einkaufen. Das Angebot ist zwar recht bescheiden, aber mit etwas Fantasie kann man sich dann doch eine Mahlzeit zusammenschneidern.

Bei mir gibt es heute Abend Älplermakkaroni und ein Kotelett.

Dann fahre ich los, an einen Ort, den mir Andres, der Filmemacher in Santiago, angegeben hat.

Er heißt Rio Grande.

Mit dem Amazonasfluss hat dieses karge Gerinnsel wahrlich nichts gemeinsam.

Mitten auf der Strecke sehe ich einen Wüstenpfad, der in ein Tal führt.

Dem folge ich und werde durch eine noch nie gesehene Felslandschaft belohnt.

Es ist nicht mit Worten zu beschreiben, was ich hier an Felsformationen und Farben zu Gesicht bekomme.

Weiß, Schwarz, Dunkelrot, Grün und viele andere Farben mehr.

Ein Hügel ist total grün, so als wäre er komplett mit kupfer- und sulfathaltigem Gestein übergossen worden.

Hier sind Bodenschätze direkt an der Oberfläche.

An einem Ort blinkt und glitzert es rundum.

Es sind Kristalle, die hier an der Oberfläche liegen.

Zurück in der Unterkunft nehme ich eine Dusche, die ich in der Früh ausgelassen habe, weil es kein warmes Wasser gab.

Bei nur 3 °C reizt es mich nicht, eisigkalt zu duschen. Dazu war ich zu sehr verwöhnt mit Wärme die ganze erste Jahreshälfte.

10.7.15

Lazy Day.

Ich konnte endlich die wenige Wäsche, die ich im Waschbecken gewaschen habe, zum Trocknen über die Gartenstühle in die Sonne legen und so trocknen lassen.

Da die Luftfeuchtigkeit hier nur zwischen 1 und 4 Prozent liegt, ist die Wäsche bereits nach 20 Minuten trocken.

Gegen Abend bereite ich noch meinen Rucksack vor, denn morgen früh geht's auf die Vier-Tagestour.

11.7.15
Um 0730 pünktlich stehe ich vor dem Hostal.
 Mit mir warten auch noch drei junge Franzosen.
 Nach zehn Minuten werden wir abgeholt und weitere Leute werden an verschiedenen Plätzen in den Minibus zugeladen.
 Schließlich sind wir 16 und die Fahrt beginnt.
 Bereits außerhalb des Dorfes müssen wir eine halbe Stunde warten, bis unsere Pässe kontrolliert und gestempelt sind. Dann folgt eine Fahrt von einer Stunde bis an die bolivische Grenze.
 Hier wird uns von unserem Fahrer ein üppiges Frühstück angeboten.
 Dann werden wir in Sechsergruppen auf 4x4-Fahrzeuge aufgeteilt.
 Unsere Rucksäcke werden auf das Dach geschnallt und los geht's.
 Der erste Tag führt uns an unbeschreiblich schöne Plätze. So zum Beispiel an einen schneeweißen Salzsee, dann an einen See, der komplett grün ist. Als dritten See bekommen wir einen roten zu sehen.
 Hier gibt es auch eine ganze Herde Flamingos.
 Die Landschaft ist zauberhaft und mit Worten nicht beschreibbar.
 Wir überqueren einen Pass auf 4.900 Meter über dem Meer.
 Man merkt deutlich die dünne Luft und die fürchterliche Kälte.
 Irgendwann hält Christian, unser äußerst sympathischer Fahrer, irgendwo im Nirvana an, denn das Auto ist überhitzt.
 Ein Blick unter den Wagen und die Ursache ist klar.
 Eine defekte Kühlerleitung.
 Christian gelingt es nach einer Stunde, den Schlauch provisorisch zu reparieren, und wir können die Fahrt fortsetzen. Auf 4.300 Meter über dem Meer beziehen wir eine Unterkunft, die nur aus Zementsteinen und Wellblechdach, alles nicht isoliert, gebaut ist.
 Bei minus 15 °C in der Nacht wird es da richtig unangenehm.
 Dies alles ist nicht ganz nach meinem Geschmack.
 Das Essen ist kalt, und wir frieren alle, trotz voller Skimontur.
 Die Toiletten sind unter allem Standard.

Es gibt kein Papier.

Die Türen sind nicht abschließbar und in einigen gibt es auch kein Wasser zum Spülen.

Die Zimmer sind immer per Gruppe zugeteilt, und es gibt sechs Betten.

Trotz der vier Wolldecken frieren alle fürchterlich.

Schlafen in voller Skimontur ist etwas ungewöhnlich.

Aber irgendwie schaffe ich es doch, einzuschlafen.

12.7.15

Aufstehen um 0700. Frühstück mit klappernden Zähnen.

Beim Frühstück kaufe ich von der Wirtin einen von ihr mit Alpakawolle selbstgestrickten Pullover mit Kapuze, der mich etwas aufwärmt.

Dann heißt es den Jeep packen und abfahren.

Den ganzen Vormittag über fahren wir durch verschiedene Landschaften.

Besonders beeindruckend ist eine Salzwüste, die ist über 20 km lang und topfeben.

Dann durchqueren wir einen Flecken Erde mit Hunderten von Kakteen. Die größten sind bis zu 5 m hoch. Wenn man bedenkt, dass die pro Jahr 1 cm wachsen, kann man sich das Alter ausrechnen. Beeindruckend.

Zur Mittagspause halten wir an einem Ort, wo überall Dampf aus der Erde sprudelt, sogenannte Geysire.

In einem Teich ist das Wasser so warm, dass einige Mitfahrer sich die Badehose anziehen und ein warmes Bad genießen.

Mir genügt es, denen zuzuschauen.

Am späten Nachmittag erreichen wir das Hotel, das im Nirvana steht und mir durch sein Äußeres erst einen Schock versetzt.

Im Inneren präsentiert es sich dann aber ganz nett.

Ab 1730 würden wir warmes Wasser und Strom haben, heißt es.

Zwischenzeitlich bekommen wir Tee, Kaffee und Biskuits.

Abendessen ist für 1900 angesagt.

Im Vierer-Zimmer logieren wir uns ein und der Reihe nach geht jeder seine Pfund Staub unter der warmen Dusche abwaschen.

Welch ein herrliches Gefühl.

Man erkennt, mit wie wenig ein Mensch glücklich gemacht werden kann.

Das Bett ist warm und um 1000 ist Lichterlöschen.

Ich bin beauftragt, die Gruppe um 0420 zu wecken.

Ich schlafe endlich wieder einmal ohne Zähneklappern.

13.7.15

Wie gewollt ist Tagwache um 0420. Sack packen und um 0500 geht die Fahrt ins Dunkle los.

Nach einer Stunde Fahrt über den Salzsee erreichen wir die Inka-Insel mitten im trockenen Salzsee.

Beeindruckend sind die 23.000 Kakteen, die bis 6 m in die Höhe ragen.

Dann das geplante Spektakel, der Sonnenaufgang über dem Salzsee.

Nicht beschreibbar.

Anschließend, begleitet durch die ersten Sonnenstrahlen, wird ein gutes Frühstück serviert, bei einem Picknickplatz.

Skijacke und Mütze sind ein Muss.

Die weitere Fahrt führt zu einem Dorf, wo das Salz in primitiver Handarbeit bearbeitet und verpackt wird.

Danach wird noch ein Bahn-Friedhof besichtigt, bei dem Hunderte von Dampfloks vor sich hin rotten. Letzte Station mit unserem super Fahrer und Begleiter, Christian, ist beim Touristenoffice in Uyuni. Hier trennt sich unsere Gruppe.

Drei Franzosen fahren weiter mit dem Bus nach La Paz, die beiden Neuseeländer nach Santa Cruz und ich zurück nach Chile.

Heute ist noch eine dreistündige Fahrt zum nächsten Hostal an der chilenischen Grenze vorgesehen. Uyuni ist grausig.

Eine Stadt mit 12.000 Einwohnern.

Der Dreck und Abfall liegt überall in den Straßen und wenn es windet wie heute, dann ist alles wie im Nebel vom aufgewirbelten Sand und Staub. Ich bin froh, wenn ich diese Stadt wieder verlassen kann.

Es ist 1600 und wir treffen alle im Touristenbüro ein, von wo die Reise weiter geht in Richtung Ausgangsort, San Pedro.

Die Abfahrt ist verschoben auf 1700, weil ein zu starker Sandsturm die Reise verunmögliche.

Also warten.

Um 1700 ist es dann so weit.

Mit zwei Brasilianern und einem chilenischen Pärchen teile ich den Jeep. Der Fahrer ist okay, aber isst für meinen Begriff etwas zu viele Kokablätter.

Die Fahrt geht durch die Nacht bis an einen Ort, wo wir verpflegt werden und unser Sechser-Zimmer beziehen.

Es ist saukalt, die WCs sind so lala und Duschen wäre ein Traum.

Um 1000 ist Lichterlöschen. Mit meiner Musto-Thermo-Unterwäsche gelingt es mir, ohne Zähneklappern einzuschlafen.

14.7.15

Um 0500, noch bei tiefer Nacht, ist Tagwache.

Nur noch schnell in die Kleider und packen. Der Fahrer stürmt schon und will los. Wegen der Dunkelheit sehen wir gar nichts und die vier anderen schlafen bald ein.

Die Fahrt geht über Stock und Stein, bis zur chilenischen Grenze.

Hier bekommen wir ein Frühstück im Freien. Es ist so kalt und es schneit ein wenig, dass ich nur eine Tasse Tee und eine Banane nehme und mich in den Jeep setze.

Vom chilenischen Tourenorganisator werden wir mit Bussen abgeholt und über die Grenze zur Unterkunft gebracht.

Im Hostal, wo ich das Auto gelassen habe, beziehe ich wieder ein Zimmer und husch … geht's unter die warme Dusche.

Das erste Mal wieder waschen seit zwei Tagen, das ist wie eine Neugeburt.

Oh … wie sind wir doch verwöhnt.

Auch das Internet genieße ich, um mit Familie zu plaudern. Das tut der Seele gut.

15.7.15

Kaum aus dem Dorf, werde ich von der Polizei angehalten. Die wollen Papiere sehen, ich erkläre aber mit Unschuldsmiene, dass ich nur wenig Spanisch könne.

„Ah ... Touriste." „Ok, go." „Stop ... can you take a Colega o Calama?"

„Ja, natürlich." Ein junger Mann erscheint im Blickfeld. Er spricht gut Englisch. Auf den 100 km bis Calama vernehme ich von ihm, dass er bei der Drogenfahndung undercover arbeitet. Das Hauptinteresse ist, Drogenschmuggler auf dem Weg von Bolivien nach Chile zu fangen.

Es werden alle möglichen Wege und Verstecke benutzt, um die Drogen – Kokain, LSD und Haschisch – von Bolivien nach Chile zu bringen, um dann von Santiago aus in die USA und Europa verschifft zu werden. Man habe sogar schon unter die Haut von Lamas Drogen gepackt, einige würden zu Fuß schmuggeln, andere mit dem Auto.

David versucht, die Drogenschmuggler ausfindig zu machen, um sie dann als Zivilist bis zu deren Boss zu verfolgen.

Selbst die Leute in seinem Dorf und gute Freunde wüssten nicht, was er eigentlich macht.

Eine Familie zu haben bei diesem Job sei leider nicht möglich, sagt er, aber er hätte unheimlich Spaß
bei dem Job.

Er ist ausgerüstet mit einem zivilen Jeep, darin sind Funkgerät, Satellitentelefon und eine MP mit Zielfernrohr.

Das große Problem sei, dass in Bolivien der Anbau von Kokain legal ist, während es in den meisten anderen mittel- und südamerikanischen Staaten verboten ist.

Der Fang im letzten Monat seien circa 120 kg gewesen.

Es sei nicht so viel, weil im Winter wegen der Kälte nicht so viel geschmuggelt würde.

Es war eine höchst interessante Fahrt!

Nach Calama nahm ich einen jungen Herrn, Moses, mit. Während der fünf Stunden bis Iquique hatte ich somit guten

Spanischunterricht. Moses spricht kein Englisch, gibt sich aber viel Mühe, mir langsam die Dinge zu erklären.

Wir fuhren die Küstenstraße entlang, die zwar mehr Kurven habe als die Überlandstraße, aber von der Natur her sehr viel Schönes zu bieten hat.

Wir sahen kleine Dörfchen, wo die Leute die Algen, oder „Seaweed", aus dem Meer holen, diese trocknen und in Säcke verpacken.

An zentralen Stellen werden die gesammelt und nach China verfrachtet, wo das Material als Basis zur Produktion von Kosmetika und Parfüm verwendet werde.

Moses weiß viel und erklärt mir das alles auf Spanisch.

Am Abend glühen meine Ohren.

In Iquique finde ich schnell das Hotel „Terra" und bin sehr angetan, denn das kleine Hotel ist nicht nur günstig, sondern auch noch nagelneu.

Klein aber fein und ein netter Empfang.

Leider war ich dann im empfohlenen Restaurant sehr enttäuscht.

Das Essen und der Wein waren gut. Aber für zwei Stück Fischfilets, ohne Beilage plus einen kleinen Salat, der hauptsächlich aus Zwiebeln bestand und einem halben Roten, wurden mir 35 USD abgenommen, das ist ungefähr acht Mal mehr als man mir als gängigen Preis für ein gutes Fisch-Abendessen angegeben hat.

So wurde ich richtig gerupft.

16.7.15

Es ist nicht erstaunlich, dass im Hotel auch das Frühstücksbuffet gut und vielfältig ist.

Wegen der langen Strecke fahre ich bereits um Viertel nach 8 los.

Wüste ... Wüste und nochmals Wüste.

Klar, die Landschaft wechselt ständig und ich bekomme hundert verschiedene Wüstenarten zu sehen.

Was mir schon seit Langem aufgefallen ist, sind die verschiedensten Grabdenkmäler, die sich im Abstand von 100 bis 300 m links und rechts der Straßen befinden.

Es sind Denkmäler für Unfallopfer.

Vom einfachsten, schlichten Denkmal bis zum pompösen, protzigen Grabmal kann man alles sehen. Dass es so viele Tote gibt, bei relativ wenig Verkehr zeugt davon, dass Chilenen nicht die besten Fahrer sein können.

Selbst auf den verlassensten Feldstraßen sind dauernd Gräber zu sehen.

Ich finde einen kürzeren Weg als über die Hauptstraße und fahre wieder durch die Pampa, wo ich auf 300 km nur zwei Autos kreuze.

Die Landschaft ist wieder überwältigend, aber mit der Zeit wird mir wieder heiß, denn die Benzinanzeige nähert sich zu schnell dem Nullpunkt.

Aber ich schaffe es bis Putre, wo ich das Zimmer in einem etwas in die Jahre gekommenen Hotel beziehe und im Supermarkt 20 l Benzin einkaufe.

17.7.15
Die Nacht war trotz der Kälte draußen angenehm. Ich habe mir vom Nachbarbett die Decke genommen, bin dann aber fast erdrückt worden, aber dafür hatte ich es warm.

Beim Aufstehen am Morgen war es auch nicht kalt, denn ich habe die ganze Nacht den kleinen Elektroofen eingeschaltet.

Hier wäre es nun gut gewesen, wenn das Zimmer nicht so groß wäre, dann könnte man besser heizen.

Zum Frühstück, das recht gut ist, bekomme ich auch noch eine kleine Schale Kokablätter serviert.

Ist das nicht der Hammer?

Dann fahre ich los.

Zuerst besuche ich den Chungará-See, dann drehe ich ab in den Nationalpark. Es ist wieder so ein Tag mit unbeschreiblichen Naturszenen.

Ein Landschaftsmaler müsste wohl mit einem Lkw die Farben transportieren, denn es sind unheimlich viele Farbvariationen in diesen Tälern und Bergen.

Nach jeder Kurve erwartet mich wieder eine andere Landschaft, und eine schöner wie die andere.

Ich verstehe nicht, warum der Herrgott das Paradies in der Gegend von Jordan platziert hat und nicht hier.

Sicher hat er Chile nicht gekannt, sonst hätte er es bestimmt hier eingerichtet.

Die Erdachse noch ein wenig gedreht, sodass es im Winter nicht so saukalt wird, und dann wäre es das gewesen.

In einem Dorf fuhr ich ein und bin direkt bei einer Beerdigungszeremonie gelandet. Die Leute waren festlich gekleidet, man singt und die Musikkapelle spielte auf.

Auf dem Rückweg überquerte ich einen Pass auf 5.250 m Höhe, da ist die Luft schon recht dünn und das Auto hatte so seine Mühe.

Bei der Ankunft im Hotel muss ich erst eine Dusche nehmen und den Staub aus den Klamotten schütteln. 300 km über Sandpisten fordern ihren Tribut.

18.7.15

Von 3.400 m geht's heute wieder hinunter ans Meer, nach Arica. Arica ist die letzte Station in Chile. Hier werde ich das Auto abgeben. 4.400 km habe ich seit Santiago zurückgelegt und über Chile einen umfangreichen Überblick bekommen.

Chile ist landschaftlich das schönste Land, das ich in meinem Leben gesehen habe, und ich bin weiß Gott viel in der Welt umhergekommen.

Ich könnte mir vorstellen, dass der Schöpfer damals 1.000 Künstler beauftragt hat, jeweils einen Teil von Chile zu gestalten, wobei sie frei waren in der Wahl von Farben und Formen, es musste aber eine Wüste sein.

Dazu kommt, dass Chile bekannt ist als absolut sicheres Land für Reisende.

Die Leute sind extrem nett und hilfsbereit, freundlich und versuchen, einen zu verstehen, auch wenn das Spanisch noch kein hohes Niveau erreicht hat.

Gestern ging ich wieder zum Minimarkt, wo ich schon vorgestern Benzin kaufen konnte.

In Putre gibt es wie fast überall keine Tankstelle. Da ich letztes Mal hier 20 l gekauft habe, haben sie heute kein Benzin mehr.

Da ist aber eine Dame im Laden, die weiß, wo ich Benzin kaufen kann. Sie kommt mit mir und ich kann nochmals 20 l kaufen, denn ich bin auf null und muss noch nach Arica kommen.

Freundlich sind sie!

Als ich wieder einmal an einer großen Kupfermine vorbeikomme, erinnere ich mich, was mir Moses erzählt hat: In Chile gibt es die größten Kupferminen der Welt.

Im ganzen Land sieht man überall größere und kleinere Minen. Hier wird überall geschürft und ein Großteil der Bevölkerung lebt vom Bergbau. Die meisten Minen werden im Tagebau ausgebeutet.

Man exportiert Kupfer, Bronze, Magnesium, Lithium, Silber, Sulfat, Eisen und ein wenig Gold.

Ich glaube, dieses Land könnte die Bedürfnisse nach Mineralien der restlichen Welt befriedigen.

Das Hotel „Plaza Colon" in Arica finde ich auf Anhieb.

Da ich etwas früh dran bin, muss ich erst noch eine halbe Stunde warten, bis ich das Zimmer beziehen kann.

Doch dann ist es so weit. Ich parke meine Sachen im Zimmer und gehe auf Erkundungstour.

Erst finde ich den Fischmarkt, dann den Samstagsmarkt, der sich auf 500 m erstreckt.

Ich halte Ausschau nach Hosen, denn meine eine Hose hat sich im Schritt aufgelöst und bei der zweiten Hose ist der Reißverschluss kaputt.

Ich finde nichts, gehe zurück in die Stadt, wobei ich den Umweg über die Straße nehme, die sich entlang des immensen Strands zieht.

Hier sehe ich Surfer, die sich in den hohen Wellen tummeln und Girls, die im Bikini am Strand liegen. In der Fußgängerzone kaufe ich schließlich ein Paar Jeans.

Dann suche ich ein Restaurant und werde fündig.

Endlich wieder einmal etwas Zivilisation.

Wie gut das tut.

Zurück im Zimmer nehme ich ein warmes Bad, etwas, was mir wie ein besonderer Luxus erscheint. Aber ... der Stöpsel zum Ablauf fehlt. Mit einem Büschel WC-Papier verstopfe ich den Abfluss.

Die Badewanne ist, wie letztes Mal auch, nur etwa 1,40 m lang.

Ich weiß, dass die Chilenen nicht besonders groß sind, aber es gibt doch auch Touristen!

Gerne wüsste ich, wie sich ein 120 kg schwerer und 1,90 m großer Ami hier baden würde.

Trotzdem, ich genieße das Wechselbad (zwischen Oberkörper und Beinen), schlüpfe danach unter die Decke und surfe im Internet.

19.7.15

Ein „Easy-Tag".

Viereinhalb Stunden streune ich durch die Gegend und auf den Hügel mit dem Waffenmuseum. Von hier oben hat man einen herrlichen Blick über den Hafen.

Tausende von Containern sind hier gestapelt und Arica hat eine große Fischerarmada.

Auf der Halbinsel mit dem Leuchtturm schaue ich eine Zeitlang den Surfern dabei zu, wie sie in den hohen Wellen umhertoben.

Es ist bewölkt und so sehe ich seit Wochen zum ersten Mal die Sonne nicht.

Die 20 °C sind angenehm.

Abends möchte ich nochmals in das Restaurant, wo ich gestern gut gegessen habe.

Leider ist es, wie alle anderen Restaurants, geschlossen.

In einem Schuppen bekomme ich dann doch noch etwas zwischen die Zähne.

20.7.15

Die Rückgabe des Autos verläuft ohne Problem.

Danach fahre ich mit dem Taxi zum Busbahnhof, wo ich mit vier anderen in ein Privatauto in Richtung Peru gesetzt werde.

Ich bin etwas nervös, denn nun fängt ein neuer Abschnitt meiner Reise an.

Die Fahrt nach Tacna verläuft problemlos, die Passagen an den Grenzkontrollen sind unkompliziert und das Hotel findet der Taxifahrer nach einigem Suchen ebenfalls.

Die Stadt ist nicht anders als die in Chile, außer dass hier an jeder Ecke ein Restaurant angesiedelt ist.

Mein erster Gang in die Stadt führt mich zu Claro, um eine Prepaid-Karte fürs Internet zu kaufen. Die Prozedur, bis das Internet auf meinem iPad funktioniert, dauert ganze zwei Stunden!

21.7.15
Leider muss ich auf die Morgendusche verzichten, denn hier bekomme ich kein warmes Wasser aus dem Duschkopf.

Das Frühstück ist recht gut und ich bekomme sogar ein Rührei vorgesetzt.

Erstaunlich, wenn man bedenkt, dass ich hier für ein Einzelzimmer mit eigenem Bad und anständigem Bett gerade einmal 20 USD hingelegt habe.

Im Allgemeinen ist mir aufgefallen, dass hier alles recht günstig ist.

Für die Fahrt nach Arequipa, eine 5-stündige Fahrt in der Luxusklasse, bezahle ich 15 USD und das beinhaltet auch noch eine Zwischenmahlzeit.

Die Busfahrt ist super.

Die Sitze in der Upperclass sind Liegesitze wie in der 1. Klasse im Flugzeug.

Die Fahrt an sich ist nichts Besonderes.

Langweilige, eintönige Landschaft, ohne irgendeinen Reiz.

Dann, in Arequipa, suche ich sofort den Anschlussbus für morgen.

Ich muss zu einem anderen Terminal.

Ein Taxifahrer nimmt mich unter seine Fittiche und geht mit mir von Ort zu Ort, bis ich dann an einem Schalter eine Fahrt nach Puno in der Luxusabteilung buchen kann.

Danach fährt er mich zum Hostal.

Er wollte unbedingt, dass ich in ein anderes Hostal gehe, denn das sei keine gute Gegend.

Es werde geklaut.

Dann ... bin ich dort.

Was für ein Schuppen ... das Schlimmste, was ich bis jetzt gesehen habe.

Der Kerl an der Rezeption ist so sympathisch wie ein Feuermelder (eine reinhauen und abhauen), dann will er nicht, dass ich das Zimmer anschaue.

Erst bezahlen ...

Ich sage, dass ich wieder gehe, dann kann ich doch das Zimmer besichtigen.

Okay, es wird gehen, wenn ich nachts die Augen zu habe und schlafe.

Ich bekomme dann eine TV-Bedienung, eine halbe Rolle Klopapier, eine Seife und den Schlüssel ausgehändigt.

Im Zimmer lasse ich nichts von Wert und starte meinen Rundgang durch die Stadt.

Arequipa hat eine recht ansprechende Altstadt mit sehr schönen historischen Gebäuden.

Die meisten davon sind Banken.

In der Stadt zirkulieren eigentlich nur Taxis.

Von denen gibt es Tausende.

Obwohl es Dienstag ist, gibt es so viele Leute wie beim Jahrmarkt.

Nach zwei Stunden habe ich gesehen, was zu sehen ist.

Irgendwann werde ich noch etwas essen, dann die Augen schließen.

Morgen um 1300 muss ich wieder beim Bus sein. Ich freue mich schon auf die Weiterreise.

22.7.15

Trotz des Saustalls habe ich gut geschlafen.

Die Ohrstöpsel und mein Badetuch über dem Kopfkissen waren dabei hilfreich.

Man merkt die zwei Stunden, die ich die Uhr zwischen Chile und Peru zurückstellen musste.

Bereits um 0700 scheint die Sonne.

Ich trödle noch im Bett herum, bevor ich mich aufmache.

Duschen kann ich nicht, der Duschkopf ist so was von versifft, dass es mich graust.

Raus aus dem Stall.

Ich packe den Esel (Rudy) und wandere in die Stadt, wo ich einen Teesalon finde.

Ein gutes Frühstück und seit Langem wieder einmal ein Kaffee tun der gepeinigten Seele gut.

Mit dem Taxi geht's zum Busterminal, wo ich die beiden Rucksäcke aufgeben kann, dann brauche ich nur noch vier Stunden zu warten.

Die Fahrt ist in diesen Liegesitzen sehr angenehm und die Zeit beim Filmeschauen geht wie im Flug vorbei.

In Puna werde ich am Terminal von der Chefin des Hotels abgeholt und mit dem Taxi ins Hotel gebracht.

Ich bin positiv überrascht, was mir hier für 20 USD pro Nacht geboten wird.

Klar, es ist nicht neu, aber topsauber, ruhig und ich kann die vermisste Dusche nachholen.

23.7.15

Ein gutes Frühstück wird mir angeboten, dann streune ich in der Stadt umher, sehe ein riesiges Aufgebot an Polizisten, mit Schutzschildern und Wasserwerfern.

Es sollen Demonstrationen stattfinden und wie ich später vernehme, fahren keine Busse mehr nach Puno.

Da hatte ich ja noch mal richtig Glück, dass ich gestern noch hergekommen bin.

Am Ufer des Titicaca-Sees kaufe ich ein Ticket und steige in ein Boot, das zu den schwimmenden Inseln der Uros fährt.

Auf dem Boot treffe ich zwei junge Schweizer an, die seit vier Monaten auf Reisen sind.

Das Girl kommt aus einem Nachbardorf im Aargau und der junge Mann hat als Lehrling bei einem Unternehmer gearbeitet und war damals auf meiner Baustelle als Zimmermann bei der alten Strohhutfabrik tätig.

Wie klein doch die Welt manchmal ist!

Die Inseln sind recht beeindruckend, aber so touristisch, dass es schon fast nicht mehr schön ist und an eine inszenierte Theateraufführung erinnert.

Die sogenannten „Inselbewohner" sind in Trachten gekleidet und tun so, als würden sie ihrer Tagesbeschäftigung nachgehen.

Am Abend, wenn die letzten Touristen weg sind, steigen sie in die hinter den Inseln versteckten Motorboote und fahren in die Stadt zu ihren Wohnungen.

Den Nachmittag verbringe ich mit Streifzügen durch die Stadt.

Dann kaufe ich das Bahnticket von Puno nach Cusco, bekomme aber keins für den nächsten Sonntag. Die Bahn fährt erst am Montag.

Also werde ich einen zusätzlichen Tag hier verbringen.

Dann hocke ich mich auf eine Bank in einem Park und genieße es, die Leute zu beobachten.

Im Park gibt es viele Tauben.

Nicht aber so viele wie in Arequipa, wo die Tauben auf dem Hauptplatz in der Zahl doppelt so viele waren wie auf dem Markusplatz in Venedig.

Aufgefallen ist mir, dass ich in Peru noch fast keine Person gesehen habe, die raucht.

Marlboro würde hier vermutlich in Konkurs gehen.

Außerdem habe ich auch nirgends gesehen, dass Raucherwaren verkauft werden.

Es gibt drei Kategorien von Leuten hier.

Die Bauern und Bergler.

Die sehen sehr indianisch aus, haben dunkle Haut und diese typische Indianernase.

Die Frauen tragen Röcke, die ihnen einen vergrößerten Umfang geben, schwarze, lange Zöpfe und auf dem Kopf der viel zu klein scheinende Hut ist Alltag. Kleinkinder oder Ware wird in der auf den Rücken gebundenen roten Decke getragen.

Die Frauen sehen alle sehr alt aus.

Dann gibt es die jungen hübschen Mädels, mit Stöckelschuhen und Jeans, modernen Frisuren und Outfits.

Des Weiteren die Beamten, Lehrer, Bänkler etc., mit Sakko und Lederschuhen.

Vielen sieht man die ländliche Herkunft an, aber sie geben sich Mühe, modern und gestylt daherzukommen, vielen gelingt es nicht ganz so gut.

Die Häuser in der Stadt sind wie überall in der Karibik und Mittelamerika, halbfertig und mit Blech und Bretterverschlägen.

Die meisten Häuser sind aus Ziegel- oder Zementsteinen gebaut, unverputzt, und wenn, dann ist nur gerade die Vorderfassade zur Straße hin fertiggestellt.

Puno hat von Weitem gesehen diese dunkelrote Farbe der Ziegelsteine, was der Stadt wiederum ein uniformes, in die Landschaft eingepasstes Farbbild gibt.

Von Weitem schön, von Nahem scheußlich.

Privatautos sieht man wenige.

Taxis gibt es in mehreren Varianten: Normale Autos, Dreirad-Gefährte mit variantenreichen Karosserien, Dreirad-Kleingefährte mit einheitlichem Aussehen und Dreirad-Fahrradtaxis.

Die Kosten für eine Taxifahrt sind lächerlich und deshalb werden sie wohl auch so stark benutzt.

Busfahren in Peru ist ebenfalls sehr günstig.

Die Langstreckenbusse haben zwei Klassen. Die obere Etage („Economica") hat normale Sitze und Komfort wie auch bei uns. Die untere Etage („Cama") hat Sitze und Komfort wie die Flugzeuge in der ersten Klasse. Trotzdem hat mich eine Fahrt von sechseinhalb Stunden in der Cama-Klasse nur 27 USD gekostet. In der Economica wären es 20 USD gewesen.

Die Bahn in Peru hingegen ist teuer. Die gleiche Strecke, die man mit dem Bus in Economy für 30 USD zurücklegen kann, kostet mit der Bahn 169 USD. Aber die Bahn soll ein Erlebnis der besonderen Art und vergleichbar mit dem Orient-Express sein. Nostalgische Waggons, superbequem, gutes Essen etc.

Ich werde es in einigen Tagen erleben. Wie gesagt, ich habe heute mein Ticket gekauft.

24.7.15
Mit einem Moped-Taxi lasse ich mich zur Haltestelle der Kleinbusse nach Chucuito fahren.

Hier kann man einsteigen, muss aber warten, bis der Van voll ist, erst dann fährt er los.

Nach kurzer Zeit ist Rudolf zwischen zehn Peruanerinnen eingeklemmt auf Fahrt. 50 US-Cents kostet die 11 km lange Fahrt.

In Chucuito gerate ich mitten in die Feierlichkeiten zum 20. Jahrestag der Unabhängigkeit Chiles.

Es ist ein köstliches Erlebnis, zu sehen, wie hier das ganze Dorf mit Kind und Kegel diesen Nationalfeiertag mit einer Hingabe feiert, die uns schon fremd ist.

Vorab marschiert eine Delegation des Militärs im Stechschritt, dann die Polizei, dann die Kindergärtner, 1. Klasse, 2. Klasse usw., dann Turnverein, Musik und am Schluss die Behördenmitglieder.

Da zuerst das Militär im Stechschritt marschierte, folgten alle anderen, vom Kindergärtner bis zu den Behördenmitgliedern, ebenfalls im Stechschritt und dies zum Teil mit etwas komisch anzusehenden Verrenkungen.

Das Ganze dauert fast zwei Stunden und gleicht einer Turn- und Fitnessübung.

Das etwas falsche Spiel der Musiker (ähnelte stark den Guggenmusiken) wurde kompensiert durch die Inbrunst, mit der in die Hörner geblasen wurde.

Die Peruaner sind ein stolzes Volk und ehren ihre Heimat. Das finde ich schön.

Nach diesem Schauspiel besuche ich die historische Stätte.

Hier sind in einem aus großen Steinblöcken gebauten Gehege Steinskulpturen aufgestellt.

Alle haben die Form eines Penis.

Über die Stätte kursieren verschiedene Ansichten.

Die einen sagen aus, dass es eine Art Tempel gewesen sei, andere behaupten, dass die Skulpturen von einem tüchtigen Geschäftsmann als Touristenattraktion hierhergebracht worden seien.

Sei es wie es sei, ich habe Hunger und esse bei einem einheimischen Stand eine Suppe und einen Teller mit gebackenem Käse.

Die Suppe ist voll von Gemüse und ist gut.

Der gebackene Käse erinnert mich an einen gebackenen Camembert. Der liegt auf verschiedenen Gemüsen, von denen ich nur die Kartoffeln kenne.

Das Ganze lässt sich essen und kostet, inklusive einer Cola, nur 2,50 USD!

Abends habe ich keinen großen Hunger, setze mich in eine Pizzeria und warte, warte, warte.

Schließlich werde ich gefragt, was ich möchte.

Ich bestelle eine Spargelsuppe und Spaghetti Carbonara.

Dazu ein großes Bier.

Dann warte ich wieder.

Es gibt nur eine Serviererin, und die verlässt das Lokal mit zwei leeren Kasten Bier, steigt in ein Taxi und kommt nach zwei Minuten wieder mit vollen Kisten zurück.

Dann wird weiter serviert.

Ich bekomme nur ein kleines Bier vorgesetzt, dann die Suppe und gleich darauf werden die Spaghetti aufgetischt.

Ich gebe diese zurück. Sie soll die bringen, wenn ich die Suppe fertig habe, sonst seien sie kalt und das möge ich nicht.

Vier Schweizerinnen, die das Lokal nach mir betraten, haben dies wieder verlassen, weil sie einfach zu lange warten mussten.

25.7.15

Damit ich meine Wartezeit bis zur Bahnfahrt etwas nützlich gestalten kann, nehme ich mir für heute vor, die Hügel zu besteigen, die sich hinter Puno aufreihen.

Zuerst steige ich etwa 500 Treppenstufen zum Kondor hoch, der über der Stadt auf dem einen Hügel auf 4.000 m thront.

Von dort steige ich weiter hinauf auf den Nachbarhügel, auf 4.300 m.

Ich muss häufig anhalten und Luft holen, denn die ist hier oben recht dünn und das merkt man.

Von da geht's weiter über eine Hochebene, wo noch etwas Landwirtschaft betrieben wird.

Große, von Hand gebaute Steinzäune begrenzen die einzelnen Felder.

Die müssen Zeit und Muße gehabt haben, um diese Kunstwerke aufzubauen.

Den nächsten Hügel mit einem weiteren Gipfelkreuz erreiche ich nach einer kleineren Klettertour über eine Geröllhalde. Hier oben bin ich nicht alleine.

Mehrere Autos und Kleinbusse sind hier hochgefahren und bei dem Gipfelkreuz werden Andachten abgehalten, alle rund um ein loderndes Feuer.

Es sind etwa zehn Feuer entfacht und ich meine zu verstehen, dass man hier der toten Verwandten gedenkt.

Ich genieße etwas abseits von dem Getue die schöne Aussicht über die Stadt und den See.

Diesen kann ich nicht in seiner ganzen Größe erfassen.

Er ist immerhin 180 km lang und 45 km breit.

Dann mache ich mich auf den Abstieg, über einen komplett kaputten ehemaligen Kreuzweg.

Die Bildstöcke sind zerschlagen und der Weg nur noch schwer begehbar.

Auf dem Abstieg treffe ich ständig auf streunende Hunde. Die meisten sind scheu und hauen ab. Einer aber meint, er müsse mich verbellen und als ich ihm befehle, abzuhauen, greift er an.

Als ich mich bücke, um einen Stein aufzuheben, geht er an mein Bein, streift dieses jedoch nur.

Mit den Steinen kann ich dieses Saubiest in Schach halten.

Er folgt mir noch eine ganze Weile und will mich mit seinen Drohgebärden beeindrucken.

Ich bin dann aber doch froh, als er endlich von mir ablässt und verschwindet.

Nach vier Stunden Marsch bin ich schon wieder zurück.

Ich hatte mit mehr Zeit gerechnet, und so habe ich noch den ganzen Nachmittag vor mir.

26.7.15
Beim Spazieren durch die Stadt treffe ich in der Kirche auf eine Hochzeitsgesellschaft.
Ich folge denen in die Kirche und sehe mir die Zeremonie an. Es ist praktisch gleich wie bei uns, außer dass die Gäste große Blumenarrangements mitbringen, die alle auf dem Altar aufgestellt werden.
Es ist eine katholische Trauung.
Auf Befehl des Priesters küsst sich das Brautpaar, genau wie das bei uns war.
Beim Auszug aus der Kirche steht eine Kapelle bereit. Die Braut und der Bräutigam werden reichlich mit Konfetti überworfen.
Dann wird auf dem Kirchenplatz zur einheimischen Musik der Kapelle getanzt.
Anschließend fährt das Brautpaar in einem geschmückten Wagen fort.
Den restlichen Tag verbringe ich mit Nichtstun und Zeit abwarten.

27.7.15
Etwas nervös bin ich.
Um 0730 muss ich mit Sack und Pack am Bahnhof sein.
Es sind nur fünf Minuten, die ich die drei Säcke tragen muss, dann kann ich das Gepäck einchecken und bald darauf den Zug besteigen.
Ich habe mich auf diese Fahrt nach Cusco gefreut, denn im Internet wird sie als einmaliges Erlebnis beschrieben.
Und … das ist sie.
Nach der ersten Stunde, den Titicaca-See entlang, wird uns Kaffee oder Tee serviert. Darauf folgt noch ein Fruchtsalat.
Die Durchfahrt durch die nächste größere Stadt ist ein Spektakel.
Die verschiedenen Straßenhändler, die alle auf der Bahntrasse ihre Stände haben, müssen diese wegräumen oder verschieben, sodass der Zug durchfahren kann.
Einige lassen ihre Waren zwischen den Schienen liegen.

Sowie der Zug vorbei ist, geht alles wieder zurück auf die Trasse.

Der Zug ist in nostalgischem Stil gehalten, hat hinten angehängt einen Bar-Wagen und ganz am Ende einen halboffenen Aussichtswagen.

Es gibt eine Show, mit einem Drink und Musik.

Dann Aperitif und ein 3-Gänge-Menü.

Nachmittags wird wieder eine Tanzshow mit Musik und Getränken geboten.

Vor der Endstation serviert man nochmals einen Champagner und einige Häppchen.

Wann immer man Bedarf hatte, konnte man Kaffee, Wasser oder Tee verlangen.

Das Personal, drei Personen in unserem Wagen (es gab drei Wagen), bediente während der zehn Stunden ständig.

Alle sind äußerst freundlich!

Die Bahnfahrt kostet ungefähr fünf Mal so viel wie der Bus, aber sie ist es wert.

Die Landschaft ist nur an wenigen Stellen etwas Besonderes, aber dafür ist mit den Programmen gegen Langeweile vorgesorgt.

Am Endterminal in Cusco gebe ich einem Taxifahrer die Adresse des Hostals bekannt.

Es sind laut Google Maps nur 2,5 km.

Er will dafür 20 Soles.

Ich meckere, dass das übertrieben sei, daraufhin geht er auf 15 runter.

Bei der Fahrt sage ich ihm, dass ich in Puno für diese Fahrt nur 5 Soles bezahlt hätte.

Ja, das hätte ich auch hier, wenn ich außerhalb des Terminals ein Straßentaxi genommen hätte und nicht das offizielle.

Wenn man das vorher wüsste!

Das Hostal ist sauber und ich kann eine warme Dusche nehmen, bevor ich voller neuer Eindrücke ins Bett falle.

28.7.15
Nach neun Stunden Schlaf muss ich aus dem Bett. Vom Zimmer aus sehe ich die Sonne über der Stadt scheinen.

Cusco ist groß.

Ich suche eine Stelle, wo ich eine City-Tour im Doppeldeckerbus buchen kann.

Für 20 Soles (6 Euro) werde ich dann eineinhalb Stunden durch die Stadt gefahren.

Diese Stadt Cusco ist die erste richtig schöne Stadt, mit einer wunderschönen Altstadt, die ich seit Langem gesehen habe.

Es gibt viele antike Häuser, zum Teil mit Inka-Einfluss.

Es ist ja kaum zu glauben, wie die Inkas Bauten mit zum Teil großen Steinblöcken in einer Präzision von Millimetern und perfekten Winkeln gebaut haben.

Dazu sind die Oberflächen aufs Genaueste bearbeitet, besser können es die heutigen Steinmetze nicht, trotz deren Maschinen.

Danach finde ich einen Travel-Agent, der mir eine Tour anbietet, bei der ich morgen einiges in der Umgebung sehen werde.

Übermorgen geht es auf die Reise zum Machu Picchu, für drei Tage.

29.7.15
Ich hänge einfach herum. Durchstreife die Stadt und mache Fotos. Wenn ich dem Verkehr zuschaue, dann bin ich froh, dass ich kein Auto gemietet habe. Ich würde mich echt nicht trauen, hier Auto zu fahren.

Die Peruaner kennen nichts.

Der Stärkere und Schnellere ist der Gewinner.

Fußgänger müssen selbst über ihr Leben entscheiden, wenn sie die Straße überqueren.

Das Höchste der Gefühle ist ein Hupen eines Autofahrers!

Mir wurden schon ein paar Mal fast die Füße abgefahren.

30.7.15
Es ist 0700 und ich gebe meinen Rucksack im Hostal zur Aufbewahrung ab.

Dann schnell hinunter in die Stadt, wo ich sofort von einem Kleinbus eingesammelt werde.

Dann noch eine Stunde warten, bis alle Leute eingesammelt sind und der Bus voll ist.

Sechs Stunden dauert die Fahrt, wobei der letzte Teil durch ein Tal führt, mit einem Kiesweg den Hang entlang in 200 bis 300 Meter Höhe über dem Bachbett.

Mir ist ganz komisch, aber der Fahrer scheint es gewohnt zu sein.

Schließlich erreichen wir unser Tagesziel, Electro Hidráulica.

Hier ist die Fahrt zu Ende und wir werden ausgeladen.

Weiter geht es die Bahnschienen entlang bis zum Dorf Aguas Calientes, dem Ausgangspunkt für den Besuch von Machu Picchu.

Es sind 15 km, mit schwacher Steigung, die ich in zwei Stunden und zehn Minuten schaffe, und somit 40 Minuten schneller als die Gruppe aus dem Bus.

Am Ziel, in Aguas Calientes, begebe ich mich direkt in das mir genannte Hostal, muss dort aber feststellen, dass für mich kein Zimmer reserviert ist.

Nach längerem Drängen ruft die Rezeptionistin bei der Agentur an.

Ein Guide würde kommen, heißt es dann.

Er kam auch, aber erst eine Stunde später.

Ich fror, weil ich total verschwitzt war und dringend eine Dusche brauchte.

Ich wurde in ein anderes Hostal geführt.

Hier hatte ich aber kein warmes Wasser in der Dusche.

An der Rezeption erklärte man mir dann, dass eventuell die Hähne vertauscht seien. In der Tat, beim Kaltwasserhahn kam dann auch warmes Wasser.

Die Welt war wieder in Ordnung.

Beim Abendessen traf ich einen Ami aus NY.

Der macht beruflich das gleiche, was ich seit Jahren mache.

Er ist Generalunternehmer und macht vor allem Umbauten.
Nur, bei unserem Gedankenaustausch musste ich feststellen, dass die in den USA in der Bautechnik noch weit hinter uns herhinken.

Er ist unterwegs mit seiner niedlichen Tochter.

Die Peru-Reise ist sein Geschenk an sie für einen guten Schulabschluss.

31.7.15
Letzter Julitag.

Um 0800 nehme ich den Weg zum Machu Picchu unter die Füße.

Kaum 500 m habe ich zurückgelegt, als ich eine junge Dame kennenlerne, die mich nach dem Weg fragt.

Sie heißt Gil und ist aus Taiwan.

Wir legen den Weg zusammen zurück und treffen bald auf Salvatore (der Ami von gestern Abend) und seine Tochter.

Schließlich bilden wir eine Wandergruppe, die sich mühsam die circa 1.500 Stufen zum Machu Picchu hochkämpft. Ein weiteres Paar aus Kalifornien schließt sich uns an und wir kämpfen alle und stacheln uns gegenseitig an, den Kampf nicht aufzugeben. Schließlich erreichen wir die historische Inka-Stätte.

Gil geht ins Restaurant, sie hat Hunger. Die Kalifornier gehen in eine andere Richtung.

Salvatore will sich erst ausruhen und Rachel (die 18-jährige Tochter von Salvatore) kommt mit mir die Stätten besuchen.

Wir klettern weiter in die Höhe bis zur Spitze und bestaunen diese doch sehr beeindruckende Inka-Stätte.

Auf der Spitze will ich mir eine Ruhepause gönnen.

Rachel zieht weiter.

Es ist irgendwie lustig, wie man Leute kennenlernt und so schnell wie man sie kennt, so schnell sind sie wieder verschwunden.

Nachdem ich mir eine Rast von einer halben Stunde gegönnt habe, besuche ich noch den Rest der Anlage.

Dann mache ich mich wieder auf den Abstieg.

Es wäre möglich gewesen, sich ein Busticket zu kaufen und sich hoch- und runterfahren zu lassen wie das 90 Prozent der Besucher machen, aber für mich ist die sportliche Variante die, die mir besser gefällt.

Es ist schon unglaublich, was die Inkas hier oben aufgebaut haben und wie die hier gelebt haben.

Ich bin völlig beeindruckt und muss zugeben, dass sich ein Besuch von Machu Picchu lohnt.

Nicht umsonst wird dieser Ort als eines der sieben Weltwunder genannt und ist ein UNESCO-Welterbe. Ein Liter Bier löscht meinen Durst nach der Rückkehr ins Dorf.

Eine warme Dusche und die Welt ist wieder in Ordnung.

Bei den Salzseen.

Die schwimmenden Inseln.

Der Zug nach Cusco. Die zehnstündige Reise kostet 169 USD.

Nach der Durchfahrt durchs Dorf geht der Verkauf weiter.

Cusco, die schönste Stadt auf meiner Südamerika-Reise.

Auf dem Machu Picchu.

Ein Fischerhafen an der Westküste.

August 2015

1.8.15
Bis 1100 muss ich mir die Zeit vertreiben.

Ich hocke auf dem Dorfplatz von Aguas Calientes und schaue den Vorbereitungen zu einem Festakt zu. Heute ist auch Perus Nationalfeiertag.

Dann endlich ist es so weit.

Die Bahnlinie entlang geht's in zwei Stunden zu Fuß gemütlich bis Hydrolic zurück, wo ich dann noch eine Stunde auf den Bus warte.

Die Fahrer, die nehmen in der Früh in Cusco die Leute auf, fahren dann sechs Stunden bis Hydrolic, wobei die letzte Stunde auf diesem unheimlichen Bergpfad zu fahren ist.

Dann laden sie die Leute aus und füllen den Wagen wieder mit den Rückkehrern.

Zurück geht's dann wieder innerhalb von sechs Stunden.

Diese Fahrer sind nicht von der zimperlichen Sorte.

Aus einem Gespräch habe ich rausgehört, dass die Fahrer diese Tour zwei bis drei Mal die Woche fahren.

Bei unserer „Heimfahrt". hatte der Bus eines anderen Fahrers eine Panne.

Unser Fahrer scheint ein Mechaniker zu sein.

Wir mussten dann im Wagen eine halbe Stunde warten, bis der andere Bus wieder flott ist.

So kommen wir erst um 2130 nach Cusco zurück.

Ich hole meinen Rucksack im letzten Hostal ab und fahre mit einem Taxi zu einem anderen Hostal.

Dann falle ich wortwörtlich ins Bett.

2.8.15
Ich bleibe nochmals einen Tag in Cusco.

Beim Aufstehen merke ich, dass mir die Beine etwas schmerzen, ein Überbleibsel von den 1.500 Treppenstufen zum Machu Picchu.

Also schlendere ich sehr gemütlich in die Stadt, wo ich wieder viel Neues entdecke.

Auf dem Hauptplatz findet eine Parade zum Nationalfeiertag statt.

Auch hier wird im Stechschritt vorbeimarschiert.

Es ist köstlich.

Von irgendwo her höre ich Musik, gehe dem Sound nach und lande auf dem Franziskusplatz.

Hier sind viele Essensstände mit traditionellen peruanischen Gerichten aufgestellt.

Ich muss da auch probieren und da es Mittagszeit ist, bestelle ich eine Schlachtplatte.

Darauf finde ich gedörrte Maiskörner, ein Gemüse, das dunkelgrün und sehr anstrengend zum Kauen ist.

Des Weiteren sind da zwei Stück Wurst, wovon ich das eine esse und das andere nur probiere.

Es schmeckt mir nicht.

An einem großen Stück Truthahn oder altem Gockel verbiege ich fast das Messer, schaffe es dann aber mit Händen und Zähnen, einen Teil zum Magen zu befördern.

Das Stück Spanferkel kann ich ebenfalls nicht schneiden und muss es abbeißen.

Dann, das Highlight!

Ein halbes Meerschweinchen, schön dunkelbraun gebraten am Spieß! Es geht, Leckerbissen schmecken für mich anders.

Damit man ja nicht hungrig vom Tisch geht, legen die noch ein Stück Käse und ein Maisbrot auf den Teller.

Ich probiere alles, muss aber die Hälfte stehen lassen. Es ist zu viel. Den Käse esse ich ganz auf, denn der ist wirklich köstlich.

Bei einem anderen Stand gibt es interessante Informationen zum Essen.

So vernehme ich, dass sich Peru als das Land des Ursprungs der Kartoffel sieht.

Es gibt hier 400 verschiedene Kartoffelsorten.

Dann auch dazu noch 600 verschiedene Maissorten.

Warum ich aber seit meiner Südamerikareise nie ein richtig gutes, mir mundendes Essen bekommen habe, außer einem Mal auf einer Tour, ist angesichts dieser Variationen schlicht unverständlich.

Ich habe bei Rita zu Hause per Skype bereits mein erstes Essen nach der Rückkehr bestellt und freue mich schon auf ein Rindsgulasch mit breiten Butternudeln und Blumenkohl an weißer Sauce.

Am Nachmittag im Hostal wasche ich die Klamotten, die ich zum Teil schon seit zwei Wochen nicht mehr waschen konnte.

Dabei bin ich in der Dusche in der Hocke und werde auch gleich mitgewaschen.

Dank etwas wärmerem Wetter und einigen Sonnenstrahlen trocknet alles recht schnell, besonders die Teile, die ich einfach draußen vors Fenster hänge.

Irgendwie kommt mir in den Sinn, dass ich mein Handy nicht gesehen habe.

Alles Suchen nutzt nichts.

Über Skype bitte ich Rita, mich von zu Hause aus anzurufen, um es zu orten.

Nichts ist zu hören.

Es ist weg.

Wo und wie auch immer.

Rita lässt sofort die Karte sperren.

Ich trauere dem alten Gerät nicht allzu sehr nach, denn ich brauche sowieso ein neues, denn in der luftigen Höhe von Chile hat es begonnen, sich in seine Bestandteile zu zersetzen.

Das Display hing nur noch an einem Faden und der Druckknopf funktionierte auch nur noch nach mehrmaligem heftigem Fluchen.

Derjenige, der es gefunden oder geklaut hat, wird nicht glücklich werden damit.

3.8.15

Die halbe Nacht habe ich auf der Schüssel im Bad verbracht. Mir ist etwas unwohl, denn es ist geplant, heute eine zehnstündige Busfahrt zum peruanischen Dschungel zu machen.

Ich habe in der Tasche noch einen Rest Reis, den ich in Wasser in einer abgeschnittenen Flasche über Nacht eingelegt habe und heute zum Frühstück esse.

Damit und mithilfe der bereits einmal bewährten Pillen gelingt es, den Darm unter Kontrolle zu bringen und die Fahrt zu überstehen.

Am Abend werde ich vom Bus abgeholt und in ein tolles, fast neues Hostal gebracht.

Endlich wieder einmal etwas Zivilisation.

4.8.15

Nach einem guten Frühstück holt man mich mit einem Kleinbus ab und bringt mich zum Reiseberater für die Dschungeltour.

Vorab geht es mit einem Boot über den breiten, braunen Fluss zur „Monte Amazonico Lodge", wo ich erst einmal einquartiert werde.

Die geführte Tour durch den Dschungel ist sehr interessant.

Die Führerin weiß viel über die verschiedensten Pflanzen zu erzählen.

Wir sehen Bäume, die bis zu 90 m in die Höhe ragen.

Bäume, die im Jahr bis zu 20 cm von ihrem Standort aus wandern und solche, die so hart sind, dass sie kaum geschnitten werden können.

Ein Baum hat eine Rinde, die stark nach Knoblauch riecht. Diese Rinde wird zum Kochen gebraucht.

Usw. ... usw.

Nach einem guten Mittagessen werden wir per Boot auf die Affeninsel gefahren.

Hier können wir eine Kolonie von Affen beobachten, die sich aber bereits an die Touristen gewöhnt hat und die Bananen und Orangen, die ihnen angeboten werden, abholen.

5.8.15
Schon um 0400 klingelt der Wecker.

Wir sollen um 0430 frühstücken und um 0500 beim Boot sein.

Leider hat der Herrgott für heute keine Ausnahme gemacht und das Tageslicht kommt erst um 0500, wie alle Tage.

Da aber in der Lodge niemand daran denkt, den Generator in der Früh zu starten, muss die ganze Aufsteherei im Dunkeln stattfinden.

Gut, dass ich ein iPad habe, das mir etwas Licht beschert, ansonsten wäre ich total aufgeschmissen und würde völlig im Dunkeln tappen.

Auch in der Küche wird mit Stirnlampen hantiert. Man kann sich ja das Leben auch schwer machen, wenn man will.

Nun gut, um 0500 wird's langsam hell und die Bootsfahrt auf dem Rio Madre de Dios dauert nur 15 Minuten, dann haben wir eine Stunde lang auf einem Dschungelpfad zu wandern bis zu einem Punkt, wo Kanuboote auf uns warten.

Unser weiblicher Guide paddelt uns auf einem See umher und wir bekommen eine Otterfamilie und verschiedene bunte Vögel zu sehen.

Schmetterlinge gibt es hier ... die sind zum Teil so groß wie meine beiden Hände zusammen und farbig sind die, mit Orange, Gelb, Blau und Weiß sind alle Farben vertreten. Einige sind einfarbig, andere bunt gemustert. Einen habe ich gesehen, der hatte die Nummer 88 auf seine Flügel gemalt.

Es ist zwar interessant, was wir hier sehen, aber in einigen Nationalparks in der Karibik war es interessanter.

Vor allem fällt auf, dass es wenige Blumen gibt, sondern nur verschiedenste Bäume und Pflanzen.

Die, wenn man die Information darüber bekommt, schon sehr interessant sind.

Es gibt Bäume, die sind als Killerbäume bekannt und gefährlich.

Andere wieder sind aus medizinischer Sicht interessant.

Unser Guide gibt sich viel Mühe, uns das alles zu erklären.

Mittags sind wir zurück in der Lodge und haben einen freien Nachmittag.

Zusammen mit zwei Schweizerinnen aus Bern und drei Burschen aus Aarau verbringe ich den Nachmittag beim Jassen auf der Terrasse.

Um 1815 steht ein Nachtspaziergang durch den Dschungel auf dem Programm. Leider sehen wir nicht allzu viele nachtaktive Viecher.

Es gibt einige Taranteln, so groß wie eine Hand, einige Heuschrecken und eine Schnecke, die so groß ist wie mein Wanderschuh.

Leider haben heute die Anakonda und der Leopard sowie die großen Spinnen ihren freien Tag.

Die Schweizer, die diese Wanderung an einem anderen Tag gemacht hatten, haben mehr gesehen als wir heute.

Trotzdem, es ist schon ein besonderes Erlebnis.

Nach dem Abendessen verziehe ich mich ins Bett, unter das Moskitonetz und schlafe wunderbar, bis es wieder hell wird.

6.8.15

Vor dem Frühstück packe ich den Rucksack, gehe zum Aussichtsturm und genieße hier ein Event, das Spaß macht.

Wir (einige Mutige) steigen auf einen 50 m hohen Holzturm, überqueren eine Hängebrücke, die über den Bäumen schwebt, werden dann an ein Drahtseil angehängt und in rauschender Fahrt sausen wir zur nächsten Plattform etwa 100 m weiter, dann an einem anderen Seil sausen wir wieder zurück, um dann nochmals über eine lange Seilbrücke zu einer Aussichtsplattform hochzusteigen.

Von hier aus hat man eine herrliche Aussicht über das ganze Camp und den Fluss.

Über den Turm geht's wieder hinunter und zum Frühstück.

Eine herrliche, etwas Mut fordernde Morgenbeschäftigung war das schon.

Schnell frühstücken, dann Bootsfahrt 45 Minuten lang zurück zur Stadt, wo ich in den Bus steige.

Zehn Stunden soll die Fahrt zurück nach Cusco dauern, es sind dann aber elf.

In diesen Touristenbussen ist es sehr bequem.

Leider saß irgendwo in meiner Nähe jemand, der die Windeln voll hatte, sodass die Luft nicht sehr angenehm war.

In Cusco werde ich von einer netten Dame beim Busterminal abgeholt und zu einem Hostal gebracht. Dieses Hostal ist das Zweitschlimmste, das ich erlebt habe.

Ich bekomme kein Badetuch, und warmes Wasser kommt auch nicht aus der Dusche.

Das Zimmer ist ziemlich heruntergekommen und in der Früh werde ich das Frühstück auch nicht genießen können, denn ich werde bereits um 0630 wieder abgeholt.

Mir graut etwas vor der Weiterreise. Wenn das so weitergeht mit dieser Agentur, dann habe ich nicht nur recht viel bezahlt, sondern auch noch tüchtig in die Schei... gelangt.

Mal sehen.

7.8.15

Geschlafen habe ich gut.

Um 0630 holt mich pünktlich die junge Dame vom Agenten wieder ab und bringt mich zum Busterminal.

Ich weiß, dass auf dieser Strecke nicht die schönen Touristenbusse fahren. Das hatte mir der Agent damals beim Buchen schon gesagt.

Diese Strecken ins Landesinnere werden von Einheimischen genutzt und dafür werden die ausrangierten Touristenbusse eingesetzt.

Den Peruanerinnen, mit ihren gut gepolsterten Hinterteilen, macht es nichts aus, auf ausgesessenen Sitzen einige Stunden auszuharren.

Die Fahrt sollte sieben bis acht Stunden dauern, in der Tat aber sitze ich zehn Stunden in diesem Bus.

Die Fahrt geht über etwa sechs Pässe, die alle über die Baumgrenze gehen, und die liegt hier auf etwa 4.300 m.

Immer wieder fahren wir hoch und höher, dann wieder hinunter ins nächste Tal zum Fluss und hopp, wieder im Zickzack hinauf auf den nächsten Berg.

So geht's den ganzen Tag.

Interessant ist, dass dort oben über der Baumgrenze so richtig Landwirtschaft betrieben wird.

Überall sehe ich Gruppen bei der Kartoffelernte oder beim Kornschneiden.

Trotz der langen Zeit geht die Fahrt recht schnell vorbei, denn es gibt viel zu sehen.

Ich bin wohl einer der wenigen, der die Landschaft bestaunt und nicht schläft.

Am Nachmittag verändert sich leicht der Duft im Bus.

Ich habe das Pech, wieder in der Nähe von jemandem zu sitzen, der in die Windeln gepisst hat.

Aber wenn man auf solche Abenteuer aus ist, muss man mit Unannehmlichkeiten wohl oder übel rechnen.

Am Busbahnhof finde ich niemanden, der mich abholt. Auf einem Wandtelefon, das ich sehe, rufe ich den Agenten an, obwohl es schon spät am Abend ist. Er ist nicht einmal böse und kümmert sich sofort darum, mich aus der misslichen Lage zu holen.

In der Tat, kurze Zeit danach holt mich Rosa, eine nette und hübsche Peruanerin ab und bringt mich zu ihrem Hotel.

Ich wohne in einem 3-Sterne-Hotel!!!!!!! Die Welt ist wieder in Ordnung und ich genieße etwas Zivilisation.

Trotz der vorgerückten Stunde kann ich noch ein Abendessen direkt im Hotelrestaurant genießen.

Ich bestelle eine Champignonsuppe und ein Cordon bleu, dazu einen Wein.

Es gibt nur ganze Flaschen.

Der Wein ist sehr stark und gleicht einem Portwein.

Die halbe Flasche lasse ich zurückstellen für morgen Abend.

Die Portion, die mir aufgetischt wird, könnte eine Familie ernähren.

Dazu ist das Cordon bleu unnötigerweise noch mit einer weißen Champignonsauce übergossen, was das Ganze noch üppiger macht.

8.8.15
Mit einem Taxi fahre ich in der Umgebung von Andahuaylas umher und besichtige einige interessante Spots.

So den Pacucha See, die Ruinen von Sondor und eine alte Inka-Stätte, wo viele Felszeichnungen und Steinskulpturen zu sehen sind.

Ein Spaziergang durch den Markt lässt mich einfach wieder staunen darüber, was und wie viel hier angeboten wird.

Einfach nicht zu verstehen, wer das alles kaufen soll, bevor die Ware verdorben ist.

Ansonsten bietet diese Stadt nichts Besonderes.

Was mir beim Spazieren aufgefallen ist, ist die Tatsache, dass es viele junge, sehr hübsche Peruanerinnen gibt und dass die alle mehr oder weniger gleich aussehen.

Wehe aber, wenn die einmal so gegen die 20 gehen, dann schrumpelt die Haut, die Zähne fallen aus und der Umfang vergrößert sich enorm.

In dieser Stadt ist es wie überall in Peru. Die Häuser sind entweder halb zerfallen oder nicht fertig.

Es sieht alles so verlottert und unschön aus.

An den Häusern kleben entweder Reklamen oder sie sind komplett mit Reklamen vollgeschmiert.

Ist einmal ein Haus neben der Straße mehr oder weniger fertig, darf man nicht in den Hinterhof oder auf die Seitenfassaden schauen, die sind nämlich noch im Rohzustand.

Wenn man bedenkt, dass Peru eigentlich reich sein könnte, denn wie am Rio Madre de Dios, der später in den Amazonas übergeht und schließlich in den Atlantik fließt, wird an einigen Flüssen mit Erfolg nach Gold gegraben.

Nur, das Goldgeschäft sei in den Händen einer Mafia-ähnlichen Organisation und die Behörden werden korrumpiert.

Schade, dass dieser Reichtum nicht die Bevölkerung erreicht.

9.8.15
Rosa, die nette und hübsche Hotelière, bringt mich nach dem Frühstück zum Busterminal.

Hier bekomme ich einen Platz in einem Kleinbus (12-Plätzer). Die Fahrt beginnt damit, dass meine Sitznachbarin, eine Alte, fürchterlich nach Knoblauch stinkt. Hinter mir sitzen zwei kleine Knacker, wovon der eine seinen iPod an hat, mit Musik von Spielen.

Diese Musik, gemischt mit dem Autoradio, das eigentlich nette Musik ausstrahlt, und dazu ein Weib, das wie ein Buch schnattert, ergibt eine Katzenmusik, der ich nur noch mit Toilettenpapier in den Ohren entgegenwirken kann.

Die Alte neben mir schläft bald ein und lehnt sich mehr und mehr gegen mich.

Irgendwann habe ich von deren Liebesbezeugung genug, schubse sie auf die andere Seite und habe so für einige Zeit Ruhe.

Die Ruhe dauert aber nicht lange an, sie kommt immer und immer wieder.

Einmal schubse ich sie dermaßen auf die andere Seite, dass sie nun endlich Ruhe gibt.

Auch der Knacker ist eingeschlafen und der iPod ist ruhig.

Als dann auch die andere aufgehört hat zu schwatzen, wird die Fahrt endlich gemütlich.

Bei Halbzeit stoppt der Fahrer für einen Pipihalt.

Danach sind alle wieder wach und das Theater fängt wieder von vorne an.

Wie geplant erreichen wir Ayacucho nach genau fünf Stunden.

Wieder holt mich eine nette junge Dame beim Terminal ab und bringt mich mit dem Taxi zum Hotel. Als ich die Fassade des Hotels sehe, fällt mir der Kiefer runter. Bitte nicht wieder so eine unmögliche Absteige wie in Cusco. Lisa, die Agentin, klingelt. Nach einer Weile wird das Tor geöffnet und wir betreten einen sehr schönen Innenhof, in dem im hinteren Teil ein sehr nettes, ansprechendes Hotel steht.

Ich bin beruhigt und beziehe ein schönes Zimmer, in dem es sogar drei Betten und eine Mikrowelle gibt.

Tee steht bereit.
Der Tag ist gerettet.
Nach einer Ruhepause ziehe ich in die Stadt. Das Hotel ist nur einen Steinwurf vom Zentrum entfernt.
Die Altstadt, das Zentrum ist sehr schön, mit alten, gut gepflegten Gebäuden und atemberaubenden Kathedralen.
Alles ist sehr gepflegt und sauber.
Es ähnelt Cusco, nur dass man hier nicht so viele Polizisten sieht wie dort.
In einem der wenigen geöffneten Restaurants esse ich ein Viertel-Hähnchen mit Pommes und Salat, dann buche ich für morgen einen Ausflug zu verschiedenen Touristenattraktionen, verziehe mich ins Zimmer und schaue Fußball im TV.

10.8.15

Für sechs Stunden werde ich mit einer Gruppe von Peruanern aus Lima in der Umgebung von Ayacucho umhergeführt.
Wir besichtigen ein paar interessante Punkte, aber Hauptsache ist für mich, dass der Tag vorbeigeht. Am Abend um 2145 besteige ich den Nachtbus nach Lima.
Die Fahrt von sechs Stunden verschmerze ich gut, denn scheinbar schlafe ich doch zwischendurch ein. Um 0400 stehe ich dann in Pisco am Busterminal, wie hingestellt und nicht abgeholt.
Ich habe weder eine Adresse vom Hostal noch sonst eine Information über die Weiterreise.
Keiner der beiden Telefonapparate, die an der Wand hängen, ist gebrauchstüchtig.
Meine Nachfrage, wo ich telefonieren könne, wird vom Buspersonal nur mit einem Achselzucken beantwortet.
Schließlich habe ich Glück.
Ein netter Herr bekommt meine Verzweiflung mit und bietet mir an, mit seinem Handy den Agenten in Cusco anzurufen. Normalerweise rufe ich um 0500 nicht gerne jemanden an, aber was sollte ich machen?
Der Agent beruhigt mich.
Er rufe die Person an, die mich hätte abholen sollen.

Nach zwanzig Minuten werde ich dann von Juan abgeholt.

Beim ersten Hostal, wo ich einquartiert werden sollte, macht niemand die Türe auf.

Juan bringt mich zu einem anderen Hostal, wo ich dann vier Stunden ausruhen kann.

11.8.15

Juan holt mich ab und bringt mich zum Hafen, wo ich einer Gruppe Touris zugeteilt werde.

Wir besteigen ein Boot und werden zu den Ballestas-Inseln gefahren.

Diese Inselgruppe ist ein Nationalpark, mit vielen Vögeln und einer Kolonie Seelöwen.

Es ist schön, dauert circa zwei Stunden, dann ist auch das vorbei.

Die Wartezeit, bis ich zum Bus muss, verbringe ich mit dem Essen einer Fischsuppe.

Die ist gut, aber die Calamari-Ringe sind wie in Stücke geschnittene Fahrradreifen.

Was sonst noch alles in der Suppe ist, weiß ich nicht, nur meine Gedärme fangen kurz nach dem Essen an, verdächtig zu rebellieren.

Um 1500 fährt der Bus nach Lima. Beim Einsteigen treffe ich wieder die jungen Schweizer, die ich in Puno getroffen habe. Er, der in der alten Strohhutfabrik gearbeitet hat, und sie, aus dem Nachbardorf. Die Welt ist doch manchmal sehr klein.

In Lima, das ich nach fünf Stunden angenehmer Busfahrt erreiche, bemerke ich, dass mein iPad ausgepowert ist und sich die Programme nicht mehr öffnen lassen.

Ich kann dem Taxichauffeur nicht sagen, in welchem Hotel ich gebucht bin.

Nach fünf Minuten, in einer Bar an die Steckdose angehängt, kann ich die Seite wieder öffnen und ab geht's zum Hotel, mitten in der Stadt.

Noch ein Spaziergang in der Umgebung, um die Beine zu vertreten.

Ich meine, ich sei innerhalb von fünf Stunden in eine andere Welt katapultiert worden.

Lima ist eine Großstadt, wie es sie überall gibt. Die Leute sehen anders aus.

Kaum mehr ein Indianergesicht, nichts mehr mit diesen typischen Peruanerinnen mit knielangen Röcken und schwarzen Zöpfen, die unter dem Hut hervorlugen!

Lima ist eine Weltstadt.

Der Verkehr ist enorm und Fast-Food-Restaurants gibt es in allen Variationen.

McDonald's, KFC, Burger King und Pizza Hut sind nur eine kleine Auswahl.

Es gibt viele Nachahmer mit allen möglichen Namen, aber alle mit dem gleichen Food-Sortiment.

Im hoteleigenen Restaurant esse ich endlich einmal das peruanische Nationalgericht, Ceviche (roher Fisch) an einer Zitronensauce. Lecker.

12.8.15
Im Hotel bekomme ich ein deftiges Frühstück.

Mindestens drei Eier und Schinken werden zu einer Portion Rührei zusammengemischt.

Nur 200 m vom Hotel entfernt gehe ich in einen Friseursalon, um mir ein etwas zivilisierteres Aussehen zu verschaffen.

Seit Mai habe ich alle Haare – Kopf, Bart und Schnauzer – einfach sprießen lassen, und somit wucherte das alles wie die Dschungelpflanzen.

Etwas anständiger aussehend komme ich da heraus, spaziere durch die Umgebung und buche eine City-Tour.

Die ist zwar fünf Mal so teuer wie die, die ich in Cusco gemacht habe, aber eben, wir sind in Lima und hier ist alles für peruanische Verhältnisse sehr teuer.

In einem Park sehe ich Hunderte von Katzen.

Die schleichen sich zu den Parkbesuchern, legen sich bei denen auf die Bänke oder auf den Schoß und lassen sich streicheln.

Bei mir haben diese Viecher keine Chance und ich möchte ja auch keine Läuse mit nach Hause bringen.

Auf der fünfstündigen City Tour kommt klar herüber, dass Lima eine riesengroße Stadt mit über 8 Millionen Einwohnern ist. Der Verkehr ist erstickend.

Einige Viertel sind versifft, andere hochmodern und sicher sehr teuer.

Die Stadt hat einige schöne alte Gebäude aus der Kolonialzeit.

Im Großen und Ganzen aber ist Lima nicht unbedingt eine Reise wert.

Das Highlight auf der Tour ist der Besuch des berühmten Keramikmuseums.

Nicht nur, dass dieses sehr interessant ist, sondern auch weil es eine Sammlung von antiken Gegenständen aufweist, die atemberaubend ist. Es sollen etwas über 50.000 Gegenstände hier zusammengetragen sein, die alle so um 2000 vor Christus bis 1500 nach Christus geschaffen wurden.

Im Hotelrestaurant genieße ich am Abend ein Arroz de Marisco, bin aber danach nicht satt und verlege meinen Standort in ein Café nebenan.

Hier genieße ich noch einen Coupe Romanoff und einen Irish Coffee.

So langsam muss ich mich doch an die Zivilisation gewöhnen.

Etwas, was mich heute nachdenklich machte, ist die Reaktion des Kellners, als ich mich mittags im Straßencafé hinsetzte.

Er griff sofort nach meinem Rucksack, den ich auf den Nebenstuhl gelegt hatte, und schnallte den mit einem am Stuhl festgemachten Riemen fest.

An allen Stühlen konnte ich diese Riemen feststellen.

Peru war mir bis dahin als sicheres Land vorgekommen und ich habe mich nirgends unwohl oder unsicher gefühlt (mein iPhone-Verlust ausgenommen).

Hier aber ist die Großstadt und somit scheinen sich die Regeln zu ändern.

Morgen geht's zum Flughafen, um nach Panama zu fliegen.

Hier in Lima ist es noch recht kühl und die Winterjacke ist ein Muss.

In Panama erwartet mich dann wieder eine Temperatur von 34 °C.

Übermorgen dann der Flug über die Dominikanische Republik nach Frankfurt und Zürich.

Ich freue mich auf zu Hause. Ich habe nun seit Dezember genug Karibik und Südamerika erlebt. Irgendwann hat man es gesehen und von den Bretterhütten und dem eintönigen Essen hat man genug.

Gott sei Dank darf ich mich Schweizer nennen und im schönsten Land der Erde leben!

Trotzdem, wenn ich wieder aufs Boot kann und den Panamakanal durchquert habe, werde ich sicher wieder viel Neues erleben, das ich dann wieder aufschreiben werde.

Fischerhafen von Pisco.

Ausflug zur Ballestas-Insel.

Riesige Vogelkolonien leben hier.

Alle zwei Jahre wird die Vogelscheiße von den Felsen gekratzt und für die Industrie mit Schiffen ans Festland gebracht. Dazu wurde diese Verladebrücke gebaut.

Die Altstadt.

*Das Inka-Museum in Lima ist beeindruckend.
Etwa 50.000 Gegenstände sind hier gelagert.*

Schmuck aus purem Gold und auserlesene Stücke sind hier zu sehen.

Weiter geht die Reise von Guatemala durch den Suezkanal, über den Pazifik, Neuseeland, Australien, Afrika und die USA rund um die Welt bis zurück nach Europa im Buch „Ein erfüllter Traum", Teil 2.

Der Autor

Rudolf Zurkirchen wurde 1946 in Luzern in der Schweiz geboren und ist ausgebildeter Architekt. In seiner Freizeit lebt er seine Passion für unterschiedliche Sportarten aus, darunter Skifahren und Segeln. Seine Arbeit als Leiter einer Großbaustelle hat ihn unter anderem nach Saudi-Arabien verschlagen, und sein Privatleben hat er jahrelang in der Schweiz verbracht, bevor er beschloss, nach Deutschland zu ziehen wo er 13 Jahre lebte. Im Jahr 2003 hat er das Segelschiff SAMANTHA gekauft und sich elf Jahre später, in den Jahren 2014 bis 2018, den lange gehegten Traum einer Weltumsegelung erfüllt, mit Unterstützung seiner Frau und seiner drei Kinder. Die zwei Bände von „Ein erfüllter Traum" sind seine ersten Veröffentlichungen als Schriftsteller und gewähren hautnahe Einblicke in seine Abenteuer.

novum VERLAG FÜR NEUAUTOREN

Der Verlag

*Wer aufhört
besser zu werden,
hat aufgehört
gut zu sein!*

Basierend auf diesem Motto ist es dem novum Verlag ein Anliegen, neue Manuskripte aufzuspüren, zu veröffentlichen und deren Autoren langfristig zu fördern. Mittlerweile gilt der 1997 gegründete und mehrfach prämierte Verlag als Spezialist für Neuautoren in Deutschland, Österreich und der Schweiz.

Für jedes neue Manuskript wird innerhalb weniger Wochen eine kostenfreie, unverbindliche Lektorats-Prüfung erstellt.

Weitere Informationen zum Verlag und seinen Büchern finden Sie im Internet unter:

www.novumverlag.com

Bewerten Sie dieses Buch auf unserer Homepage!

www.novumverlag.com

Rudolf Zurkirchen
Ein erfüllter Traum
Mit der Segelyacht
SAMANTHA in
4 1/2 Jahren um die Welt
Band 2
ISBN 978-3-99146-037-4
590 Seiten

Nach zwei Jahren im Mittelmeer sowie Zentral- und Südamerika geht Rudolf Zurkirchens Weltumsegelung in die zweite Runde. Diesmal verschlägt es ihn unter anderem in den Pazifik, nach Neuseeland, Australien, die USA und schließlich zurück nach Europa.